高职高专"十三五"规划教材
2019—2021年水利职业教育研究项目
"课程思政"视角下的数学课程建设项目

经济数学

主　编　孙传光　王爱华
副主编　王为洪　刘庆凤　丁　寅　朱　艳
参　编　(按姓氏笔画排序)
　　　　于　丽　孔　萍　孔凡瑞　王有增
　　　　卞京红　付婷婷　刘　欣　张　颖
　　　　张传宝　宋振新　李海霞　岳西泉
　　　　段希波　凌亚丽
主　审　赵红革

多媒体课件

南京大学出版社

U0661085

图书在版编目(CIP)数据

经济数学 / 孙传光,王爱华主编. 一 南京:南京
大学出版社,2017.6(2023.9重印)
高职高专"十三五"规划教材
ISBN 978 - 7 - 305 - 18893 - 0

Ⅰ. ①经… Ⅱ. ①孙… ②王… Ⅲ. ①经济数学一高
等职业教育一教材 Ⅳ. ①F224

中国版本图书馆 CIP 数据核字(2017)第 140694 号

出版发行 南京大学出版社
社 址 南京市汉口路 22 号 邮编 210093
出 版 人 王文军
丛 书 名 高职高专"十三五"规划教材
书 名 经济数学
主 编 孙传光 王爱华
责任编辑 揭维光 蔡文彬 编辑热线 025 - 83686531
照 排 南京开卷文化传媒有限公司
印 刷 广东虎彩云印刷有限公司
开 本 797×1092 1/16 印张 19 字数 474 千
版 次 2023 年 9 月第 2 次修订第 6 次印刷
ISBN 978 - 7 - 305 - 18893 - 0
定 价 45.00 元

网 址:http://www.njupco.com
官方微博:http://weibo.com/njupco
官方微信号:njupress
销售咨询热线:(025)83594756

前　　言

习近平总书记在党的二十大报告中指出："全面贯彻党的教育方针，落实立德树人根本任务，培养德智体美劳全面发展的社会主义建设者和接班人。"高等职业教育肩负着培养面向生产、建设、服务和管理第一线需要的高技能、高素质人才这一重任，必然要求高职《经济数学》课程建设要本着"应用为主、必需够用为度，尊重学科、但不恪守学科"的原则，并在教学过程强化应用意识。

经济数学在高职院校经济管理类专业中具有通用性、基础性和工具性等特点；数学思想方法和数学技术，是高职院校学生适应未来岗位要求，培养可持续发展潜力的必备素质和基本能力之一。因此，高职经济数学教育要注意在传授高等数学知识的同时，注重数学的经济应用价值，培养一线所需要的高技能、高素质人才，促进学生就业能力的提升；在传授知识、培养能力的过程中，注重课程育人。通过实用案例的融入与扫码阅读数学史料，让学生自然而然地学习做人做事的基本道理，把社会主义核心价值观的要求和实现民族复兴的理想和责任融入教学之中，实现对学生的价值塑造，帮助他们树立正确的世界观、人生观和价值观，使他们成为合格的社会主义建设者和接班人。

在高职经济数学课程改革探讨中，根据以上分析，我们借鉴了一些经验并提出了在经济数学课程改革中的一些构想：

1. 注重数学文化教育而不仅仅是知识的传授，注意 HPM 的融入；

2. 注重数学在生产和社会实践中的应用，加强案例教学和数学建模思想；

3. 注重现代计算技术在数学教学中的作用，介绍 Matlab 等数学软件。

鉴于以上的一些构想，本教材的特点主要体现在如下几方面：

1. 在每个章节的前面安排了本章内容引子，后面都安排了复习题。同时体现数字出版的理念，将每章小结、阅读材料——介绍相关数学家或相关数学史料，以及参考答案放入二维码中，增加教材的可读性，使学生在掌握数学知识的同时理解数学文化，提升数学素养；

2. 数学建模是数学与实践联系的桥梁，我们将数学建模方法贯穿于整个课程体系之中，将现实生活和常见的社会现象中的建模实例应用于教学，既可以引起学生们的学习兴趣，又可以达到理论联系实际的目的，对培养学生的创新意识很有帮助；

3. 很多优秀的计算机数学软件，都是在实践工作中常常用到的。因此，我们在教材中每章节后面介绍相应 Matlab 数学软件的用法，使学生提前掌握软件在工作中的实际应用。

本版教材立足于课程思政视角下进行内容修订，山东水利职业学院数学课程思政建设团队的赵红革、孙传光、王有增、李海霞、刘欣和卞京红六位老师提供了相关的思政案例和可以扫描阅读的思政材料。

本教材由山东水利职业学院孙传光、南充职业技术学院王爱华任主编，山东水利职业学院赵红革主审，山东水利职业学院王为洪、刘庆凤，山东水利技师学院丁寅，济南职业学院朱艳任副主编，参加编写人员：山东水利职业学院于丽、孔萍、孔凡瑞、王有增、张颖、李海霞、岳西泉、段希波、刘欣、卞京红、付婷婷，河北能源职业技术学院宋振新，山西水利职业技术学院凌亚丽、东营职业学院张传宝。在编写和出版过程中，由于水平有限，书中难免有不当之处，欢迎专家、同仁和读者批评指正，使本书在教学实践中不断提高和完善。

编　者
2020 年 12 月

目　　录

第一篇　一元微积分

第二篇　线性代数

第三篇　概率统计

第一篇　一元微积分

第1章　函数、极限与连续

> **本章提要**　函数、极限和连续都是微积分学的基本概念. 函数是现代数学的基本概念之一,是高等数学的主要研究对象. 极限概念是微积分的理论基础,极限方法是微积分的基本分析方法. 因此,掌握、运用好极限方法是学好微积分的关键. 连续是函数的一个重要性态. 本章将介绍函数、极限与连续的基本知识和有关的基本方法,为今后的学习打下必要的基础.

　　首先,我们来看下托尔斯泰的《战争与和平》是如何描述微积分的. 他说:"人类的聪明才智不理解运动的绝对连续性. 人类只有在他从某种运动中任意抽出若干单位来进行考察时,才逐渐理解. 但是,正是由于把连续的运动任意分成不连续的单位,从而产生了人类大部分的错误. 阿奇里斯追不上乌龟这个答案之所以荒谬,就是因为把运动任意分成若干不连续的单位,而实际上阿奇里斯和乌龟的运动却是连续不断的. 把运动分成越来越小的单位,这样处理,我们只能接近问题的答案,却永远得不到最后的答案. 只有采取无穷小数,我们才能得到问题的答案. 数学的一个新分支,已经有了处理无穷小数的技术,其他一些更复杂的、过去似乎无法解决的运动问题,现在都可以解决了. 这种古代人所不知道的新的数学分支,用无穷小数来处理运动问题,也就是恢复了运动的重要条件,从而纠正了人类的智力由于只考察运动的个别单位而忽略运动的连续性所不能不犯的和无法避免的错误."品味一下,这一段描述,对我们从宏观上把握微积分非常重要.

　　学习微积分将会涉及近代数学的一个重要思想——极限的思想,是一种用极限概念分析问题和解决问题的数学思想. 极限思想方法是数学分析乃至全部高等数学必不可少的一种重要方法,也是数学分析与初等数学的本质区别之处. 极限的思想可以追溯到在古希腊、中国和古印度数学家们的著述中,不乏用无限小过程计算特殊形状的面积、体积和曲线长的例子.

　　极限问题的研究离不开实际问题背景,而联系现实和数学问题的桥梁就是函数关系,函数是我们讨论变量在一定的变化过程中极限问题的最重要的载体. 因此函数是讨论极限问题的前提,而极限是微积分学中最基本、最重要的概念之一,极限的思想与理论,是整个高等数学的基础,微分、积分等概念都归结于极限,因此掌握极限的思想与方法是学好高等数学的前提条件. 本章将在函数的基础上,讨论极限与连续的相关概念.

1.1　函　　数

函数概念的由来

1.1.1　函数的概念

我们在中学里已经学过函数的概念和性质等,这里只作简单的复习,方便后面的学习.

1. 函数的定义

【定义 1】　设 D 是非空实数集,如果对于任意的 $x \in D$,按照某个对应法则 f,都有唯一的一个实数 y 与之对应,则称 y 是定义在 D 上的 x 的**函数**,记作

$$y = f(x),$$

其中 x 称为**自变量**,y 称为**因变量**,数集 D 称为这个函数的**定义域**,当 x 取遍 D 内的所有实数时,对应的函数值 y 的集合 $\{y \mid y = f(x), x \in D\}$ 称为这个函数的**值域**.

若自变量 x 取数值 $x_0 \in D$ 时,则函数 $f(x)$ 在 x_0 处有定义,因变量 y 按照所给函数关系求出的对应值 y_0 称为当 $x = x_0$ 时的函数值,记作 $f(x_0)$ 或 $y|_{x=x_0}$.

从函数的定义可知,定义域与对应法则是函数的**两个要素**.只有两个函数具有相同的定义域和相同的对应法则时,它们才是**相同的函数**,否则就不是相同函数.

例如,对数函数 $y = \log_a x^2$ 与 $y = 2\log_a x$ 不能视为相同函数.因为 $y = \log_a x^2$ 的定义域为 $(-\infty, 0) \bigcup (0, +\infty)$,而 $y = 2\log_a x$ 的定义域为 $(0, +\infty)$,两者的定义域不相同,所以不能视为相同函数.例如,函数 $f(x) = |x|$ 与函数 $g(x) = \sqrt{x^2}$,它们的定义域与对应法则都相同,它们表示的是相同函数.

【例 1】　已知 $f(x) = 3x^2 + 1$,求 $f(0)$,$f(-x)$,$f(x+1)$,$f[f(x)]$.

解　$f(0) = 3 \times 0 + 1 = 1$;

$f(-x) = 3 \times (-x)^2 + 1 = 3x^2 + 1$;

$f(x+1) = 3 \times (x+1)^2 + 1 = 3x^2 + 6x + 4$;

$f(x) = 3 \times (3x^2 + 1)^2 + 1 = 27x^4 + 18x^2 + 4$

2. 函数的定义域

函数的定义域就是指使得函数有意义的自变量的取值范围,为此求函数的定义域时应遵守以下原则:

(1) 分式中分母不能为零;

(2) 负数不能开偶次方根;

(3) 对数中的真数大于零;

(4) 三角函数 $\tan x$ 中 $x \neq k\pi + \dfrac{\pi}{2}$,$\cot x$ 中 $x \neq k\pi$;

(5) 反三角函数 $\arcsin x$ 与 $\arccos x$ 中 $|x| \leqslant 1$;

(6) 对于实际问题的函数,应保证符合实际意义.

【例 2】　求下列函数的定义域.

(1) $f(x) = \dfrac{3}{5x^2 + 2x}$　　　　　(2) $f(x) = \sqrt{9 - x^2}$

(3) $f(x) = \lg(4x - 3)$　　　　(4) $f(x) = \arcsin(2x - 1)$

(5) $f(x) = \lg(4x - 3) + \arcsin(2x - 1)$

解　(1) 在分式 $\dfrac{3}{5x^2 + 2x}$ 中,分母不能为零,所以 $5x^2 + 2x \neq 0$,解得 $x \neq -\dfrac{2}{5}$ 且 $x \neq 0$,

即定义域为 $\left(-\infty, -\dfrac{2}{5}\right) \cup \left(-\dfrac{2}{5}, 0\right) \cup (0, +\infty)$.

(2) 在偶次方根中,被开方式必须大于等于零,所以 $9 - x^2 \geqslant 0$,解得 $-3 \leqslant x \leqslant 3$,即定义域为 $[-3, 3]$.

(3) 在对数式中,真数必须大于零,所以 $4x - 3 > 0$,解得 $x > \dfrac{3}{4}$,即定义域为 $\left(\dfrac{3}{4}, +\infty\right)$.

(4) 反正弦或反余弦中的式子的绝对值必须小于等于 1,所以有 $-1 \leqslant 2x - 1 \leqslant 1$,解得 $0 \leqslant x \leqslant 1$,即定义域为 $[0, 1]$.

(5) 该函数为(3)(4)两例中函数的代数和,此时函数的定义域为(3)(4)两例中定义域的交集,即 $\left(\dfrac{3}{4}, +\infty\right) \cap [0, 1] = \left(\dfrac{3}{4}, 1\right]$.

【例3】　某一电子元件器材公司生产 x 件某种电子元件将花费 $400 + 5\sqrt{x(x-4)}$ 元,如果每件电子元件卖 48 元,试求公司生产 x 件电子元件获得净利润的函数关系表达式,并求其定义域.

解　用 y 表示获得的净利润,显然净利润的函数关系表达式为

$$y = 48x - \left[400 + 5\sqrt{x(x-4)}\right]$$

函数要有定义,则 $x(x-4) \geqslant 0$,得 $x \geqslant 4$ 或 $x \leqslant 0$(舍去,电子元件件数不可能是负的).所以定义域为 $\{x \mid x \geqslant 4$ 且 $x \in Z\}$.

3. 分段函数

某工厂生产某种产品,年产量为 x,每台售价 250 元,当年产量 600 台以内时,可以全部售出,当年产量超过 600 台时,经广告宣传又可再多售出 200 台,每台平均广告费 20 元,生产再多,本年就售不出去了,我们可以建立本年的销售总收入 R 与年产量 x 的函数关系为

(1) 当 $0 \leqslant x \leqslant 600$ 时,$R = 250x$;

(2) 当 $600 < x \leqslant 800$ 时,$R = 250x - 20(x - 600) = 230x + 12\,000$;

(3) 当 $x > 800$ 时,$R = 230 \times 800 + 12\,000 = 196\,000$.

所以,这一问题数学表达式可统一写为

$$R = \begin{cases} 250x, & 0 \leqslant x \leqslant 600, \\ 230x + 12\,000, & 600 < x \leqslant 800, \\ 196\,000, & x > 800. \end{cases}$$

像这样,把定义域分成若干个区间,在不同的区间内用不同的表达式来表示的函数称为**分段函数**.对分段函数求函数值时,应把自变量的值代入相应范围的表达式中去计算.

【例4】　设国际航空信件的邮资与重量的关系是

$$F(m) = \begin{cases} 4, & 0 < m \leqslant 10 \\ 4 + 0.3(m - 10), & 10 < m \leqslant 200 \end{cases}$$

求：(1) 函数的定义域；(2) $F(3)$，$F(8)$，$F(20)$；

解 (1) 分段函数的定义域是各段自变量取值范围之和，故定义域为 $D=(0,200]$；

(2) m 用 3 替代，由第一个关系式表示，得到 $F(3)=4$，同样可以得到 $F(8)=4$. m 用 20 替代，由第二个关系式表示，得到 $F(20)=7$.

4. 函数的表示法

函数的表示方法有三种：公式法（解析法）、图示法（图像法）和表格法.

1.1.2 函数的性质

1. 单调性

如果函数 $y=f(x)$ 对于某区间 I 内的任何两值，x_1，x_2 且 $x_1<x_2$，有 $f(x_1)<f(x_2)$（或 $f(x_1)>f(x_2)$），则称函数 $y=f(x)$ 在区间 I 内**单调递增**（或**单调递减**），I 叫做函数在该对应法则下的单调增区间（或单调减区间）.

单调递增或单调递减的函数，统称为**单调函数**，单调增区间和单调减区间统称为**单调区间**. 在单调增区间内，函数的图形随 x 的增大而上升；在单调减区间内，函数的图形随 x 的增大而下降（如图 1-1 所示）.

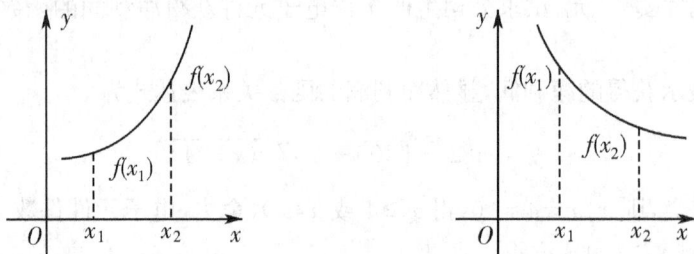

图 1-1

函数的单调性与自变量所取范围有关，因此讨论函数的单调递增或递减时，首先要搞清楚自变量的取值范围. 例如函数 $y=x^2$ 在区间 $(-\infty,0)$ 内是单调递减的，而在 $(0,+\infty)$ 内是单调递增的.

另外，用单调性的定义去直接检验函数是否具有单调性一般是比较困难的，关于这个问题我们将在下面的章节中运用导数方面的知识去讨论它.

2. 奇偶性

如果函数 $y=f(x)$ 的定义域为 $(-a,a)$（这里 $a>0$），并且对任意的 $x\in D$，恒有 $f(-x)=-f(x)$，则称 $y=f(x)$ 为**奇函数**；如果对任意的 $x\in D$，恒有 $f(-x)=f(x)$，则称 $y=f(x)$ 为**偶函数**. 既不是奇函数也不是偶函数的函数称为**非奇非偶函数**.

偶函数的图形关于 y 轴对称；奇函数的图形关于坐标原点对称（如图 1-2 所示）.

【例5】 判定函数 $f(x)=\dfrac{e^x+e^{-x}}{2}$ 与函数 $g(x)=\dfrac{e^x-e^{-x}}{2}$ 的奇偶性.

解 因为 $f(-x)=\dfrac{e^{-x}+e^x}{2}=f(x)$，所以 $f(x)$ 在定义域 $(-\infty,+\infty)$ 内是偶函数；

又因为 $g(-x)=\dfrac{e^{-x}-e^x}{2}=-\dfrac{e^x-e^{-x}}{2}=-g(x)$，所以 $g(x)$ 在定义域 $(-\infty,+\infty)$ 内是奇

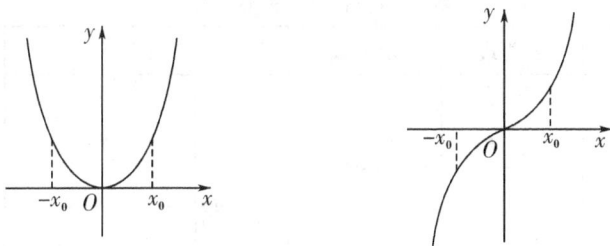

图 1 - 2

函数.

3. 周期性

【定义 2】　如果 $y = f(x)$ 的定义域为 $D = (-\infty, +\infty)$，并且存在非零常数 T，使得对任意的 $x \in D$，都有

$$f(x + T) = f(x),$$

则称 T 为函数 $y = f(x)$ 的一个**周期**，并称 $y = f(x)$ 为**周期函数**.

容易证明，若 T 为 $f(x)$ 的一个周期，则 T 的任意非零整数倍数都是 $f(x)$ 的周期. 这就是说，周期函数有无穷多个周期. 通常所说的周期是指周期函数的最小正周期，同样记为 T.

例如，$y = \sin x, y = \cos x$ 的周期 $T = 2\pi$；$y = \tan x, y = \cot x$ 的周期 $T = \pi$；正弦型曲线函数 $y = A\sin(\omega x + \varphi)$ 的周期为 $T = \dfrac{2\pi}{|\omega|}$.

4. 有界性

【定义 3】　设函数 $y = f(x)$ 的定义域为 D，如果存在正数 M，使得对所有的 $x \in D$，都有

$$|f(x)| \leqslant M,$$

则称函数 $y = f(x)$ 在 D 上有界，或称 $y = f(x)$ 是 D 上的**有界函数**. 否则称 $y = f(x)$ 在 D 上无界，$y = f(x)$ 也就称为 D 上的**无界函数**.

例如：

(1) $f(x) = \sin x$ 在 $(-\infty, +\infty)$ 上是有界的，$|\sin x| \leqslant 1$.

(2) 函数 $f(x) = \dfrac{1}{x}$ 在开区间 $(0, 1)$ 内是无上界的. 这是因为，对于任一 $M > 1$，总有 x_1 满足 $0 < x_1 < \dfrac{1}{M} < 1$，使 $f(x_1) = \dfrac{1}{x_1} > M$，所以函数无上界，而函数 $f(x) = \dfrac{1}{x}$ 在 $(1, 2)$ 内是有界的.

可见函数的有界性同样与自变量的取值范围有关.

1.1.3　复合函数与初等函数

1. 基本初等函数

常值函数、幂函数、指数函数、对数函数、三角函数、反三角函数，这六种函数统称为**基本初等函数**. 为了今后学习方便，现将它们的表达式、定义域、图形及性质列于表 1-1.

表 1-1　初等函数基本性质

序列	函数名称	表达式	定义域	图形	性质
1	常值函数	$y=c$	$(-\infty,+\infty)$		一条平行于 x 轴的直线
2	幂函数	$y=x^{\mu}$	随 μ 而不同，$(0,+\infty)$ 都有定义		在第 I 象限内，经过定点 $(1,1)$，$\mu>0$，为增函数；$\mu<0$，为减函数
3	指数函数	$y=a^{x}$（$a>0$ 且 $a\neq1$）	$(-\infty,+\infty)$		图形在 x 轴上方，经过定点 $(0,1)$，$a>1$，为增函数；$0<a<1$，为减函数
4	对数函数	$y=\log_a x$（$a>0$ 且 $a\neq1$）	$(0,+\infty)$		图形在 y 轴右侧，经过定点 $(1,0)$，$a>1$，为增函数；$0<a<1$，为减函数
5	三角函数	正弦函数 $y=\sin x$	$(-\infty,+\infty)$		周期为 2π，奇函数，$-1\leqslant\sin x\leqslant1$
		余弦函数 $y=\cos x$	$(-\infty,+\infty)$		周期为 2π，偶函数，$-1\leqslant\cos x\leqslant1$
		正切函数 $y=\tan x$	$D=\left\{x\mid x\neq k\pi+\dfrac{\pi}{2}\right\}$		周期为 π，奇函数，$\left(-\dfrac{\pi}{2},\dfrac{\pi}{2}\right)$ 内为增函数
		余切函数 $y=\cot x$	$D=\{x\mid x\neq k\pi\}$		周期为 π，奇函数，$(0,\pi)$ 内为减函数

（续表）

序列	函数名称	表达式	定义域	图形	性质
6	反三角函数	反正弦函数 $y=\arcsin x$	$[-1,1]$		奇函数,增函数 $-\dfrac{\pi}{2}\leqslant y\leqslant\dfrac{\pi}{2}$
		反余弦函数 $y=\arccos x$	$[-1,1]$		减函数,$0\leqslant y\leqslant\pi$
		反正切函数 $y=\arctan x$	$(-\infty,+\infty)$		奇函数,增函数 $-\dfrac{\pi}{2}<y<\dfrac{\pi}{2}$
		反余切函数 $y=\operatorname{arccot}x$	$(-\infty,+\infty)$		减函数,$0<y<\pi$

【例 6】　判断下列函数中,哪些不是基本初等函数:

(1) $y=\sqrt[5]{\dfrac{1}{x^2}}$;　(2) $y=\left(\dfrac{1}{2}\right)^x$;　(3) $y=\lg(-x)$;　(4) $y=3^{\sqrt{5}}$;　(5) $y=2x$.

解　直接观察可知(2)与(4)中的函数是基本初等函数,而由 $y=\sqrt[5]{\dfrac{1}{x^2}}=x^{-\frac{2}{5}}$,可知(1)中的函数是基本初等函数.(3)与(5)中的函数不是基本初等函数.

2. 复合函数

对于一些函数,例如 $y=\tan(2x+1)$,我们可以把它看成是将 $u=2x+1$ 代入 $y=\tan u$ 中而得.像这样在一定条件下,将一个函数"代入"到另一个函数中的运算在数学上叫做函数的复合运算,由此而得的函数就叫做复合函数.

【定义 4】　设函数 $y=f(u)$,定义域为 D_0;$u=\varphi(x)$,定义域为 D,值域为 D_1;若 $D_1\subset D_0$,则对每一个值 $x\in D$,通过对应法则 φ 和 f 有唯一确定的值 y 与 x 对应,按照函数的定义,变量 y 成为 x 的函数,称之为 x 的**复合函数**,记

$$y=f[\varphi(x)],$$

变量 u 称为中间变量.

【例 7】　设 $y=u^2$,$u=\sin x$,求复合函数.

解　因 $y=u^2$ 的定义域为 $(-\infty,+\infty)$，$u=\sin x$ 的定义域为 $(-\infty,+\infty)$，值域为 $[-1,1]\subset(-\infty,+\infty)$，故有在 $(-\infty,+\infty)$ 内的复合函数 $y=\sin^2 x$.

注：(1) 不是任意两个函数都可以复合成一个复合函数的. 如 $y=\arccos u$ 及 $u=3+x^2$ 就不能复合成一个复合函数，因为第一个函数的定义域与第二个函数的值域其交集为空集. 换句话说，第二个函数当自变量在定义域内任取一值，对应函数值 u 都使得第二个函数无意义.

(2) 复合函数不仅可以有一个中间变量，还可以有多个中间变量. 如函数 $y=\ln(1+\cos^2 x)$，可看作由 $y=\ln u$，$u=1+v^2$ 及 $v=\cos x$ 复合而成，其中 u,v 为中间变量.

(3) 复合函数通常不一定是由纯粹的基本初等函数复合而成，而更多的是由基本初等函数经过四则运算后形成的简单函数构成的，这样，复合函数的合成和分解往往是对简单函数来说的.

【例8】　指出下列复合函数的复合过程：

(1) $y=\mathrm{e}^{5x}$；　　(2) $y=\cos^3(2x+1)$；　　(3) $y=\ln(\arctan\sqrt{x+1})$.

分析　需将 $y=\mathrm{e}^{5x}$ 分解为几个基本初等函数或简单函数. 方法是看复合函数的运算过程或读出函数的过程. 显然，给出自变量 x，先算 $5x$，设值为 u，即 $u=5x$，然后再算 e^u，即 $y=\mathrm{e}^u$. 故 $y=\mathrm{e}^{5x}$ 是由 $y=\mathrm{e}^u$，$u=5x$ 复合而成的.

解　(1) $y=\mathrm{e}^{5x}$ 是由 $y=\mathrm{e}^u$，$u=5x$ 复合而成的.

(2) $y=\cos^3(2x+1)$ 是由 $y=u^3$，$u=\cos v$，$v=2x+1$ 复合而成的.

(3) $y=\ln(\arctan\sqrt{x+1})$ 是由 $y=\ln u$，$u=\arctan v$，$v=\sqrt{w}$，$w=x+1$ 复合而成的.

3. 初等函数

【定义5】　由常数和基本初等函数经过有限次四则运算和复合而形成的，且能用一个解析式表示的函数，称为**初等函数**.

例如 $y=\cos x+2^{x^2-1}$，$y=\dfrac{\ln x^2}{\sin x}$，$y=3\mathrm{e}^{\tan(5x+2)}$ 等等都是初等函数. 初等函数在其定义域内具有很好的性质(如连续性)，它是经济数学课程中的主要研究对象.

需要特别指出的是分段函数一般不是初等函数. 但分段函数也是微积分中要讨论的一类重要函数.

习题 1.1

1. 求下列函数的定义域：

(1) $y=\dfrac{1-x}{\sqrt{4-x^2}}$；

(2) $y=\arcsin\dfrac{x-1}{2}$；

(3) $y=\ln(\ln(\ln x))$；

(4) $y=\sqrt{\mathrm{e}^{2x}-1}$；

(5) $y=\begin{cases}1-x, & -1\leqslant x<0,\\1+x, & 0\leqslant x\leqslant 1;\end{cases}$

(6) $y=\dfrac{1}{1-x^2}+\sqrt{x+2}$.

2. 下列各对函数是否相同？为什么？

(1) $f(x)=\dfrac{x}{x}$，$g(x)=1$；

(2) $f(x)=\sqrt[3]{x^4-x^3}$，$g(x)=x\sqrt[3]{x-1}$.

3. 设 $f(x+1)=x^2-3x$ ，求 $f(x)$，$f(x-1)$ ．

4. 判断下列函数的奇偶性：

(1) $f(x)=\sqrt{x^2+1}$ ；

(2) $f(x)=x^5-x+3$ ；

(3) $f(x)=\ln\dfrac{1-x}{1+x}$ ；

(4) $f(x)=g(x)+g(-x),x\in(-\infty,+\infty)$ ．

5. 写出下列函数的复合过程：

(1) $y=\dfrac{1}{1+4x}$ ；

(2) $y=(3-2x)^5$ ；

(3) $y=\sin(x^3+4)$ ；

(4) $y=\tan^2\dfrac{x}{3}$ ；

(5) $y=3^{\arctan\frac{1}{x}}$ ；

(6) $y=\sec(1+x^2+x^4)$ ．

6. 某城市的行政管理当局，在保证居民正常用水需要的前提下，为了节约用水，制定了如下收费方法：每户居民每月用水量不超过 4.5 t 时，水费按 2.4 元/t 计算；超过部分每吨以 2 倍价格收费．试建立每月用水费用与用水量之间的函数关系，并计算每月用水分别为 4 t、5 t、6 t 的用水费用．

7. 某化肥厂生产某产品 1 000 吨，每吨定价为 130 元，销售量在 700 吨以内时，按原价出售，超过 700 吨时超过的部分需打 9 折出售．请将销售总收益与总销售量的函数关系用数学表达式表示出．

1.2　常用经济函数

1.2.1　需求函数与供给函数

1. 需求函数

某种商品的需求量是消费者愿意购买此种商品，并具有支付能力购买该种商品的数量，它不一定是商品的实际销售量．消费者对某种商品的需求量除了与该商品的价格有直接关系外，还与消费者的习性和偏好、消费者的收入等因素的影响有关．现在我们只考虑商品的价格因素，其他因素暂时取定值．这样，对商品的需求量就是关于其价格的函数，称为**需求函数**．用 Q 表示对商品的需求量，p 表示商品的价格，则需求函数为

$$Q=Q(p),$$

鉴于实际情况，自变量 p、因变量 Q 都取非负值．

一般地，需求量随价格上涨而减少，因此通常需求函数是价格的递减函数．

在经济活动中常见的需求函数有：

(1) 线性需求函数：$Q=a-bp,(a>0,b>0)$ ；

(2) 二次曲线需求函数：$Q=a-bp-cp^2,(a>0,b>0,c>0)$ ；

(3) 指数需求函数：$Q=ae^{-bp},(a>0,b>0)$ ．

需求函数 $Q=Q(p)$ 的反函数，称为**价格函数**，记作：

$$p = p(Q),$$

也反映商品的需求与价格的关系.

2. 供给函数

某种商品的供给量是指在一定时期内,商品供应者在一定价格下,愿意并可能出售商品的数量. 供给量记为 S,供应者愿意接受的价格为 p,则供给量与价格之间的关系为

$$S = S(p),$$

称为**供给函数**,p 称为供给价格,S 与 p 均取非负值. 由供给函数所作图形称为**供给曲线**.

一般地,商品供给量随商品价格的上涨而增加,因此,商品供给函数是商品价格的递增函数.

常见供给函数有:

(1) 线性函数:$S = c + dp (c > 0, d > 0)$;

(2) 二次函数:$S = a + bp + cp^2 (a > 0, b > 0, c > 0)$;

(3) 指数函数:$S = Ae^{dp} (A > 0, d > 0)$.

需求函数与供给函数密切相关.把需求曲线和供给曲线画在同一坐标系中,由于需求函数是递减函数,供给函数是递增函数,它们的图形必相交于一点,这一点叫做**均衡点**;这一点所对应的价格 p_0 就是供、需平衡的价格,也叫**均衡价格**;这一点所对应的需求量或**供给量就叫做均衡需求量**或**均衡供给量**. 当市场价格 p 高于均衡价格 p_0 时,产生了"供大于求"的现象,从而使市场价格下降;当市场价格 p 低于均衡价格 p_0 时,这时会产生"供不应求"的现象,从而使市场价格上升.市场价格的调节就是这样实现的. 应该指出,市场的均衡是暂时的,当条件发生变化时,原有的均衡状态就被破坏,从而需要在新的条件下建立新的均衡.

【例1】 市场上售出的某种衬衫的件数 Q 是价格 p 的线性函数.当价格 p 为 50 元一件时可售出 1 500 件;当价格 p 为 60 元一件时,可售出 1 200 件.试确定需求函数和价格函数.

解 设需求线性函数为 $Q = a - bp, (a > 0, b > 0)$.

根据题意,有

$$\begin{cases} a - 50b = 1\,500 \\ a - 60b = 1\,200 \end{cases}, 解得 a = 3\,000, b = 30.$$

于是所求需求函数为 $Q = 3\,000 - 30p$.

从而得其价格函数为 $p = 100 - \dfrac{Q}{30}$.

【例2】 设某商品的需求函数与供给函数分别为 $D(p) = \dfrac{5\,600}{p}$ 和 $S(p) = p - 10$.

(1) 找出均衡价格,并求此时的供给量与需求量;

(2) 在同一坐标中画出供给与需求曲线;

(3) 何时供给曲线过 p 轴,这一点的经济意义是什么?

解 (1) 令 $D(p) = S(p)$,则 $\dfrac{5\,600}{p} = p - 10$,解得 $p = 80$,

故均衡价格为 80,此时供给量与需求量为 $\dfrac{5\,600}{80} = 70$.

（2）

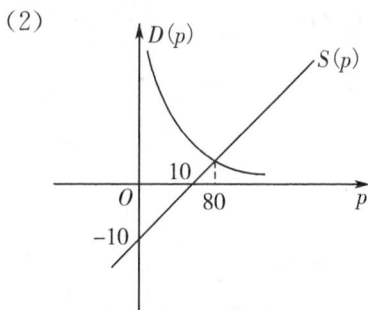

（3）令 $S(p) = 0$，即 $p - 10 = 0, p = 10$，故价格 $p = 10$ 时，供给曲线过 p 轴，这一点的经济意义是当价格低于 10 时，无人供货.

1.2.2 成本函数、收益函数和利润函数

1. 成本函数

成本是指生产某种一定数量产品需要的费用，它包括固定成本和可变成本.

固定成本指在短时间内不发生变化或不明显地随产品数量增加而变化的费用，例如厂房、设备、一般管理费及管理人员的工资等. 可变成本是指随产量的变化而变化的费用，如原材料、燃料及生产工人的工资等等.

若记总成本为 C，固定成本为 C_0，Q 为产量，$C_1(Q)$ 为可变成本，则**成本函数**为

$$C = C(Q) = C_0 + C_1(Q),$$

其中，$C_0 \geqslant 0, Q > 0$，显然成本函数是递增函数，它随产量的增加而增加.

平均成本是指生产每单位产品的成本，记为 $\overline{C}$，即**平均成本函数**为

$$\overline{C} = \frac{C(Q)}{Q} = \frac{C_0}{Q} + \frac{C_1(Q)}{Q},$$

平均成本的大小反映企业生产的好差，平均成本越小说明企业生产单位产品时消耗的资源费用越低，效益更好.

2. 收益函数

收益是指生产者将产品出售后的全部收入. **平均收益**是指生产者出售一定数量的产品时，每单位产品所得的平均收入，即单位产品的平均售价（也叫销售价格）.

若设 Q 为产量，单位产品的价格为 p，R 为收益，$\overline{R}$ 为平均收益，则 $R, \overline{R}$ 都是 Q 的函数：

$$R = R(Q) = p \cdot Q,$$

$$\overline{R} = \frac{R(Q)}{Q} = p,$$

其中 R, Q 取正值.

明显地，如果销售（即产量）为 Q 时的平均售价为 p，则 $\overline{R} = p$.

3. 利润函数

利润是指收益与成本之差. **平均利润**是指生产一定数量产品时，每单位产品所得的利润. 若记利润为 L，平均利润为 $\overline{L}$，则有：

$$L = L(Q) = R(Q) - C(Q),$$

$$\overline{L} = \frac{L(Q)}{Q} = p - \overline{C}(Q),$$

它们都是产量 Q 的函数,这里 p 是销售价格.

【例3】 设每月生产某种商品 Q 件时的总成本为

$$C(Q) = 20 + 2Q + 0.5Q^2 （万元）,$$

若每售出一件该商品时的收入是 20 万元,求每月生产 20 件(并售出)时的总利润和平均利润.

解 由题意知总成本函数 $C(Q)$ 及销售价格 $p = 20$ 万元,所以售出 Q 件该商品时的总收入函数为

$$R(Q) = 20Q,$$

因此总利润 $L(Q) = R(Q) - C(Q) = -20 + 18Q - 0.5Q^2$.

当 $Q = 20$ 时,总利润为

$$L = L(20) = 140 （万元）,$$

平均利润为

$$\overline{L}(20) = \frac{L(20)}{20} = \frac{140}{20} = 7 （万元）.$$

应该指出,生产产品的总成本是产量 Q 的递增函数. 但是,对产品的需求由于受到价格及其他许多因素的影响不能总是增加的. 利润函数 $L(Q)$ 有三种情形:

(1) $L(Q) > 0$,表示销售有盈余,再生产处于有利润状态;

(2) $L(Q) < 0$,表示销售出现亏损,再生产亏损更大;

(3) $L(Q) = 0$,表示销售出现无利可图但未达到亏损情形. 我们把这时的产量(销量) Q_0 称为无盈亏点(保本点). 无盈亏点在分析企业经营(管理)和经济学中分析各种定价和生产决策时有重要意义.

【例4】 某商品的成本函数与收入函数分别为 $C(Q) = 21 + 5Q, R(Q) = 8Q$,求该商品的盈亏平衡点.

解　　　　$$L(Q) = R(Q) - C(Q) = 3Q - 21$$

令 $L(Q) = 0$ 得盈亏平衡点为 $Q = 7$.

【例5】 已知某产品的成本函数为 $C(Q) = 2Q^2 - 4Q + 21$,供给函数为 $Q = p - 6$,求该产品的利润函数;并说明该产品的盈亏情况.

解 因为 $C(Q) = 2Q^2 - 4Q + 21$,由题意得收入函数为

$$R(Q) = pQ = Q(Q + 6) = Q^2 + 6Q$$

所以利润函数为

$$L(Q) = R(Q) - C(Q) = (Q^2 + 6Q) - (2Q^2 - 4Q + 21)$$

$$= -Q^2 + 10Q - 21$$

令 $L(Q)=0$ 得盈亏平衡点为 $Q=3$ 或 $Q=7$. 容易看出,当 $Q<3$ 或 $Q>7$ 时,$L(Q)<0$,说明亏损;当 $3<Q<7$ 时,$L(Q)>0$,说明盈利.

1.2.3　库存函数

设某企业在计划期 T 内,对某种物品总需求量为 Q,由于库存费用和资金占用等因素,显然一次进货是不合算的,考虑均匀地分 n 次进货,每次进货批量为 $q=\dfrac{Q}{n}$,进货周期为 $t=\dfrac{T}{n}$. 假定每件物品贮存单位时间费用为 C_1,每次进货费用为 C_2,每次进货量相同,进货间隔时间不变,以匀速消耗物品,则平均库存为 $\dfrac{q}{2}$,在时间 T 内的总费用 E 为

$$E=\frac{1}{2}C_1Tq+C_2\frac{Q}{q},$$

其中,$\dfrac{1}{2}C_1Tq$ 是贮存费用,$C_2\dfrac{Q}{q}$ 为进货费用.

习题 1. 2

1. 设生产与销售某种商品的总收益函数 R 是产量 Q 的二次函数,经统计得知当产量分别是 $0,2,4$ 时,总收益 R 为 $0,6,8$,试确定 R 关于 Q 的函数式.

2. 设某商品的市场供应函数 $Q=Q(p)=-80+4p$,其中 Q 为供应量,p 为市场价格,商品的单位生产成本是 1.5 元,试建立利润 L 与市场价格 p 的函数关系式.

3. 某药厂生产某种药品,年产量为 Q 万瓶,每瓶售价 2 元. 该厂每年的自销量稳定在 50 万瓶,如果委托代销,销售量可上升 20%,但销售量达 60 万瓶时而呈饱和状态. 如果代销费为代销部分药价的 40%,试将总收益 R(万元)表示为年产量 Q(万瓶)的函数.

4. 某厂生产的手掌游戏机每台可卖 110 元,固定成本为 $7\,500$ 元,可变成本为每台 60 元.

(1) 要卖多少台手掌机,厂家才可保本(收回投资);

(2) 卖掉 100 台的话,厂家赢利或亏损了多少?

(3) 要获得 $1\,250$ 元利润,需要卖多少台?

5. 设某产品的价格函数是 $p=60-\dfrac{Q}{1\,000},(Q\geqslant10\,000)$,其中 p 为价格(元),Q 为产品的销售量. 又设产品的固定成本为 $60\,000$ 元,变动成本为 20 元/件. 求:

(1) 成本函数;(2) 收益函数;(3) 利润函数.

6. 一种汽车出厂价 $45\,000$ 元,使用后它的价值按年降价率 $\dfrac{1}{3}$ 的标准贬值,试求此车的价值 y(元)与使用时间 t(年)的函数关系.

1.3　极限的概念

极限概念是微积分学中最基本的概念,微积分学中的其他重要概念如导数、积分都是用

极限来表述的,并且它们的主要性质和法则也可通过极限的方法推导出来. 要学好经济数学这门课程,首先必须掌握好极限的概念、性质和计算.

1.3.1 数列的极限

古人云"一尺棰,日取其半,万世不竭."意思是说:一尺长的木槌,每天取它的一半,永远取不尽. 充分反映了我们先人关于"极限"概念的朴素、直观的理解. 我们把每天取后剩下的部分记为

$$\frac{1}{2}, \frac{1}{4}, \frac{1}{8}, \cdots, \frac{1}{2^n}, \cdots$$

像这样,按一定顺序排列起来的一列数 $x_1, x_2, x_3, \cdots, x_n, \cdots$ 就是数列,简记为 $\{x_n\}$. 数列中的每一个数叫做数列的项,第 n 项 x_n 叫做数列的一般项或通项. 如:

(1) $x_n = \frac{1}{n}$, 即 $1, \frac{1}{2}, \frac{1}{3}, \frac{1}{4}, \cdots, \frac{1}{n}, \cdots$

(2) $x_n = \frac{n}{n+1}$, 即 $\frac{1}{2}, \frac{2}{3}, \frac{3}{4}, \frac{4}{5}, \cdots, \frac{n}{n+1}, \cdots$

(3) $x_n = n$, 即 $1, 2, 3, 4, \cdots, n, \cdots$

(4) $x_n = \frac{(-1)^{n-1}}{n}$, 即 $1, -\frac{1}{2}, \frac{1}{3}, -\frac{1}{4}, \cdots, \frac{(-1)^{n-1}}{n}, \cdots$

(5) $x_n = \frac{1-(-1)^n}{2}$, 即 $1, 0, 1, 0, \cdots, \frac{1-(-1)^n}{2}, \cdots$

(6) $x_n = a$, 即 $a, a, a, a, \cdots, a, \cdots$

像数列(6)这样通项为常数的数列叫做**常数数列**.

对于给定的数列 $\{x_n\}$,重要的不是去研究它的每一个项如何,而是要知道,当 n 无限增大(记作 $n \to \infty$)时,它的项(主要考察通项)的变化趋势. 就数列(1)～(6)来看:

数列 $1, \frac{1}{2}, \frac{1}{3}, \frac{1}{4}, \cdots, \frac{1}{n}, \cdots$ 的通项 $x_n = \frac{1}{n}$ 随 n 的增大而减小,无限趋近于 0;

数列 $\frac{1}{2}, \frac{2}{3}, \frac{3}{4}, \frac{4}{5}, \cdots, \frac{n}{n+1}, \cdots$ 的通项 $x_n = \frac{n}{n+1}$ 随 n 的增大而增大,无限趋近于 1;

数列 $1, 2, 3, 4, \cdots, n, \cdots$ 的通项 $x_n = n$ 随 n 的增大而增大,且无限增大;

数列 $1, -\frac{1}{2}, \frac{1}{3}, -\frac{1}{4}, \cdots, \frac{(-1)^{n-1}}{n}, \cdots$ 的通项 $x_n = \frac{(-1)^{n-1}}{n}$ 随着 n 的变化在 0 两边跳跃,且随着 n 的增大无限趋近于 0;

数列 $1, 0, 1, 0, \cdots, \frac{1-(-1)^n}{2}, \cdots$ 的通项 $x_n = \frac{1-(-1)^n}{2}$ 随着 n 的增大始终交替取值 0 和 1,而不能趋近于某一个确定的数;

数列 $a, a, a, a, \cdots, a, \cdots$ 的各项都是同一个数 a,故当 n 越来越大时,该数列的变化趋势总是确定的.

不难看出,随着数列项数 n 的不断增大,数列通项要么无限趋近于某个确定的常数,要么无法趋近于一个常数. 将此现象抽象,便可以得到数列极限的描述性定义.

【定义 1】 若数列 $\{x_n\}$ 当项数 n 无限增大时,通项 x_n 能与某个常数 A 无限接近,那么

就称这个数列 $\{x_n\}$ **收敛**,而常数 A 就叫做数列的**极限**,记作 $\lim\limits_{n \to +\infty} x_n = A$. 否则就称这个数列是**发散**.

如数列(1)、(2)、(4)、(6)就是收敛的数列,它们的极限分别是 $0,1,0,a$. 也即 $\lim\limits_{n \to +\infty} \dfrac{1}{n} = 0$, $\lim\limits_{n \to +\infty} \dfrac{n}{n+1} = 1$, $\lim\limits_{n \to +\infty} \dfrac{(-1)^{n-1}}{n} = 0$, $\lim\limits_{n \to +\infty} a = a$.

注:(1) 收敛的数列极限唯一.

(2) 收敛的数列有界.

【例1】 某工厂对一生产设备的投资额是 1 万元,每年的折旧费为该设备账面价格(即以前各年折旧费用提取后余下的价格)的 $\dfrac{1}{10}$,那么这一设备的账面价格(单位:万元)第一年为 1,第二年为 $\dfrac{9}{10}$,第三年为 $\left(\dfrac{9}{10}\right)^2$,$\cdots$,第 n 年为 $\left(\dfrac{9}{10}\right)^{n-1}$,从它的变化趋势可以看出,随着年数 n 无限增大,账面价格无限接近于 0,即

$$\lim_{n \to \infty} \left(\dfrac{9}{10}\right)^{n-1} = 0.$$

极限概念的形成

1.3.2 函数的极限

1. 当 $x \to \infty$ 时函数的极限

【引例】 我们先来看函数 $y = \dfrac{1}{x}$ $(x \in \mathbf{R}, x \neq 0)$,画出其图像(见图 1-3),观察当 x 取正值并无限增大,和当 x 取负值并绝对值无限增大时,函数值的变化趋势.

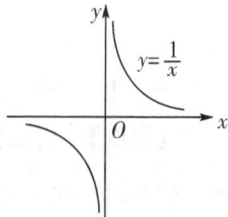

从图中可以看出,当 x 取正值增大时,y 的值趋于 0;当 x 取负值并绝对值增大时,y 的值也趋于 0. 即当 x 绝对值增大时,y 的值无限趋近于常数 0.

图 1-3

【定义2】 若当 $|x|$ 无限增大(即 $x \to \infty$)时,函数 $f(x)$ 无限地趋近于一个确定的常数 A,则称常数 A 为函数 $f(x)$ 当 $x \to \infty$ 时的极限,记为

$$\lim_{x \to \infty} f(x) = A \text{ 或 } f(x) \to A (x \to \infty).$$

x 绝对值无限增大分为负值无限增大和正值无限增大. 类似地得到如下定义.

【定义2'】 当自变量 x 无限增大时,函数值 $f(x)$ 无限接近一个确定的常数 A,则称 A 为函数 $y = f(x)$ 当 $x \to +\infty$ 时的极限,记为

$$\lim_{x \to +\infty} f(x) = A \text{ 或 } f(x) \to A (x \to +\infty).$$

【定义2"】 当自变量 $x < 0$ 且 $|x|$ 无限增大时,函数值 $f(x)$ 无限接近一个确定的常数 A,则称 A 为函数 $y = f(x)$ 当 $x \to -\infty$ 时的极限,记为

$$\lim_{x \to -\infty} f(x) = A \text{ 或 } f(x) \to A (x \to -\infty).$$

【例2】 求极限 $\lim\limits_{x \to +\infty} \left(1 + \dfrac{1}{x^2}\right)$,$\lim\limits_{x \to -\infty} \left(1 + \dfrac{1}{x^2}\right)$ 和 $\lim\limits_{x \to \infty} \left(1 + \dfrac{1}{x^2}\right)$.

解 由图 1-4 易知,当 $x \to +\infty$ 时,$\frac{1}{x^2}$ 无限变小,函数值趋近于 1;

当 $x \to -\infty$ 时,函数值同样趋近于 1. 所以 $\lim\limits_{x \to +\infty}\left(1+\frac{1}{x^2}\right)=1$,

$\lim\limits_{x \to -\infty}\left(1+\frac{1}{x^2}\right)=1$;

当 x 的绝对值无限增大时,即 $x \to \infty$ 时,函数值趋近于 1,故 $\lim\limits_{x \to \infty}\left(1+\frac{1}{x^2}\right)=1$.

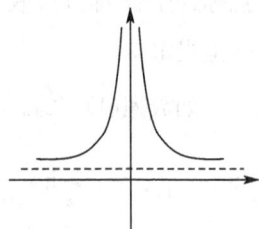

图 1-4

【例 3】 求极限 $\lim\limits_{x \to +\infty} e^x$ 和 $\lim\limits_{x \to -\infty} e^x$.

解 由图 1-5 可知,当 $x \to +\infty$ 时,函数 $f(x)=e^x$ 的值越来越大,所以 $\lim\limits_{x \to +\infty} e^x$ 不存在,即当 $x \to +\infty$ 时,$f(x)=e^x$ 是发散的. 当 $x \to -\infty$ 时,$e^x \to 0$,所以 $\lim\limits_{x \to -\infty} e^x=0$. 这时,由图 1-5 不难发现,当 $x \to \infty$ 时,函数值不趋近于一个确定的常数,故 $\lim\limits_{x \to \infty} e^x$ 不存在.

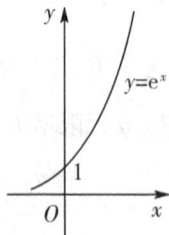

图 1-5

我们得到如下的定理:

定理 1 函数 $y=f(x)$ 当 $x \to \infty$ 时极限存在的充要条件是函数 $y=f(x)$ 当 $x \to +\infty$ 时与 $x \to -\infty$ 时极限都存在且相等. 即

$$\lim_{x \to \infty} f(x)=A \Leftrightarrow \lim_{x \to +\infty} f(x)=\lim_{x \to -\infty} f(x)=A.$$

2. 当 $x \to x_0$ 时函数的极限

【引例】 设函数 $y=f(x)=\frac{x^2-1}{x-1}$,则函数在 $x=1$ 这点没有定义. 当自变量 x 从 1 的附近无限地趋近于 1 时,相应的函数值的变化情况,它的终极结果是什么?

其实,当 x 无限趋近于 1 时,相应函数值就无限趋近 2(如图 1-6 所示). 这时称 $f(x)$ 当 $x \to 1$ 时以 2 为极限.

下面我们给出函数在某定点的极限的定义. 为了方便表述,先引入邻域的概念.

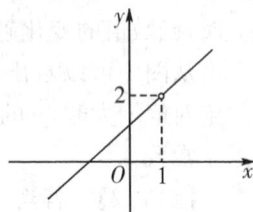

图 1-6

【定义 3】 设 $a, \delta \in \mathbf{R}$,且 $\delta > 0$,我们把数集 $\{x \mid |x-a|<\delta, x \in \mathbf{R}\}$ 称为**点 a 的 δ 邻域**,记作 $U(a,\delta)$;另外,我们把不包含 a 的数集 $\{x \mid 0<|x-a|<\delta, x \in \mathbf{R}\}$ 称为**点 a 的空心 δ 邻域**,记作 $\overset{\circ}{U}(a,\delta)$. 用区间表示,即为 $U(a,\delta)=(a-\delta,a+\delta)$,$\overset{\circ}{U}(a,\delta)=(a-\delta,a) \bigcup (a,a+\delta)$.

【定义 4】 设函数 $y=f(x)$ 在 x_0 的某个邻域内有定义,若当 $x \to x_0$ 时,函数 $f(x)$ 无限地趋近于一个确定的常数 A,那么就称数 A 为**当 $x \to x_0$ 时函数 $f(x)$ 的极限**,记为

$$\lim_{x \to x_0} f(x)=A \text{ 或 } f(x) \to A(x \to x_0).$$

注:(1) $\lim\limits_{x \to x_0} f(x)=A$ 描述的是当自变量 x 无限接近 x_0 时,相应的函数值 $f(x)$ 无限趋近于常数 A 的一种变化趋势,与函数 $f(x)$ 在 x_0 点是否有定义无关.

(2) 在 x 无限趋近 x_0 的过程中,既可以从大于 x_0 的方向趋近 x_0,也可以从小于 x_0 的方向趋近于 x_0,整个过程没有任何方向限制.

【例4】 考察下列极限

(1) $\lim\limits_{x \to x_0} x$;(2) $\lim\limits_{x \to x_0} C$.

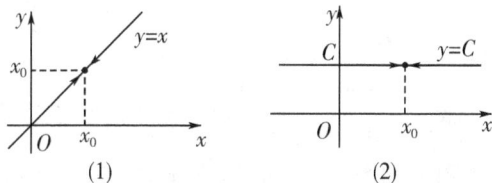

图 1 - 7

解 (1) 当自变量 x 趋于 x_0 时,作为函数的 x 也趋于 x_0,所以 $\lim\limits_{x \to x_0} x = x_0$,

(2) 无论自变量取何值,函数值始终为 C,所以 $\lim\limits_{x \to x_0} C = C.$

【例5】 求 $\lim\limits_{x \to \frac{\pi}{2}} \sin x$.

解 从正弦函数 $y = \sin x$ 的图形(图1 - 8)中可看出,当

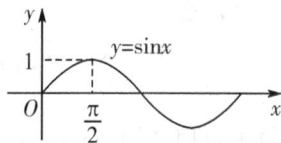

图 1 - 8

$x \to \dfrac{\pi}{2}$ 时,$\sin x \to 1$,即

$$\lim\limits_{x \to \frac{\pi}{2}} \sin x = 1.$$

上述例题中,我们都是考虑自变量 x 既从 x_0 的左侧,又从 x_0 的右侧趋于 x_0 时,函数值 $f(x)$ 的变化趋势的.有时只需考虑自变量从 x_0 的左侧或右侧趋于 x_0 时,函数值的变化趋势,这就是所谓的左、右极限.

3. 函数在点 x_0 的左右极限

【定义5】 设 $f(x)$ 在 $x = x_0$ 的左邻域内有定义,如果当自变量 x 从 x_0 的左侧趋于 x_0（记 $x \to x_0^-$）时,函数值 $f(x)$ 趋于一个确定的常数 A,则称 A 为 $f(x)$ 在 x_0 处的**左极限**,记为

$$\lim\limits_{x \to x_0^-} f(x) = A \text{ 或 } f(x) \to A(x \to x_0^-).$$

设函数 $f(x)$ 在 x_0 的右邻域内有定义,如果当自变量 x 从 x_0 的右侧趋于 x_0（记 $x \to x_0^+$）时,函数值 $f(x)$ 趋于一个确定的常数 A,则称 A 为函数 $f(x)$ 在 x_0 处的**右极限**,记为

$$\lim\limits_{x \to x_0^+} f(x) = A \text{ 或 } f(x) \to A(x \to x_0^+).$$

类似地,函数在点 x_0 处的极限和左右极限存在如下关系.

定理2 $\lim\limits_{x \to x_0} f(x) = A$ 的充分必要条件是 $\lim\limits_{x \to x_0^+} f(x) = \lim\limits_{x \to x_0^-} f(x) = A.$

注:这里要求左极限存在,右极限存在,且两者相等.三个条件同时满足时,函数在点 x_0 处的极限存在.

【例 6】 设函数 $y = f(x) = \begin{cases} x^2 & x > 0 \\ -x & x < 0 \end{cases}$，求 $\lim\limits_{x \to 0} f(x)$.

解 因为函数 $y = f(x)$ 在 $x = 0$ 的左、右邻域内是有不同的表达式,故要研究 $f(x)$ 在 $x = 0$ 处极限存在否,必须分开讨论当 $x \to 0^-$ 与 $x \to 0^+$ 时函数值的变化趋势:当 $x \to 0^-$ 时,$\lim\limits_{x \to 0^-} f(x) = \lim\limits_{x \to 0^-} (-x) = 0$;当 $x \to 0^+$ 时,$\lim\limits_{x \to 0^+} f(x) = \lim\limits_{x \to 0^+} x^2 = 0$.

根据定理 2 有 $\quad \lim\limits_{x \to 0} f(x) = 0$.

【例 7】 试讨论函数 $f(x) = \begin{cases} x+1 & x > 1 \\ x & x < 1 \end{cases}$,在 $x = 1$ 处的左、右极限.

解 函数 $y = f(x)$ 的图形如图 1-9 所示,当 $x < 1$ 时,$f(x) = x$,因此当 x 趋近于 1 时,$f(x)$ 趋近于 1,即

$$\lim\limits_{x \to 1^-} f(x) = \lim\limits_{x \to 1^-} x = 1;$$

同理可得

$$\lim\limits_{x \to 1^+} f(x) = \lim\limits_{x \to 1^+} (x+1) = 2.$$

故由定理 2 知,$y = f(x)$ 在 $x = 1$ 处不存在极限.

图 1-9

注:一般情况下,我们计算初等函数在某一点的极限时不需要讨论左右极限,只有计算分段函数或含绝对值的函数在分界点的极限时,才须讨论左右极限.

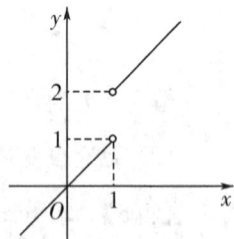

<h2 style="text-align:center">习题 1.3</h2>

1. 函数在某点的函数值是否决定了函数在该点的极限值? 试举例说明.

2. 根据极限定义,用观察法写出下列数列或函数的极限.

(1) $x_n = \dfrac{3}{n}$ $(n \to \infty)$;　　　　(2) $x_n = \dfrac{1}{e^n}$ $(n \to \infty)$;

(3) $x_n = (-1)^n \dfrac{1}{n}$ $(n \to \infty)$;　　(4) $x_n = \dfrac{n+1}{n^2}$ $(n \to \infty)$;

(5) $\lim\limits_{x \to \infty} 2$;　　　　　　　　　(6) $\lim\limits_{x \to \infty} \left(1 - \dfrac{1}{x}\right)$;

(7) $\lim\limits_{x \to +\infty} 3^{-x}$;　　　　　　　(8) $\lim\limits_{x \to 1} \dfrac{x(x-1)}{x-1}$;

(9) $\lim\limits_{x \to 1} \ln x$;　　　　　　　　(10) $\lim\limits_{x \to 0} \cos x$.

3. 设 $f(x) = \dfrac{|x|}{x}$,求当 $x \to 0$ 时函数的左右极限,并说明当 $x \to 0$ 时函数的极限是否存在.

4. 设函数 $f(x) = \begin{cases} x, & x < 0, \\ \sin x, & 0 \leqslant x < \pi, \\ 1, & x \geqslant \pi, \end{cases}$ 试求此函数分别在 $-1, 0, \dfrac{\pi}{2}, \pi, 4$ 的极限.

1.4 无穷小与无穷大

无穷小量

先观察如下一些极限:

$\lim\limits_{x\to 1}(x-1)=0, \lim\limits_{x\to\infty}\dfrac{x+1}{x^2}=0, \lim\limits_{x\to 0}2x^3=0$ 共同特点是:极限值为零.

$\lim\limits_{x\to 1}\dfrac{1}{x-1}=\infty, \lim\limits_{x\to\infty}\dfrac{x^2}{x+1}=\infty, \lim\limits_{x\to 0}\dfrac{1}{2x^3}=\infty$ 共同特点是:极限值都不存在,但都趋向

于无穷大. 且前三个函数与后三个函数的关系是倒数关系.

1.4.1 无穷小量及性质

1. 无穷小量的概念

我们经常遇到极限为零的变量. 例如,当 $x\to\infty$ 时, $\dfrac{1}{x}\to 0$;当 $x\to 2$ 时, $x-2\to 0$. 对于这样的变量,我们给出下面的定义:

【定义 1】 若 $\lim\limits_{x\to x_0}f(x)=0$,则称 $f(x)$ 当 $x\to x_0$ 时是**无穷小量**(或无穷小).

注:(1)说一个函数 $f(x)$ 是无穷小,必须指明自变量 x 的变化趋势,因为相同的函数在不同的变化趋势下,可能是无穷小也可能不是无穷小.

(2)不要把一个绝对值很小的常数说成无穷小,因为常数的极限为它本身,并不是零;常数中只有"0"可以看成是无穷小,但无穷小量不一定是零.

(3)可将定义中自变量的趋向换成其他任何一种情形 $(x\to x_0^-, x\to x_0^+, x\to x_0, x\to \infty, x\to -\infty$ 或 $x\to +\infty)$,结论同样成立. 以后不再说明.

【例 1】 指出自变量 x 在怎样的趋势下,下列函数为无穷小量.

(1) $y=\dfrac{1}{x+1}$; (2) $y=x^2-1$; (3) $y=a^x(a>0, a\neq 1)$.

解 (1)因为 $\lim\limits_{x\to\infty}\dfrac{1}{x+1}=0$,所以当 $x\to\infty$ 时,函数 $y=\dfrac{1}{x+1}$ 是一个无穷小量;

(2)因为 $\lim\limits_{x\to 1}(x^2-1)=0$ 与 $\lim\limits_{x\to -1}(x^2-1)=0$,所以当 $x\to 1$ 与 $x\to -1$ 时函数 $y=x^2-1$ 都是无穷小量;

(3)对于 $a>1$,因为 $\lim\limits_{x\to -\infty}a^x=0$,所以当 $x\to -\infty$ 时, $y=a^x$ 为一个无穷小量;而对于 $0<a<1$,因为 $\lim\limits_{x\to +\infty}a^x=0$,所以当 $x\to +\infty$ 时, $y=a^x$ 为一个无穷小量.

建立了无穷小的概念后,我们可以找到函数极限与无穷小量之间的关系. 看下面的定理:

定理 1 $\lim f(x)=A$ 的充分必要条件是函数 $f(x)$ 可以表示为常数 A 与一个无穷小量之和. 即

$$\lim f(x)=A \Leftrightarrow f(x)=A+\alpha(\alpha\to 0).$$

注:这里极限符号下面没有给出自变量变化趋势,表示可以是任意一种情况,如 $x\to +\infty, x\to -\infty, x\to\infty, x\to x_0^+, x\to x_0^-, x\to x_0$. 本书后面出现这个符号将不再做说明.

2. 无穷小量的性质

在自变量的同一变化过程中,无穷小有下列性质:

性质 1 常数与无穷小的乘积仍为无穷小.

性质 2 有限个无穷小的代数和是无穷小.

性质 3 有限个无穷小的乘积是无穷小.

性质 4 有界函数与无穷小的乘积是无穷小.

在实际中,利用无穷小的性质,可以求一些函数的极限.

【**例 2**】 求 $\lim\limits_{x \to 0}(x^3 + 3x^2)$.

解 通过作图观察可知,$\lim\limits_{x \to 0} x^3 = 0, \lim\limits_{x \to 0} 3x^2 = 0$.

由性质 2 有,$\lim\limits_{x \to 0}(x^3 + 3x^2) = 0$.

【**例 3**】 求 $\lim\limits_{x \to 0} x \sin \dfrac{1}{x}$.

解 当 $x \to 0$ 时,$\lim\limits_{x \to 0} x = 0$ 即 x 为无穷小量,而 $\left| \sin \dfrac{1}{x} \right| \leqslant 1$ 即 $\sin \dfrac{1}{x}$ 是有界函数.

利用性质 4 有,$\lim\limits_{x \to 0} x \sin \dfrac{1}{x} = 0$.

1.4.2 无穷大量

1. 无穷大量的概念

相反于无穷小量,有一类函数在变化过程中绝对值无限增大,我们称它为无穷大量.

【**定义 2**】 如果当 $x \to x_0$(或 $x \to \infty$)时,函数 $f(x)$ 的绝对值无限增大,那么函数 $f(x)$ 叫做当 $x \to x_0$(或 $x \to \infty$)时的**无穷大量**,简称**无穷大**.

如果函数 $f(x)$ 当 $x \to x_0$(或 $x \to \infty$)时为无穷大,则它的极限是不存在的,但为了方便也说"函数的极限是无穷大",并记作

$$\lim f(x) = \infty.$$

例如,当 $x \to 1$ 时,$\left| \dfrac{1}{x-1} \right|$ 无限增大,所以当 $x \to 1$ 时,$\dfrac{1}{x-1}$ 是无穷大量,即

$$\lim_{x \to 1} \frac{1}{x-1} = \infty.$$

注:(1)无穷大量是一个变化的过程,反映了自变量在某个趋近过程中,函数绝对值在无限增大的一种趋势.

(2)说一个函数 $f(x)$ 是无穷大,也必须指明自变量 x 的变化趋势,因为相同的函数在不同的变化趋势下,可能是无穷大也可能不是无穷大.

【**例 4**】 下列变量是否为无穷大量?

(1) $x^2 \ (x \to \infty)$ (2) $\cot x \ (x \to 0)$ (3) $e^x \ (x \to \infty)$

解 (1)当 $x \to \infty$ 时,x^2 的值越来越大,所以当 $x \to \infty$ 时,x^2 是无穷大量.

(2)当 $x \to 0$ 时,$\cot x$ 的绝对值越来越大,所以当 $x \to 0$ 时,$\cot x$ 是无穷大量.

(3)当 $x \to -\infty$ 时,e^x 的值无限趋近于 0,而当 $x \to +\infty$ 时,e^x 的值越来越大,所以当

$x \to \infty$ 时，e^x 的值不稳定，不是无穷大量.

2. 无穷大和无穷小的关系

定理 2　在同一变化过程中，无穷大量的倒数为无穷小量，非零的无穷小量的倒数为无穷大量.

例如，当 $x \to 2$ 时，$x-2$ 是无穷小，则 $\dfrac{1}{x-2}$ 是无穷大；当 $x \to \infty$ 时，x 是无穷大，则 $\dfrac{1}{x}$ 是无穷小.

【例 5】　实践中发现，从大气或水中清除其中大部分的污染成分所需要的费用相对来说是不太高. 然而，若要进一步去清除那些剩余的污染物，则会使费用增多. 设清除污染成分的 $x\%$ 与清除费用 $C($元$)$ 之间的函数关系是 $C(x) = \dfrac{7\,300x}{100-x}$，请问能否百分之百地清除污染？

解　由于 $\lim\limits_{x \to 100^-} \dfrac{1}{C(x)} = \lim\limits_{x \to 100^-} \dfrac{100-x}{7\,300x} = 0$，故

$$\lim\limits_{x \to 100^-} C(x) = \lim\limits_{x \to 100^-} \dfrac{7\,300x}{100-x} = +\infty \quad (x \text{ 不可能大于 } 100, \text{故只考虑左极限})$$

所以，清除费用随着清除污染成分的增加会越来越高，不能百分之百地清除污染.

1.4.3　无穷小量的阶

考虑变量 x, x^2, x^3，当 $x \to 0$ 时，它们都是无穷小，即当 $x \to 0$ 时，它们都趋于 0. 但很明显，三者趋于 0 的快慢程度不同，x^3 最快，x 最慢. 为比较这种快慢程度，我们引进无穷小"阶"的概念.

【定义 3】　设 $\lim \alpha(x) = 0, \lim \beta(x) = 0$，且 $\beta(x) \neq 0$，

(1) 若 $\lim \dfrac{\alpha(x)}{\beta(x)} = 0$，则称 $\alpha(x)$ 是比 $\beta(x)$ 高阶无穷小，记作 $\alpha(x) = 0(\beta(x))$；

(2) 若 $\lim \dfrac{\alpha(x)}{\beta(x)} = l \neq 0$，则称 $\alpha(x)$ 和 $\beta(x)$ 是同阶无穷小；

特别地，若 $l = 1$，则称 $\alpha(x)$ 与 $\beta(x)$ 为等价无穷小，记 $\alpha(x) \sim \beta(x)$；

(3) 若 $\lim \dfrac{\alpha(x)}{\beta(x)} = \infty$，则称 $\alpha(x)$ 是比 $\beta(x)$ 低阶无穷小.

根据定义 3，当 $x \to 0$ 时，无穷小量 x^3 比 x^2 高阶，x^2 比 x 高阶，当然 x^3 也比 x 高阶.

【例 6】　比较下列无穷小的阶：

(1) 当 $x \to 1$ 时，$1-x$ 与 $1-x^2$；　(2) 当 $x \to 0$ 时，x 与 $\sqrt{1+x} - \sqrt{1-x}$.

解　(1) 因为 $\lim\limits_{x \to 1} \dfrac{1-x^2}{1-x} = \lim\limits_{x \to 1} \dfrac{(1-x)(1+x)}{1-x} = \lim\limits_{x \to 1}(1+x) = 2$，所以当 $x \to 1$ 时，$1-x$ 与 $1-x^2$ 是同阶无穷小.

(2) 因为 $\lim\limits_{x \to 0} \dfrac{\sqrt{1+x} - \sqrt{1-x}}{x} = \lim\limits_{x \to 0} \dfrac{(1+x)-(1-x)}{x(\sqrt{1+x}+\sqrt{1-x})} = \lim\limits_{x \to 0} \dfrac{2}{\sqrt{1+x}+\sqrt{1-x}}$

$= 1$，所以当 $x \to 0$ 时，x 与 $\sqrt{1+x} - \sqrt{1-x}$ 是等价无穷小.

注：当两个无穷小之比的极限不存在时，这两个无穷小之间不能进行比较.

无穷小的等价关系可以用在求极限的过程当中,即可以把较复杂的无穷小替换为较简单的无穷小.现在我们把常用的等价无穷小列出来,当 $x \to 0$ 时有:

(1) $\sin x \sim x$,　　　(2) $\arcsin x \sim x$,　　　(3) $\tan x \sim x$,　　　(4) $1 - \cos x \sim \dfrac{1}{2} x^2$,

(5) $\ln(1+x) \sim x$,　　(6) $e^x - 1 \sim x$,　　　(7) $\sqrt[n]{1+x} - 1 \sim \dfrac{1}{n} x$.

这些无穷小的等价可以推广,例如,当 $x \to 0$ 时有 $x^2 \sim \sin x^2$ 等等.

注:等价无穷小只用于替换因子部分.

【例 7】 求 $\lim\limits_{x \to 0} \dfrac{\sin 3x}{\tan 5x}$.

解 因为 $x \to 0$ 时,$\sin 3x \sim 3x$,$\tan 5x \sim 5x$,所以,$\lim\limits_{x \to 0} \dfrac{\sin 3x}{\tan 5x} = \lim\limits_{x \to 0} \dfrac{3x}{5x} = \dfrac{3}{5}$.

【例 8】 求 $\lim\limits_{x \to 0} \dfrac{\ln(1 + 3x^2)}{e^{x^2} - 1}$.

解 因为 $\ln(1 + 3x^2) \sim 3x^2$,$e^{x^2} - 1 \sim x^2$,所以 $\lim\limits_{x \to 0} \dfrac{\ln(1 + 3x^2)}{e^{x^2} - 1} = \lim\limits_{x \to 0} \dfrac{3x^2}{x^2} = 3$.

习题 1.4

1. 下列变量哪些是无穷大量,哪些是无穷小量?

(1) $\dfrac{1}{\sqrt[3]{x}} \ (x \to 0)$;　　　　　　　(2) $x^2 + x \ (x \to 0)$;

(3) $\dfrac{x}{1 + x^2} \ (x \to \infty)$;　　　　　　(4) $\ln(2x - 1) \ (x \to 1)$.

2. 比较下列无穷小的阶:

(1) 当 $x \to 0$ 时,$x^3 + 3x^2$ 与 $\sin x$;

(2) 当 $x \to -1$ 时,$1 + x$ 与 $1 + x^3$.

3. 试证明当 $x \to 0$ 时,$\sqrt{1+x} - 1 \sim \dfrac{x}{2}$.

4. 求下列各极限:

(1) $\lim\limits_{x \to 0} x \cos \dfrac{1}{x}$;　　　　　　　(2) $\lim\limits_{x \to \infty} \dfrac{\arctan x}{x}$.

5. 利用无穷小的等价求下列极限:

(1) $\lim\limits_{x \to 0} \dfrac{\sqrt[3]{1+x} - 1}{\sin 3x}$;　　　　　(2) $\lim\limits_{x \to 0} \dfrac{(e^x - 1) \arcsin 2x}{x \ln(1 - x)}$.

1.5 极限的性质与运算法则

1.5.1 极限的性质

性质 1(唯一性) 若极限 $\lim f(x)$ 存在,则极限值唯一.

以下性质只对 $x \to x_0$ 的情形加以叙述,其他形式的极限也有类似的结果.

性质 2（有界性） 若极限 $\lim\limits_{x \to x_0} f(x)$ 存在，则函数 $f(x)$ 在 x_0 的某个空心邻域内有界.

性质 3（保号性） 若 $\lim\limits_{x \to x_0} f(x) = A$，且 $A > 0$（或 $A < 0$），则在 x_0 的某个空心领域内恒有 $f(x) > 0$（或 $f(x) < 0$）.

1.5.2 极限的运算法则

若 $\lim\limits_{x \to x_0} f(x) = A, \lim\limits_{x \to x_0} g(x) = B$，则有

(1) $\lim\limits_{x \to x_0} [f(x) \pm g(x)] = \lim\limits_{x \to x_0} f(x) \pm \lim\limits_{x \to x_0} g(x) = A \pm B$;

(2) $\lim\limits_{x \to x_0} [f(x) \cdot g(x)] = \lim\limits_{x \to x_0} f(x) \cdot \lim\limits_{x \to x_0} g(x) = A \cdot B$;

(3) $\lim\limits_{x \to x_0} \dfrac{f(x)}{g(x)} = \dfrac{\lim\limits_{x \to x_0} f(x)}{\lim\limits_{x \to x_0} g(x)} = \dfrac{A}{B}, (B \neq 0)$.

也就是说，如果两个函数都有极限，那么这两个函数的和、差、积、商组成的函数极限，分别等于这两个函数的极限的和、差、积、商（作为除数的函数的极限不能为 0）.

注：（1）当 C 是常数，n 是正整数时：$\lim\limits_{x \to x_0} [Cf(x)] = C \lim\limits_{x \to x_0} f(x), \lim\limits_{x \to x_0} [f(x)]^n = [\lim\limits_{x \to x_0} f(x)]^n$.

（2）这些法则对于 $x \to \infty$ 等情况仍然适用.

（3）可推广到有限项的情况.

【例 1】 求下列极限.

(1) $\lim\limits_{x \to 2} (x^2 + 3x - 1)$;   (2) $\lim\limits_{x \to 1} \dfrac{2x^3 - x^2 + 1}{x + 1}$;   (3) $\lim\limits_{x \to 1} \dfrac{x^2 - 2x + 5}{x^2 + 7}$.

解 (1) $\lim\limits_{x \to 2} (x^2 + 3x - 1) = \lim\limits_{x \to 2} x^2 + \lim\limits_{x \to 2} 3x - \lim\limits_{x \to 2} 1 = 4 + 6 - 1 = 9$

(2) $\lim\limits_{x \to 1} \dfrac{2x^3 - x^2 + 1}{x + 1} = \dfrac{\lim\limits_{x \to 1} (2x^3 - x^2 + 1)}{\lim\limits_{x \to 1} (x + 1)} = \dfrac{\lim\limits_{x \to 1} 2x^3 - \lim\limits_{x \to 1} x^2 + \lim\limits_{x \to 1} 1}{\lim\limits_{x \to 1} x + \lim\limits_{x \to 1} 1} = \dfrac{2}{2} = 1$

(3) $\lim\limits_{x \to 1} \dfrac{x^2 - 2x + 5}{x^2 + 7} = \lim\limits_{x \to 1} \dfrac{1^2 - 2 \times 1 + 5}{1^2 + 7} = \dfrac{1}{2}$

注：求某些函数在某一点 $x = x_0$ 处的极限值时，只要把 $x = x_0$ 代入函数的解析式中，就得到极限值. 这种方法叫直接**代入法**.

【例 2】 求下列极限.

(1) $\lim\limits_{x \to 1} \dfrac{x^2 - 1}{x - 1}$;   (2) $\lim\limits_{x \to 1} \dfrac{x^2 - 1}{2x^2 - x - 1}$;   (3) $\lim\limits_{x \to 4} \dfrac{x^2 - 16}{x - 4}$.

分析 这个题目如果用代入法做，则分子、分母都为 0，所以不能求解. 将分子分母因式分解，利用定义域可约去公因式，化简再求极限.

解 (1) $\lim\limits_{x \to 1} \dfrac{x^2 - 1}{x - 1} = \lim\limits_{x \to 1} \dfrac{(x - 1)(x + 1)}{x - 1} = \lim\limits_{x \to 1} (x + 1) = 2$

(2) $\lim\limits_{x \to 1} \dfrac{x^2 - 1}{2x^2 - x - 1} = \lim\limits_{x \to 1} \dfrac{(x + 1)(x - 1)}{(x - 1)(2x + 1)} = \lim\limits_{x \to 1} \dfrac{x + 1}{2x + 1}$

$$= \frac{\lim\limits_{x \to 1}(x+1)}{\lim\limits_{x \to 1}(2x+1)} = \frac{1+1}{2 \times 1 + 1} = \frac{2}{3}$$

(3) $\lim\limits_{x \to 4} \dfrac{x^2 - 16}{x - 4} = \lim\limits_{x \to 4} \dfrac{(x-4)(x+4)}{x-4} = \lim\limits_{x \to 4}(x+4) = \lim\limits_{x \to 4} x + \lim\limits_{x \to 4} 4$

$$= 4 + 4 = 8$$

注：当用代入法时，分子、分母都为 0，可对分子、分母因式分解，约去公因式来求极限. 就是先要对原来的函数进行恒等变形. 称**因式分解法**.

【例 3】 求下列极限.

(1) $\lim\limits_{x \to 0} \dfrac{\sqrt{x+1}-1}{x}$ ；　　(2) $\lim\limits_{x \to \infty} x(\sqrt{x^2+1} - \sqrt{x^2-1})$ ；　　(3) $\lim\limits_{x \to 1} \dfrac{x-1}{\sqrt{x+3}-2}$.

解 (1) $\lim\limits_{x \to 0} \dfrac{\sqrt{x+1}-1}{x} = \lim\limits_{x \to 0} \dfrac{x}{x \cdot (\sqrt{x+1}+1)} = \lim\limits_{x \to 0} \dfrac{1}{\sqrt{x+1}+1} = \dfrac{1}{2}$

(2) $\lim\limits_{x \to \infty} x(\sqrt{x^2+1} - \sqrt{x^2-1}) = \lim\limits_{x \to \infty} \dfrac{2x}{\sqrt{x^2+1} + \sqrt{x^2-1}}$

$$= \lim\limits_{x \to \infty} \dfrac{2}{\sqrt{1+\dfrac{1}{x^2}} + \sqrt{1-\dfrac{1}{x^2}}} = \dfrac{2}{1+1} = 1$$

(3) $\lim\limits_{x \to 1} \dfrac{(x-1)(\sqrt{x+3}+2)}{(\sqrt{x+3}-2)(\sqrt{x+3}+2)} = \lim\limits_{x \to 1} \dfrac{(x-1)(\sqrt{x+3}+2)}{x-1}$

$$= \lim\limits_{x \to 1}(\sqrt{x+3}+2) = 2 + 2 = 4$$

注：用代入法时，分子、分母都为 0，但是分子、分母都不能进行因式分解，我们可以对分子或分母进行有理化，然后进行求解，称**有理化法**.

【例 4】 求下列极限.

(1) $\lim\limits_{x \to \infty} \dfrac{3x^2 - x + 3}{x^2 + 1}$ ；　　　　(2) $\lim\limits_{x \to \infty} \dfrac{x^3 - x + 5}{2x^2 + 1}$.

分析 对于有理分式，当 $x \to \infty$ 时，分子、分母都没有极限，不能直接运用上面的商的极限运算法则. 可考虑将分子、分母同时除以分子与分母中最高次项.

解 (1) $\lim\limits_{x \to \infty} \dfrac{3x^2 - x + 3}{x^2 + 1} = \lim\limits_{x \to \infty} \dfrac{3 - \dfrac{1}{x} + \dfrac{3}{x^2}}{1 + \dfrac{1}{x^2}} = \dfrac{\lim\limits_{x \to \infty}\left(3 - \dfrac{1}{x} + \dfrac{3}{x^2}\right)}{\lim\limits_{x \to \infty}\left(1 + \dfrac{1}{x^2}\right)}$

$$= \dfrac{\lim\limits_{x \to \infty} 3 - \lim\limits_{x \to \infty}\dfrac{1}{x} + \lim\limits_{x \to \infty}\dfrac{3}{x^2}}{\lim\limits_{x \to \infty} 1 + \lim\limits_{x \to \infty}\dfrac{1}{x^2}} = 3$$

(2) $\lim\limits_{x \to \infty} \dfrac{2x^2 + 1}{x^3 - x + 5} = \lim\limits_{x \to \infty} \dfrac{\dfrac{2}{x} + \dfrac{1}{x^3}}{1 - \dfrac{1}{x^2} + \dfrac{5}{x^3}} = \dfrac{\lim\limits_{x \to \infty}\left(\dfrac{2}{x} + \dfrac{1}{x^3}\right)}{\lim\limits_{x \to \infty}\left(1 - \dfrac{1}{x^2} + \dfrac{5}{x^3}\right)} = 0$，故

$$\lim_{x \to \infty} \frac{x^3 - x + 5}{2x^2 + 1} = \infty$$

一般地，有 $\lim\limits_{x \to \infty} \dfrac{a_0 x^m + a_1 x^{m-1} + \cdots + a_m}{b_0 x^n + b_1 x^{n-1} + \cdots + b_n} = \begin{cases} 0, & n > m, \\ \dfrac{a_0}{b_0}, & n = m, \\ \infty, & n < m. \end{cases}$ 其中 $a_0 \neq 0, b_0 \neq 0$.

【例 5】 求下列极限.

(1) $\lim\limits_{x \to \infty} \dfrac{4x^2 + 5x - 3}{2x^3 + 8}$;　　　(2) $\lim\limits_{x \to \infty} \dfrac{3x^4 - x + 1}{2x^2 + 3}$;　　　(3) $\lim\limits_{x \to \infty} \dfrac{(x+1)(2x^2+1)}{2 - 7x^3}$.

解 (1) 因为分母的最高次大于分子的最高次，所以 $\lim\limits_{x \to \infty} \dfrac{4x^2 + 5x - 3}{2x^3 + 8} = 0$.

(2) 因为分子的最高次大于分母的最高次，所以 $\lim\limits_{x \to \infty} \dfrac{3x^4 - x + 1}{2x^2 + 3} = \infty$.

(3) 分子展开后为三次多项式，分子最高次等于分母最高次，$\lim\limits_{x \to \infty} \dfrac{(x+1)(2x^2+1)}{2 - 7x^3} = -\dfrac{2}{7}$.

【例 6】 当推出一种新的商品时，在短时间内销售量会迅速增加，然后开始下降，其函数关系为 $y = \dfrac{200t}{t^2 + 100}$，请对该商品的长期销售作出预测.

解 该商品的长期销售应为当 $t \to +\infty$ 时的销售量.

由于 $\lim\limits_{t \to +\infty} y = \lim\limits_{t \to +\infty} \dfrac{200t}{t^2 + 100} = 0$，所以购买该商品的人随着时间的增加会越来越少.

小结：求函数的极限要掌握几种基本的方法：① 代入法；② 因式分解法；③ 有理化法；④ 分子、分母同除 x 的最高次幂(或称"抓大头").

习题 1.5

求下列极限

(1) $\lim\limits_{x \to 1} (2x^3 - x + 4)$;

(2) $\lim\limits_{x \to 2} \dfrac{x + 3}{x^2 + x + 1}$;

(3) $\lim\limits_{x \to 2} \dfrac{x - 2}{x^2 + 3x - 10}$;

(4) $\lim\limits_{x \to 1} \dfrac{x^2 - x - 2}{x^2 + 6x + 5}$;

(5) $\lim\limits_{x \to 0} \dfrac{3x + 2}{x}$;

(6) $\lim\limits_{x \to \infty} (e^{\frac{1}{x}} - 1)$;

(7) $\lim\limits_{x \to 4} \dfrac{x - 4}{\sqrt{x} - 2}$;

(8) $\lim\limits_{x \to +\infty} \dfrac{\cos x}{x}$;

(9) $\lim\limits_{x \to +\infty} \dfrac{\sqrt{x^2 + 2x + 2} - 1}{x + 2}$;

(10) $\lim\limits_{x \to +\infty} (\sqrt{9x^2 + 1} - 3x)$;

(11) $\lim\limits_{x \to 4} \dfrac{\sqrt{x - 2} - \sqrt{2}}{\sqrt{2x + 1} - 3}$;

(12) $\lim\limits_{x \to +\infty} x(\sqrt{x^2 + 1} - x)$;

(13) $\lim\limits_{x \to 1} \left(\dfrac{3}{1 - x^3} - \dfrac{2}{1 - x^2} \right)$;

(14) $\lim\limits_{x \to \infty} \dfrac{x^3 - 1}{x^2 + 2x + 3}$.

1.6 两个重要极限

1.6.1 重要极限

1. $\lim\limits_{x\to 0}\dfrac{\sin x}{x}=1$

观察当 $x\to 0$ 时，$\dfrac{\sin x}{x}$ 的变化情况

表 1 - 2

x	$\pm\dfrac{\pi}{9}$	$\pm\dfrac{\pi}{18}$	$\pm\dfrac{\pi}{36}$	$\pm\dfrac{\pi}{72}$	$\pm\dfrac{\pi}{144}$	$\pm\dfrac{\pi}{288}$	$\to 0$
$\dfrac{\sin x}{x}$	0.979 82	0.994 93	0.998 73	0.999 68	0.999 92	0.999 98	$\to 1$

从表 1 - 2 中我们可以看出，随着 x 越来越趋近于 0，$\dfrac{\sin x}{x}$ 的值越来越趋近于 1，事实上我们可以用数形结合的方法证明 $\lim\limits_{x\to 0}\dfrac{\sin x}{x}=1$.（本书从略）

注：这个重要极限是 $\dfrac{0}{0}$ 型，为了更好地应用第一个重要极限，我们写出它的推广形式，一般地，如果 $\lim\varphi(x)=0$，则有 $\lim\dfrac{\sin\left[\varphi(x)\right]}{\varphi(x)}=1$.

【例1】 求 $\lim\limits_{x\to 0}\dfrac{\sin x}{3x}$.

解 原式 $=\lim\limits_{x\to 0}\dfrac{1}{3}\cdot\dfrac{\sin x}{x}=\dfrac{1}{3}\lim\limits_{x\to 0}\dfrac{\sin x}{x}=\dfrac{1}{3}$.

【例2】 求 $\lim\limits_{x\to 0}\dfrac{\tan x}{x}$.

解 原式 $=\lim\limits_{x\to 0}\dfrac{\sin x}{x}\cdot\dfrac{1}{\cos x}=\lim\limits_{x\to 0}\dfrac{\sin x}{x}\cdot\lim\limits_{x\to 0}\dfrac{1}{\cos x}=1\times 1=1$.

【例3】 求 $\lim\limits_{x\to 0}\dfrac{\sin 5x}{2x}$.

解 原式 $=\lim\limits_{x\to 0}\left(\dfrac{\sin 5x}{5x}\cdot\dfrac{5}{2}\right)=\dfrac{5}{2}\lim\limits_{x\to 0}\dfrac{\sin 5x}{5x}$

当 $x\to 0$ 时，$5x\to 0$，故 $\lim\limits_{x\to 0}\dfrac{\sin 5x}{5x}=1$，所以原式 $=\dfrac{5}{2}\times 1=\dfrac{5}{2}$.

【例4】 求 $\lim\limits_{x\to 0}\dfrac{1-\cos x}{x^2}$.

解 原式 $=\lim\limits_{x\to 0}\dfrac{2\sin^2\dfrac{x}{2}}{x^2}=\lim\limits_{x\to 0}\dfrac{\sin^2\dfrac{x}{2}}{2\left(\dfrac{x}{2}\right)^2}=\dfrac{1}{2}\lim\limits_{x\to 0}\dfrac{\sin\dfrac{x}{2}}{\dfrac{x}{2}}\cdot\dfrac{\sin\dfrac{x}{2}}{\dfrac{x}{2}}=\dfrac{1}{2}\times 1\times 1=\dfrac{1}{2}$.

【例 5】　求 $\lim\limits_{x\to 0}\dfrac{\arctan x}{x}$.

解　令 $t=\arctan x$，则 $x=\tan t$，显然当 $x\to 0$ 时，$t\to 0$.

所以 $\lim\limits_{x\to 0}\dfrac{\arctan x}{x}=\lim\limits_{t\to 0}\dfrac{t}{\tan t}=1$.

2. $\lim\limits_{x\to\infty}\left(1+\dfrac{1}{x}\right)^{x}=\mathrm{e}$.

观察 $x\to\infty$ 时，$\left(1+\dfrac{1}{x}\right)^{x}$ 的变化趋势.

欧拉数

表 1 - 3

x	10	100	1 000	10 000	100 000	…
$\left(1+\dfrac{1}{x}\right)^{x}$	2.594	2.705	2.717	2.718 1	2.718 28	…

从表 1 - 3 中我们可以看出，随着 x 的无限增大，函数 $\left(1+\dfrac{1}{x}\right)^{x}$ 越来越趋近于常数 e（2.718 28…），即

$$\lim_{x\to\infty}\left(1+\frac{1}{x}\right)^{x}=\mathrm{e}$$

注：(1) 此极限的类型称为"1^{∞}"型;

(2) 一般地，如果 $\lim\varphi(x)=\infty$，则有

$$\lim\left(1+\frac{1}{\varphi(x)}\right)^{\varphi(x)}=\mathrm{e}$$

(3) 利用变量替换，有 $\lim\limits_{x\to 0}(1+x)^{\frac{1}{x}}=\mathrm{e}$，一般地，如果 $\lim\varphi(x)=0$，则有 $\lim(1+\varphi(x))^{\frac{1}{\varphi(x)}}=\mathrm{e}$.

【例 6】　求 $\lim\limits_{x\to\infty}\left(1+\dfrac{3}{x}\right)^{x}$.

解　原式 $=\lim\limits_{x\to\infty}\left(1+\dfrac{3}{x}\right)^{\frac{x}{3}\cdot 3}=\lim\limits_{x\to\infty}\left\{\left(1+\dfrac{1}{x/3}\right)^{\frac{x}{3}}\right\}^{3}=\mathrm{e}^{3}$.

【例 7】　求 $\lim\limits_{x\to\infty}\left(1-\dfrac{1}{x}\right)^{2x+5}$.

解　原式 $=\lim\limits_{x\to\infty}\left(1+\dfrac{1}{(-x)}\right)^{(-2)\cdot(-x)+5}=\lim\limits_{x\to\infty}\left\{\left(1+\dfrac{1}{(-x)}\right)^{-x}\right\}^{-2}\cdot\lim\limits_{x\to\infty}\left(1+\dfrac{1}{(-x)}\right)^{5}$

$\qquad=\mathrm{e}^{-2}\times 1^{5}=\mathrm{e}^{-2}$

【例 8】　$\lim\limits_{x\to 0}(1-3x)^{\frac{1}{x}}$

解　原式 $=\lim\limits_{x\to 0}(1+(-3x))^{(-3)\cdot\frac{1}{-3x}}=\lim\limits_{x\to 0}\left\{(1+(-3x))^{\frac{1}{-3x}}\right\}^{-3}=\mathrm{e}^{-3}$.

【例 9】　$\lim\limits_{x\to 0}(1+\sin x)^{\csc x}$

解　原式 $=\lim\limits_{x\to 0}(1+\sin x)^{\frac{1}{\sin x}}=\mathrm{e}$.

1.6.2 极限在经济中的应用

设现有本金 A_0,每期利率为 r,期数为 t. 若每期结算一次,则第一期末的本利和为

$$A_1 = A_0 + A_0 r = A_0(1+r),$$

将本利和 A_1 再存入银行,第二期末的本利和为

$$A_2 = A_1 + A_1 r = A_0(1+r)^2,$$

再把本利和存入银行,如此反复,第 t 期末的本利和为

$$A_t = A_0(1+r)^t,$$

这是一个以期数 t 为自变量,本利和 A_t 为因变量的函数. 如果每期按年、月和日计算,则分别得相应的复利公式. 例如按年为期,年利率为 R,则第 n 年末的本利和为

$$A_n = A_0(1+R)^n \ (\ A_0 \text{ 为本金}).$$

上面讨论的是一期结算一次的情况. 如果一期结算 m 次,则本利和:

$$A = A_0 \left(1 + \frac{r}{m}\right)^{tm},$$

当考虑每期的计息次数无限增加,就产生立即计算的模式,也就是求 $m \to \infty$ 时 A 的极限 $\lim\limits_{m \to \infty} A_0 \left(1 + \frac{r}{m}\right)^{tm}$,记为 P,有

$$P = \lim_{m \to \infty} A_0 \left(1 + \frac{r}{m}\right)^{tm} = \lim_{m \to \infty} A_0 \left(1 + \frac{r}{m}\right)^{rt \cdot \frac{m}{r}}$$
$$= A_0 \mathrm{e}^{rt}.$$

在金融界有人称 e 为银行家常数. 它有一个有趣的解释:你若有 1 元钱存入银行,年利率为 10%,10 年后的本利和恰为数 e,即

$$P = A_0 \mathrm{e}^{rt} = 1 \cdot \mathrm{e}^{0.1 \times 10} = \mathrm{e}.$$

【例 10】 已知某人有本金 $A_0 = 100$ 元,银行的年利率为 $r = 8\%$,分别求一年一计息,半年一计息,每月一计息和连续复利计息在 5 年后的本息和.

解 一年结算 1 次 $A_1 = 100 \times (1+0.08)^5 = 146.93$(元)

一年结算 2 次 $A_2 = 100 \times \left(1 + \frac{0.08}{2}\right)^{2 \times 5} = 148.02$(元)

一年结算 12 次 $A_3 = 100 \times \left(1 + \frac{0.08}{12}\right)^{12 \times 5} = 148.98$(元)

连续复利计息 $A_4 = \lim\limits_{m \to +\infty} 100 \left(1 + \frac{0.08}{m}\right)^{m \times 5} = 100 \mathrm{e}^{0.08 \times 5} = 149.18$(元)

习题 1.6

1. 求下列极限

(1) $\lim\limits_{x \to 0} \dfrac{\sin 3x}{x}$;

(2) $\lim\limits_{x \to 0} \dfrac{\sin nx}{\sin mx}$ ($m \neq 0$);

(3) $\lim\limits_{x \to 0} \dfrac{\sin 5x}{\tan 4x}$;

(4) $\lim\limits_{x \to \infty} x \sin \dfrac{a}{x}$;

(5) $\lim\limits_{x \to 0^+} \dfrac{\sin 3x}{\sqrt{x}}$;

(6) $\lim\limits_{x \to 1} \dfrac{x - 1}{\sin 2(x - 1)}$;

(7) $\lim\limits_{x \to 0} \dfrac{\tan x - \sin x}{x^3}$;

(8) $\lim\limits_{x \to 0} \dfrac{2\arcsin x}{3x}$.

2. 求下列极限

(1) $\lim\limits_{x \to \infty} \left(1 + \dfrac{1}{x}\right)^{-x}$;

(2) $\lim\limits_{x \to 0} \left(1 - \dfrac{1}{2}x\right)^{\frac{1}{x}}$;

(3) $\lim\limits_{n \to \infty} \left(1 + \dfrac{1}{n}\right)^{2n}$;

(4) $\lim\limits_{x \to 0} (1 + \tan x)^{\cot x}$;

(5) $\lim\limits_{x \to 1} (2 - x)^{\frac{1}{1-x}}$;

(6) $\lim\limits_{x \to \infty} \left(\dfrac{1 - 3x}{4 - 3x}\right)^x$.

3. 按照银行规定,某种外币一年期存款的年利率为 4.2%,半年期存款的年利率为 4.0%,每笔存款到期后,银行自动将其转为同样期限的存款,设将总数为 A 单位货币的该种外币存入银行,两年后取出,问存何种期限的存款能有较多的收益?多多少?

1.7 函数的连续性

在现实生活中,许多变量的变化都是连续不断的,如气温的升降、植物的生长、铜丝加热时长度的改变等等. 它们都有一个共同的特点,当时间变化很小时,气温和植物的变化也很小. 反映在数学上就是,当自变量的变化很小时,函数值的变化也很小,这就是函数的连续性. 函数的连续性在几何上就对应一条不间断的曲线.

1.7.1 函数的增量

首先引入增量的概念.

【定义 1】 设变量 u 从它的初值 u_0 变到终值 u_1,则终值与初值之差 $u_1 - u_0$ 就叫做变量 u 的**增量**,又叫做 u 的**改变量**,记作 Δu,即 $\Delta u = u_1 - u_0$.

增量可以是正的,可以是负的,也可以是零. 当 $u_1 > u_0$ 时,Δu 是正的;而当 $u_1 < u_0$ 时,Δu 是负的.

注:Δu 是一个完整的符号,不能看做符号 Δ 与 u 的乘积. 这里变量 u 可以是自变量 x,也可以是函数 y. 如果是 x,则称 $\Delta x = x_1 - x_0$ 为**自变量的增量**;如果是 y,则称 $\Delta y = y_1 - y_0$ 为**函数的增量**. 有时为了方便,自变量 x 与 y 的终值不写成 x_1 和 y_1,而直接写作 $x_0 + \Delta x$ 和 $y_0 + \Delta y$.

若函数 $y=f(x)$ 在 x_0 的某个领域内有定义,当自变量 x 在点 x_0 处有一该变量 Δx 时,函数 y 的相应该变量则为

$$\Delta y=f(x_0+\Delta x)-f(x_0).$$

【例1】 设函数 $f(x)=x^2$ 中 x 由 1 变化到 1.1,求相应的 Δx 和 Δy.

解 $\Delta x=1.1-1=0.1$

$\Delta y=f(1.1)-f(1)=1.1^2-1^2=0.21.$

1.7.2 连续函数的概念

1. 函数 $f(x)$ 在 x_0 处的连续性

我们来观察下面的函数图形.

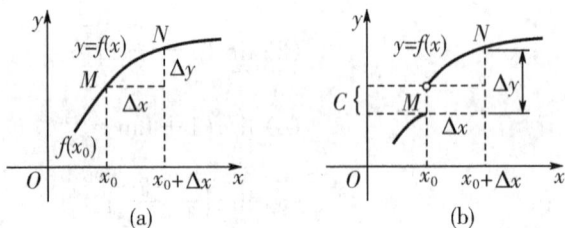

图 1-10

对比两个图像,我们发现:在 1-10(a)所示的图形中,在 x_0 处图像是连续的,当自变量 $\Delta x\to 0$ 时,对应的函数的改变量 $\Delta y\to 0$;在 1-10(b)所示的图形中,在 x_0 处图像是断开的,当自变量 $\Delta x\to 0$ 时,对应的函数的改变量 $\Delta y\not\to 0$. 这就是函数在 x_0 处是否连续的本质特征.

一般地,函数在某一点的连续性有如下定义:

【定义2】 设函数 $y=f(x)$ 在 x_0 的某一个邻域内有定义,若当自变量的增量 $\Delta x\to 0$ 时,相应的函数增量也满足 $\Delta y\to 0$, 即

$$\lim_{\Delta x\to 0}\Delta y=\lim_{\Delta x\to 0}[f(x_0+\Delta x)-f(x_0)]=0,$$

则称函数 $f(x)$ 在点 x_0 处连续,称点 x_0 为函数的**连续点**.

【例2】 用定义证明 $y=4x^2-3$ 在 $x=2$ 处连续.

证明 当 x 在 $x=2$ 处有增量 Δx 时,

$$\Delta y=f(2+\Delta x)-f(2)=16\Delta x+4(\Delta x)^2$$

$$\lim_{\Delta x\to 0}\Delta y=\lim_{\Delta x\to 0}[16\Delta x+4(\Delta x)^2]=0$$

所以 $y=4x^2-3$ 在 $x=2$ 处连续.

如果令 $x=x_0+\Delta x$,则当 $\Delta x\to 0$ 时,$x\to x_0$,于是 $\lim\limits_{\Delta x\to 0}\Delta y=0$ 可改写成

$$\lim_{x\to x_0}[f(x)-f(x_0)]=0$$

即 $\lim\limits_{x \to x_0} f(x) = f(x_0)$. 因此,可得到函数 $y = f(x)$ 在点 x_0 处连续的另一等价定义.

【定义 2′】　设函数 $y = f(x)$ 在点 x_0 的某个领域内有定义,若 $\lim\limits_{x \to x_0} f(x) = f(x_0)$,则称函数 $y = f(x)$ 在点 x_0 处连续.

【例 3】　试说明函数 $f(x) = \begin{cases} \dfrac{\sin x}{x} & x \neq 0 \\ 1 & x = 0 \end{cases}$ 在 $x = 0$ 处是连续的.

解　因为 $f(0) = 1$,又 $\lim\limits_{x \to 0} f(x) = \lim\limits_{x \to 0} \dfrac{\sin x}{x} = 1$,有 $\lim\limits_{x \to 0} f(x) = f(0)$

故函数 $f(x)$ 在 $x = 0$ 处是连续的.

【例 4】　已知函数 $f(x) = \begin{cases} x^2, & x \geqslant 1 \\ 1 - x, & x < 1 \end{cases}$,讨论其在 $x = 0$, $x = 1$ 处函数的连续性.

解　(1) 在 $x = 0$ 处函数有定义且 $f(0) = 1 - 0 = 1$,又 $\lim\limits_{x \to 0} f(x) = \lim\limits_{x \to 0} (1 - x) = 1$,有 $\lim\limits_{x \to 0} f(x) = f(0)$,故函数 $f(x)$ 在 $x = 0$ 处是连续的.

(2) 在 $x = 1$ 处函数有定义且 $f(1) = 1^2 = 1$,由于

$$\lim\limits_{x \to 1^-} f(x) = \lim\limits_{x \to 1^-} (1 - x) = 0, \lim\limits_{x \to 1^+} f(x) = \lim\limits_{x \to 1^+} x^2 = 1$$

所以 $\lim\limits_{x \to 1} f(x)$ 不存在. 故函数在 $x = 1$ 处不连续.

2. 函数在区间的连续性

【定义 3】　若函数 $f(x)$ 在区间 (a, b) 内任一点都连续,则称 $f(x)$ 在区间 (a, b) 内连续.

若函数 $f(x)$ 在区间 (a, b) 内连续,且 $\lim\limits_{x \to a^+} f(x) = f(a)$, $\lim\limits_{x \to b^-} f(x) = f(b)$,则称 $f(x)$ 在闭区间 $[a, b]$ 上连续.

1.7.3　函数的间断点

由定义 2′ 可知,一个函数 $f(x)$ 在点 x_0 连续必须满足下列三个条件(通常称为三要素)——函数 $y = f(x)$ 在点 x_0 处:

(1) 有定义,即存在 $f(x_0)$;

(2) 有极限,即 $\lim\limits_{x \to x_0^-} f(x) = \lim\limits_{x \to x_0^+} f(x) = A$;

(3) 函数值等于极限值,即 $A = f(x_0)$.

其中有一条及以上不满足,则称函数 $f(x)$ 在点 x_0 处**不连续**,点 x_0 为函数的**间断点**.

一般情况下,函数 $f(x)$ 的间断点 x_0 分为两类:若 $f(x)$ 在 x_0 的左、右极限都存在,则称 x_0 为 $f(x)$ **第一类间断点**,在第一类间断点中,若 $f(x)$ 在 x_0 的左、右极限相等,则 x_0 为**可去间断点**;若 $f(x)$ 在 x_0 的左、右极限不相等,则 x_0 为**跳跃间断点**. 不是第一类间断点的间断点,称为**第二类间断点**,如无穷间断点,振荡间断点.

【例 5】　设 1 g 冰从 $-40\,°C$ 升到 $100\,°C$ 所需要的热量(单位:焦耳)为

$$f(x) = \begin{cases} 2.1x + 84, & -40 \leqslant x < 0 \\ 4.2x + 420, & x \geqslant 0 \end{cases},$$

试问当 $x=0$ 时,函数是否连续? 若不连续,指出其间断点的类型,并解释其实际意义.

解　因为 $\lim\limits_{x\to 0^-} f(x) = \lim\limits_{x\to 0^-}(2.1x+84) = 84$, $\lim\limits_{x\to 0^+} f(x) = \lim\limits_{x\to 0^+}(4.2x+420) = 420$,

所以 $\lim\limits_{x\to 0^-} f(x) = 84 \neq 420 = \lim\limits_{x\to 0^+} f(x)$,

所以 $\lim\limits_{x\to 0} f(x)$ 不存在,函数 $f(x)$ 在 $x=0$ 时不连续.

由于此时函数 $f(x)$ 在 $x=0$ 点的左、右极限都存在,所以 $x=0$ 为函数 $f(x)$ 的第一类间断点且为**跳跃间断点**. 这说明冰化成水时需要的热量会突然增加.

【例 6】　设函数 $f(x) = \dfrac{1}{x}$,讨论在点 $x=0$ 处的连续性,若不连续判断间断点的类型.

解　函数 $f(x)$ 在 $x=0$ 无定义,$x=0$ 是函数 $f(x)$ 的间断点,又 $\lim\limits_{x\to 0}\dfrac{1}{x} = \infty$,所以 $x=0$ 是第二类间断点且为**无穷间断点**.

【例 7】　设函数 $f(x) = \sin\dfrac{1}{x}$,讨论 $f(x)$ 在点 $x=0$ 处的连续性,若不连续判断间断点的类型.

解　函数 $f(x)$ 在 $x=0$ 无定义,$x=0$ 是函数 $f(x)$ 的间断点. 当 $x\to 0$ 时,相应的函数值在 -1 与 1 之间振荡,$\lim\limits_{x\to 0}\sin\dfrac{1}{x}$ 不存在,所以 $x=0$ 是第二类间断点且为**振荡间断点**.

【例 8】　设函数 $f(x) = \begin{cases} x, & x>1 \\ 0, & x=1, \\ x^2, & x<1 \end{cases}$ 讨论在点 $x=1$ 处的连续性.

解　函数 $f(x)$ 在 $x=1$ 有定义,$f(1)=0$,$\lim\limits_{x\to 1^-} f(x) = \lim\limits_{x\to 1^-} x^2 = 1$,$\lim\limits_{x\to 1^+} f(x) = \lim\limits_{x\to 1^+} x = 1$,故 $\lim\limits_{x\to 1} f(x) = 1$,但 $\lim\limits_{x\to 1} f(x) \neq f(1)$,所以 $x=1$ 是函数 $f(x)$ 的间断点,左、右极限相等,所以 $x=1$ 是可去间断点.

1.7.4　初等函数的连续性

结论：基本初等函数、初等函数在其定义区间内连续.

注：(1) 求初等函数的连续区间就是求定义区间.

(2) 求初等函数在其定义区间内某点的极限时,只要求出该点的函数值即可.

(3) 若 $\lim\limits_{x\to a}\varphi(x) = u_0$,函数 $y=f(u)$ 在 u_0 处连续,则 $\lim\limits_{x\to a} f[\varphi(x)] = f[\lim\limits_{x\to a}\varphi(x)]$,即极限符号"$\lim\limits_{x\to a}$"与连续的函数符号"$f$"可交换次序.

【例 9】　求函数 $y = \dfrac{2x}{x^2-5x-6}$ 的连续区间.

解　因为当 $x\neq -1$ 且 $x\neq 6$ 时函数有定义,而初等函数在其定义区间内都是连续的,所以 $y = \dfrac{2x}{x^2-5x-6}$ 的连续区间为 $(-\infty,-1) \bigcup (-1,6) \bigcup (6,+\infty)$.

【例 10】　求 $\lim\limits_{x\to 1}\ln^2(7x-6)$.

解　因为 $y = \ln^2(7x-6)$ 是初等函数,在定义域 $\left(\dfrac{6}{7}, +\infty\right)$ 上是连续的,所以在

$x=1$ 也是连续的. 根据连续的定义, 有极限值等于函数值, 所以 $\lim\limits_{x\to 1}\ln^2(7x-6)=\ln^2(7\times 1-6)=0$.

1.7.5　闭区间上连续函数的性质

闭区间上的连续函数具有其他区间上(如开区间)连续函数所没有的重要性质, 如最值的存在性、有界性等.

设函数 $y=f(x)$ 在区间 I 上有定义, 如果存在 $x_1,x_2\in I$, 使得对任意的 $x\in I$, 有

$$f(x_2)\leqslant f(x)\leqslant f(x_1),$$

则称 $f(x_1),f(x_2)$ 分别为函数 $y=f(x)$ 在 I 上的**最大值和最小值**, 点 x_1,x_2 叫做 $y=f(x)$ 的**最大值点和最小值点**.

定理 1(最值定理)　若函数 $y=f(x)$ 在 $[a,b]$ 上连续, 则 $y=f(x)$ 在 $[a,b]$ 上必取得最大值和最小值.

推论(有界性定理)　若函数 $y=f(x)$ 在 $[a,b]$ 上连续, 则 $y=f(x)$ 在 $[a,b]$ 上有界.

定理 2(介值定理)　设 $y=f(x)$ 在 $[a,b]$ 上连续, M 和 m 为 $y=f(x)$ 在 $[a,b]$ 上的最大值和最小值, 则任给值 c 满足 $m<c<M$, 至少存在一点 $\xi\in(a,b)$, 使得

$$f(\xi)=c.$$

几何解释: 位于连续曲线弧 $y=f(x)$ 高低两点间的水平直线 $y=c$ 与这段曲线弧至少有一个交点(如图 $1-11$ 所示).

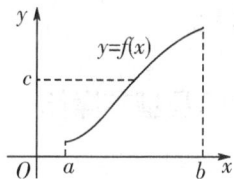
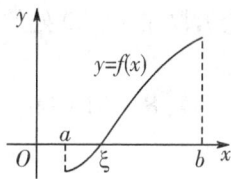

图 $1-11$　　　　　　图 $1-12$

推论(零点定理)　若函数 $y=f(x)$ 在 $[a,b]$ 上连续, 且 $f(a)f(b)<0$, 则至少存在一点 $\xi\in(a,b)$, 使得

$$f(\xi)=0.$$

几何解释: 连续曲线弧 $y=f(x)$ 的两个端点位于 x 轴不同侧, 则这段曲线弧与 x 轴至少有一个交点(如图 $1-12$ 所示).

零点定理说明, 若 $y=f(x)$ 在 $[a,b]$ 上连续, 且 $f(a),f(b)$ 异号, 则方程 $f(x)=0$ 在 (a,b) 至少有一个根.

【例 11】　证明方程 $x^5-3x=1$ 至少有一个根介于 1 和 2 之间.

证明　设 $f(x)=x^5-3x-1$, 则 $f(x)$ 在 $[1,2]$ 上连续, 且 $f(1)=-3<0$, $f(2)=25>0$, 即 $f(1)\cdot f(2)<0$, 由零点定理知, 在 $(1,2)$ 上至少有一个根 ξ, 使得 $f(\xi)=0$, 即方程 $x^5-3x=1$ 至少有一个根介于 1 和 2 之间.

习题 1.7

1. 求下列函数的间断点，并判断间断点的类型：

(1) $f(x) = \dfrac{|x|}{x}$;

(2) $f(x) = \begin{cases} x, & 0 \leqslant x \leqslant 1, \\ 2-x, & 1 < x \leqslant 2; \end{cases}$

(3) $f(x) = \dfrac{1 - 2^{\frac{1}{x}}}{1 + 2^{\frac{1}{x}}}$;

(4) $f(x) = \tan x$.

2. 求函数 $f(x) = \dfrac{(x-1)(x-3)}{x^2 - 1}$ 的连续区间，并判断间断点的类型.

3. 判断下列函数在 $x = 0$ 处的连续性：

(1) $f(x) = \sqrt[3]{x^2 + 1}$;

(2) $f(x) = \ln\left(\dfrac{\sin 2x}{x} - 1\right)$;

(3) $f(x) = \begin{cases} \dfrac{x}{1 - \sqrt{1-x}} & x < 0 \\ x + 2 & x \geqslant 0 \end{cases}$.

4. 证明方程 $e^x = 3x$ 在区间 $(0,1)$ 上至少有一个实数根.

5. 设函数 $f(x) = \begin{cases} e^x & x < 0 \\ a + x & x \geqslant 0 \end{cases}$，应当怎样选择数 a，使 $f(x)$ 在 $(-\infty, +\infty)$ 内连续.

6. 某地一长途汽车线路全长 60 km，票价规定如下：乘坐 20 km 以下者票价 5 元，坐满 20 km 不足 40 km 者票价 10 元，坐满 40 km 者票价 15 元. 试建立票价 y(元)与路程 x(km) 之间的函数关系，并讨论函数在 $x = 20$ 处的连续性.

1.8 Matlab 的窗口及基本操作

1.8.1 Matlab 概述

Matlab 是集数值计算、符号计算和图形可视化三大基本功能于一体的交互式视窗环境，是功能强大、操作简便的计算机程序设计语言，是国际公认的优秀数学应用软件之一，为科学研究、工程设计以及必须进行有效数值计算的众多科学领域提供了一种全面的解决方案. Matlab 已发展成适合多学科的大型软件，成为线性代数、数值分析、数理统计、优化方法、自动控制、数字信号处理、动态系统仿真等高级课程的基本教学及学习工具.

1.8.2 Matlab 的启动

安装完毕 Matlab7.0 软件后，在 Windows 的桌面上会自动创建快捷方式图标，由此启动软件，出现 Matlab 软件可视化窗口，在提示符"<<"后可输入指令(程序).

1.8.3 Matlab 的窗口及基本操作

Matlab 的主界面是一个高度集成的工作环境，有 4 个不同功能的窗口，它们分别是命令窗口(Command Window)、历史命令窗口(Command History)、当前目录窗口(Current Directory)和工作空间窗口(Workspace).除此之外,Matlab 6.5 之后的版本还添加了开始按钮(Start).

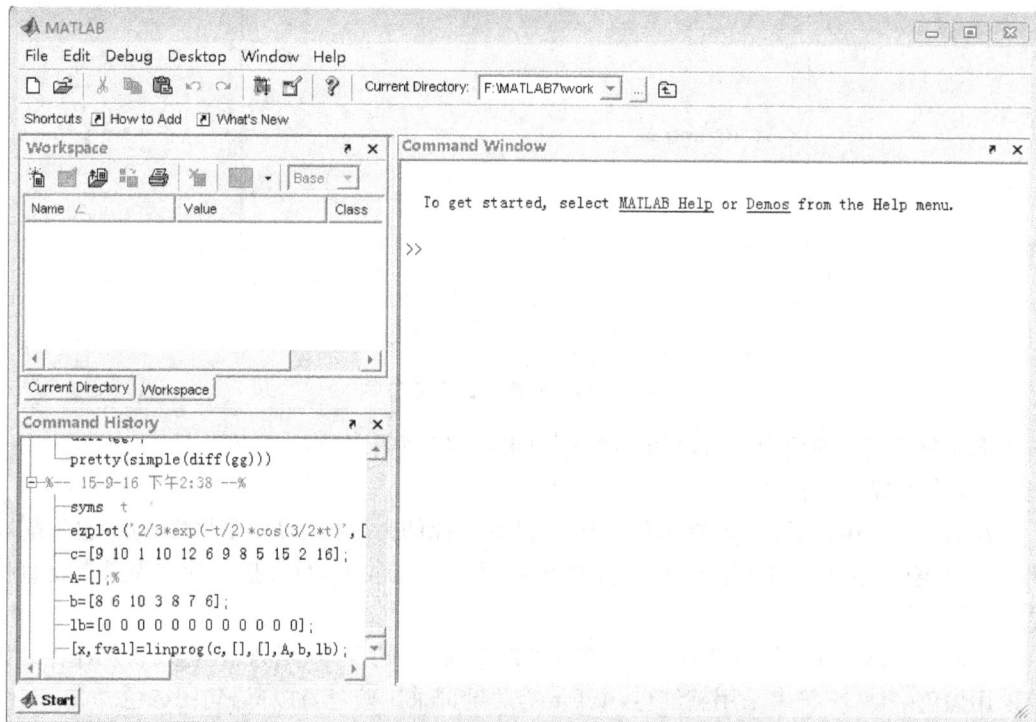

图 1 - 13　**Matlab 默认的主界面**

1．命令窗口(Command Window)

在 Matlab 默认主界面的右边是命令窗口,因为 Matlab 至今未被汉化,所有窗口名都用英文表示,所以"CommandWindow"即指命令窗口.

命令窗口顾名思义是接收命令输入的窗口,但实际上,可输入的对象除 Matlab 命令之外,还包括函数、表达式、语句以及 M 文件名或 MEX 文件名等,为叙述方便,这些可输入的对象以下通称语句.

Matlab 的工作方式之一是:在命令窗口中输入语句,然后由 Matlab 逐句解释执行并在命令窗口中给出结果.命令窗口可显示除图形以外的所有运算结果.

命令窗口可从 Matlab 主界面中分离出来,以便单独显示和操作,当然也可重新返回主界面中,其他窗口也有相同的行为.分离命令窗口可执行 Desktop 菜单中的 Undock Command Window 命令,也可单击窗口右上角的按钮,另外还可以直接用鼠标将命令窗口拖离主界面,其结果如图 1 - 14 所示.若将命令窗口返回到主界面中,可单击窗口右上角的按钮,或执行 Desktop 菜单中的 Dock Command Window 命令.

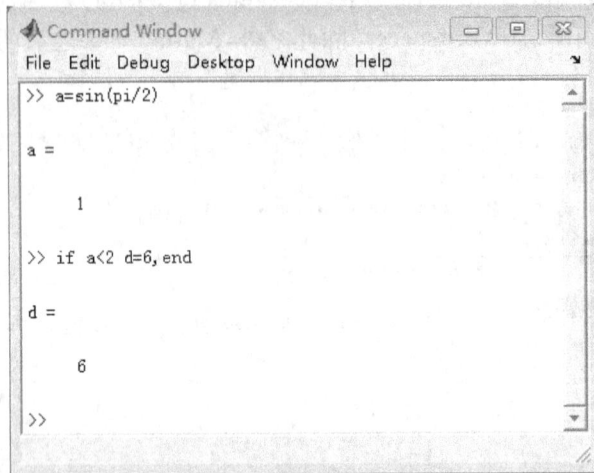

图 1-14　分离的命令窗口

下面分几点对使用命令窗口的一些相关问题加以说明.

(1) 命令提示符和语句颜色

在图 1-14 中,每行语句前都有一个符号"≫",此即命令提示符. 在此符号后(也只能在此符号后)输入各种语句并按 Enter 键,方可被 Matlab 接收和执行. 执行的结果通常就直接显示在语句下方.

不同类型语句用不同颜色区分. 在默认情况下,输入的命令、函数、表达式以及计算结果等采用黑色字体,字符串采用赭红色,if、for 等关键词采用蓝色,注释语句用绿色.

(2) 语句的重复调用、编辑和重运行

命令窗口不仅能编辑和运行当前输入的语句,而且对曾经输入的语句也有快捷的方法进行重复调用、编辑和运行. 成功实施重复调用的前提是已输入的语句仍然保存在命令历史窗口中(未对该窗口执行清除操作). 而重复调用和编辑的快捷方法就是利用表 1-4 所列的键盘按键.

表 1-4　语句行用到的编辑键

键盘按键	键的用途	键盘按键	键的用途
↑	向上回调以前输入的语句行	Home	让光标跳到当前行的开头
↓	向下回调以前输入的语句行	End	让光标跳到当前行的末尾
←	光标在当前行中左移一字符	Delete	删除当前行光标后的字符
→	光标在当前行中左移一字符	BackSpace	删除当前行光标前的字符

(3) 语句行中使用的标点符号

Matlab 在输入语句时,可能要用到表 1-5 所列的各种符号,这些符号在 Matlab 中所起的作用在表中已列出. 提醒一下,在向命令窗口输入语句时,一定要在英文输入状态下输入,尤其在刚刚输完汉字后初学者很容易忽视中英文输入状态的切换.

表 1 – 5　Matlab 语句中常用标点符号的作用

名　称	符　号	作　用
空格		变量分隔符;矩阵一行中各元素间的分隔符;程序语句关键词分隔符
逗号	,	分隔欲显示计算结果的各语句;变量分隔符;矩阵一行中各元素间的分隔符
点号	.	数值中的小数点;结构数组的域访问符
分号	;	分隔不想显示计算结果的各语句;矩阵行与行的分隔符
冒号	:	用于生成一维数值数组;表示一维数组的全部元素或多维数组某一维的全部元素
百分号	%	注释语句说明符,凡在其后的字符视为注释性内容而不被执行
单引号	''	字符串标识符
圆括号	( )	用于矩阵元素引用;用于函数输入变量列表;确定运算的先后次序
方括号	[ ]	向量和矩阵标识符;用于函数输出列表
花括号	{ }	标识细胞数组
续行号	…	长命令行需分行时连接下行用
赋值号	=	将表达式赋值给一个变量

（4）命令窗口清屏

当命令窗口中执行过许多命令后,窗口会被占满,为方便阅读,清除屏幕显示是经常采用的操作.清除命令窗口显示通常有两种方法:一是执行 Matlab 窗口的 Edit|Clear Command Window 命令;二是在提示符后直接输入 clc 语句.两种方法都能清除命令窗口中的显示内容,也仅仅是命令窗口的显示内容而已,并不能清除工作空间和历史命令窗口的显示内容.

2. 历史命令窗口（Command History）

历史命令窗口是 Matlab 用来存放曾在命令窗口中使用过的语句.它借用计算机的存储器来保存信息,其主要目的是为了便于用户追溯、查找曾经用过的语句,利用这些既有的资源节省编程时间.

单击历史命令窗口右上角的按钮,便可将其从 Matlab 主界面分离出来,如图 1 – 15 所示.从窗口中记录的时间来看,其中存放的正是曾经使用过的语句.

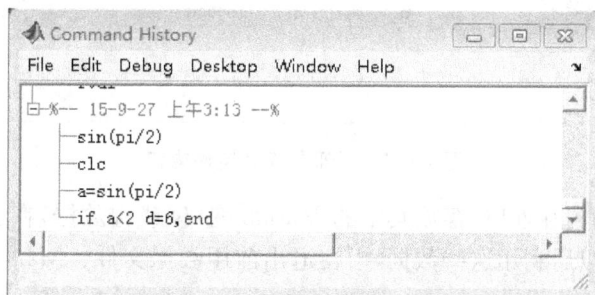

图 1 – 15　分离的历史命令窗口

对历史命令窗口中的内容,可在选中的前提下,将它们复制到当前正在工作的命令窗口中,以供进一步修改或直接运行.其优势在如下两种情况下体现得尤为明显:一是需要重复处理长语句;二是在选择多行曾经用过的语句形成 M 文件.

3. 当前目录窗口(Current Directory)

Matlab 借鉴 Windows 资源管理器管理磁盘、文件夹和文件的思想,设计了当前目录窗口如图 1-16.利用该窗口可组织、管理和使用所有 Matlab 文件和非 Matlab 文件,例如新建、复制、删除和重命名文件夹和文件.甚至还可用此窗口打开、编辑和运行 M 程序文件以及载入 Mat 数据文件等.当然,其核心功能还是设置当前目录.

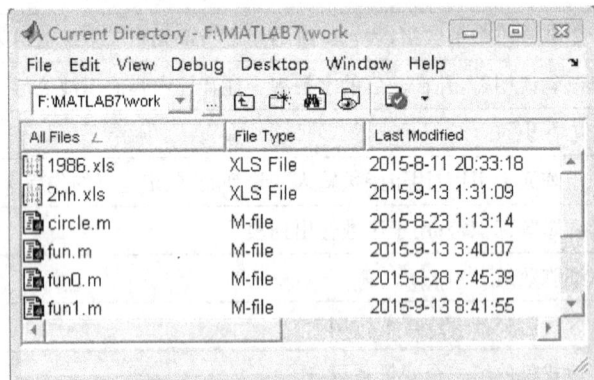

图 1-16　分离的当前目录窗口

4. 工作空间窗口(Workspace)

工作空间窗口的主要目的是为了对 Matlab 中用到的变量进行观察、编辑、提取和保存.从该窗口中可以得到变量的名称、数据结构、字节数、变量的类型甚至变量的值等多项信息.工作空间的物理本质就是计算机内存中的某一特定存储区域,因而工作空间的存储表现亦如内存的表现.工作空间窗口如图 1-17 所示.

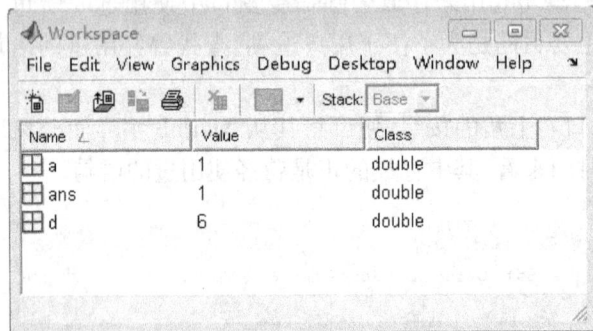

图 1-17　分离的工作空间窗口

因为工作空间的内存性质,存放其中的 Matlab 变量(或称数据)在退出 Matlab 程序后会自动丢失.若想在以后利用这些数据,可在退出前用数据文件(.Mat 文件)将其保存在外存上.

5. 帮助窗口(Help)

图 1-18 所示是 Matlab 的帮助窗口.该窗口分左右两部分,左侧为帮助导航器(Help Navigator),右侧为帮助浏览器.

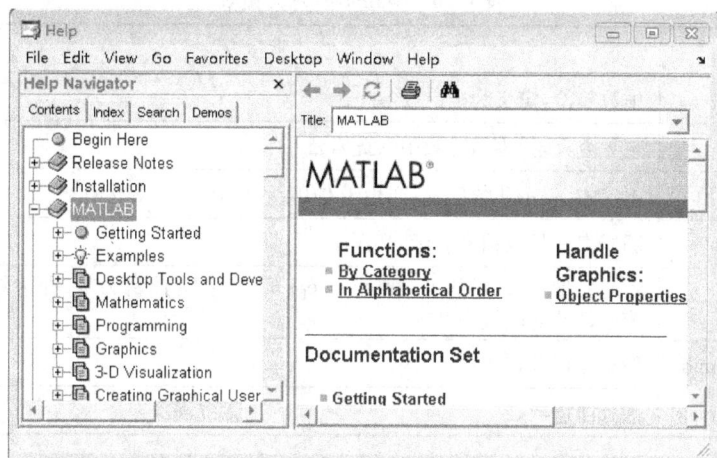

图 1 - 18　帮助窗口

帮助导航器的功能是向用户提供各种不同的帮助手段,以选项卡的方式组成,分为 Contents、Index、Search 和 Demos 等,其功能如下:

(1) Contents 选项卡向用户提供全方位帮助的向导图,单击左边的目录条时,会在窗口右边的帮助浏览器中显示相应的 HTML 帮助文本.

(2) Index 选项卡是 Matlab 提供的术语索引表,用以查找命令、函数和专用术语等.

(3) Search 选项卡是通过关键词来查找全文中与之匹配的章节条目.

(4) Demos 选项卡用来运行 Matlab 提供的 Demo.

1.8.4　Matlab 的退出

有三种方式可以退出 Matlab:键入 exit;键入 quit;直接单击 Matlab 的关闭按钮.

习题 1.8

1. Matlab 操作桌面有几个窗口? 如何使某个窗口脱离桌面成为独立窗口? 又如何将脱离出去的窗口重新放置到桌面上?

2. 命令历史窗口除了可以观察前面键入的命令外,还有什么用途?

3. 在 Matlab 中有几种获得帮助的途径?

1.9　Matlab 的变量、函数表达式及极限

1.9.1　常量与变量

常量是程序语句中取不变值的那些量,如表达式 $y = 0.618 * x$,其中就包含一个 0.618 这样的常数,它便是一数值常量. 而另一表达式 $s =$ 'Tomorrow and Tomorrow' 中,单引号内的英文字符串"Tomorrow and Tomorrow"则是一字符串常量.

在 Matlab 中,有一类常量是由系统默认给定一个符号来表示的,例如 pi,它代表圆周率 π 这个常数,即 3.141 592 6…,这些常量如表 1 - 6 所示,有时又称为系统预定义的变量.

表 1-6 Matlab 特殊常量表

常量符号	常量含义
i 或 j	虚数单位,定义为 $i^2 = j^2 = -1$
Inf 或 inf	正无穷大,由零做除数引入此常量
NaN	不定式,表示非数值量,产生于 $0/0, \infty/\infty, 0*\infty$ 等运算
pi	圆周率 π 的双精度表示
eps	容差变量,当某量的绝对值小于 eps 时,可认为此量为零,即为浮点数的最小分辨率,PC 上此值为 2^{-52}
Realmin 或 realmin	最小浮点数,2^{-1022}
Realmax 或 realmax	最大浮点数,2^{1023}

变量是在程序运行中其值可以改变的量,变量由变量名来表示. 在 Matlab 中变量名的命名有自己的规则,可以归纳成如下几条:

(1) 变量名必须以字母开头,且只能由字母、数字或者下划线三类符号组成,不能含有空格和标点符号,如( ),。% '等.

(2) 变量名区分字母的大小写. 例如,"a"和"A"是不同的变量.

(3) 变量名不能超过 63 个字符,第 63 个字符后的字符被忽略,对于 MATLAB 6.5 版以前的变量名不能超过 31 个字符.

(4) 关键字(如 if、while 等)不能作为变量名.

(5) 最好不要用表 1-6 中的特殊常量符号作变量名.

常见的错误命名如 f(x)、y'、y''、A_2 等.

1.9.2 数学运算符

表 1-7 Matlab 数学运算符

运算符	符号含义	运算符	符号含义
+	加法运算,适用于两个数或两个同阶矩阵相加	—	减法运算
*	乘法运算	.*	点乘运算
/	除法运算	./	点除运算
^	乘幂运算	.^	点乘幂运算
\	反斜杠表示左除		

1.9.3 数学函数

表 1-8 Matlab 数学函数

函 数	名 称	函 数	名 称
$\sin(x)$	正弦函数	$a\sin(x)$	反正弦函数
$\cos(x)$	余弦函数	$a\cos(x)$	反余弦函数

（续表）

函　数	名　称	函　数	名　称
$\tan(x)$	正切函数	$a\tan(x)$	反正切函数
abs(x)	绝对值	max(x)	最大值
min(x)	最小值	sum(x)	元素的总和
sqrt(x)	开平方	exp(x)	以 e 为底的指数
log(x)	自然对数	log10(x)	以 10 为底的对数
sig$n(x)$	符号函数	fix(x)	取整

1.9.4　自定义函数的方法

Matlab 的内部函数是有限的，有时为了研究某一个函数的各种性态，需要用户自定义新函数，为此必须编写函数文件．函数文件是文件名后缀为 M 的文件，这类文件的第一行必须是以关键字 function 开始，格式为：

$$\text{function　因变量名＝函数名（自变量名）}$$

函数值的获得必须通过具体的运算实现，并赋给因变量．

函数文件建立方法：

（1）在 Matlab 中，点：File→New→M－file；

（2）在编辑窗口中输入程序内容；

（3）点：File→Save，存盘，函数文件名必须与函数名一致．

Matlab 的应用程序也以后缀为 M 的文件保存．

【例1】　定义二元函数 $f(x_1,x_2)=100(x_2-x_1^2)^2+(1-x_1)^2$

解　步骤如下：

1. 建立函数文件：Li1_50.m

```
function f= Li1_50 (x)
f=100 * (x(2)−x(1)^2)^2+(1−x(1))^2;
```

2. 可以直接使用函数 Li1_50.m

例如：计算 f(1,2)，只需在 Matlab 命令窗口键入命令：

```
≫x=[1 2];
≫ Li1_50 (x)
ans=
100
```

1.9.5　表达式

Matlab 采用的是表达式语言，用户输入的语句由 Matlab 系统解释运行．Matlab 语句由变量与表达式组成．Matlab 语句有两种最常见的形式：

形式 1：表达式

形式 2：变量=表达式

表达式由运算符、函数、变量名和数字组成. 在第一种形式中,表达式运算后产生的结果为数值类型,系统自动赋值给变量 ans,并显示在屏幕上,但是对于重要结果一定要用第二种形式. 在第二种形式中,对等式右边表达式产生的结果,系统自动将其存储在左边的变量中并同时在屏幕上显示. 如果不想显示形式 1 或形式 2 的运算结果可以在命令中表达式后再加上";"即可.

【例 2】 用两种形式计算 $5^6+\sin\pi+e^3$ 的算术运算结果.

解 Matlab 命令为

≫ 5^6+sin(pi)+exp(3)

ans =

  1.5645e+004

≫ a=5^6+sin(pi)+exp(3)

a =

  1.5645e+004

如果在表达式后面加";",即

≫ a=5^6+sin(pi)+exp(3);

则执行后不显示运算结果.

1.9.6 极限

极限的概念是高等数学的基础,Matlab 提供了计算极限的命令,具体命令形式有:

命令形式 1:limit(f)

功能:计算 $\lim\limits_{x\to\infty}f(x)$,其中 f 是函数符号.

命令形式 2:limit(f,x,a)

功能:计算 $\lim\limits_{x\to a}f(x)$,其中 f 是函数符号.

命令形式 3:limit(f,x,inf)

功能:计算 $\lim\limits_{x\to\infty}f(x)$,其中 f 是函数符号.

命令形式 4:limit(f,x,a,'right')

功能:计算 $\lim\limits_{x\to a^+}f(x)$,其中 f 是函数符号.

命令形式 5:limit(f,x,a,'left')

功能:计算 $\lim\limits_{x\to a^-}f(x)$,其中 f 是函数符号.

注意:在左右极限不相等或左右极限有一个不存在时,Matlab 默认状态为求右极限.

【例 3】 求极限 $\lim\limits_{x\to\infty}(1+4x)^{\frac{1}{x}}$ 与 $\lim\limits_{x\to\infty}\dfrac{e^x-1}{x}$.

解 输入命令:

≫ syms x

≫ y1=(1+4*x)^(1/x);y2=(exp(x)-1)/x;

≫ limit(y1)

ans=

exp(4)   %得第一个极限为 e^4.

```
≫ limit(y2)
ans＝
1                    % 得第二个极限为 1.
```

【例 4】　求极限 $\lim\limits_{x\to 1^+}\left[\dfrac{1}{x\,ln^2\,x}-\dfrac{1}{(x-1)^2}\right]$.

解　输入命令：

```
≫ syms x
≫ y＝(1/(x*(log(x))^2)-1/(x-1)^2);
≫ limit(y,x,1,'right')
ans ＝
1/12
```

说明：此极限计算较难，但用 Matlab 很容易得结果.

习题 1.9

1. 分别作出函数 $y=\cos\dfrac{1}{x}$ 在 $[-1,-0.01],[0.01,1],[-1,-0.001],[0.001,1]$ 等区间上的图形，观测图形在 $x=0$ 附近的形状，推断极限 $\lim\limits_{x\to 0}\cos\dfrac{1}{x}$ 是否存在并用 Matlab 中的 limit 命令验证.

2. 分别作出函数 $y=\dfrac{\sin x}{x}$ 在 $[-1,-0.01],[0.01,1],[-1,-0.001],[0.001,1]$ 等区间上的图形，观测图形在 $x=0$ 附近的形状，推断极限 $\lim\limits_{x\to 0}\dfrac{\sin x}{x}$ 是否存在并用 Matlab 中的 limit 命令验证.

3. 在同一坐标系中，画出下面三个函数的图形：

$$y=\left(1+\frac{1}{x}\right)^x,\ y=\left(1+\frac{1}{x}\right)^{x+1},\ y=e$$

观测当 x 增大时图形的走向，推断极限 $\lim\limits_{x\to\infty}\left(1+\dfrac{1}{x}\right)^x$ 是否存在并用 Matlab 中的 limit 命令验证.

4. 求下列各极限：

(1) $\lim\limits_{n\to\infty}\left(1-\dfrac{1}{n}\right)^n$;

(2) $\lim\limits_{n\to\infty}\sqrt[n]{n^3+3^n}$;

(3) $\lim\limits_{n\to\infty}(\sqrt{n-2}-2\sqrt{n+1}+\sqrt{n})$;

(4) $\lim\limits_{x\to 1}\left(\dfrac{2}{x^2-1}-\dfrac{1}{x-1}\right)$;

(5) $\lim\limits_{x\to 0}x\cot 2x$;

(6) $\lim\limits_{x\to\infty}(\sqrt{x^2+3x}-x)$;

(7) $\lim\limits_{x\to\infty}\left(\cos\dfrac{m}{x}\right)^x$;

(8) $\lim\limits_{x\to 1^-}\left(\dfrac{1}{x}-\dfrac{1}{e^x-1}\right)$;

(9) $\lim\limits_{x\to 0^+}\dfrac{\sqrt[3]{1+x}-1}{x}$.

复 习 题 一

本章小结和
阅读材料

一、选择题

1. 函数 $f(x) = \arcsin \dfrac{x}{2}$ 的定义域是　　　　　　　　　（　　）

　A. $[-1, 1]$　　　　　　　　　　　B. $[-2, 2]$

　C. $(-\infty, +\infty)$　　　　　　　　D. $(-2, 2)$

2. 下列函数中是偶函数的是　　　　　　　　　　　　　　　　（　　）

　A. $f(x) = x|x|$　　　　　　　　　B. $f(x) = \arccos x$

　C. $f(x) = x \arcsin x$　　　　　　　D. $f(x) = \sqrt{x}$

3. 下列函数中在其定义域内是单调增加函数的是　　　　　　　（　　）

　A. $f(x) = x^2$　　　　　　　　　　B. $f(x) = x^3$

　C. $f(x) = 2^{-x}$　　　　　　　　　D. $f(x) = \log_x 2$

4. 复合函数 $y = e^{\sqrt[3]{x}}$ 的复合过程是　　　　　　　　　　　（　　）

　A. $y = e^u$　　　　　　　　　　　B. $y = e^{\sqrt[3]{u}}, u = x$

　C. $y = \sqrt[3]{u}, u = e^x$　　　　　　D. $y = e^u, u = \sqrt[3]{x}$

5. 若 $f(x+1) = x^2 + 1$，则 $f(x-1) =$　　　　　　　　　　（　　）

　A. $x^2 - 1$　　　　　　　　　　　B. $(x-1)^2 - 1$

　C. $(x-2)^2 - 1$　　　　　　　　　D. $(x-2)^2 + 1$

6. 下列极限不存在的是　　　　　　　　　　　　　　　　　　（　　）

　A. $\lim\limits_{n\to\infty} \dfrac{1}{n}$　　　　　　　　　　　B. $\lim\limits_{n\to\infty} \left(-\dfrac{1}{2}\right)^n$

　C. $\lim\limits_{n\to\infty} (-1)^n \dfrac{n}{1+n}$　　　　　　D. $\lim\limits_{n\to\infty} \dfrac{n}{100-n}$

7. 函数 $f(x)$ 在 x_0 处极限存在是函数 $f(x)$ 在 x_0 处连续的　（　　）

　A. 充分条件　　　　　　　　　　B. 必要条件

　C. 充要条件　　　　　　　　　　D. 既非充分又非必要

8. 设 $f(x) = \dfrac{|x-1|}{x-1}$，则极限 $\lim\limits_{x\to 1} f(x)$ 为　　　　　（　　）

　A. 1　　　　　　B. -1　　　　　C. 0　　　　　D. 不存在

9. 若极限 $\lim\limits_{x\to 1} \dfrac{a-2}{x-1}$ 存在，则常数 a 的值是　　　　　（　　）

　A. 1　　　　　　B. 2　　　　　　C. 任意值　　　　D. 不存在

10. 在 $x \to 0$ 时，下列函数中是无穷小的是　　　　　　　　　（　　）

　A. $y = 0.0001$　　　　　　　　　B. $y = \ln x$

　C. $\dfrac{\sin^2 x}{x}$　　　　　　　　　　D. $\dfrac{\sin 2x}{x}$

11. 函数 $f(x) = \dfrac{x}{x-1}$ 在点 $x = 1$ 处　　　　　　　　　　（　　）

　A. 极限存在　　　　　　　　　　B. 左右极限存在,但不相等

C. 连续　　　　　　　　　　　　D. 不连续

12. 下列说法正确的是　　　　　　　　　　　　　　　　　　　（　　）

    A. 连续函数必有最大值和最小值

    B. 连续函数必有最大值或最小值

    C. 闭区间上的连续函数必有最大值和最小值

    D. 开区间上的连续函数必有最大值和最小值

二、求下列极限：

1. $\lim\limits_{x\to 1}\dfrac{x^2-2x+1}{x^3-x}$；

2. $\lim\limits_{x\to 0}\dfrac{x^2}{\sqrt{1+x^2}-1}$；

3. $\lim\limits_{x\to 1}\left(\dfrac{1}{1-x}+\dfrac{1-3x}{1-x^2}\right)$；

4. $\lim\limits_{x\to 1}\dfrac{\sqrt{5x-4}-\sqrt{x}}{x-1}$；

5. $\lim\limits_{x\to +\infty}(\sqrt{x^2+x}-\sqrt{x^2-x})$；

6. $\lim\limits_{x\to \infty}\dfrac{1}{x}\sin 2x$；

7. $\lim\limits_{x\to 0}\dfrac{\arcsin 2x}{3x}$；

8. $\lim\limits_{x\to \infty}\left(1+\dfrac{3}{x}\right)^{2x}$；

9. $\lim\limits_{x\to 0}(1+\sin x)^{\frac{1}{\sin x}}$；

10. $\lim\limits_{x\to 0}\dfrac{1-\cos x}{x\sin x}$.

三、若 $\lim\limits_{x\to 1}\dfrac{x^2-ax+b}{x-1}=2$，求 a,b 的值.

四、求下列函数的连续区间：

1. $y=\dfrac{x+2}{x^2+3x-10}$；

2. $y=\dfrac{1}{\sqrt{x^2-3x+2}}$.

五、讨论下列函数在指定点处的连续性. 若有间断点，试判断间断点的类型：

1. $f(x)=\begin{cases}\dfrac{\sin 2x}{x}, & x\neq 0 \\ 1, & x=0\end{cases}$ 在 $x=0$ 处；

2. $f(x)=\begin{cases}\ln(1-x), & x<0 \\ 1, & x=0 \\ e^x+1, & x>0\end{cases}$ 在 $x=0$ 处.

六、证明方程 $\sin x=1-x$ 在区间 $\left(0,\dfrac{\pi}{4}\right)$ 上至少有一实数根.

七、旅客乘坐火车时，随身携带物品，不超过 20 kg 免费；超过 20 kg 部分，每千克收费 0.20 元；超过 50 kg 部分再加收 50%. 试列出收费与物品重量之间的关系.

八、某厂生产录音机的成本为每台 50 元，预计当以每台 x 元的价格卖出时，消费者每月购买 $200-x$ 台，请将该厂的月利润表达为价格 x 的函数.

九、某企业计划发行公司债券，规定以年利率 6.5% 的连续复利计算利息，10 年后每份债券一次偿还本息 1 000 元，问发行时每份债券的价格应定为多少元？

第 2 章 导数与微分

本章提要 在研究函数时,仅仅求出两个变量 y 与 x 之间的函数关系是不够的,进一步要研究的是在已有的函数关系下,由自变量变化引起的函数变化的快慢程度,这就是本章所要讨论的导数.

平时大家乘车时有没有考虑过车辆速度是多少? 是否超速呢? 如何计算的呢? 假设一辆汽车在 10 小时内走了 600 千米,它的平均速度是 60 千米/小时,但在实际行驶过程中,是有快慢变化的,不都是 60 千米/小时. 在十字路口车辆经过雷达速度测试点时,雷达会两次发射雷达波,根据回波定位两个时间点车辆位置,把两个位置坐标进行相减运算,即可得到车辆在两次雷达波发射时间内走了多长距离,用该距离除以雷达波发射时间间隔,即可得到车辆速度. 由于时间间隔较短,一般认为是此数值即为车辆的瞬时速度.

实际上瞬时变化率问题也是促使微分学起源的原因之一,在 17 世纪初随着科学技术的发展,非匀速物体运动的速度和加速度研究是当时数学界亟待解决的课题之一,直到 17 世纪末牛顿和莱布尼兹创立微积分,此类问题才完美解决.

导数的本质是通过函数极限的概念对函数进行局部的线性逼近. 切线斜率、瞬时速度和加速度等问题,在学完本章的导数微分理论后,大家将会对此类问题有一个清晰的答案.

2.1 导数的概念

2.1.1 导数的引入

为了引出导数的概念,我们先讨论两个具体的问题:变速直线运动的瞬时速度问题和曲线的切线斜率问题.

【引例 1】 变速运动的瞬时速度

设一质点做变速直线运动,若质点的运行路程 s 与运行时间 t 的关系为 $s = s(t)$,求质点在 t_0 时刻的"瞬时速度".

分析 如果质点做匀速直线运动,那就好办了. 给一个时间的增量 Δt 和路程的增量 Δs,那么质点的路程增量 Δs 与时间增量 Δt 的比值叫平均速度,即

$$\bar{v} = \frac{\Delta s}{\Delta t} = \frac{s(t) - s(t_0)}{t - t_0}$$

当时间间隔 Δt 非常小时,其平均速度就可以近似地看作时刻 t_0 瞬时速度. 用极限思想来解释就是:当 $\Delta t \to 0$,对平均速度取极限

$$\lim_{\Delta t \to 0} \frac{\Delta s}{\Delta t} = \lim_{\Delta t \to 0} \frac{s(t_0 + \Delta t) - s(t_0)}{\Delta t}$$

如果这个极限存在的话,其极限值称为质点在时刻 t_0 的瞬时速度.

【引例 2】 平面曲线切线的斜率

我们首先要解决一个问题:什么是曲线的切线?

设有曲线 C,曲线 C 上有一定点 M,在该曲线 C 上任取一点 N,过 M 与 N 作一直线 L,直线 L 一般称为曲线 C 的割线,当动点 N 沿曲线 C 无论以何方式无限趋近于定点 M 的时候,割线有唯一的位置,这个极限位置的直线 L_0 就称为曲线过 M 点的**切线**.

设一曲线的方程为 $y = f(x)$,求该曲线在点 $M(x_0, y_0)$ 的切线的斜率.

分析 由上述关于切线的定义,我们可以先求出割线 L 的斜率:

$$K_{割} = \frac{\Delta y}{\Delta x} = \frac{f(x) - f(x_0)}{x - x_0}$$

注意到,N 无限趋近于定点 M 等价于 $x \to x_0$,因此,曲线 C 过 M_0 点的切线的斜率为

$$K_{切} = \lim_{x \to x_0} \frac{\Delta y}{\Delta x} = \lim_{x \to x_0} \frac{f(x) - f(x_0)}{x - x_0}$$

图 2 - 1

如果令 $\Delta x = x - x_0$,那么 $x = x_0 + \Delta x$,并且 $x \to x_0 \Leftrightarrow \Delta x \to 0$,所以:

$$K_{切} = \lim_{\Delta x \to 0} \frac{\Delta y}{\Delta x} = \lim_{\Delta x \to 0} \frac{f(x_0 + \Delta x) - f(x_0)}{\Delta x}$$

比较上面两个引例,虽然它们有不同的背景,一个是物理问题一个是几何问题,但是计算表达式的形式完全相似,即都是函数值增量与自变量增量比值的极限,或函数值相对于自变量在某一点处的变化率. 由此,对于一般的函数,我们引入函数在某一点的导数的概念.

2.1.2 导数的定义

【定义 1】 设函数 $y = f(x)$ 在 x_0 的某一邻域内有定义,当自变量 x 在 x_0 处有增量 Δx 时,函数 $y = f(x)$ 相应的增量为 $\Delta y = f(x_0 + \Delta x) - f(x_0)$,若:

$$\lim_{\Delta x \to 0} \frac{\Delta y}{\Delta x} = \lim_{\Delta x \to 0} \frac{f(x_0 + \Delta x) - f(x_0)}{\Delta x}$$

存在,则称**函数** $f(x)$ 在点 x_0 处可导,并称该极限值为**函数 $f(x)$ 在点 x_0 处的导数**,记作 $f'(x_0)$,或 $y'|_{x=x_0}$,$\frac{\mathrm{d}y}{\mathrm{d}x}|_{x=x_0}$,$\frac{\mathrm{d}f}{\mathrm{d}x}|_{x=x_0}$,即

$$f'(x_0) = \lim_{\Delta x \to 0} \frac{\Delta y}{\Delta x} = \lim_{\Delta x \to 0} \frac{f(x_0 + \Delta x) - f(x_0)}{\Delta x}$$

由此可见,导数就是函数增量 Δy 与自变量增量 Δx 之比 $\frac{\Delta y}{\Delta x}$ 的极限,一般地,我们称 $\frac{\Delta y}{\Delta x}$ 为函数关于自变量的平均变化率,所以导数 $f'(x_0)$ 为 $f(x)$ 在点 x_0 处关于 x 的变化率.

注:(1) 在科学技术中,称导数为变化率,反映了函数 y 随着自变量 x 在 x_0 处变化而变化的快慢程度.

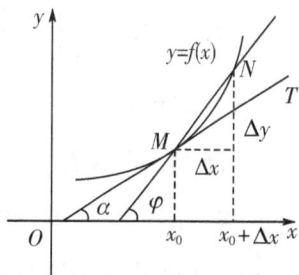

(2) 引例 1 中, 变速直线运动的瞬时速度为 $v(t_0) = S'(t_0)$; 引例 2 中, 曲线在点 x_0 处的切线斜率为 $k = f'(x_0)$.

(3) 若 $\lim\limits_{\Delta x \to 0} \dfrac{\Delta y}{\Delta x}$ 不存在, 则称 $f(x)$ 在点 x_0 处不可导.

(4) 求导数的步骤: ① 求增量 Δy; ② 算比值 $\dfrac{\Delta y}{\Delta x}$; ③ 求极限 $\lim\limits_{\Delta x \to 0} \dfrac{\Delta y}{\Delta x}$.

【例 1】 求函数 $y = x^2$ 在 $x = 1$ 处的导数.

解 (1) 求增量: $\Delta y = f(1 + \Delta x) - f(1) = (1 + \Delta x)^2 - 1 = 2\Delta x + (\Delta x)^2$;

(2) 算比值: $\dfrac{\Delta y}{\Delta x} = \dfrac{2\Delta x + (\Delta x)^2}{\Delta x} = 2 + \Delta x$;

(3) 取极限: $y'|_{x=1} = \lim\limits_{\Delta x \to 0} \dfrac{\Delta y}{\Delta x} = \lim\limits_{\Delta x \to 0}(2 + \Delta x) = 2$.

【例 2】 设函数 $f(x) = |x|$, 判断该函数在 $x = 1$ 及 $x = 0$ 处是否可导?

解 在 $x = 1$ 处, 我们有 $\lim\limits_{\Delta x \to 0} \dfrac{|1 + \Delta x| - |1|}{\Delta x} = \lim\limits_{\Delta x \to 0} \dfrac{(1 + \Delta x) - 1}{\Delta x} = 1$, 所以函数 $f(x) = |x|$ 在 $x = 1$ 处可导, 且 $f'(1) = 1$.

在 $x = 0$ 处, 我们考虑 $\lim\limits_{\Delta x \to 0} \dfrac{|0 + \Delta x| - |0|}{\Delta x}$. 因为右极限 $\lim\limits_{\Delta x \to 0^+} \dfrac{|0 + \Delta x| - |0|}{\Delta x} = \lim\limits_{\Delta x \to 0^+} \dfrac{\Delta x}{\Delta x} = 1$, 而左极限 $\lim\limits_{\Delta x \to 0^-} \dfrac{|0 + \Delta x| - |0|}{\Delta x} = \lim\limits_{\Delta x \to 0^-} \dfrac{-\Delta x}{\Delta x} = -1$, 左右极限不相等, 所以, $\lim\limits_{\Delta x \to 0} \dfrac{|0 + \Delta x| - |0|}{\Delta x}$ 不存在, 所以函数 $f(x) = |x|$ 在 $x = 0$ 处不可导.

本例中, 虽然函数在 $x = 0$ 处极限不存在, 但它的左右极限分别存在, 由此我们给出左右导数的概念.

【定义 2】 设函数 $y = f(x)$ 在点 x_0 的某右邻域 $(x_0, x_0 + \delta)$ 内有定义, 若

$$\lim_{\Delta x \to 0^+} \frac{\Delta y}{\Delta x} = \lim_{\Delta x \to 0^+} \frac{f(x_0 + \Delta x) - f(x_0)}{\Delta x}$$

存在, 则称 $f(x)$ 在点 x_0 处右可导, 该极限值称为 $f(x)$ 在 x_0 处的右导数, 记为 $f'_+(x_0)$, 即

$$f'_+(x_0) = \lim_{\Delta x \to 0^+} \frac{f(x_0 + \Delta x) - f(x_0)}{\Delta x}.$$

类似地, 我们可定义左导数 $f'_-(x_0) = \lim\limits_{\Delta x \to 0^-} \dfrac{f(x_0 + \Delta x) - f(x_0)}{\Delta x}$. 右导数和左导数统称为**单侧导数**.

定理 1 若函数 $y = f(x)$ 在点 x_0 的某领域内有定义, 则 $f'(x_0)$ 存在的充要条件是 $f'_+(x_0)$ 与 $f'_-(x_0)$ 都存在, 且 $f'_+(x_0) = f'_-(x_0)$.

【定义 3】 若函数 $y = f(x)$ 在区间 (a, b) 内每一点都可导, 则称函数在区间 (a, b) 内可导. 这时对任意给定的值 $x \in (a, b)$, 都有唯一确定的导数值与之对应, 因此就构成了 x 的一个新函数, 称为**导函数**, 记作

$$y', f'(x), \frac{\mathrm{d}y}{\mathrm{d}x} \text{ 或 } \frac{\mathrm{d}f(x)}{\mathrm{d}x}$$

即

$$f'(x) = \lim_{\Delta x \to 0} \frac{\Delta y}{\Delta x} = \lim_{\Delta x \to 0} \frac{f(x + \Delta x) - f(x)}{\Delta x}$$

注：显然，函数 $y = f(x)$ 在 x_0 处的导数,就是导函数 $f'(x)$ 在点 $x = x_0$ 处的函数值,即

$$f'(x_0) = f'(x) \mid_{x = x_0}$$

以后在不会混淆的情况下,我们把导函数称为导数.

【例 3】　求函数 $y = C$ 的导数.

解
$$y' = \lim_{\Delta x \to 0} \frac{f(x + \Delta x) - f(x)}{\Delta x} = \lim_{\Delta x \to 0} \frac{0}{\Delta x} = 0$$

故有,常数的导数为 0.

【例 4】　求函数 $y = \sin x$ 的导数,并求 $f'\left(\frac{\pi}{2}\right), f'(0)$.

解
$$y' = \lim_{\Delta x \to 0} \frac{\sin(x + \Delta x) - \sin x}{\Delta x} = \lim_{\Delta x \to 0} \frac{2\sin\left(\frac{\Delta x}{2}\right)\cos\left(x + \frac{\Delta x}{2}\right)}{\Delta x}$$

$$= \lim_{\Delta x \to 0} \frac{2\sin\left(\frac{\Delta x}{2}\right)\cos\left(x + \frac{\Delta x}{2}\right)}{\Delta x} = \cos x$$

所以 $f'\left(\frac{\pi}{2}\right) = \cos\frac{\pi}{2} = 0, f'(0) = \cos 0 = 1$.

【例 5】　设 $f(x) = \begin{cases} 1 + x & x \geqslant 0 \\ 1 - x & x < 0 \end{cases}$,讨论 $f(x)$ 在 $x_0 = 0$ 处是否可导.

解　因为 $\dfrac{f(0 + \Delta x) - f(0)}{\Delta x} = \begin{cases} 1 & \Delta x > 0 \\ -1 & \Delta x < 0 \end{cases}$

所以 $f'_+(0) = \lim\limits_{\Delta x \to 0^+} \dfrac{f(0 + \Delta x) - f(0)}{\Delta x} = 1, f'_-(0) = \lim\limits_{\Delta x \to 0^-} \dfrac{f(0 + \Delta x) - f(0)}{\Delta x} = -1$,所以 $f'_+(0) \neq f'_-(0)$,故,$f(x)$ 在 $x_0 = 0$ 处不可导.

2.1.3　导数的几何意义

当函数 $y = f(x)$ 在点 $x = x_0$ 处可导时,由引例 2 知,函数 $y = f(x)$ 在点 $x = x_0$ 处的导数 $f'(x_0)$ 表示曲线 $y = f(x)$ 在点 $x = x_0$ 处的切线斜率,这就是导数的几何意义. 所以曲线在 $P_0(x_0, y_0)$ 的

切线方程为

$$y - y_0 = f'(x_0)(x - x_0)$$

法线方程为

$$y - y_0 = -\frac{1}{f'(x_0)}(x - x_0), f'(x_0) \neq 0$$

当 $f'(x_0) = 0$ 时,法线方程为 $x = x_0$;

当 $f'(x_0) = \pm\infty$ 时,法线方程为 $y = y_0$.

【例 6】 求曲线 $y = x^2$ 在点 $(1,1)$ 处的切线方程及法线方程.

解 由例 1 可知: $y'|_{x=1} = 2$,所以在点 $(1,1)$ 处的

切线方程为 $y - 1 = 2(x - 1)$ 即 $2x - y - 1 = 0$;

法线方程为 $y - 1 = -\frac{1}{2}(x - 1)$ 即 $x + 2y - 3 = 0$.

2.1.4 连续与可导的关系

函数的连续性保证了曲线的"不断",而函数的可导则既保证了曲线的"不断",又保证了曲线的"流畅"或"光滑".

定理 2 若函数在某点可导,则函数在该点必然连续.

但是,反之却不然,即连续不一定可导.

我们观察函数 $y = |x|$ 的图象.图象是连续的,那么是不是可导呢?

我们发现图象在 $x = 0$ 处突然拐弯,出现了"尖点"或"不流畅、不光滑"的点(如图 2-2),在例 2 中我们已经证明,函数 $y = |x|$ 在 $x = 0$ 处不可导.

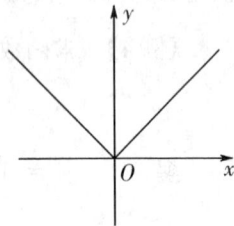

图 2-2

【例 7】 设函数 $f(x) = \begin{cases} x\sin\dfrac{1}{x}, & x \neq 0 \\ 0, & x = 0 \end{cases}$,讨论其在 $x = 0$ 的连续性和可导性.

解 因为 $\lim\limits_{x \to 0} x\sin\dfrac{1}{x} = 0 = f(0)$,所以 $f(x)$ 在 $x = 0$ 点连续.

又因为 $\lim\limits_{\Delta x \to 0} \dfrac{f(0 + \Delta x) - f(0)}{\Delta x} = \lim\limits_{\Delta x \to 0} \dfrac{\Delta x \cdot \sin\dfrac{1}{\Delta x} - 0}{\Delta x} = \lim\limits_{\Delta x \to 0} \sin\dfrac{1}{\Delta x}$ 不存在,所以不可导.

习题 2.1

1. 某物体做直线运动的方程为 $s = t^2 - t + 1$,试求:

(1) 物体在 1 秒到 $1 + \Delta t$ 秒的平均速度;

(2) 物体在 1 秒时的瞬时速度.

2. 设 $f(x) = 4x^2$,试按定义求 $f'(-1)$.

3. 下列各题中均假定 $f'(x_0)$ 存在,按照导数定义求下列极限,指出 A 表示什么?

(1) $\lim\limits_{\Delta x \to 0} \dfrac{f(x_0 - \Delta x) - f(x_0)}{2\Delta x} = A$;

(2) $\lim\limits_{h \to 0} \dfrac{f(x_0 + h) - f(x_0 - 2h)}{h} = A$;

(3) $\lim\limits_{x\to 0}\dfrac{f(x)}{x}=A$，其中 $f(0)=0$ 且 $f'(0)$ 存在；

(4) $\lim\limits_{\Delta x\to 0}\dfrac{f(x_0+\alpha\Delta x)-f(x_0+\beta\Delta x)}{\Delta x}=A$，其中 α,β 为不等于零的常数.

4. 根据导数的定义，求下列函数的导数：

(1) $y=x^2+3$;　　　　　　　　　　(2) $y=\dfrac{1}{\sqrt{x}}$;

(3) $y=2\sin x$;　　　　　　　　　　(4) $y=\sin 2x$.

5. 求曲线 $y=\sin x$ 上点 $\left(\dfrac{\pi}{6},\dfrac{1}{2}\right)$ 处的切线方程和法线方程.

6. 求曲线 $y=\ln x$ 在 $x=\mathrm{e}$ 的切线方程和法线方程.

7. 讨论函数在 $f(x)=\begin{cases}x^2 & x\geqslant 0\\ x & x<0\end{cases}$ 在 $x=0$ 处的连续性与可导性.

8. 设函数 $f(x)=\begin{cases}ax+b & x>0\\ \cos x & x\leqslant 0\end{cases}$，为了使函数 $f(x)$ 在 $x=0$ 处可导，a,b 应取什么值？

2.2　导数的基本公式与运算法则

对于极简单的函数，我们可以运用导数的定义求出其导数. 但是，对于较复杂的初等函数，利用定义就可能非常麻烦了. 我们知道，初等函数是由基本初等函数经过四则运算和复合而得到的，所以我们要探讨导数的基本公式，四则运算和复合运算的求导法则，进而解决初等函数的求导问题.

2.2.1　导数的基本公式

基本初等函数的导数在初等函数的求导中起着十分重要的作用，为了便于熟练掌握，归纳如下：

(1) $C'=0$　（C 为常数）；　　　　(2) $(x^\alpha)'=\alpha x^{\alpha-1}$　（其中 α 为实数）；

(3) $(\sin x)'=\cos x$;　　　　　　　(4) $(\cos x)'=-\sin x$;

(5) $(\tan x)'=\sec^2 x$;　　　　　　(6) $(\cot x)'=-\csc^2 x$;

(7) $(\sec x)'=\sec x\cdot\tan x$;　　　(8) $(\csc x)'=-\csc x\cdot\cot x$;

(9) $(a^x)'=a^x\ln a\,(a>0,a\neq 1)$；特别 $(\mathrm{e}^x)'=\mathrm{e}^x$;

(10) $(\log_a x)'=\dfrac{1}{x\ln a}\,(a>0,a\neq 1)$；特别 $(\ln x)'=\dfrac{1}{x}$;

(11) $(\arcsin x)'=\dfrac{1}{\sqrt{1-x^2}}$　$x\in(-1,1)$；(12) $(\arccos x)'=-\dfrac{1}{\sqrt{1-x^2}}$　$x\in(-1,1)$；

(13) $(\arctan x)'=\dfrac{1}{1+x^2}$　$x\in\mathbb{R}$;　(14) $(\text{arccot}\,x)'=-\dfrac{1}{1+x^2}$　$x\in\mathbb{R}$.

上面的求导公式，有的可以用导数的定义直接推出，有的还要用到后面的求导法则进行推导，这里不作推导.

注：函数的求导公式应熟练地记忆,这不仅是学习微分学的基础,对后面积分学的学习也大有好处.

2.2.2　函数的和、差、积、商的求导法则

定理 1　设函数 $u(x),v(x)$ 在点 x 处可导,则它们的和、差、积与商在 x 处也可导,且

(1) $(u(x) \pm v(x))' = u'(x) \pm v'(x)$；

(2) $[Cu(x)]' = Cu'(x)$；

(3) $(u(x)v(x))' = u(x)v'(x) + u'(x)v(x)$；

(4) $\left(\dfrac{v(x)}{u(x)}\right)' = \dfrac{v'(x)u(x) - v(x)u'(x)}{u^2(x)}$　$(u(x) \neq 0)$.

证明略.

【例 1】　设 $y = 1 + 3x^4 - \dfrac{1}{\sqrt{x}} + \dfrac{1}{x^2}$,求 y'.

解　$y' = (1)' + (3x^4)' - \left(\dfrac{1}{\sqrt{x}}\right)' + \left(\dfrac{1}{x^2}\right)' = 12x^3 + \dfrac{1}{2}x^{-\frac{3}{2}} - 2x^{-3}$.

【例 2】　设 $y = \mathrm{e}^x \sin x$,求 y'.

解　$y' = (\mathrm{e}^x \sin x)' = (\mathrm{e}^x)' \sin x + \mathrm{e}^x (\sin x)' = \mathrm{e}^x \sin x + \mathrm{e}^x \cos x$.

【例 3】　设 $f(x) = x \sin x + 3\mathrm{e}^x - \sqrt{2}$,求 $f'(x),f'(0)$.

解　$f'(x) = (x \sin x)' + (3\mathrm{e}^x)' - (\sqrt{2})' = \sin x + x \cos x + 3\mathrm{e}^x$

将 $x = 0$ 代入得 $f'(0) = 3$.

【例 4】　设 $y = \dfrac{3\mathrm{e}^x}{1+x}$,求 $y',y'|_{x=1}$.

解　$y' = \left(\dfrac{3\mathrm{e}^x}{1+x}\right)' = \dfrac{(3\mathrm{e}^x)'(1+x) - (3\mathrm{e}^x)(1+x)'}{(1+x)^2} = \dfrac{3x\mathrm{e}^x}{(1+x)^2}$,

$y'\Big|_{x=1} = \dfrac{3 \times 1 \times \mathrm{e}}{(1+1)^2} = \dfrac{3}{4}\mathrm{e}$.

【例 5】　设 $y = \tan x$,求 y'.

解　$y' = (\tan x)' = \left(\dfrac{\sin x}{\cos x}\right)' = \dfrac{(\sin x)' \cos x - \sin x(\cos x)'}{\cos^2 x}$

$= \dfrac{\cos^2 x + \sin^2 x}{\cos^2 x} = \dfrac{1}{\cos^2 x} = \sec^2 x$.

即

$$(\tan x)' = \sec^2 x.$$

类似可得

$$(\cot x)' = -\csc^2 x.$$

【例 6】　设 $y = \sec x$,求 y'.

解　$y' = (\sec x)' = \left(\dfrac{1}{\cos x}\right)' = \dfrac{(1)' \times \cos x - 1 \times (\cos x)'}{\cos^2 x}$

$$= \frac{\sin x}{\cos^2 x} = \sec x \tan x.$$

即

$$(\sec x)' = \sec x \tan x.$$

类似可得

$$(\csc x)' = -\csc x \cot x.$$

【例 7】 已知某物体做直线运动,运动方程为 $s = (t+3)(t+2) + \ln t$, s(单位:m), t(单位:s). 求在 $t = 3\,\mathrm{s}$ 时物体的速度?

解 物体运动的速度为

$$v = \frac{\mathrm{d}s}{\mathrm{d}t} = [(t+3)(t+2) + \ln t]' = [(t+3)(t+2)]' + (\ln t)'$$

$$= (t+3)'(t+2) + (t+3)(t+2)' + \frac{1}{t}$$

$$= 2t + \frac{1}{t} + 5$$

$t = 3\,\mathrm{s}$ 时的速度为 $v\big|_{t=3} = \left(2t + \dfrac{1}{t} + 5\right)\Big|_{t=3} = \dfrac{34}{3}\,(\mathrm{m/s}).$

【例 8】 某电器厂在对冰箱制冷后断电测试其制冷效果,时间 t 后冰箱的温度为 $T = \dfrac{2t}{0.05t+1} - 20$. 问冰箱温度 T 关于时间 t 的变化率是多少?

解
$$\frac{\mathrm{d}T}{\mathrm{d}t} = \left(\frac{2t}{0.05t+1} - 20\right)' = \left(\frac{2t}{0.05t+1}\right)' - 0$$

$$= \frac{(2t)'(0.05t+1) - 2t(0.05t+1)'}{(0.05t+1)^2}$$

$$= \frac{2(0.05t+1) - 2t \times 0.05}{(0.05t+1)^2} = \frac{2}{(0.05t+1)^2}$$

即冰箱温度 T 关于时间 t 的变化率是 $\dfrac{\mathrm{d}T}{\mathrm{d}t} = \dfrac{2}{(0.05t+1)^2}.$

习题 2.2

1. 推导余切函数及余割函数的导数公式

$(\cot x)' = -\csc^2 x$;　　　　　　　　　　$(\csc x)' = -\csc x \cot x$.

2. 求下列函数的导数:

(1) $y = 4x - \dfrac{2}{x^2} + \sin 1$;　　　　　　(2) $y = 5x^3 - 2^x + 3\mathrm{e}^x$;

(3) $y = x^3 \cos x$;　　　　　　　　　(4) $y = \tan x \sec x$;

(5) $y = x^3 \ln x$;　　　　　　　　　(6) $y = \dfrac{\mathrm{e}^x}{x^2} + \ln 3$;

(7) $y = \dfrac{x-1}{x+1}$；　　　　　　　　　　(8) $y = x^2 \ln x \cos x$.

3. 求下列函数在给定点处的导数：

(1) $y = 2\sin x - 5\cos x$，求 $y' \big|_{x = \frac{\pi}{6}}$ 和 $y' \big|_{x = \frac{\pi}{3}}$；

(2) $f(x) = \dfrac{1}{1-x} + \dfrac{x^3}{3}$，求 $f'(0)$ 和 $f'(2)$.

4. 求曲线 $y = x^2 + x - 2$ 的切线方程，使该切线平行于直线 $x + y - 3 = 0$.

2.3　其他求导方法

2.3.1　复合函数的求导法则

我们先看一个例子. 函数 $y = (2x+1)^2$ 可以看作由函数 $y = u^2$ 与 $u = 2x+1$ 复合而成，那么 $y = (2x+1)^2$ 的导数与这两个简单函数 $y = u^2$ 与 $u = 2x+1$ 的导数之间有什么关系呢？

$y = (2x+1)^2 = 4x^2 + 4x + 1$ 有 $y' = 8x + 4$；$y = u^2$ 有 $y'_u = 2u$；$u = 2x+1$ 有 $u'_x = 2$. 由此可见，$y' = y'_u \cdot u'_x$.

一般地，我们有：

定理 1　设函数 $y = f(u)$，$u = \varphi(x)$ 均可导，则复合函数 $y = f[\varphi(x)]$ 也可导，且

$$y'_x = y'_u \cdot u'_x \ \text{或}\ y'_x = f'(u) \cdot \varphi'(x) \ \text{或}\ \frac{dy}{dx} = \frac{dy}{du} \cdot \frac{du}{dx}.$$

这就是复合函数的求导法则.

在对复合函数进行求导时，我们就使用此法则. 其中的关键是对复合函数的分解，同时要搞清楚 y'_x，y'_u，u'_x 这三个记号所表示的导数的不同.

【例 1】　求 $y = \cos 2x$ 的导数.

解　函数 $y = \cos 2x$ 由 $y = \cos u$，$u = 2x$ 复合而成，则

$$y' = y'_u \cdot u'_x = -\sin u \cdot 2 = -2\sin 2x.$$

注意，u 必须回代为 $2x$.

【例 2】　求 $y = (2x-3)^5$ 的导数.

解　函数 $y = (2x-3)^5$ 由 $y = u^5$，$u = 2x-3$ 复合而成，则

$$y' = y'_u \cdot u'_x = 5u^4 \cdot 2 = 10(2x-3)^4.$$

熟悉复合函数的分解过程之后，可以不写出分解过程. 在求导过程中，注意分清函数的复合层次，找出所有的中间变量；依照法则，由外向内一层层直至对自变量求导.

【例 3】　求下列函数的导数：

(1) $y = e^{-x^2}$；　(2) $y = 2\sin^3 x$；　(3) $y = \cos x^2$；　(4) $y = \dfrac{1}{1+2x}$.

解　(1) $y' = e^{-x^2} \cdot (-x^2)' = e^{-x^2} \cdot (-2x) = -2xe^{-x^2}$；

(2) $y' = 6\sin^2 x \cdot (\sin x)' = 6\sin^2 x \cdot \cos x = 3\sin 2x \sin x$;

(3) $y' = -\sin x^2 \cdot (x^2)' = -2x \cdot \sin x^2$;

(4) $y' = -\dfrac{1}{(1+2x)^2} \cdot (1+2x)' = -\dfrac{2}{(1+2x)^2}$.

【例4】 求下列函数的导数：

(1) $y = \tan^2(3x)$；　　　　　　　　(2) $y = \ln\sqrt{x^2+1}$.

解 (1) $y' = 2\tan(3x) \cdot [\tan(3x)]' = 2\tan(3x) \cdot \sec^2(3x) \cdot (3x)'$
$$= 6\tan(3x) \cdot \sec^2(3x)$$

(2) $y' = \dfrac{1}{\sqrt{x^2+1}} \cdot (\sqrt{x^2+1})' = \dfrac{1}{\sqrt{x^2+1}} \cdot \dfrac{1}{2\sqrt{x^2+1}} \cdot (x^2+1)'$
$$= \dfrac{1}{\sqrt{x^2+1}} \cdot \dfrac{1}{2\sqrt{x^2+1}} \cdot 2x = \dfrac{x}{x^2+1}$$

2.3.2 隐函数求导

前面我们介绍的都是以 $y = f(x)$ 的形式出现的显式函数的求导法则. 但在实际中,有许多函数关系式是隐藏在一个方程中,这个函数不一定能写成 $y = f(x)$ 的形式,例如: $xy + e^x + e^y - e = 0$ 所确定的函数就不能写成 $y = f(x)$ 的形式. 尽管有时能够表示,但从问题的需要来说没有这个必要.

一般地,我们把由二元方程 $F(x,y) = 0$ 所确定的 y 与 x 的关系式称为**隐函数**.

隐函数求导具体解法如下:

(1) 对方程 $F(x,y) = 0$ 的两端同时关于 x 求导,在求导过程中把 y 看成 x 的函数,也就是把它作为中间变量来看待.

(2) 求导之后得到一个关于 y' 的一次方程,解此方程,便得 y' 的表达式. 当然,在此表达式内可能会含有 y,这没关系,让它保留在式子中就可以了.

【例5】 求由方程 $x^2 + y^2 = 1$ 所确定的隐函数 $y = y(x)$ 的导数 y'.

解 两边同时关于 x 求导数得
$$2x + 2yy' = 0$$

所以 $y' = -\dfrac{x}{y}$

【例6】 设 $xy + e^x + e^y - e = 0$,求 y'.

解 两边同时关于 x 求导得
$$y + x \cdot y' + e^x + e^y \cdot y' = 0$$

所以 $(x + e^y) \cdot y' = -(y + e^x)$,即
$$y' = -\dfrac{y + e^x}{x + e^y}$$

【例7】 求由方程 $y = \cos(x+y)$ 所确定 $y = f(x)$ 的导数.

解 两边同时关于 x 求导数得

$$y' = -\sin(x+y)(1+y')$$

即
$$y' = -\frac{\sin(x+y)}{1+\sin(x+y)} \quad (1+\sin(x+y) \neq 0)$$

2.3.3 对数求导

有些函数求导时,如果先对等式两边取对数,然后按隐函数求导法则求导数,往往可使运算简化,这种方法称为**对数求导法**. 即先对函数 $y = f(x)$ 的两边取自然对数,然后用隐函数的求导方法求出 y',最后换回显函数.

【例8】 求函数 $y = x^x$ 的导数.

解 两边取自然对数,得

$$\ln y = x \ln x,$$

两边对 x 求导,得

$$\frac{y'}{y} = 1 + \ln x,$$

于是

$$y' = y(1 + \ln x) = x^x(1 + \ln x),$$

即

$$(x^x)' = x^x(1 + \ln x).$$

这类函数的一般形式为 $y = u(x)^{v(x)}$,其中 $u(x)$,$v(x)$ 可导.

【例9】 求函数 $y = \dfrac{\sqrt{x+2}(3-x)^4}{(x+1)^5}$ 的导数.

解 两边取自然对数,得

$$\ln y = \frac{1}{2}\ln(x+2) + 4\ln(3-x) - 5\ln(x+1)$$

两边对 x 求导,得

$$\frac{1}{y} \cdot y' = \frac{1}{2} \cdot \frac{1}{x+2} + 4 \cdot \frac{1}{3-x}(-1) - \frac{5}{x+1},$$

于是

$$y' = y\left[\frac{1}{2(x+2)} - \frac{4}{3-x} - \frac{5}{x+1}\right] = \frac{\sqrt{x+2}(3-x)^4}{(x+1)^5}\left[\frac{1}{2(x+2)} - \frac{4}{3-x} - \frac{5}{x+1}\right].$$

这类函数的特点是函数由若干个因子相乘或相除构成.

2.3.4 高阶导数

设一物体做直线运动,其运动方程为 $s = s(t)$,则由导数的定义和运动方程的意义可知,运动的速度方程为 $v = v(t) = s'(t)$,$v(t)$ 仍然是一个关于 t 的函数,对于这个运动而言,

其加速度 $a(t) = v'(t) = [s'(t)]'$，所以加速度 $a(t)$ 可以看作 $s(t)$ 的导数的导数.

一般地,我们有:

【定义 1】　函数 $y = f(x)$ 的导数 $y' = f'(x)$ 仍然是 x 的函数,如果 $f'(x)$ 仍可求导,我们把 $y' = f'(x)$ 的导数 $(y')' = (f'(x))'$ 叫做函数 $y = f(x)$ 的**二阶导数**,记作

$$y'', f''(x) \text{ 或 } \frac{\mathrm{d}^2 y}{\mathrm{d} x^2}.$$

类似地,如果 $y'' = f''(x)$ 的导数存在,则称这个导数为 $y = f(x)$ 的**三阶导数**. 一般地,如果 $y = f(x)$ 的 $(n-1)$ 阶导数的导数存在,则称为 $y = f(x)$ 的 n 阶导数,它们分别记作

$$y''', y^{(4)}, \cdots, y^{(n)}$$

或

$$f'''(x), f^{(4)}(x), \cdots, f^{(n)}(x)$$

或

$$\frac{\mathrm{d}^3 y}{\mathrm{d} x^3}, \frac{\mathrm{d}^4 y}{\mathrm{d} x^4}, \cdots, \frac{\mathrm{d}^n y}{\mathrm{d} x^n}.$$

二阶及二阶以上的导数统称为**高阶导数**. 由此可见,求高阶导数就是从一阶起多次重复求导.

【例 10】　求函数 $y = x\mathrm{e}^x$ 的二阶导数.

解　$y' = \mathrm{e}^x + x\mathrm{e}^x = (x+1)\mathrm{e}^x$;

$y'' = (y')' = \mathrm{e}^x + (x+1)\mathrm{e}^x = (x+2)\mathrm{e}^x$;

【例 11】　设某物体做直线运动,运动方程为 $s = t^3 - t^2 + 1$,求 $t = 2$ s 时的速度和加速度.

解　$v(t) = \dfrac{\mathrm{d}s}{\mathrm{d}t} = 3t^2 - 2t, a(t) = \dfrac{\mathrm{d}^2 s}{\mathrm{d}t^2} = 6t - 2$,

所以 $v(2) = 8(\mathrm{m/s}); a(2) = 10(\mathrm{m/s^2})$.

【例 12】　设 $y = x\mathrm{e}^x$,求 $y^{(n)}$.

解　$y' = \mathrm{e}^x + x\mathrm{e}^x = (1+x)\mathrm{e}^x$,

$y'' = \mathrm{e}^x + (1+x)\mathrm{e}^x = (2+x)\mathrm{e}^x$,

$y''' = \mathrm{e}^x + (2+x)\mathrm{e}^x = (3+x)\mathrm{e}^x$,

……

依次类推可得 $y^{(n)} = (n+x)\mathrm{e}^x$.

习题 2.3

1. 求下列函数的导数:

(1) $y = \dfrac{1}{3x - 7}$;　　　　　　　　(2) $y = 3^{x^2}$;

(3) $y = \tan(3x - 1)$;　　　　　　　　(4) $y = 3\arcsin(\sqrt{x})$;

(5) $y = \cos^3(\cos x)$;　　　　　　　　(6) $y = x\mathrm{e}^{-x} + x^2 \mathrm{e}^{\frac{x}{2}}$.

(7) $y = \sqrt[3]{1 + \cos 2x}$;　　　　　　(8) $y = (\ln x^2)^3$.

2. 求由下列方程所确定的隐函数 y 的导数 $\dfrac{\mathrm{d}y}{\mathrm{d}x}$：

(1) $\sqrt{x}+\sqrt{y}=4$；　　　　　　(2) $xy=\mathrm{e}^{x+y}$；

(3) $y=\cos x+\dfrac{1}{2}\sin y$；　　　(4) $x^2 y-\mathrm{e}^{2x}=\sin y$.

3. 用对数求导法求下列函数的导数：

(1) $y=(1+x^2)^x$；

(2) $y=\sqrt{x(x^2+x-1)(x^3+3x+1)\sqrt{x+1}}$.

4. 求下列各函数的二阶导数：

(1) $y=3x\cos x$；　　　　　　　(2) $y=\tan 2x$；

(3) $y=\mathrm{e}^{\frac{1}{x}}$；　　　　　　　　　(4) $y=\arcsin x$.

2.4　函数的微分

与导数概念紧密相连的是微分的概念. 在实际问题中, 常常会遇到当自变量有一个微小的增量时, 如何求出函数的增量的问题. 一般来说计算函数增量的精确值是比较困难的, 而对于一些实际问题只需要知道其增量的近似值. 那么如何能方便地求出函数增量的近似值呢? 这就是我们所要研究的微分.

2.4.1　微分的概念

【引例】　一边长为 x 的正方形金属薄片, 受热后边长增加 Δx, 问其面积增加多少?

分析　由已知可得受热前的面积 $S=x^2$, 那么, 受热后面积的增量是:

$$\Delta S=(x+\Delta x)^2-x^2$$
$$=2x\Delta x+(\Delta x)^2$$

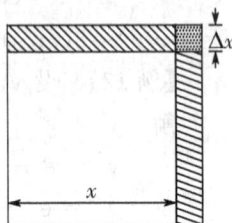

图 2-3

从几何图形上, 可以看到, 面积的增量可分为两个部分, 一是两个矩形的面积总和 $2x\Delta x$(阴影部分), 它是 Δx 的线性部分; 二是右上角的正方形的面积 $(\Delta x)^2$, 它是 Δx 高阶无穷小.

这样一来, 当 Δx 非常微小的时候, 面积的增量主要部分就是 $2x\Delta x$, 我们把它称做线性主部; 而 $(\Delta x)^2$ 可以忽略不计. 也就是说, 可以用 $2x\Delta x$ 来代替面积的增量.

【定义 1】　设函数 $y=f(x)$ 当自变量 x 从 x_0 改变到 $x_0+\Delta x$ 时, 函数值的改变量 $\Delta y=f(x_0+\Delta x)-f(x_0)$, 若 Δy 可以表示为 Δx 线性函数 $A\cdot\Delta x$ (A 是与 Δx 无关、与 x_0 有关的常数)与一个比 Δx 更高阶的无穷小之和, 即

$$\Delta y=A\cdot\Delta x+o(\Delta x),$$

则称函数 $f(x)$ 在 x_0 处**可微**, 而 $A\cdot\Delta x$ 即为函数 $f(x)$ 在点 x_0 处的**微分**, 记作 $\mathrm{d}y\big|_{x=x_0}$, 即

$$\mathrm{d}y\big|_{x=x_0}=A\cdot\Delta x$$

经证明(证明从略),$A = f'(x_0)$,故函数 $f(x)$ 在点 x_0 处的微分可表示为

$$\mathrm{d}y\big|_{x=x_0} = f'(x_0) \cdot \Delta x$$

注:(1)若不特别指明函数在哪一点的微分,那么一般地,函数 $y = f(x)$ 的微分就记为

$$\mathrm{d}y = f'(x)\Delta x.$$

(2)因为,当 $y = x$ 时,$\mathrm{d}y = \mathrm{d}x = (x)'\Delta x = \Delta x$,即 $\mathrm{d}x = \Delta x$. 所以函数 $y = f(x)$ 的微分又可记为

$$\mathrm{d}y = f'(x)\mathrm{d}x.$$

这表明,求一个函数的微分只需求出这个函数的导数 $f'(x)$ 再乘以 $\mathrm{d}x$ 即可.

(3)将 $\mathrm{d}y = f'(x)\mathrm{d}x$ 两边同除以 $\mathrm{d}x$,得

$$\frac{\mathrm{d}y}{\mathrm{d}x} = f'(x),$$

这表明,函数的微分与自变量的微分之商等于该函数的导数,因此导数又叫做微商.

(4)以后我们也把可导函数称为可微函数,把函数在某点可导也称为在某点可微. 即可导与可微这两个概念是等价的.

【例1】 求 $y = x^3$ 在 $x_0 = 1$ 处,$\Delta x = 0.01$ 时函数 y 的改变量 Δy 及微分 $\mathrm{d}y$.

解 $\Delta y = (x_0 + \Delta x)^3 - x_0^3 = (1 + 0.01)^3 - 1^3 = 0.030\,301$,

而 $\mathrm{d}y = (x^3)'\Delta x = 3x^2\Delta x$,即 $\mathrm{d}y\big|_{\substack{x_0=1\\\Delta x=0.01}} = 3 \times 1^2 \times 0.01 = 0.03$.

【例2】 设函数 $y = \sin x$,求 $\mathrm{d}y$.

解 $\mathrm{d}y = (\sin x)'\mathrm{d}x = \cos x\,\mathrm{d}x.$

2.4.2 微分的几何意义

为了对微分有一个直观的了解,我们来看一下微分的几何意义. 如图 2-4 所示,曲线 $y = f(x)$ 上有两个点 $P_0(x_0, y_0)$ 与 $Q(x_0 + \Delta x, y_0 + \Delta y)$,其中 $P_0 T$ 是点 P_0 处的切线,α 为切线的倾斜.

从图中可知,$P_0 P = \Delta x$,$PQ = \Delta y$,则 $PT = P_0 P \tan \alpha = P_0 P f'(x_0) = f'(x_0)\Delta x$,即

$$\mathrm{d}y = PT.$$

图 2-4

这就是说,函数 $y = f(x)$ 在点 x_0 处的微分 $\mathrm{d}y$,等于曲线 $y = f(x)$ 在点 P_0 处切线的纵坐标对应于 Δx 的改变量,这就是微分的几何意义.

很显然,当 $|\Delta x| \to 0$ 时,$\Delta y = PQ$ 可以用 $PT = \mathrm{d}y$ 来近似,这就是微积分常用的方法以直代曲.

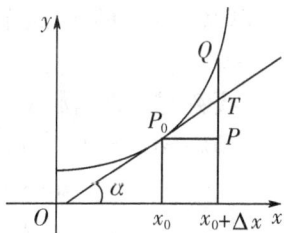

2.4.3　微分的基本公式

从微分与导数的关系 $dy = f'(x)dx$ 可知,只要求出 $y = f(x)$ 的导数 $f'(x)$,即可以求出 $y = f(x)$ 的微分 $dy = f'(x)dx$. 如此我们可得到下列微分的基本公式和微分的运算法则:

1. 基本初等函数的微分公式

(1) $dC = 0$

(2) $d(x^a) = \alpha x^{a-1}dx$

(3) $d(a^x) = a^x \ln a\, dx$

(4) $d(e^x) = e^x dx$

(5) $d(\log_a x) = \dfrac{1}{x \ln a}dx$

(6) $d(\ln x) = \dfrac{1}{x}dx$

(7) $d(\sin x) = \cos x\, dx$

(8) $d(\cos x) = -\sin x\, dx$

(9) $d(\tan x) = \sec^2 x\, dx$

(10) $d(\cot x) = -\csc^2 x\, dx$

(11) $d(\sec x) = \sec x \tan x\, dx$

(12) $d(\csc x) = -\csc x \cot x\, dx$

(13) $d(\arcsin x) = \dfrac{1}{\sqrt{1-x^2}}dx$

(14) $d(\arccos x) = -\dfrac{1}{\sqrt{1-x^2}}dx$

(15) $d(\arctan x) = \dfrac{1}{1+x^2}dx$

(16) $d(\text{arccot } x) = -\dfrac{1}{1+x^2}dx$

2. 函数四则运算的微分法则

若 $u(x), v(x)$ 可微,则:

(1) $d(u \pm v) = du \pm dv$

(2) $d(Cu) = Cdu$

(3) $d(uv) = vdu + udv$

(4) $d\left(\dfrac{u}{v}\right) = \dfrac{v\, du - u\, dv}{v^2}(v \neq 0)$

3. 复合函数的微分法则

设 $y = f(u), u = \varphi(x)$ 都可微,则复合函数 $y = f[\varphi(x)]$ 的微分为

$$dy = \{f[\varphi(x)]\}'dx = f'(u)\varphi'(x)dx = f'(u)du.$$

这公式与 $dy = f'(x)dx$ 比较,可见不论 u 是自变量还是中间变量,函数 $y = f(x)$ 的微分总保持同一形式,这个性质称为微分形式不变性. 这一性质在复合函数求微分时非常有用.

【例3】　设函数 $y = e^x \sin x$,求 dy.

解　$dy = d(e^x \sin x) = \sin x\, d(e^x) + e^x d(\sin x)$
$= e^x \sin x dx + e^x \cos x dx = e^x(\sin x + \cos x)dx.$

【例4】　求 $y = \dfrac{2x+1}{3x-5}$ 的微分.

解　$dy = d\left(\dfrac{2x+1}{3x-5}\right) = \dfrac{(3x-5)d(2x+1) - (2x+1)d(3x-5)}{(3x-5)^2}$

$= \dfrac{2(3x-5)dx - 3(2x+1)dx}{(3x-5)^2} = \dfrac{-13dx}{(3x-5)^2}$

【例5】　求 $y = \cos^2(3x+1)$ 的微分.

解　$dy = d(\cos^2(3x+1)) = 2\cos(3x+1)d(\cos(3x+1))$
$= -2\cos(3x+1)\sin(3x+1)d(3x+1) = -6\cos(3x+1)\sin(3x+1)dx$

$$= -3\sin(6x+2)\mathrm{d}x$$

【例 6】　在下列等式左端的括号中填入适当的函数使等式成立.

(1) d(　　) $= \cos x \mathrm{d}x$;　　　　　　　　　　　　(2) d(　　) $= x^2 \mathrm{d}x$.

解　(1) 因为 d$(\sin x) = \cos x\, \mathrm{d}x$, 一般地有, d$(\sin x + C) = \cos x\, \mathrm{d}x$ (C 为任意常数). (2) 因为 d$(x^3) = 3x^2 \mathrm{d}x$, 可见 $x^2 \mathrm{d}x = \dfrac{1}{3}\mathrm{d}(x^3) = \mathrm{d}\left(\dfrac{x^3}{3}\right)$, 即 d$\left(\dfrac{x^3}{3}\right) = x^2 \mathrm{d}x$, 一般地有, d$\left(\dfrac{x^3}{3} + C\right) = x^2 \mathrm{d}x$ (C 为任意常数).

2.4.4　微分的应用

在实际问题中, 经常会遇到一些复杂的计算, 下面我们利用微分来近似它可以使计算简单. 由前面的讨论知道, 当 $|\Delta x|$ 很小时, 函数 $y = f(x)$ 在点 x_0 处的改变量 Δy 可以用函数的微分 dy 来近似, 即

$$\Delta y = f(x_0 + \Delta x) - f(x_0) \approx f'(x_0)\Delta x = \mathrm{d}y,$$

于是得到近似计算公式:

$$f(x_0 + \Delta x) \approx f(x_0) + f'(x_0)\Delta x\ (\text{当}\ |\Delta x|\ \text{很小})$$

【例 7】　计算 $\sqrt{1.02}$ 的近似值.

解法 1　设 $f(x) = \sqrt{x}$, 取 $x_0 = 1, \Delta x = 0.02, f'(x) = \dfrac{1}{2\sqrt{x}}$, 则由公式得

$$f(1.02) = \sqrt{1.02} \approx f(1) + f'(1)\Delta x = \sqrt{1} + \frac{1}{2\sqrt{1}} \times 0.02 = 1.01.$$

解法 2　设 $f(x) = \sqrt{1+x}$, 取 $x_0 = 0, x = 0.02, f'(x) = \dfrac{1}{2\sqrt{1+x}}$, 则由公式得

$$f(0.02) = \sqrt{1.02} \approx f(0) + f'(0)x = \sqrt{1+0} + \frac{1}{2\sqrt{1+0}} \times 0.02 = 1.01.$$

注: 这类近似计算中, 需按题意设置函数 $f(x)$, 并找准 x_0 和 Δx, 其中要求 Δx 要很小.

【例 8】　求 $\sin 31°$ 的近似值.

解　$f(x) = \sin x, f'(x) = \cos x, x_0 = 30° = \dfrac{\pi}{6}, \Delta x = 1° = \dfrac{\pi}{180}$

于是, $f(x_0) = \sin \dfrac{\pi}{6} = \dfrac{1}{2}$, $f'(x_0) = \cos \dfrac{\pi}{6} = \dfrac{\sqrt{3}}{2}$,

所以, $\sin 31° = f(x_0 + \Delta x) \approx f(x_0) + f'(x_0)\Delta x$

$$= \frac{1}{2} + \frac{\sqrt{3}}{2} \cdot \frac{\pi}{180} \approx 0.515\,1$$

习题 2.4

1. 已知 $y = x^3 + x + 1$, 在点 $x = 2$ 处计算当 $\Delta x = 0.01$ 时的 Δy 和 dy.

2. 求下列函数的微分 $\mathrm{d}y$：

(1) $y = x^2 + \sin x$

(2) $y = x^2 \sin x$

(3) $y = x \ln x - x$

(4) $y = \dfrac{x}{1+x^2}$

(5) $y = \cos(2x+1)$

(6) $y = (3x-1)^{100}$

3. 将适当的函数填入下列括号内，使等式成立：

(1) $\mathrm{d}(\qquad) = 2\mathrm{d}x$

(2) $\mathrm{d}(\qquad) = x\mathrm{d}x$

(3) $\mathrm{d}(\qquad) = \dfrac{1}{1+x^2}\mathrm{d}x$

(4) $\mathrm{d}(\qquad) = 2(x+1)\,\mathrm{d}x$

(5) $\mathrm{d}(\qquad) = \cos 2x\mathrm{d}x$

(6) $\mathrm{d}(\qquad) = 3\mathrm{e}^{2x}\mathrm{d}x$

(7) $\mathrm{d}(\qquad) = \dfrac{1}{x^2}\mathrm{d}x$

(8) $\mathrm{d}(\qquad) = 2^x\mathrm{d}x$

(9) $\mathrm{d}(\qquad) = \mathrm{e}^{-3x}\mathrm{d}x$

(10) $\mathrm{d}(\qquad) = \dfrac{1}{\sqrt{x}}\mathrm{d}x$

(11) $\mathrm{d}(\qquad) = \sec^2 x\mathrm{d}x$

(12) $\mathrm{d}(\qquad) = \dfrac{1}{\sqrt{1-x^2}}\mathrm{d}x$

4. 利用微分求近似值：

(1) $\sin 29°$；

(2) $\sqrt[3]{1.02}$；

5. 半径为 10 厘米的金属圆片加垫后，伸长 0.05 厘米，面积大约增加多少平方厘米？

2.5 用 Matlab 求一元函数的导数

2.5.1 求一元显函数的一阶导数及高阶导数的方法

在 Matlab 中求函数的导数及其他一些类似运算均由 diff 命令来完成.

命令形式 1：diff(f)

功能：求函数 f 的一阶导数，其中 f 是符号函数.

命令形式 2：diff(f,n)

功能：求函数 f 的 n 阶导数，其中 f 是符号函数.

【例1】 求函数 $y = \ln x$ 的导数.

解 Matlab 命令为：

≫syms x

≫f＝log(x);diff(f)

ans＝

1/x

【例2】 求 $y = (ax + \tan 3x)^{\frac{1}{2}} + \sin x \cos(bx)$ 的一阶、二阶导数.

解 Matlab 命令为：

≫syms a b x

≫y＝(a*x+tan(3*x))^(1/2)+sin(x)*cos(b*x);

```
≫y1＝diff(y);
≫y2＝diff(y,2);
≫ disp('一阶导数为:'),pretty(y1)    %pretty 指令的作用是改为手写方式输出
```
一阶导数为:

$$1/2 \,\frac{a+3+3\,\tan(3\,x)^2}{(a\,x+\tan(3\,x))^{1/2}} + \cos(x)\cos(b\,x) - \sin(x)\sin(b\,x)\,b$$

```
≫ disp('二阶导数为:'),y2
y2 =
```
$-1/4/(a*x+\tan(3*x))^(3/2)*(a+3+3*\tan(3*x)^2)^2+3/(a*x+\tan(3*x))^(1/2)*\tan(3*x)*(3+3*\tan(3*x)^2)-\sin(x)*\cos(b*x)-2*\cos(x)*\sin(b*x)*b-\sin(x)*\cos(b*x)*b^2$

2.5.2　由参数方程所确定的函数的求导方法

对参数方程 $\begin{cases} x=x(t) \\ y=y(t) \end{cases}$ 所确定的函数 $y=f(x)$,根据公式 $\dfrac{\mathrm{d}y}{\mathrm{d}x}=\dfrac{\mathrm{d}y/\mathrm{d}t}{\mathrm{d}x/\mathrm{d}t}$ 连续两次利用指令 diff(f) 就可求出结果.

【例3】　求由参数方程 $\begin{cases} x=t(1-\sin t) \\ y=t\cos t \end{cases}$ 所确定的函数的导数.

解　Matlab 命令为:
```
≫ syms t
≫ x=t*(1-sin(t));y=t*cos(t);
≫ dx=diff(x,t);dy=diff(y,t);
≫ pretty(dy/dx)          %pretty 指令的作用是改为手写方式输出
```

$$\frac{\cos(t) - t\sin(t)}{1 - \sin(t) - t\cos(t)}$$

2.5.3　隐函数的求导方法

方程 $F(x,y)=0$ 确定的隐函数 $y=f(x)$,则 $\dfrac{\mathrm{d}y}{\mathrm{d}x}=-\dfrac{F_x}{F_y}$,这个公式可以用来求隐函数的导数.

【例4】　求由方程 $e^y+xy-e^x=0$ 所确定的隐函数 $y=f(x)$ 的导数 $\dfrac{\mathrm{d}y}{\mathrm{d}x}$.

解　Matlab 命令为:
```
≫ syms  x  y
≫ f=x*y-exp(x)+exp(y);
≫ dfx=diff(f,x);
≫ dfy=diff(f,y);
≫ dyx=-dfx/dfy;
```

≫pretty(dyx)

$$\frac{-y + \exp(x)}{x + \exp(y)}$$

得结果：$\dfrac{\mathrm{d}y}{\mathrm{d}x}=\dfrac{\mathrm{e}^{x}-y}{\mathrm{e}^{y}+x}$

习题 2.5

1. 已知 $f(x)=ax^2+bx+c$，求 $f'(x)$，$f''(x)$，$f'''(x)$.

2. 先求函数 $y=x^3-6x+3$ 的导函数，然后在同一坐标系里作出函数 $y=x^3-6x+3$ 及其导函数的图形.

3. 求下列函数的导数：

(1) $y=(\sqrt{x}+1)(\dfrac{1}{\sqrt{x}}-1)$；　　　　　　(2) $y=x\sin x\ln x$；

(3) $y=\mathrm{e}^{-x}\sin x$；　　　　　　　　　　　(4) $y=\dfrac{1}{\sqrt{1+x^5}}$.

4. 求由方程 $\ln\sqrt{x^2+y^2}=\arctan\dfrac{y}{x}$ 所确定的隐函数 $y=f(x)$ 的导数 $\dfrac{\mathrm{d}y}{\mathrm{d}x}$.

复 习 题 二

本章小结和阅读材料

一、选择题

1. 函数在 x_0 处连续是在 x_0 处可导的　　　　　　　　　（　　）

A. 充分条件但不是必要条件

B. 必要条件但不是充分条件

C. 充分必要条件

D. 既非充分也非必要条件

2. 下列函数中在 $x=0$ 处可导的是　　　　　　　　　　　（　　）

A. $y=\sin x$　　　B. $y=\dfrac{1}{x}$　　　C. $y=\ln x$　　　D. $y=|x|$

3. 曲线 $y=3x^2+2x+1$ 在 $x=0$ 处的切线方程是　　　　　（　　）

A. $y=2x+1$　　　B. $y=2x+2$　　　C. $y=x+1$　　　D. $y=x+2$

4. 设 $y=\ln|x|$，则 $\mathrm{d}y=$　　　　　　　　　　　　　　（　　）

A. $\dfrac{1}{|x|}\mathrm{d}x$　　　　　　　　　　　B. $-\dfrac{1}{|x|}\mathrm{d}x$

C. $\dfrac{1}{x}\mathrm{d}x$　　　　　　　　　　　D. $-\dfrac{1}{x}\mathrm{d}x$

5. 设 $y=f(\mathrm{e}^x)$，$f'(x)$ 存在，则 $y'=$　　　　　　　　（　　）

A. $f'(x)$　　　　　　　　　　　B. $\mathrm{e}^x f'(x)$

C. $\mathrm{e}^x f'(\mathrm{e}^x)$　　　　　　　　　　D. $f'(\mathrm{e}^x)$

6. 若 $f(x)=\begin{cases}\mathrm{e}^x & x>0\\ a-bx & x\leqslant 0\end{cases}$，在 $x=0$ 处可导，则 a,b 之值　　　（　　）

A. $a=-1, b=-1$　　　　B. $a=-1, b=1$

C. $a=1, b=-1$　　　　D. $a=1, b=1$

二、填空题

1. $y=\cos x$ 上点 $\left(\dfrac{\pi}{3}, \dfrac{1}{2}\right)$ 处的切线方程和法线方程分别为_____.

2. 曲线 $y=\dfrac{x-1}{x}$ 上切线斜率等于 $\dfrac{1}{4}$ 的点是_____.

3. 设 $y=\ln \tan x$ 则 $y'=$ _____.

4. $f(x)=\sin x+\ln x$, 则 $f''(1)=$ _____.

5. 设 $y=x^n$, 则 $y^{(n)}=$ _____.

6. 已知 $f(x)=e^{x^2}+\sin x$, 则 $f'(0)=$ _____.

7. $\mathrm{d}(\sin x+5^x)=$ _____ $\mathrm{d}x$.

三、计算下列函数的导数

1. $y=x^3+5\cos x+3x+1$;　　　　2. $y=x^3\ln x$;

3. $y=\dfrac{1}{2+\sqrt{x}}$;　　　　4. $y=\dfrac{1-x}{x}$;

5. $y=\cos^2(2x+1)$;　　　　6. $y=\dfrac{\sin x}{x^2}$, 求 $f'\left(\dfrac{\pi}{3}\right)$;

7. $y=\ln(1+x^2)$;　　　　8. $y=\sqrt{4-x^2}$;

9. $y=\tan\dfrac{1}{x}$;　　　　10. $y=\sin(\ln x)$;

11. $y=\sin^{10}x$;　　　　12. $y=5^{\cos x}$;

13. $y=e^{-x}\arcsin x$;　　　　14. $y=\cot(1+x^2)$;

15. $y=\sqrt{1+\cos^2 x}$;　　　　16. $y=x^2 e^{\frac{1}{x}}$;

17. $y=e^{2x}$, 求 $y^{(n)}$;　　　　18. $y=\ln(1+4x)$, 求 $y''(0)$.

四、计算下列隐函数的导数 y'

1. $\sin xy=y+x$;　　　　2. $xe^y-ye^y=x^2$;

3. $y=x^y$;　　　　4. $\sin(x^2+y)=x$.

五、计算下列函数的微分

1. $y=x^3-2x+5$;　　　　2. $y=\dfrac{1}{x}+2\sqrt{x}-\ln x$;

3. $y=\dfrac{\ln x}{x^2}$;　　　　4. $y=e^{2x^2}$.

六、利用微分近似公式求近似值

1. $e^{-0.03}$;　　　　2. $\ln 0.99$.

第3章　导数的应用

本章提要　在第二章我们建立了导数和微分的概念,并讨论了它们的计算.在本章中,我们将学习微分学中的中值定理,在此基础上进一步应用于导数来研究函数及图像的性态,从而解决某些特殊的问题.

第1章中我们认识了极限,但是随后而来的函数极限计算中我们碰到了重大挑战,有一些表达式非常简单的极限我们无法求出它们的极限值,如 $\lim\limits_{x\to\infty}\dfrac{\ln x}{x}$、$\lim\limits_{x\to\infty}x^x$ 等,这对我们来说是一个不可接受的事实,在本章通过导数的中值定理得到一个计算极限的神奇方法——洛必达法则,将会完美地解决此类问题.

在许多实际应用中,常常遇到在一定的条件下,怎样使产品成本最低,产品用料最省,效率最高等问题,这类问题在数学上可归纳为求某一函数的最大值和最小值问题.中学里我们学习过多种求函数的最值和极值问题的方法,所有方法中最简单的莫过于导数方法,但大家知道为什么函数导数为零是极值点,它们的依据又是什么呢?

双曲线中函数的渐近线由表达式的参数可以找到,普通函数有没有渐近线? 若有渐近线又如何求呢?

带着这些问题我们本章将学习如何利用导数讨论求极限问题、极值最值问题、渐近线问题和初等函数的作图等问题.

3.1　中值定理

3.1.1　罗尔定理

定理 1　(罗尔定理)设函数 $y = f(x)$ 满足条件:

(1) 在闭区间 $[a,b]$ 上连续;

(2) 在开区间 (a,b) 内可导;

(3) $f(a) = f(b)$;

则至少存在一点 $\xi \in (a,b)$,使得 $f'(\xi) = 0$(证略).

下面来考察一下罗尔定理的几何意义:

如图 3-1 所示,若在闭区间 $[a,b]$ 上的连续曲线 $y = f(x)$,其上每一点(除端点外)处都有不垂直于 x 轴的切线,且两个端点 A、B 的纵坐标相等,那么曲线 $y = f(x)$ 上至少存在一点 C,使曲线在点 C 处的切线与 x 轴平行,即导数为零.

事实上,由于闭区间 $[a,b]$ 上的连续函数 $y = f(x)$ 一定存在极大值与极小值,以上点 C 就是该曲线的极大值或极小值处.

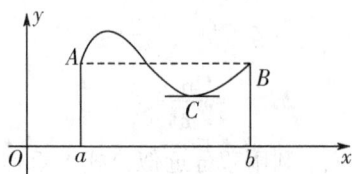

图 3-1

【例 1】　验证函数 $f(x) = x^2 - 3x - 4$ 在 $[-1,4]$ 上满足罗尔定理,并求出 ξ 的值.

解　因为 $f(x) = x^2 - 3x - 4$ 是初等函数,它在 $[-1,4]$ 上是连续的,且导数 $f'(x) = 2x - 3$ 在 $(-1,4)$ 内存在. 又 $f(-1) = 0 = f(4)$,所以 $f(x) = x^2 - 3x - 4$ 在 $[-1,4]$ 满足罗尔定理的条件.

由于 $f'(x) = 2x - 3$,所以 $2x - 3 = 0$,即 $\xi = \dfrac{3}{2}$.

拉格朗日

3.1.2　拉格朗日中值定理

定理 2　(拉格朗日中值定理)若函数 $y = f(x)$ 满足条件:

(1) 在 $[a,b]$ 上连续;

(2) 在 (a,b) 内可导;

则在区间 (a,b) 内至少存在一点 ξ,使得 $f'(\xi) = \dfrac{f(b) - f(a)}{b - a}$(证略).

拉格朗日中值定理的几何意义是:若连续曲线 $y = f(x)$ 除端点外处处都具有不垂直于 x 轴的切线,那么该曲线至少有一个点 P,该点处的切线平行于连接两端点的弦(图 3-2).

推论 1　如果函数 $f(x)$ 的导数在 (a,b) 内恒等于零,那么 $f(x)$ 在 (a,b) 内是一个常数.

推论 2　如果函数 $f(x)$ 与函数 $g(x)$ 在 (a,b) 的导数处处相等,即 $f'(x) = g'(x)$,则函数 $f(x)$ 与函数 $g(x)$ 在 (a,b) 仅相差一个常数,即 $f(x) - g(x) = C$.

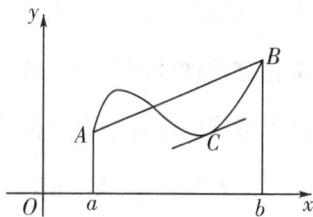

图 3-2

【例 2】　验证拉格朗日中值定理对函数 $f(x) = \ln x$ 在 $[1,\mathrm{e}]$ 上的正确性.

解　因为 $f(x) = \ln x$ 是初等函数,它在 $[1,\mathrm{e}]$ 是连续的,且导数 $f'(x) = \dfrac{1}{x}$ 在 $(1,\mathrm{e})$ 内存在,所以函数 $f(x) = \ln x$ 在 $[1,\mathrm{e}]$ 上满足拉格朗日中值定理的条件.

$$f'(x) = \frac{1}{x} = \frac{f(\mathrm{e}) - f(1)}{\mathrm{e} - 1},$$ 得 $x = \mathrm{e} - 1$,且 $1 < \mathrm{e} - 1 < \mathrm{e}$,即 $f(x)$ 在 $(1,\mathrm{e})$ 内有一点 $\xi = \mathrm{e} - 1$ 满足拉格朗日中值定理.

【例 3】　证明当 $x > 0$ 时,$\mathrm{e}^x > 1 + x$.

证明　设 $f(x) = \mathrm{e}^x$,在 $[0,x]$ 上,$f(x)$ 满足拉格朗日中值定理的条件,因此存在一点 $\xi \in (0,x)$,使得 $f'(\xi) = \dfrac{f(x) - f(0)}{x - 0} = \dfrac{\mathrm{e}^x - \mathrm{e}^0}{x - 0} = \mathrm{e}^\xi > 1$,即 $\mathrm{e}^x - 1 > x$,所以

$$\mathrm{e}^x > 1 + x.$$

3.1.3　柯西中值定理

定理 3　(柯西中值定理)若函数 $f(x),g(x)$ 满足条件:

(1) 在 $[a,b]$ 上连续;

(2) 在 (a,b) 内可导;

(3) 在 (a,b) 内任何一点处 $g'(x) \neq 0$;

则在区间 (a,b) 内至少存在一点 ξ，使得 $\dfrac{f'(\xi)}{g'(\xi)} = \dfrac{f(b)-f(a)}{g(b)-g(a)}$.

在上式中，如果 $g(x)=x$，就变成了拉格朗日中值定理，所以拉格朗日中值定理是柯西定理的特例.

习题 3.1

1. 求函数 $f(x)=x^2-3x+2$ 在 $[1,2]$ 上满足罗尔定理的 ξ 值.

2. 求函数 $f(x)=x^3+2x$ 在下列区间内，满足拉格朗日中值定理的 ξ 值：

(1) $[0,1]$；　　　　(2) $[1,2]$；　　　　(3) $[-1,2]$.

3.2　洛必达法则

中值定理的一个重要的应用是计算函数的极限，由于两个无穷小量之比的极限或两个无穷大量之比的极限，有的存在，有的不存在，所以通常称这两种极限为未定式，简记"$\dfrac{0}{0}$"和"$\dfrac{\infty}{\infty}$". 本节学习和洛必达法则是求这种极限的简便而重要的方法.

洛必达与
洛必达法则

3.2.1 "$\dfrac{0}{0}$"型的洛必达法则

定理 1 若函数 $f(x)$ 与 $g(x)$ 满足条件：

(1) $\lim\limits_{x \to x_0} f(x) = \lim\limits_{x \to x_0} g(x) = 0$；

(2) $f(x)$ 与 $g(x)$ 在 x_0 左右附近（点 x_0 可以除外）可导，且 $g'(x) \neq 0$；

(3) $\lim\limits_{x \to x_0} \dfrac{f'(x)}{g'(x)} = A$（或 ∞）；

则必有

$$\lim_{x \to x_0} \frac{f(x)}{g(x)} = \lim_{x \to x_0} \frac{f'(x)}{g'(x)} = A（或 \infty）.$$

这个法则告诉我们，当 $x \to x_0$ 时，如果 $\dfrac{f(x)}{g(x)}$ 为 $\dfrac{0}{0}$ 型未定式，那么在上述条件下极限 $\lim\limits_{x \to x_0} \dfrac{f(x)}{g(x)}$ 可化为极限 $\lim\limits_{x \to x_0} \dfrac{f'(x)}{g'(x)}$.

【例 1】 求 $\lim\limits_{x \to 2} \dfrac{x^2-4}{x-2}$.

解 $\lim\limits_{x \to 2} \dfrac{x^2-4}{x-2} = \lim\limits_{x \to 2} \dfrac{2x}{1} = 4$.

【例 2】 求 $\lim\limits_{x \to 0} \dfrac{1-\cos x}{x^2}$.

解 $\lim\limits_{x \to 0} \dfrac{1-\cos x}{x^2} = \lim\limits_{x \to 0} \dfrac{\sin x}{2x} = \dfrac{1}{2}$.

【例 3】 求 $\lim\limits_{x \to 0} \dfrac{e^x-1}{x^2-x}$.

解 $\lim\limits_{x \to 0} \dfrac{e^x - 1}{x^2 - x} = \lim\limits_{x \to 0} \dfrac{e^x}{2x - 1} = -1.$

【例 4】 求 $\lim\limits_{x \to +\infty} \dfrac{\dfrac{\pi}{2} - \arctan x}{\dfrac{1}{x}}.$

解 $\lim\limits_{x \to +\infty} \dfrac{\dfrac{\pi}{2} - \arctan x}{\dfrac{1}{x}} = \lim\limits_{x \to +\infty} \dfrac{-\dfrac{1}{1 + x^2}}{-\dfrac{1}{x^2}} = \lim\limits_{x \to +\infty} \dfrac{x^2}{1 + x^2} = 1.$

【例 5】 求 $\lim\limits_{x \to 1} \dfrac{x^3 - 3x + 2}{x^3 - x^2 - x + 1}.$

解 $\lim\limits_{x \to 1} \dfrac{x^3 - 3x + 2}{x^3 - x^2 - x + 1} = \lim\limits_{x \to 1} \dfrac{3x^2 - 3}{3x^2 - 2x - 1} = \lim\limits_{x \to 1} \dfrac{6x}{6x - 2} = \dfrac{3}{2}.$

由例 5 可见,如果 $\dfrac{f'(x)}{g'(x)}$ 仍属于 $\dfrac{0}{0}$ 型的未定式,且 $f'(x)$ 和 $g'(x)$ 仍满足洛必达法则条件,则可继续应用洛必达法则进行计算. 这里还应注意的是,在应用洛必达法则求极限时每次应用之前都应检查它是否满足条件,如果不满足,则不能应用洛必达法则,否则会导致错误.

3.2.2 “$\dfrac{\infty}{\infty}$” 型的洛必达法则

定理 2   若函数 $f(x)$ 与 $g(x)$ 满足条件:

(1) $\lim\limits_{x \to x_0} f(x) = \infty$,$\lim\limits_{x \to x_0} g(x) = \infty$;

(2) $f(x)$ 与 $g(x)$ 在 x_0 左右附近(点 x_0 可以除外)可导,且 $g'(x) \neq 0$;

(3) $\lim\limits_{x \to x_0} \dfrac{f'(x)}{g'(x)} = A$(或 ∞);

则必有

$$\lim\limits_{x \to x_0} \dfrac{f(x)}{g(x)} = \lim\limits_{x \to x_0} \dfrac{f'(x)}{g'(x)} = A(或 \infty).$$

【例 6】 求 $\lim\limits_{x \to \frac{\pi}{2}} \dfrac{\tan x}{\tan 3x}.$

解 $\lim\limits_{x \to \frac{\pi}{2}} \dfrac{\tan x}{\tan 3x} = \lim\limits_{x \to \frac{\pi}{2}} \dfrac{\dfrac{1}{\cos^2 x}}{\dfrac{3}{\cos^2 3x}} = \dfrac{1}{3} \lim\limits_{x \to \frac{\pi}{2}} \dfrac{6\cos 3x \sin 3x}{2\cos x \sin x}$

$$= \lim\limits_{x \to \frac{\pi}{2}} \dfrac{\sin 6x}{\sin 2x} = \lim\limits_{x \to \frac{\pi}{2}} \dfrac{6\cos 6x}{2\cos 2x} = 3.$$

【例 7】 求 $\lim\limits_{x \to 0^+} \dfrac{\ln \cot x}{\ln x}.$

解 $\lim\limits_{x \to 0^+} \dfrac{\ln \cot x}{\ln x} = \lim\limits_{x \to 0^+} \dfrac{-\dfrac{1}{\cot x} \cdot \dfrac{1}{\sin^2 x}}{\dfrac{1}{x}} = -\lim\limits_{x \to 0^+} \dfrac{x}{\sin x \cos x}$

$$= - \lim_{x \to 0^+} \frac{x}{\sin x} \cdot \lim_{x \to 0^+} \frac{1}{\cos x} = -1.$$

在定理 1、定理 2 中将 $x \to x_0$ 改为 $x \to \infty$ 时，洛必达法则也同样有效.

【例 8】 求 $\lim\limits_{x \to +\infty} \dfrac{x^5}{e^x}$.

解 $\lim\limits_{x \to +\infty} \dfrac{x^5}{e^x} = \lim\limits_{x \to +\infty} \dfrac{5x^4}{e^x} = \lim\limits_{x \to +\infty} \dfrac{20x^3}{e^x} = \lim\limits_{x \to +\infty} \dfrac{60x^2}{e^x}$

$$= \lim_{x \to +\infty} \frac{120x}{e^x} = \lim_{x \to +\infty} \frac{120}{e^x} = 0.$$

【例 9】 求 $\lim\limits_{x \to +\infty} \dfrac{\ln x}{x^n} (x > 0)$.

解 $\lim\limits_{x \to +\infty} \dfrac{\ln x}{x^n} = \lim\limits_{x \to +\infty} \dfrac{\frac{1}{x}}{n x^{n-1}} = \dfrac{1}{n} \lim\limits_{x \to +\infty} \dfrac{1}{x^n} = 0.$

3.2.3 其他几种未定式极限

洛必达法则不仅可以用来解决 "$\dfrac{0}{0}$" 型和 "$\dfrac{\infty}{\infty}$" 型未定式的极限问题，还可以用来解决 "$0 \cdot \infty$"、"$\infty - \infty$"、"1^∞"、"0^0"、"∞^0" 型等的未定式的极限问题. 解决这些类型的未定式极限，通常是先进行适当的变形，将它们转化为 "$\dfrac{0}{0}$" 型或 "$\dfrac{\infty}{\infty}$" 型的未定式，然后再用洛必达法则求解.

【例 10】 求 $\lim\limits_{x \to 0^+} x \ln x$.

解 $\lim\limits_{x \to 0^+} x \ln x = \lim\limits_{x \to 0^+} \dfrac{\ln x}{\frac{1}{x}} = \lim\limits_{x \to 0^+} \dfrac{\frac{1}{x}}{-\frac{1}{x^2}} = \lim\limits_{x \to 0^+} (-x) = 0.$

【例 11】 求 $\lim\limits_{x \to 0} \left(\dfrac{1}{x} - \dfrac{1}{\sin x} \right)$.

解 $\lim\limits_{x \to 0} \left(\dfrac{1}{x} - \dfrac{1}{\sin x} \right) = \lim\limits_{x \to 0} \dfrac{\sin x - x}{x \sin x} = \lim\limits_{x \to 0} \dfrac{\cos x - 1}{\sin x + x \cos x}$

$$= \lim_{x \to 0} \frac{-\sin x}{2\cos x - x \sin x} = 0.$$

【例 12】 求 $\lim\limits_{x \to 0^+} x^x$.

解 令 $y = x^x$，取对数得 $\ln y = x \ln x$，两边同时取极限

$$\lim_{x \to 0^+} \ln y = \lim_{x \to 0^+} x \ln x = \lim_{x \to 0^+} \frac{\ln x}{\frac{1}{x}} = \lim_{x \to 0^+} \frac{\frac{1}{x}}{-\frac{1}{x^2}} = 0,$$

即

$$\lim_{x \to 0^+} \ln y = \ln(\lim_{x \to 0^+} y) = 0,$$

所以

$$\lim_{x \to 0^+} y = \lim_{x \to 0^+} x^x = e^0 = 1.$$

最后,我们指出在使用洛必达法则求未定型的极限时,须注意两点:

(1) 洛必达法则只适用 $\frac{0}{0}$ 型或 $\frac{\infty}{\infty}$ 型,其他未定式必须先化成 $\frac{0}{0}$ 型或 $\frac{\infty}{\infty}$ 型,然后再用洛必达法则.

(2) 洛必达法则只适用 $\lim\limits_{\substack{x \to x_0 \\ (x \to \infty)}} \dfrac{f(x)}{g(x)}$ 存在或无穷大时,当 $\lim\limits_{\substack{x \to x_0 \\ (x \to \infty)}} \dfrac{f(x)}{g(x)}$ 不存在时不能用洛必达法则求解,需要通过其他方法来讨论,这说明洛必达法则也不是万能的.

【例 13】 求 $\lim\limits_{x \to \infty} \dfrac{x + \cos x}{x + \sin x}$.

解 是 $\frac{\infty}{\infty}$ 型,由于对分子分母同时求导后的极限 $\lim\limits_{x \to \infty} \dfrac{1 - \sin x}{1 + \cos x}$ 不存在,所以不能用洛必达法则求解. 事实上,

$$\lim_{x \to \infty} \frac{x + \cos x}{x + \sin x} = \lim_{x \to \infty} \frac{1 + \frac{1}{x}\cos x}{1 + \frac{1}{x}\sin x} = 1.$$

习题 3.2

1. 用洛必达法则求下列极限:

(1) $\lim\limits_{x \to 1} \dfrac{x^2 - 3x + 2}{x^3 - 1}$;

(2) $\lim\limits_{x \to 0} \dfrac{(1+x)^\alpha - 1}{x}$($\alpha$ 为实数);

(3) $\lim\limits_{x \to 0} \dfrac{e^x - e^{-x}}{x}$;

(4) $\lim\limits_{x \to 1} \dfrac{\ln x}{x - 1}$;

(5) $\lim\limits_{x \to 0} \dfrac{\sin 3x}{\sin 2x}$;

(6) $\lim\limits_{x \to +\infty} \dfrac{x^2 + \ln x}{x \ln x}$;

(7) $\lim\limits_{x \to 0} \dfrac{\sin 4x}{\tan 5x}$;

(8) $\lim\limits_{x \to \frac{\pi}{3}} \dfrac{\sin x - \sin \frac{\pi}{3}}{x - \frac{\pi}{3}}$.

2. 求下列极限:

(1) $\lim\limits_{x \to 0^+} x \ln x$;

(2) $\lim\limits_{x \to \infty} \dfrac{x - \sin x}{x + \sin x}$;

(3) $\lim\limits_{x \to 0^+} x^{2\sin x}$;

(4) $\lim\limits_{x \to 0} \left[\dfrac{1}{x} - \dfrac{1}{\ln(x+1)} \right]$.

3.3　函数的单调性与极值

在第一章中,我们学习了单调性的概念,本节中我们利用导数来对函数的单调性进行研究.

3.3.1　函数的单调性

本节我们来讨论函数的单调性与其导数之间的关系,从而提供一种判别函数单调性的方法. 我们先来看一下,函数 $y = f(x)$ 的单调性在几何上有什么特性. 如图 3 - 3 所示,可以发现,如果函数 $y = f(x)$ 在 $[a,b]$ 上单调增加,则它的图形是一条沿 x 轴正向上升的曲线,曲线上各点处的切线斜率是非负的,即 $y' = f'(x) \geqslant 0$. 如果函数 $y = f(x)$ 在 $[a,b]$ 上单调减少,则它的图形是一条沿 x 轴正向下降的曲线,曲线上各点处的切线斜率是非正的,即 $y' = f'(x) \leqslant 0$. 由此可见函数的单调性与导数的符号有着紧密的联系,那么能否用导数的符号来判定函数的单调性呢? 回答是肯定的.

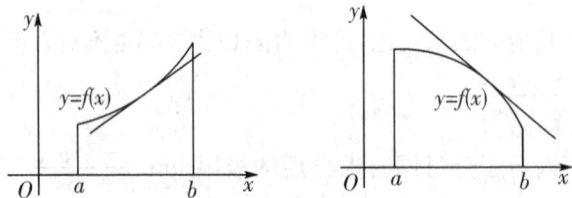

图 3 - 3

定理 1　设函数 $y = f(x)$ 在 $[a,b]$ 上连续,在 (a,b) 内可导,

(1) 如果在 (a,b) 内 $f'(x) > 0$,则函数 $y = f(x)$ 在 $[a,b]$ 上单调增加;

(2) 如果在 (a,b) 内 $f'(x) < 0$,则函数 $y = f(x)$ 在 $[a,b]$ 上单调减少.

证　(1) 设 x_1, x_2 是 $[a,b]$ 上任意两点,且 $x_1 < x_2$,在 $[x_1, x_2]$ 上应用 Lagrange 中值定理,得

$$\frac{f(x_1) - f(x_2)}{x_1 - x_2} = f'(\xi) > 0, \xi \in (x_1, x_2),$$

即

$$f(x_1) - f(x_2) = f'(\xi)(x_1 - x_2) < 0,$$

于是有 $f(x_1) < f(x_2)$,所以 $f(x)$ 在 $[a,b]$ 上单调增加.

(2) 同理可证当 $f'(x) < 0$ 时,$f(x)$ 在 $[a,b]$ 上单调减少.

注:由 §3.1 中推论 1 知,若在区间 (a,b) 内恒有 $f'(x) = 0$,则 $f(x)$ 在 (a,b) 内是常数.

【**例 1**】　判定函数 $y = e^{-x}$ 的单调性.

解　函数的定义域为 $(-\infty, +\infty)$,

$$y' = -e^{-x} = -\frac{1}{e^x} < 0,$$

故 $y = e^{-x}$ 在 $(-\infty, +\infty)$ 上单调减少.

有时有些函数在它的定义域上不是单调的,但我们用导数等于零的点来划分函数的定义域后,把函数的定义域分成若干个小区间,在这些小区间内导数或者大于零或者小于零,从而可以判断函数在各个小区间上的函数的单调性,把这样的小区间称为单调区间.

一般地,函数 $f(x)$ 在其定义区间上可能不是单调的,但可以用导数为零的点(也叫函数的驻点)以及导数不存在的点作为分界点,把定义区间分成若干部分区间(在这些部分区间

上 $f(x)$ 往往是单调的),然后用列表的方式来讨论函数的单调区间,表中用"↗"表示单调增加,用"↘"表示单调减少.

【例2】 确定函数 $y = \dfrac{1}{3}x^3 - 2x^2 + 3x$ 的单调区间.

解 函数的定义域为 $(-\infty, +\infty)$,$y' = x^2 - 4x + 3 = (x-1)(x-3)$,令 $y' = 0$,得 $x_1 = 1, x_2 = 3$,这两个点把定义域 $(-\infty, +\infty)$ 分成三个小区间,列表如下:

x	$(-\infty, 1)$	1	$(1, 3)$	3	$(3, +\infty)$
y'	$+$	0	$-$	0	$+$
y	↗		↘		↗

所以函数在 $(-\infty, 1)$ 与 $(3, +\infty)$ 内是单调增加,在 $(1, 3)$ 内是单调减少.

【例3】 判定函数 $y = \sqrt[3]{(x-1)^2}$ 的单调性.

解 函数的定义域为 $(-\infty, +\infty)$,$y' = \dfrac{2}{3}\dfrac{1}{\sqrt[3]{x-1}}$,显然在 $x = 1$ 处不可导,这个点把定义域 $(-\infty, +\infty)$ 分成两个小区间,列表如下:

x	$(-\infty, 1)$	1	$(1, +\infty)$
y'	$-$	不存在	$+$
y	↘		↗

所以函数在 $(-\infty, 1)$ 内是单调减少,在 $(1, +\infty)$ 内是单调增加.

利用函数的单调性区间还可证明不等式.

【例4】 证明当 $x > 0$ 时,$x > \ln(1+x)$.

证明 令 $f(x) = x - \ln(1+x)$,考虑在 $(0, +\infty)$ 上

$$f'(x) = 1 - \frac{1}{1+x} = \frac{x}{1+x} > 0 \, (x > 0),$$

所以在 $(0, +\infty)$ 上,$f(x)$ 为单调增加函数,所以当 $x > 0$ 时,有 $f(x) > f(0) = 0$,即 $x - \ln(1+x) > 0$,故 $x > \ln(1+x)$.

3.3.2 函数的极值

设函数 $y = f(x)$ 的图形如图 3-4 所示.

从图上可以看出:在 $x = x_1$,$f(x_1)$ 比 x_1 附近两侧的函数值都大,在 $x = x_2$ 处,$f(x_2)$ 比 x_2 附近两侧的函数值都小,这种局部的最大最小值具有很大的实际意义. 对此我们引入如下定义:

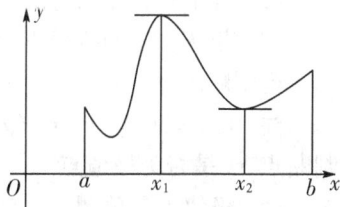

图 3-4

【定义1】 设函数 $y = f(x)$,在点 x_0 及其附近有定义,若对点 x_0 附近任一点 $x (x \neq x_0)$,均有

(1) $f(x) < f(x_0)$,则称 $f(x_0)$ 为 $y = f(x)$ 的极大值,x_0 为极大值点;

（2）$f(x) > f(x_0)$，则称 $f(x_0)$ 为 $y = f(x)$ 的极小值，x_0 为极小值点.

函数的极大值和极小值统称为极值，相应的极大值点和极小值点统称为极值点.

注：（1）极大值和极小值是一个局部概念，是局部范围内的最大最小值；而最大最小值是一个整体概念.

（2）由于极大值和极小值的比较范围不同，因而极大值不一定大于极小值.

（3）由极值的定义可知，极值只发生在区间内部；而最大最小值可能发生在区间内部，也可能发生在区间的端点.

（4）从图上可看出，在极值点处，若切线存在，其平行于 x 轴，即导数等于零.

定理 2　（极值存在的必要条件）设函数 $y = f(x)$ 在 x_0 处可导，如果函数 $f(x)$ 在点 x_0 处取得极值，则必有 $f'(x_0) = 0$.

证明　不妨设 $f(x_0)$ 为极大值，由极大值定义，对点 x_0 附近任一点 $x(x \neq x_0)$，有 $f(x) < f(x_0)$，所以

$$f'_-(x_0) = \lim_{x \to x_0^-} \frac{f(x) - f(x_0)}{x - x_0} \geqslant 0,$$

$$f'_+(x_0) = \lim_{x \to x_0^+} \frac{f(x) - f(x_0)}{x - x_0} \leqslant 0,$$

由于 $f'(x_0)$ 存在，所以 $f'_-(x_0) = f'_+(x_0) = 0$，即 $f'(x_0) = 0$.

对于函数 $y = f(x)$，使 $f'(x) = 0$ 的点 x_0，称为 $y = f(x)$ 的驻点.

注：（1）在导数存在的前提下，驻点仅仅是极值点的必要条件但不是充分条件，即极值点必是驻点，但驻点未必是极值点. 例如 $y = x^3$，$x = 0$ 是驻点，但不是极值点. 参看图 3-5.

（2）在导数不存在的点，函数可能有极值，也可能没有极值. 例如 $f(x) = |x|$，在 $x = 0$ 处导数不存在，但函数有极小值 $f(0) = 0$；又如 $f(x) = x^{\frac{1}{3}}$ 在 $x = 0$ 处导数不存在，但函数没有极值.

那么，如何判别函数 $f(x)$ 的极值呢？

定理 3　（极值存在的第一充分条件）设函数 $y = f(x)$，在点 x_0 及其附近可导，且 $f'(x_0) = 0$，当 x 值从 x_0 的左边渐增到 x_0 的右边时，

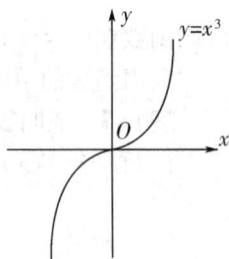

图 3-5

（1）若 $f'(x)$ 由正变负，则 x_0 为函数的极大值点，$f(x_0)$ 为函数的极大值；

（2）若 $f'(x)$ 由负变正，则 x_0 为函数的极小值点，$f(x_0)$ 为函数的极小值；

（3）若 $f'(x)$ 的符号不变，则 x_0 不是函数的极值点.

证明略.

注：（1）若函数 $y = f(x)$，在点 x_0 处不可导，但连续，仍可按定理 3 的（1）、（2）、（3）来判断点 x_0 是否为极值点.

（2）极值点是单调性的分界点.

（3）由上述内容可知，求函数 $f(x)$ 极值的一般步骤为

① 写出函数的定义域；

② 求函数的导数 $f'(x)$，并解出驻点和不可导点；

③ 根据驻点和不可导点把定义域分成若干区间，列表，然后由定理 3（或下面的定理 4）

判断驻点和不可导点是否为极值点；

④ 最后求出函数的极值.

【例 5】　求函数 $f(x) = \dfrac{1}{3}x^3 - 9x + 4$ 的极值.

解　(1) 函数 $f(x)$ 的定义域为 $(-\infty, +\infty)$,

(2) $f'(x) = x^2 - 9 = (x+3)(x-3)$,

(3) 令 $f'(x) = 0$ 得 $x_1 = -3$ 和 $x_2 = 3$,

(4) 列表判定

x	$(-\infty, -3)$	-3	$(-3, 3)$	3	$(3, +\infty)$
$f'(x)$	$+$	0	$-$	0	$+$
$f(x)$	↗	极大值 22	↘	极小值 −14	↗

因此,函数 $f(x) = \dfrac{1}{3}x^3 - 9x + 4$ 在 $x = -3$ 处取得极大值 $f(-3) = 22$,在 $x = 3$ 处取得极小值 $f(3) = -14$.

【例 6】　已知 $f(x) = x^3 + ax^2 + bx$ 在 $x = 1$ 处有极值 -12,试确定常系数 a 与 b.

解　因为 $f(x) = x^3 + ax^2 + bx$,所以 $f'(x) = 3x^2 + 2ax + b$,

因为 $f(1) = -12$ 为极值点,所以 $f'(1) = 0$,即

$$3 + 2a + b = 0, \tag{①}$$

由 $f(1) = -12$,得

$$1 + a + b = -12, \tag{②}$$

解由①与②组成的方程组,得 $a = 10, b = -23$.

定理 4　(极值的第二充分条件)设函数 $y = f(x)$ 在点 x_0 处的二阶导数存在,且 $f'(x_0) = 0, f''(x_0) \neq 0$,则

(1) 当 $f''(x_0) < 0$ 时,x_0 为极大值点,$f(x_0)$ 为极大值；

(2) 当 $f''(x_0) > 0$ 时,x_0 为极小值点,$f(x_0)$ 为极小值.

对于 $f''(x_0) = 0$ 的情形：$f(x_0)$ 可能是极大值,可能是极小值,也可能不是极值. 例如 $f(x) = -x^4, f''(0) = 0, f(0) = 0$ 是极大值；$g(x) = x^4, g''(0) = 0, g(0) = 0$ 是极小值；$\varphi(x) = x^3, \varphi''(0) = 0$,但 $\varphi(0) = 0$ 不是极值. 因此,当 $f''(x_0) = 0$ 时,第二判别法失效,只能用第一判别法.

【例 7】　求函数 $f(x) = x^3 - 3x^2 - 9x + 1$ 的极值.

解　函数 $f(x)$ 的定义域为 $(-\infty, +\infty)$,

$$f'(x) = 3x^2 - 6x - 9 = 3(x+1)(x-3),$$

令 $f'(x) = 0$ 得 $x_1 = -1$ 和 $x_2 = 3$,

$f''(x) = 6x - 6$,则

$f''(-1) = -12 < 0$,所以 $x = -1$ 是极大值点,$f(x)$ 的极大值 $f(-1) = 6$；

$f''(3) = 12 > 0$,所以 $x = 3$ 是极小值点,$f(x)$ 的极小值 $f(3) = -26$.

习题 3.3

1. 求下列函数的单调区间：

(1) $f(x) = (x-1)^2$;

(2) $f(x) = x^3 - x^2 - x$;

(3) $f(x) = \dfrac{3}{2-x}$;

(4) $f(x) = x\ln x$.

2. 求下列函数的极值点和极值：

(1) $f(x) = x^2 - \dfrac{1}{2}x^4$;

(2) $f(x) = 4x^3 - 3x^2 - 6x + 2$;

(3) $f(x) = x^2 e^{-x}$;

(4) $f(x) = \dfrac{x^2}{x^2+3}$.

3. 求下列函数在指定区间内的极值：

(1) $f(x) = 2x^3 + 3x^2 - 12x + 1, x \in (0,2)$;

(2) $f(x) = \dfrac{x}{x^2+1}, x \in \left(-\dfrac{3}{2}, \dfrac{1}{2}\right)$.

3.4 函数的最值及其在经济问题中的应用

在第一章第五节中我们学习过最大值最小值定理,若函数 $f(x)$ 在闭区间 $[a,b]$ 上连续,则在 $[a,b]$ 上一定存在最大值和最小值. 显然, $f(x)$ 在闭区间 $[a,b]$ 上的最大值和最小值只能在区间内的极值点和端点取得. 因此可先求出一切可能的极值点(即驻点或导数不存在的点)处的函数值及端点处的函数值,再比较这些值的大小,其中最大的是函数的最大值,最小的是函数的最小值.

【例 1】 求函数 $f(x) = x^3 - 3x^2 - 9x + 5$ 在 $[-2,6]$ 上的最大值和最小值.

解 (1) $f'(x) = 3x^2 - 6x - 9 = 3(x+1)(x-3)$,

(2) 令 $f'(x) = 0$ 解得驻点 $x_1 = -1$ 和 $x_2 = 3$,

(3) 计算 $f(-2) = 3, f(-1) = 10, f(3) = -22, f(6) = 59$,

(4) 比较得到最大值为 $f(6) = 59$,最小值为 $f(3) = -22$.

如果函数 $f(x)$ 在一个开区间或无穷区间内可导,且有唯一的极值点 x_0,而函数确有最大值或最小值,那么,当 $f(x_0)$ 是极大值时, $f(x_0)$ 就是该区间上的最大值;当 $f(x_0)$ 是极小值时, $f(x_0)$ 就是该区间上的最小值. 在应用问题中往往遇到这样的情形,这时可以当做极值问题来解决,不必与区间的端点值相比较.

【例 2】 如图 3-6 所示,有一块边长为 a 的正方形铁皮,从其四个角截去大小相同的四个小正方形,做成一个无盖的容器,问截去的小正方形的边长为多少时,该容器的体积最大?

解 设截去的小正方形的边长为 x,则做成的无盖容器的体积为

$$V(x) = (a-2x)^2 x, x \in \left(0, \dfrac{a}{2}\right).$$

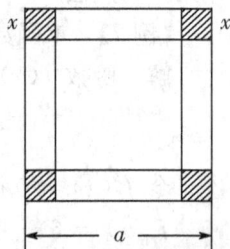

图 3-6

问题归结为求函数 $V(x)=(a-2x)^2x$, 在 $\left(0,\dfrac{a}{2}\right)$ 内的最大值.

因为 $V'(x)=(a-2x)(a-6x)$, 令 $V'(x)=0$ 得唯一解 $x=\dfrac{a}{6}$, 于是有

$$V_{\max}\left(\frac{a}{6}\right)=\frac{2}{27}a^3,$$

即当截去的小正方形边长为 $\dfrac{a}{6}$ 时,体积最大为 $\dfrac{2}{27}a^3$.

【例 3】 已知某个企业的成本函数为: $C=q^3-9q^2+30q+25$,其中 C 表示成本(单位:千元),q 表示产量(单位: t),求平均可变成本 y(单位: 千元)的最小值.

解 平均可变成本

$$y=\frac{C-25}{q}=q^2-9q+30,$$
$$y'=2q-9,$$

令 $y'=0$,得 $q=4.5$,则 $y''|_{q=4.5}=2>0$,所以 $q=4.5$ 时,y 取得极小值,也就是 y 的最小值.

$$y|_{q=4.5}=(4.5)^2-9\times4.5+30=9.75\,(\text{千元})$$

答:当产量为 4.5 t 时,平均可变成本取得最小值 $9\,750$ 元.

【例 4】 某公司估算生产 x 件产品的成本为: $C(x)=2\,560+2x+0.001x^2$ (元),问产量为多少时平均成本最低,平均成本的最小值为多少?

解 平均成本函数为 $\overline{C}(x)=\dfrac{2\,560}{x}+2+0.001x,x\in[0,+\infty)$,

由 $\overline{C}'(x)=-\dfrac{2\,560}{x^2}+0.001=0$ 得 $x=1\,600$ 件,而 $\overline{C}(1\,600)=5.2$ (元/件),

所以产量为 $1\,600$ 件时平均成本最低,且平均成本的最小值为 5.2(元/件).

【例 5】 某房地产公司有 50 套公寓要出租,当每月每套租金为 180 元时,公寓会全部租出去,当每月每套租金增加 10 元时,就有一套公寓租不出去,而租出去的房子每月需花费 20 元的整修维护费,试问房租定为多少时可获得最大收入?

解 设每月每套租金定为 x 元,租出去的房子有 $50-\left(\dfrac{x-180}{10}\right)$ 套,那么每月的总收入为

$$R(x)=(x-20)\left[50-\left(\frac{x-180}{10}\right)\right]=(x-20)\left(68-\frac{x}{10}\right),x\in[0,+\infty),$$

求导得

$$R'(x)=\left(68-\frac{x}{10}\right)+(x-20)\left(-\frac{1}{10}\right)=70-\frac{x}{5},$$

令 $R'(x)=0$ 得一个驻点, $x=350$, 而 $R(350)=(350-20)\left(68-\dfrac{350}{10}\right)=10\,890$ 元,故每月每套租金为 350 元时,月收入最高为 10 890 元.

习题 3.4

1. 求下列函数在给定区间上的最大值和最小值：

(1) $f(x) = 3x^3 - 9x + 5, x \in [-2, 2]$；

(2) $f(x) = \sin 2x - x, x \in \left[-\dfrac{\pi}{2}, \dfrac{\pi}{2}\right]$.

2. 把长为 24 厘米的铁丝剪成两段，一段做成圆形，一段做成正方形，问如何剪法，才能使圆形和正方形的面积之和最小.

3. 设某企业每天生产某种产品 q 个单位时的总成本核算函数为 $C(q) = 0.5q^2 + 36q + 9\,800$，问每天生产多少单位的产品时，其平均成本最低.

4. 某个体户以每条 10 元的价格进了一批牛仔裤，设此牛仔裤的需求函数为 $Q = 40 - p$，问该个体户将销售价定为多少时，才能获得最大利润.

3.5　函数曲线的凹凸性与拐点

3.5.1　曲线的凹凸性和拐点

设函数 $y = f(x)$ 在区间 (a,b) 可导，如果曲线 $y = f(x)$ 上每一点处的切线都位于该曲线的下方，则称曲线 $y = f(x)$ 在区间 (a,b) 内是凹的；如果曲线 $y = f(x)$ 上每一点处的切线都位于该曲线的上方，则称曲线 $y = f(x)$ 在区间 (a,b) 内是凸的.

从图 3-7 可以看出，曲线弧 $\overset{\frown}{AM_0}$ 是凸的，曲线弧 $\overset{\frown}{M_0B}$ 凹的.

下面我们不加证明地给出曲线凹凸性的判定定理.

定理 1　设 $y = f(x)$ 在区间 (a,b) 内具有二级导数，如果在 (a,b) 内恒有 $f''(x) > 0$，则曲线 $y = f(x)$ 在 (a,b) 内是凹的；如果在 (a,b) 内恒有 $f''(x) < 0$，则曲线 $y = f(x)$ 在 (a,b) 内是凸的.

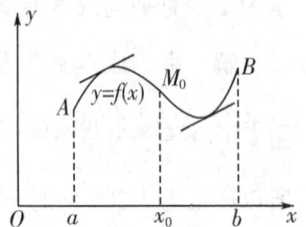

图 3-7

若把定理 1 中的区间改为无穷区间，结论仍然成立.

【例 1】　判定曲线 $y = \ln x$ 的凹凸性.

解　函数的定义域为 $(0, +\infty)$，

$$y' = \frac{1}{x}, \quad y'' = -\frac{1}{x^2},$$

由于在 $(0, +\infty)$ 内恒有 $y'' < 0$，故曲线 $y = \ln x$ 在 $(0, +\infty)$ 内是凸的.

【例 2】　判定曲线 $y = x^3$ 的凹凸性.

解　函数的定义域为 $(-\infty, +\infty)$，

$$y' = 3x^2, \quad y'' = 6x,$$

由于在 $(-\infty, 0)$ 内恒有 $y'' < 0$，而在 $(0, +\infty)$ 上恒有 $y'' > 0$，故曲线 $y = x^3$ 在 $(-\infty, 0)$ 内是凸的，而在 $(0, +\infty)$ 内是凹的，这时点 $(0,0)$ 为曲线由凸变凹的分界点. 如图 3-8 所示.

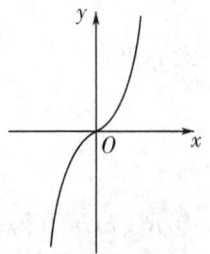

图 3-8

列表如下：

x	$(-\infty,0)$	0	$(0,+\infty)$
y''	$-$	0	$+$
y	凸		凹

这种曲线凸凹的分界点，就是下面要讲的拐点.

定义 1　设函数 $y=f(x)$ 在区间 (a,b) 内连续，则函数 $y=f(x)$ 在 (a,b) 内的凹凸分界点称为曲线 $y=f(x)$ 的拐点.

连续曲线上凹弧与凸弧的分界点叫做曲线的拐点.

拐点既然是曲线凹凸的分界点，所以若函数在该点处左右附近的二阶导数存在，则在拐点左右附近 $f''(x)$ 必然异号，因而拐点处 $f''(x)=0$ 或 $f''(x)$ 不存在. 在求曲线的凹凸区间和拐点时，可根据上述定理，用类似于求单调区间和极值点的方法，列表讨论，其中凹曲线用"∪"表示，凸曲线用"∩"表示.

【例 3】　求曲线 $y=x^4-2x^3+1$ 的凹凸区间和拐点.

解　函数的定义域为 $(-\infty,+\infty)$，

$$y'=4x^3-6x^2, y''=12x^2-12x=12x(x-1),$$

令 $y''=0$，得 $x_1=0,x_2=1,x_1,x_2$ 将定义区间分成三个部分区间，列表求曲线的凹凸区间和拐点.

x	$(-\infty,0)$	0	$(0,1)$	1	$(1,+\infty)$
y''	$+$	0	$-$	0	$+$
y	∪	拐点$(0,1)$	∩	拐点$(1,0)$	∪

由表可知，曲线 $y=x^4-2x^3+1$ 在区间 $(-\infty,0)$ 和区间 $(1,+\infty)$ 是凹的，在区间 $(0,1)$ 是凸的；曲线的拐点是 $(0,1)$ 和 $(1,0)$.

一般地，可按下述步骤判定曲线的凹凸性和求拐点：

(1) 确定 $y=f(x)$ 的定义域；

(2) 求 $f''(x)$；

(3) 求出 $f''(x)=0$ 的点及 $f''(x)$ 不存在的点，将这些点作为分界点把定义区间分成若干个部分区间；

(4) 列表判定.

3.5.2　函数图形的描绘

1. 曲线的渐近线

有些函数的定义域和值域都是有限区间，此时函数的图像局限于一定的范围内，如圆、椭圆等；有些函数的定义域或值域是无穷区间，此时函数的图像向无穷远处延伸，如双曲线、抛物线等. 由此向无穷延伸的曲线常常会接近某一条直线，这样的直线叫做曲线的渐近线.

【定义 2】　如果曲线上的一点沿着曲线趋于无穷远时,该点与某条直线的距离趋于零,则称此直线为曲线的渐近线.

渐近线分为水平渐近线、垂直渐近线和斜渐近线三种.我们只讨论前两种.

(1) 水平渐近线

设曲线 $y = f(x)$,如果 $\lim\limits_{x \to \infty} f(x) = C$,则称直线 $y = C$ 为曲线 $y = f(x)$ 的水平渐近线.

(2) 垂直渐近线

如果曲线 $y = f(x)$ 在点 x_0 间断,且 $\lim\limits_{x \to x_0} f(x) = \infty$,则称直线 $x = x_0$ 为曲线 $y = f(x)$ 的垂直渐近线.

【例 4】　求曲线 $y = \dfrac{1}{x - 5}$ 的水平渐近线和垂直的渐近线.

解　因为 $\lim\limits_{x \to \infty} \dfrac{1}{x - 5} = 0$,所以 $y = 0$ 是曲线的水平渐近线.

又因为 $x = 5$ 是 $y = \dfrac{1}{x - 5}$ 的间断点,且 $\lim\limits_{x \to 5} \dfrac{1}{x - 5} = \infty$,所以 $x = 5$ 是曲线的垂直渐近线.

【例 5】　求曲线 $y = \dfrac{3x^2 + 2}{1 - x^2}$ 的水平渐近线和垂直的渐近线.

解　因为 $\lim\limits_{x \to \infty} \dfrac{3x^2 + 2}{1 - x^2} = -3$,所以 $y = -3$ 是曲线的水平渐近线.

又因为 $x = -1, x = 1$ 是 $y = \dfrac{3x^2 + 2}{1 - x^2}$ 的间断点,且 $\lim\limits_{x \to -1} \dfrac{3x^2 + 2}{1 - x^2} = \infty, \lim\limits_{x \to 1} \dfrac{3x^2 + 2}{1 - x^2} = \infty$,所以 $x = -1, x = 1$ 是曲线的垂直渐近线.

2. 函数图形的描绘

综合我们陆续讨论的函数的各种性态,对于给定函数 $y = f(x)$,可以按如下步骤作出其图形:

(1) 确定函数 $y = f(x)$ 的定义域,并考察其奇偶性,周期性;

(2) 求函数 $y = f(x)$ 的一阶导数和二阶导数,求出 $f'(x) = 0, f''(x) = 0$ 的点和 $f'(x), f''(x)$ 不存在的点,用这些点将定义区间分成部分区间;

(3) 列表确定函数 $y = f(x)$ 的单调区间、极值、凹凸区间、拐点;

(4) 讨论函数图形的水平渐近线和垂直渐近线;

(5) 根据需要取函数图形上的若干特殊点;

(6) 描点作图.

【例 6】　作函数 $y = 2x^3 - 3x^2$ 的图形.

解　(1) 函数的定义域为 $(-\infty, +\infty)$、值域为 $(-\infty, +\infty)$;

(2) 函数无奇偶性,也不是周期性函数;

(3) $y' = 6x^2 - 6x = 6x(x - 1)$,令 $y' = 0$ 得驻点 $x_1 = 0, x_2 = 1$;

$y'' = 12x - 6 = 6(2x - 1)$,令 $y'' = 0$ 得 $x = \dfrac{1}{2}$;

列表如下：

x	$(-\infty,0)$	0	$\left(0,\dfrac{1}{2}\right)$	$\dfrac{1}{2}$	$\left(\dfrac{1}{2},1\right)$	1	$(1,+\infty)$
y'	$+$	0	$-$	$-$	$-$	0	$+$
y''	$-$	$-$	$-$	0	$+$	$+$	$+$
y	↗	极大值 0	↘	拐点 $\left(\dfrac{1}{2},-\dfrac{1}{2}\right)$	↘	极小值 -1	↗

（4）无渐近线；

（5）辅助点：$\left(-\dfrac{1}{2},-1\right),(0,0),\left(\dfrac{3}{2},0\right)$；

（6）描点作图，得图 3-9.

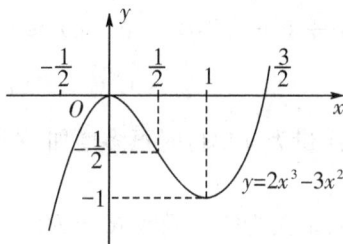

图 3-9

习题 3.5

1. 判定下列曲线的凹凸性：

（1）$y=4x-x^2$；   （2）$y=\ln x$.

2. 求下列曲线的凹凸区间和拐点：

（1）$y=2x^3+3x^2+x+2$；   （2）$y=3x^4-4x^3+1$；

（3）$y=\ln(x^2+1)$；   （4）$y=e^{-x^2}$.

3. 当 a,b 为何值时，点 $(1,3)$ 为曲线 $y=ax^3-bx^2$ 的拐点.

4. 求下列曲线的水平渐近线和垂直渐近线：

（1）$y=\dfrac{1}{1-x}$；   （2）$y=\ln(x-1)$；

（3）$y=1+\dfrac{1}{x}$；   （4）$y=\dfrac{x}{(1-x)(1+x)}$.

5. 描绘下列函数的图形：

（1）$y=2-x-x^3$；   （2）$y=\dfrac{1}{4}x^4-\dfrac{3}{2}x^2$；

（3）$y=\ln(1+x^2)$；   （4）$y=\dfrac{1}{(x-1)^2}+1$.

3.6　导数在经济分析中的应用

导数是函数关于自变量的变化率,在经济工作中,也存在变化率的问题,因此导数在经济工作中也有广泛的应用,本节介绍两个基本的应用.

3.6.1　边际函数

在经济工作中,设某经济指标 y 与影响指标值的因素 x 之间成立函数关系 $y=f(x)$,称导数 $f'(x)$ 为 $f(x)$ 的边际函数,记作 My. 所谓边际,实际上是指标 y 关于因素 x 的绝对变化率. 随着 y,x 含义的不同,边际函数的含义也就不同.

1. 边际成本

在经济学中,边际成本定义为产品总成本 $C=C(q)$ 关于产量 q 的导数 $C'(q)$.

如果某产品产量为 q 单位元时所需要的总成本为 $C=C(q)$. 由于

$$C(q+1)-C(q)=\Delta C(q)\approx dC(q)$$
$$=C'(q)\cdot\Delta q=C'(q),$$

所以边际成本 $C'(q)$ 近似等于产量为 q 单位时再多增加一个单位时所增加的成本.

2. 边际收入

在经济基础学中,边际收入定义为收入函数 $R=R(q)$ 关于销售量 q 的导数 $R'(q)$.

如果某产品的销售量为 q 时的收入为 $R=R(q)$,则边际收入 $R'(q)$ 近似等于销售量为 q 时再多销售一个单位产品所增加的销售收入.

3. 边际利润

在经济基础学中,如果某产品的销售量为 q 时的利润函数 $L=L(q)$,当 $L(q)$ 可导时,边际利润定义为利润函数 $L=L(q)$ 关于销售量 q 的导数 $L'(q)$. 它近似等于销售量为 q 时再多销售一个单位产品所增加(或减少)的利润.

由于利润函数为收入函数与成本函数之差,即

$$L(q)=R(q)-C(q),$$

由导数的运算法则可知:

$$L'(q)=R'(q)-C'(q),$$

即边际利润为边际收入与边际成本之差.

4. 边际销量(需求)

在经济基础学中,边际销量定义为总销售量(需求)函数 $Q=Q(p)$ 关于价格 p 的导数 $Q'(p)$. 边际销量 $Q'(p)$ 近似等于价格为 p 时再加价一个单位时减少(或增加)的销量.

在经济应用于问题中,解释边际函数值的具体含义时,我们略去"近似"二字.

【例1】　设某产品产量为 q(单位 t)时的总成本函数(单位元)为

$$C(q)=1\,000+7q+50\sqrt{q},$$

求:(1) 产量为 100 t 时的总成本;

(2) 产量为 100 t 时的平均成本；

(3) 产量由 100 t 增加到 225 t 时，总成本的平均变化率(100 t 到 225 t 平均成本)；

(4) 产量为 100 t 时，总成本的变化率(边际成本).

解　(1) 产量为 100 t 时的总成本为

$$C(100) = 1\,000 + 7 \times 100 + 50\sqrt{100} = 2\,200\,(元);$$

(2) 产量为 100 t 时的平均成本为

$$\overline{C}(100) = \frac{C(100)}{100} = 22\,(元);$$

(3) 产量由 100 t 增加到 225 t 时，总成本的平均变化率为

$$\frac{\Delta C}{\Delta q} = \frac{C(225) - C(100)}{225 - 100} = \frac{3\,325 - 2\,200}{125} = 9\,(元/吨);$$

(4) 产量为 100 t 时，总成本的变化率为

$$C'(100) = (1\,000 + 7q + 50\sqrt{q})'\big|_{q=100}$$

$$= \left(7 + \frac{25}{\sqrt{q}}\right)\bigg|_{q=100} = 9.5\,(元)$$

这个结论的经济含义是：当产量为 100 t 时，再多生产一吨所增加的成本为 9.5 元.

【例 2】　某公司总利润 L(元)与日产量 q(吨)之间的函数关系(即利润函数)为

$$L(q) = 250q - 5q^2,$$

试确定每天生产 20 吨、25 吨、35 吨时的边际利润，并说明其经济含义.

解　边际利润为　　　　　$L'(q) = 250 - 10q,$

$$ML\big|_{q=20} = 250 - 200 = 50(元);$$

$$ML\big|_{q=25} = 250 - 250 = 0(元);$$

$$ML\big|_{q=35} = 250 - 350 = -100\,(元).$$

因为边际利润表示产量增加 1 吨时总利润的增加数，上述结果表明，当日产量在 20 吨时，每天增加 1 吨产量可增加总利润 50 元；在日产量是 25 吨的基础上再增加时，利润已经不增加了；而当日产量在 35 吨时，每天产量再增加 1 吨反而利润减少 100 元. 由此可见，这家公司应该把日产量定在 25 吨，此时的总利润 $L(25) = 250 \times 25 - 5 \times 25^2 = 3\,125\,(元)$.

3.6.2　函数的弹性

我们在边际分析中，讨论的函数变化率与改变量均属于绝对数范围内的讨论. 在经济问题中，仅仅用绝对数的概念是不足以深入分析问题的. 例如：甲商品每单位价格 5 元，涨价 1 元；乙商品每单位价格 200 元，也涨价 1 元，两种商品价格的绝对改变量都是 1 元，但两种商品的涨价幅度却大不相同，与原价相比，甲商品涨价 20%，而乙商品仅涨价 0.5%. 因此我们还有必要研究函数的相对改变量和相对变化率.

给定变数 u，它在某处的改变量 Δu 称为绝对改变量. 给定改变量 Δu 与变数在该处的

值 u 之比 $\dfrac{\Delta u}{u}$ 称为相对改变量.

【定义 1】 对于函数 $y = f(x)$，如果极限

$$\lim_{\Delta x \to 0} \frac{\dfrac{\Delta y}{y}}{\dfrac{\Delta x}{x}}$$

存在,则

$$\lim_{\Delta x \to 0} \frac{\dfrac{\Delta y}{y}}{\dfrac{\Delta x}{x}} = \lim_{\Delta x \to 0} \frac{\Delta y}{\Delta x} \cdot \frac{x}{y} = \frac{x}{y} \cdot \frac{\mathrm{d}y}{\mathrm{d}x} = \frac{x}{y} f'(x)$$

称为函数 $f(x)$ 在点 x 处的弹性,记作 E,即

$$E = \frac{x}{y} f'(x).$$

从定义可以看出函数 $f(x)$ 的弹性是函数的相对改变量与自变量和相对改变量比值的极限,它是函数的相对变化率,或解释成当自变量变化百分之一时函数变化的百分数.

由需求函数 $Q = Q(p)$ 可得需求弹性为

$$E|_q = \frac{p}{Q} Q'(p),$$

根据经济规律,需求函数是单调减少函数,所以需求弹性一般取负值.

利用供给函数 $S = S(p)$,同样根据定义有供给弹性为

$$E|_s = \frac{p}{S} S'(p).$$

【例 3】 设某商品的需求函数为

$$Q = 3\,000 \mathrm{e}^{-0.02p},$$

求价格为 100 时的需求弹性并解释其经济含义.

解 $E|_q = \dfrac{p}{Q} Q'(p) = \dfrac{-0.02p \times 3\,000\mathrm{e}^{-0.02p}}{3\,000\mathrm{e}^{-0.02p}} = -0.02p,$

$$E_q(100) = -0.02 \times 100 = -2.$$

它的经济含义是：当价格为 100 时,若价格增加 1%,则需求减少 2%.

习题 3.6

1. 求函数 $y = x^3 + x$ 在点 $x = 5$ 处的边际函数值.

2. 某化工厂日产能力最高为 $1\,000$ 吨,每日产品的总成本 C(单位：元)是日产量 x(单位：吨)的函数, $C = C(x) = 1\,000 + 7x + 50\sqrt{x}, x \in [0, 1\,000]$. 求：

(1) 日产量为 100 吨时的总成本；

(2) 日产量为 100 吨时的平均成本；

（3）日产量为 100 吨时的边际成本.

3. 设某产品生产 q 单位时的总收益 R 为 q 的函数，$R=200q-0.01q^2$，求生产 50 单位时的收益及平均收益和边际收益.

4. 设某商品的需求量 Q 对价格 p 的函数关系为 $Q=1\,200\left(\dfrac{1}{3}\right)^p$，求

（1）需求量 Q 对价格 p 的弹性函数；

（2）价格 $p=30$ 时的需求弹性.

5. 某产品的需求量 Q 对价格 p 的函数关系为 $Q=75-p^2$，求

（1）总收益函数 R；

（2）总收益 R 对价格 p 的弹性.

3.7 Matlab 与导数的应用

3.7.1 验证洛必达法则

【例1】 以 $\lim\limits_{x\to0}\dfrac{a^x-b^x}{x}$（其中 $a>0,a\neq1,b>0,b\neq1$ 且 $a\neq b$）为例验证罗必达法则.

解 这是 $\dfrac{0}{0}$ 型的极限.输入 Matlab 命令：

≫ syms a b x;

≫ f=a^x-b^x;g=x;L=limit(f/g,x,0)

L =

log(a)-log(b)

输入 Matlab 命令：

≫ df=diff(f,x);dg=diff(g,x);Ll=limit(df/dg,x,0)

Ll =

log(a)-log(b)

输出结果说明：$\lim\limits_{x\to0}\dfrac{a^x-b^x}{x}=\lim\limits_{x\to0}\dfrac{(a^x-b^x)'}{(x)'}$

3.7.2 函数的单调性与极值

【例2】 求函数 $f(x)=x^3-6x^2+9x+3$ 的单调区间与极值.

解 求可导函数的单调区间与极值，就是求导函数的正负区间与正负区间的分界点.先求导函数的零点，再画出函数图像，根据图像可直观地看出函数的单调区间与极值.输入 Matlab 命令：

≫ syms x;

≫ f=x^3-6*x^2+9*x+3;df=diff(f,x);s=solve(df)

s =

3

1

输入 Matlab 命令：

≫ ezplot(f,[0,4])

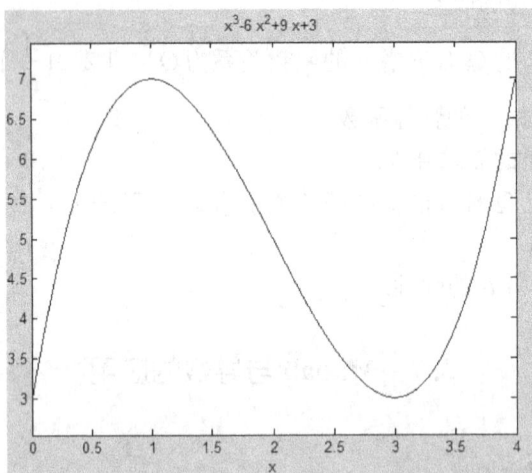

$x^3-6\,x^2+9\,x+3$

图 3 - 10

从上面的运行结果可见，函数 $f(x)=x^3-6x^2+9x+3$ 在 $(-\infty,1]$ 及 $[3,+\infty)$ 上单调递增，在 $[1,3]$ 上单调递减.

极大值为 $f(1)=7$，极小值为 $f(3)=3$.

3.7.3   函数的最值

调用求函数最小值命令 fminbnd，可得函数的最小值点. 首先必须建立函数的 M—文件.

【例3】   求函数 $f(x)=(x-3)^2-1$ 在区间 $(0,5)$ 内的最小值.

解   建立函数的 M—文件：

function y=f(x);

y=(x-3).^2-1;

输入 Matlab 命令：

≫ x=fminbnd('f',0,5)

x =

  3

≫ f(3)

ans =

  -1

即函数的最小值为 $f(3)=-1$.

求最大值时可用命令：

≫ x=- fminbnd ('-(x-3)^2+1',0,5)

x =

  0

```
≫ f(0)
ans =
    8
```
即函数的最大值为 $f(0)=8$.

【例 4】　求函数 $f(x)=x^3-x^2-x+1$ 在区间 $(-2,2)$ 内的极小值和极大值.

解　输入 Matlab 命令：
```
≫ syms x;
≫ f='x^3-x^2-x+1';
≫ [x1,minf]=fminbnd(f,-2,2)
x1 =
    -2
minf =
    -9
```
即极小值为 $f(-2)=-9$.

输入 Matlab 命令：
```
≫ [x2,maxf]=fminbnd('-x^3+x^2+x-1',-2,2);
≫ maxf=-maxf;
≫ x2,maxf
x2 =
    2
maxf =
    3
```
即极大值为 $f(2)=3$.

习题 3.7

上机完成如下的实验任务.

1. 建立函数 $f(x,a)=a\sin x+\dfrac{1}{3}\sin 3x$，当 a 为何值时，该函数在 $x=\dfrac{\pi}{3}$ 处取得极值？

2. 确定下列函数的单调区间：

(1) $y=2x^3-6x^2-18x-7$；　　　　(2) $y=2x+\dfrac{8}{x}$；

(3) $y=\ln(x+\sqrt{1+x^2})$；　　　　(4) $y=(x-1)(x+1)^3$.

复 习 题 三

一、选择题

1. 在区间 $[-1,1]$ 上满足拉格朗日中值定理条件的是　　　　（　　）

A. $y=\dfrac{1}{x}$　　　　　　　　　B. $y=x^{\frac{2}{3}}$

C. $y=\tan x$　　　　　　　　　D. $y=\ln x$

本章小结和
阅读材料

2. 函数 $y = x^3 + 12x + 1$ 在定义区间内是　　　　　　　　　　　（　　）

A. 单调增加　　　　B. 单调减少　　　　C. 图形是凹的　　　D. 图形是凸的

3. 函数 $y = f(x)$ 在点 $x = x_0$ 处取得极大值,则必有　　　　　　　　（　　）

A. $f'(x_0) = 0$ 　　　　　　　　　　B. $f''(x_0) < 0$

C. $f'(x_0)$ 不存在　　　　　　　　　D. $f'(x_0) = 0$ 或 $f'(x_0)$ 不存在

4. 若 $f(x)$ 在(a, b) 内,$f'(x) > 0$,$f''(x) < 0$,则曲线在该区间内　　　（　　）

A. 单调下降且是凸的　　　　　　　B. 单调下降且是凹的

C. 单调上升且是凹的　　　　　　　D. 单调上升且是凸的

5. 曲线 $y = \dfrac{3x}{x - 1}$ 的渐近线是　　　　　　　　　　　　　　　（　　）

A. $x = 1$ 和 $y = 3$ 　　　　　　　B. $x = 3$ 和 $y = 1$

C. $x = 1$ 　　　　　　　　　　　　D. $y = 3$

二、填空题

1. 函数 $y = x^2 + 4$ 在$[-1, 1]$满足罗尔定理的 $\xi = $ ＿＿＿＿＿＿.

2. 已知函数 $y = \dfrac{1}{3}x^3 - x$,该函数在区间＿＿＿＿＿＿上单调减少.

3. 函数 $y = x^2 + 4$ 在$[-1, 1]$上的最小值为＿＿＿＿＿＿.

4. $\lim\limits_{x \to 1} \dfrac{x^2 - 1}{\ln x} = $ ＿＿＿＿＿＿.

5. 曲线 $y = \dfrac{(x + 1)^2}{x^2} - 2$ 的渐近线有＿＿＿＿＿＿（水平和垂直）.

6. 函数 $y = 2 + 5x$ 在 $x = 3$ 处的弹性是＿＿＿＿＿＿.

三、计算题

1. 求下列函数的极限:

(1) $\lim\limits_{x \to -2} \dfrac{x^3 + 3x^2 + 2x}{x^2 - x - 6}$;　　　　　(2) $\lim\limits_{x \to 1} \dfrac{x^2 - 1}{\ln x}$;

(3) $\lim\limits_{x \to 1} \left(\dfrac{2}{x^2 - 1} - \dfrac{1}{x - 1} \right)$;　　　　(4) $\lim\limits_{x \to 0} \dfrac{\ln(1 + 3x)}{x^3}$.

2. 求下列函数的极值:

(1) $y = x^3 - 3x^2 - 9x + 14$;　　　　(2) $y = \dfrac{1 + 3x}{\sqrt{4 + 5x^2}}$.

3. 求下列函数的最大值和最小值:

(1) $y = 2x^3 - 3x^2, x \in [-1, 4]$;　　　(2) $y = 1 - 2\sin x, x \in [0, 2\pi]$.

4. 求下列曲线的凹凸区间和拐点:

(1) $y = x^3 - 5x^2 + 3x + 5$;　　　　(2) $y = xe^{-2x}$.

四、证明函数 $y = x - \ln(1 + x^2)$ 在$(-\infty, +\infty)$上单调增加.

五、作出函数 $y = x^3 + x^2 - x - 1$ 的图形.

六、设某商品在销售 q 个单位时的总收益为 $R(q) = 500 + q - 0.0001q^2$,求:

(1) 边际收益函数;

(2) 当销售量为多少时,总收益最大.

第4章　不定积分

本章提要　在前几章的学习中,我们讨论了一元函数微分学,即求已知函数的导数或微分的问题.从本章起,我们将研究与微分学相反的问题:已知某一函数的导数 $F'(x) = f(x)$,求 $F(x)$,即去求已知函数 $f(x)$ 原来的函数 $F(x)$,使 $F'(x) = f(x)$,实际上,这是求导数的逆运算问题,也是积分学的基本问题之一.

在前几章的学习中,我们讨论了一元函数微分学,即求已知函数的导数或微分的问题,从本章起,我们将研究微分的反问题:已知某一函数的导数 $F'(x) = f(x)$,求原来的函数 $F(x)$,即已知函数 $f(x)$ 的原函数 $F(x)$,实际上,这是微分的逆运算问题,也是积分学的基本问题之一——不定积分.

本章将通过微积分的互逆运算关系,推导出基本函数求积公式,然后再学习两种重要的求积方法——换元积分法和分部积分法.通过学习不定积分的计算,为下一章定积分学习计算做好准备工作.

4.1　不定积分的概念

4.1.1　问题的引入

在微分学中,我们已经讨论了已知函数求导数(或微分)的问题.但是,在科学技术和经济问题中,我们经常需要解决与求导数(或微分)相反的问题,即已知函数的导数(或微分),求其函数本身.

看以下两个问题:

例如　已知某产品的成本 C 是其产量 x 的函数 $C = C(x)$,则该产品成本关于产量的变化率(边际成本)是成本对产量的导数 $C'(x)$. 反之,若已知成本的变化率 $C'(x)$,求该产品的成本函数 $C = C(x)$,是一个与求导数相反的问题.

再例如已知曲线 $y = x^2 + 1$ 在 $x=0$ 处切线的斜率是函数在该点的导数值,即 $k = y'|_{x=0} = 0$.

但是,如果已知某曲线在 $x=0$ 处的切线斜率为 0,求该曲线的方程,也是一个与求导数相反的问题.

4.1.2　原函数与不定积分的概念

【**定义1**】　若在某个区间 I 上,函数 $F(x)$ 与 $f(x)$ 满足关系式:

$$F'(x) = f(x) \ 或 \ \mathrm{d}F(x) = f(x)\mathrm{d}x,$$

则称 $F(x)$ 为 $f(x)$ 在 I 上的一个**原函数**.

例如：$(x^2)' = 2x$，故 x^2 是 $2x$ 在 R 上的一个原函数；而 $(\sin x)' = \cos x$，故 $\sin x$ 是 $\cos x$ 在 R 上的一个原函数.

然而 $(x^2+1)' = 2x, (x^2-\sqrt{2})' = 2x$，说明 $x^2, x^2+1, x^2-\sqrt{2}$ 等都是 $2x$ 的原函数，于是，我们自然会想到以下两个问题：

(1) 已知函数 $f(x)$ 应具备什么条件才能保证它存在原函数？

(2) 如果 $f(x)$ 存在原函数，那么它的原函数有几个？ 相互之间有什么关系？

结论是：

定理 1 （原函数存在定理）如果函数 $f(x)$ 在某区间 I 上连续，则 $f(x)$ 在 I 上一定存在原函数.

此定理将在下一章中给以证明.

定理 2 （原函数族定理）如果函数 $F(x)$ 是 $f(x)$ 的一个原函数，则 $f(x)$ 有无限多个原函数，且 $F(x)+C$ 就是 $f(x)$ 的所有原函数（称为原函数族）.

证明 因为 $F(x)$ 是 $f(x)$ 的一个原函数，则有 $F'(x) = f(x)$，而

$$(F(x)+C)' = F'(x) + C' = f(x),$$

说明对任意的常数 $C, F(x)+C$ 都是 $f(x)$ 的原函数，即 $f(x)$ 有无穷多个原函数.

又设 $F(x)$ 和 $G(x)$ 是 $f(x)$ 的两个不同的原函数，则有

$$F'(x) = f(x) \text{ 和 } G'(x) = f(x),$$

从而有

$$(F(x)-G(x))' = F'(x) - G'(x) = f(x) - f(x) = 0,$$

根据拉格朗日中值定理的推论 2，于是有 $F(x) - G(x) = C$，即

$$F(x) = G(x) + C,$$

说明 $f(x)$ 的任意两个原函数之间至多相差一个常数，则 $f(x)$ 的所有原函数可表示成 $F(x) + C$.

【**定义 2**】 函数 $F(x)$ 是 $f(x)$ 的一个原函数，则把 $f(x)$ 的全体原函数 $F(x)+C$ 称为 $f(x)$ 的**不定积分**，记作 $\int f(x)\mathrm{d}x$，即

$$\int f(x)\mathrm{d}x = F(x) + C.$$

其中 $\int$ 叫积分号，$f(x)$ 叫**被积函数**，$f(x)\mathrm{d}x$ 叫**被积表达式**，x 叫积分变量.

【**例 1**】 求 $\int x^2 \mathrm{d}x$.

解 由于 $\left(\dfrac{x^3}{3}\right)' = x^2$，所以，$\dfrac{1}{3}x^3$ 是 x^2 的一个原函数，因此

$$\int x^2 \mathrm{d}x = \frac{1}{3}x^3 + C.$$

【例 2】 计算不定积分 $\int \sin x \, dx$.

解　因为 $(-\cos x)' = \sin x$，所以

$$\int \sin x \, dx = -\cos x + C.$$

【例 3】 求不定积分 $\int \frac{1}{x} \, dx (x \neq 0)$.

解　当 $x > 0$ 时，$(\ln x)' = \frac{1}{x}$，所以 $\int \frac{1}{x} dx = \ln x + C$；

当 $x < 0$ 时，$[\ln(-x)]' = \frac{1}{-x}(-1) = \frac{1}{x}$，所以 $\int \frac{1}{x} \, dx = \ln(-x) + C$，
由绝对值的性质有：

$$\ln |x| = \begin{cases} \ln x & x > 0 \\ \ln(-x) & x < 0 \end{cases},$$

从而

$$\int \frac{1}{x} \, dx = \ln |x| + C \ (x \neq 0).$$

【例 4】 求在平面上经过点 $(0,1)$，且在任一点处的斜率为其横坐标的三倍的曲线方程.

解　设曲线方程为 $y = f(x)$，由于在任一点 (x,y) 处的切线斜率 $k = 3x$，则有 $y' = 3x$，

即

$$y = \int 3x \, dx = \frac{3}{2} x^2 + C.$$

又由于曲线经过点 $(0,1)$，得 $C = 1$，所以 $y = \frac{3}{2} x^2 + 1$

【例 5】 某工厂生产某产品，每日生产的总成本 y 的变化率（边际成本）是 $y' = 5 + \frac{1}{\sqrt{x}}$，已知固定成本为 10 000 元，求总成本 y.

解　因为 $y' = 5 + \frac{1}{\sqrt{x}}$，所以 $y = \int \left(5 + \frac{1}{\sqrt{x}}\right) dx = 5x + 2\sqrt{x} + C$.

又已知固定成本为 10 000 万，即当 $x = 0$ 时，$y = 10\,000$，因此有 $C = 10\,000$，从而有

$$y = 5x + 2\sqrt{x} + 10\,000 \, (x > 0).$$

即总成本是 $y = 5x + 2\sqrt{x} + 10\,000 \, (x > 0)$.

由积分定义知，积分运算与微分运算有如下互逆关系：

(1) $\left[\int f(x) dx\right]' = f(x)$ 或 $d\left[\int f(x) dx\right] = f(x) dx$；

(2) $\int F'(x) dx = F(x) + C$ 或 $\int dF(x) = F(x) + C$.

4.1.3　不定积分的几何意义

函数 $f(x)$ 的不定积分 $\int f(x)\mathrm{d}x = F(x)+C$ 是 $f(x)$ 的原函数族. C 每取一个值 C_0，就确定了 $f(x)$ 的一个原函数，在直角坐标系中就确定了一条曲线 $y = F(x)+C_0$，这条曲线叫做函数 $f(x)$ 的一条积分曲线. 而所有这些积分曲线构成一个曲线族，称为 $f(x)$ 的积分曲线族(图 4－1)，这就是不定积分的几何意义.

积分曲线族具有两个特点：

(1) 族中任一条曲线在点 x 处的切线斜率都等于 $f(x)$；

(2) 族中任一条曲线，都可以由另一条曲线沿 y 轴上下平移而得.

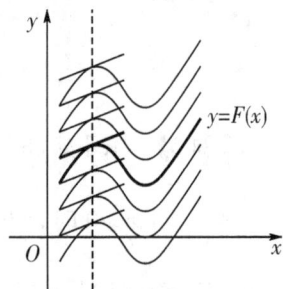

图 4－1

习题 4.1

1. 试求下列函数 $f(x)$ 的一个原函数 $F(x)$：

(1) $f(x) = x^{\frac{1}{2}}$；(2) $f(x) = \mathrm{e}^x + x$；(3) $f(x) = \mathrm{e}^{2x}$.

2. 由不定积分的定义，写出下列不定积分：

(1) $\int x^{-3}\mathrm{d}x$；　(2) $\int \dfrac{1}{1+x^2}\mathrm{d}x$；　(3) $\int 2^x \mathrm{d}x$.

3. 写出下列各式的结果：

(1) $\left[\int \mathrm{e}^x(\sin x + \cos x)\mathrm{d}x\right]'$；　　　　(2) $\mathrm{d}\left[\int \dfrac{1}{\sqrt{x}(1+x^2)}\mathrm{d}x\right]$；

(3) $\int (x\sin x \ln x)'\mathrm{d}x$；　　　　(4) $\int \mathrm{d}\left(\dfrac{1}{\arccos\sqrt{1-x^2}}\right)$.

4. 一曲线经过原点，且在任一点处的切线斜率 $k = 3x^2 + 1$，求该曲线方程.

4.2　积分的基本公式和法则直接积分法

4.2.1　积分基本公式

根据不定积分的定义，我们可以从导数的基本公式，得到相应的积分公式.

例如，因为

$$\left(\frac{x^{\alpha+1}}{\alpha+1}\right)' = x^\alpha \quad (\alpha \neq -1),$$

所以

$$\int x^\alpha \, \mathrm{d}x = \frac{x^{\alpha+1}}{\alpha+1} + C \quad (\alpha \neq -1).$$

类似地，有以下基本积分公式：

(1) $\int \mathrm{d}x = x + C$;

(2) $\int x^a \, \mathrm{d}x = \dfrac{x^{a+1}}{a+1} + C \ (a \neq -1)$;

(3) $\int \dfrac{1}{x} \, \mathrm{d}x = \ln |x| + C$;

(4) $\int a^x \, \mathrm{d}x = \dfrac{a^x}{\ln a} + C \ (a > 0, 且 \ a \neq 1)$;

(5) $\int \mathrm{e}^x \, \mathrm{d}x = \mathrm{e}^x + C$;

(6) $\int \sin x \, \mathrm{d}x = -\cos x + C$;

(7) $\int \cos x \, \mathrm{d}x = \sin x + C$;

(8) $\int \sec^2 x \, \mathrm{d}x = \tan x + C$;

(9) $\int \csc^2 x \, \mathrm{d}x = -\cot x + C$;

(10) $\int \sec x \tan x \, \mathrm{d}x = \sec x + C$;

(11) $\int \csc x \cot x \, \mathrm{d}x = -\csc x + C$;

(12) $\int \dfrac{1}{1+x^2} \, \mathrm{d}x = \arctan x + C$;

(13) $\int \dfrac{1}{\sqrt{1-x^2}} \, \mathrm{d}x = \arcsin x + C$.

以上积分基本公式,是计算不定积分的基础,必须熟记.

【例 1】 求下列不定积分:

(1) $\int \dfrac{1}{x^2} \, \mathrm{d}x$; 　　　　(2) $\int \sqrt{x} \, \mathrm{d}x$.

解　(1) $\int \dfrac{1}{x^2} \, \mathrm{d}x = \int x^{-2} \, \mathrm{d}x = \dfrac{x^{-2+1}}{-2+1} + C = -\dfrac{1}{x} + C$.

(2) $\int \sqrt{x} \, \mathrm{d}x = \int x^{\frac{1}{2}} \, \mathrm{d}x = \dfrac{x^{\frac{1}{2}+1}}{\frac{1}{2}+1} + C = \dfrac{2}{3} x^{\frac{3}{2}} + C$.

4.2.2　积分基本运算法则

法则一　两个函数的代数和的积分等于各个函数积分的代数和,即

$$\int [f_1(x) \pm f_2(x)] \, \mathrm{d}x = \int f_1(x) \mathrm{d}x \pm \int f_2(x) \mathrm{d}x.$$

法则一对于有限个函数的代数和也是成立的.

法则二　被积表达式中的常数因子可以提到积分号的前面,即当 k 为不等于零的常数时,有:

$$\int kf(x)\,\mathrm{d}x = k\int f(x)\,\mathrm{d}x.$$

【例2】 求 $\int (\mathrm{e}^x + 2\sin x - 3x^2)\,\mathrm{d}x$.

解 由积分基本公式和法则,得

$$\int (\mathrm{e}^x + 2\sin x - 3x^2)\,\mathrm{d}x = \int \mathrm{e}^x\,\mathrm{d}x + 2\int \sin x\,\mathrm{d}x - 3\int x^2\,\mathrm{d}x$$
$$= \mathrm{e}^x - 2\cos x - x^3 + C.$$

4.2.3 直接积分法

直接利用积分基本公式和法则求积分的方法称为直接积分法. 它也是其他积分方法的基础.

【例3】 求 $\int x\left(3 - \dfrac{1}{x} + x\right)\mathrm{d}x$.

解 $$\int x\left(3 - \frac{1}{x} + x\right)\mathrm{d}x = \int (3x - 1 + x^2)\,\mathrm{d}x$$
$$= 3\int x\,\mathrm{d}x - \int \mathrm{d}x + \int x^2\,\mathrm{d}x$$
$$= \frac{3}{2}x^2 - x + \frac{x^3}{3} + C$$

【例4】 求 $\int \dfrac{x^3 + 2x^2 - 3x + 4}{x^2}\,\mathrm{d}x$.

解 $$\int \frac{x^3 + 2x^2 - 3x + 4}{x^2}\,\mathrm{d}x = \int \left(x + 2 - \frac{3}{x} + 4x^{-2}\right)\mathrm{d}x$$
$$= \int x\,\mathrm{d}x + 2\int \mathrm{d}x - 3\int \frac{1}{x}\,\mathrm{d}x + 4\int x^{-2}\,\mathrm{d}x$$
$$= \frac{x^2}{2} + 2x - 3\ln|x| - \frac{4}{x} + C.$$

【例5】 求 $\int \left(x^2 + \sin x - \dfrac{1}{1+x^2}\right)\mathrm{d}x$.

解 $$\int \left(x^2 + \sin x - \frac{1}{1+x^2}\right)\mathrm{d}x = \int x^2\,\mathrm{d}x + \int \sin x\,\mathrm{d}x - \int \frac{1}{1+x^2}\,\mathrm{d}x$$
$$= \frac{1}{3}x^3 - \cos x - \arctan x + C.$$

有些函数看上去不能利用基本公式和性质进行直接积分,但经过化简或恒等变形,也可以直接进行积分.

【例6】 求 $\int 2^x \cdot \mathrm{e}^x\,\mathrm{d}x$.

解 $$\int 2^x \mathrm{e}^x\,\mathrm{d}x = \int (2\mathrm{e})^x\,\mathrm{d}x = \frac{(2\mathrm{e})^x}{\ln(2\mathrm{e})} + C = \frac{(2\mathrm{e})^x}{\ln 2 + 1} + C.$$

【例 7】 求 $\int\left(x+\dfrac{1}{x}\right)^2\mathrm{d}x$.

解 $\int\left(x+\dfrac{1}{x}\right)^2\mathrm{d}x=\int\left(x^2+2+\dfrac{1}{x^2}\right)\mathrm{d}x=\dfrac{1}{3}x^3+2x-\dfrac{1}{x}+C.$

【例 8】 求 $\int\dfrac{(1-x)^2}{x}\mathrm{d}x$.

解 $\int\dfrac{(1-x)^2}{x}\mathrm{d}x=\int\dfrac{1-2x+x^2}{x}\mathrm{d}x=\int\left(\dfrac{1}{x}-2+x\right)\mathrm{d}x$

$$=\ln|x|-2x+\dfrac{1}{2}x^2+C.$$

【例 9】 求 $\int\tan^2 x\mathrm{d}x$.

解 因为

$$\tan^2 x=\dfrac{\sin^2 x}{\cos^2 x}=\dfrac{1-\cos^2 x}{\cos^2 x}=\dfrac{1}{\cos^2 x}-1=\sec^2 x-1,$$

所以

$$\int\tan^2\mathrm{d}x=\int(\sec^2 x-1)\mathrm{d}x=\tan x-x+C.$$

【例 10】 求 $\int\cos^2\dfrac{x}{2}\mathrm{d}x$.

解 因为 $\cos^2\dfrac{x}{2}=\dfrac{1}{2}(1+\cos x)$,

所以,原式 $=\int\dfrac{1}{2}(1+\cos x)\mathrm{d}x=\dfrac{1}{2}\int(1+\cos x)\mathrm{d}x=\dfrac{1}{2}(x+\sin x)+C.$

【例 11】 求 $\int\dfrac{(x+1)^2}{x(x^2+1)}\mathrm{d}x$.

解 $\int\dfrac{(x+1)^2}{x(x^2+1)}\mathrm{d}x=\int\dfrac{x^2+1+2x}{x(x^2+1)}\mathrm{d}x=\int\left(\dfrac{1}{x}+\dfrac{2}{1+x^2}\right)\mathrm{d}x$

$$=\ln|x|+2\arctan x+C$$

【例 12】 某工厂生产一种产品,已知其边际成本 $MC=160x^{-\frac{1}{3}}$,其中的 x(件)为该产品产量. 若当产量 $x=512$ 时,成本 $C(512)=17\,240$ 元,求成本函数 $C(x)$.

解 据边际成本的含义,有 $C'(x)=160\,x^{-\frac{1}{3}}$. 所以

$$C(x)=\int 160x^{-\frac{1}{3}}\mathrm{d}x=160\times\dfrac{1}{1+\left(-\dfrac{1}{3}\right)}x^{-\frac{1}{3}+1}+C=240x^{\frac{2}{3}}+C.$$

已知 $C(512)=17\,240$,代入后得

$$C=17\,240-240\times(512^{\frac{2}{3}})=1\,880.$$

所以这种产品的成本函数为 $C(x)=240x^{\frac{2}{3}}+1\,880$.

习题 4.2

1. 求下列各不定积分:

(1) $\int (\sin x + x^3 - e^x) dx$;

(2) $\int (1 + \sqrt[3]{x})^2 dx$;

(3) $\int (5^x + \tan^2 x) dx$;

(4) $\int a^x e^x dx$;

(5) $\int \left(x\sqrt{x} + \dfrac{3}{2x} - \sqrt[3]{x} \right) dx$;

(6) $\int 3\left(\dfrac{1}{x} - \dfrac{1}{\sqrt{x}} \right) dx$;

(7) $\int \cos^2 \dfrac{x}{2} dx$;

(8) $\int \dfrac{3x^2}{1+x^2} dx$;

(9) $\int \dfrac{4x^4 + 3}{x^5} dx$;

(10) $\int \dfrac{5a^x - 2e^x}{a^x} dx$;

(11) $\int \dfrac{\cos 2x}{\cos x - \sin x} dx$;

(12) $\int \cot^2 x \, dx$.

2. 设生产某产品 x 的总成本 C 是 x 的函数 $C(x)$. 固定成本(即 $C(0)$)为 20 元,边际函数 $C'(x) = 2x + 10$ (元/单位),求总成本函数 $C(x)$.

4.3　第一类换元积分法

4.3.1　第一类换元积分法(凑微分法)

第一类换元积分法是与微分学中的复合函数求导法则(或微分形式的不变性)相对应的积分方法. 为说明此法,先看下面的例子.

【引例】　求 $\int \cos 5x \, dx$.

分析　显然若直接运用相应的基本积分公式将得到错误的结果,即

$$\int \cos 5x \, dx = \sin 5x + C.$$

因为　$(\sin 5x)' = 5\cos 5x \neq \cos 5x$;

所以　$\int \cos 5x \, dx \neq \sin 5x + C.$

其错误之处在于本题的被积函数 $\cos 5x$ 是 x 的复合函数,而基本积分公式是以 $\cos x$ 这一基本初等函数作为被积函数的. 本题的正确求解如下:

解　$\displaystyle\int \cos 5x \, dx = \frac{1}{5}\int \cos 5x \, d(5x) \xrightarrow{\text{令} 5x = u} \frac{1}{5}\int \cos u \, du$

$$= \frac{1}{5}\sin u + C \xrightarrow{\text{回代} u = 5x} \frac{1}{5}\sin 5x + C$$

验证　$\left(\dfrac{1}{5}\sin 5x + C \right)' = \cos 5x.$

本题的解题思路是引入新的积分变量 $u = 5x$,从而把原积分化为积分变量为 u 的积

分,即把复合函数的积分转化为基本初等函数的积分.这一处理方法的思想,就是我们将要介绍的第一类换元积分法.

定理 1 （第一类换元积分法） 如果 $f(u)$ 关于 u 存在原函数 $F(u)$,$u=\varphi(x)$ 关于 x 存在连续导数,则

$$\int f[\varphi(x)]\varphi'(x)\mathrm{d}x = \int f[\varphi(x)]\mathrm{d}\varphi(x)$$

$$= \int f(u)\mathrm{d}u = F(u)+C = F[\varphi(x)]+C$$

事实上,由于 $\{F[\varphi(x)]+C\}' = F'[\varphi(x)]\varphi'(x) = f[\varphi(x)]\varphi'(x)$,由不定积分定义,等式自然成立.

第一类换元积分法首先是在被积函数中分解一个"因式"出来,再把这个因式按微分意义放到微分符号里面去(凑微分),使得微分符号里面的这个函数形成一个新的积分变量,在新的积分变量下,积分容易求得,所以第一类换元积分法又称为凑微分法.

下面我们以具体的示例来说明如何应用第一类换元积分法(凑微分法).

【例 1】 计算 $\int (3+2x)^{10}\mathrm{d}x$.

解 如果注意到了 $\dfrac{1}{2}\mathrm{d}(3+2x)=\mathrm{d}x$ 的微分性质,问题就很好办了,只要令 $u=3+2x$,

$$\int (3+2x)^{10}\mathrm{d}x = \frac{1}{2}\int (3+2x)^{10}\mathrm{d}(3+2x) \xrightarrow{\text{令}\,3+2x=u} \frac{1}{2}\int u^{10}\mathrm{d}u$$

$$= \frac{1}{22}u^{11}+C \xrightarrow{\text{回代}\,u=3+2x} \frac{1}{22}(3+2x)^{11}+C$$

【例 2】 计算 $\int \sqrt{2x+3}\mathrm{d}x$.

解 被积函数 $\sqrt{2x+3}$ 是 $u^{\frac{1}{2}}$ 和 $u=2x+3$ 复合而成的,如果把 $\mathrm{d}x$ 凑成 $\mathrm{d}(2x+3)$,其关系式为 $\mathrm{d}x=\dfrac{1}{2}\mathrm{d}(2x+3)$,于是

$$\int \sqrt{2x+3}\mathrm{d}x = \int \frac{1}{2}\sqrt{2x+3}\mathrm{d}(2x+3) \xrightarrow{\text{令}\,2x+3=u} \frac{1}{2}\int u^{\frac{1}{2}}\mathrm{d}u$$

$$= \frac{1}{3}u^{\frac{3}{2}}+C \xrightarrow{\text{回代}\,u=2x+3} \frac{1}{3}(2x+3)^{\frac{3}{2}}+C$$

【例 3】 计算 $\int x\mathrm{e}^{x^2}\mathrm{d}x$.

解 我们不难发现 $x\mathrm{d}x=\dfrac{1}{2}\mathrm{d}(x^2)$,这种情况下,我们令 $u=x^2$,问题就不难解决了,即

$$\int x\mathrm{e}^{x^2}\mathrm{d}x = \int \frac{1}{2}\mathrm{e}^{x^2}\mathrm{d}x^2 \xrightarrow{\text{令}\,x^2=u} \frac{1}{2}\int \mathrm{e}^{u}\mathrm{d}u$$

$$= \frac{1}{2}e^u + C \xrightarrow{\text{回代 } u = x^2} \frac{1}{2}e^{x^2} + C$$

【例 4】 计算 $\int \frac{\ln x}{x}\mathrm{d}x$.

解 因为 $\ln x$ 中 $x > 0$，所以 $\frac{1}{x}\mathrm{d}x = \mathrm{d}\ln x$. 于是

$$\int \frac{\ln x}{x}\mathrm{d}x = \int \ln x\, \mathrm{d}\ln x \xrightarrow{\text{令 } \ln x = u} \int u\, \mathrm{d}u = \frac{1}{2}u^2 + C$$

$$\xrightarrow{\text{回代 } u = \ln x} \frac{1}{2}\ln^2 x + C$$

由上面的例子可以看出，凑微分是此法的关键所在. 下面列出部分常用的微分式子,熟练运用它们是求积分的基础.

(1) $\mathrm{d}x = \frac{1}{a}\mathrm{d}(ax) = \frac{1}{a}\mathrm{d}(ax + b)$;

(2) $x\mathrm{d}x = \frac{1}{2}\mathrm{d}x^2$;

(3) $\frac{1}{x}\mathrm{d}x = \mathrm{d}\ln|x|$;

(4) $\frac{1}{x^2}\mathrm{d}x = -\mathrm{d}\left(\frac{1}{x}\right)$;

(5) $\frac{1}{\sqrt{x}}\mathrm{d}x = 2\mathrm{d}\sqrt{x}$;

(6) $\frac{1}{1+x^2}\mathrm{d}x = \mathrm{d}(\arctan x)$;

(7) $\frac{1}{\sqrt{1-x^2}}\mathrm{d}x = \mathrm{d}(\arcsin x)$;

(8) $e^x\mathrm{d}x = \mathrm{d}(e^x)$;

(9) $\sin x\, \mathrm{d}x = -\mathrm{d}(\cos x)$;

(10) $\cos x\, \mathrm{d}x = \mathrm{d}(\sin x)$;

(11) $\sec^2 x\, \mathrm{d}x = \mathrm{d}(\tan x)$;

(12) $\csc^2 x\, \mathrm{d}x = -\mathrm{d}(\cot x)$.

当然,凑微分式子绝非只有这些,大家应在熟记基本积分公式和常用的微分式子的基础上,通过大量的练习积累经验,进而逐步掌握这一重要的积分方法. 另外,当运算比较熟练后,变量替换和回代这两个步骤,可以省略.

【例 5】 计算 $\int \cos x \cdot \sin^2 x\, \mathrm{d}x$.

解 原式 $= \int \sin^2 x\, (\sin x)'\mathrm{d}x = \int \sin^2 x\, \mathrm{d}(\sin x) = \frac{1}{3}\sin^3 x + C$.

【例 6】 计算 $\int \tan x\, \mathrm{d}x$.

解 $\int \tan x\, \mathrm{d}x = \int \frac{\sin x}{\cos x}\mathrm{d}x = \int \frac{-1}{\cos x}\mathrm{d}\cos x = -\int \frac{1}{u}\mathrm{d}u = -\ln|u| + C$

$$= -\ln|\cos x| + C$$

用同样的方法不难得出：

$$\int \cot x\, \mathrm{d}x = \ln|\sin x| + C$$

【例 7】　计算 $\displaystyle\int \frac{1}{a^2 - x^2}\mathrm{d}x.$

解　由于 $\dfrac{1}{a^2 - x^2} = \dfrac{1}{(a-x)(a+x)} = \dfrac{1}{2a}\Big(\dfrac{1}{a-x} + \dfrac{1}{a+x}\Big)$，所以

$$\int \frac{1}{a^2-x^2}\mathrm{d}x = \frac{1}{2a}\Big(\int \frac{1}{a-x}\mathrm{d}x + \int \frac{1}{a+x}\mathrm{d}x\Big)$$

$$= \frac{1}{2a}\int \frac{-1}{a-x}\mathrm{d}(a-x) + \frac{1}{2a}\int \frac{1}{a+x}\mathrm{d}(a+x)$$

$$= \frac{-1}{2a}\ln|a-x| + \frac{1}{2a}\ln|a+x| + C = \frac{1}{2a}\ln\left|\frac{a+x}{a-x}\right| + C$$

【例 8】　计算 $\displaystyle\int \frac{1}{a^2 + x^2}\mathrm{d}x.$

解　$\displaystyle\int \frac{1}{a^2+x^2}\mathrm{d}x = \int \frac{1}{a^2}\frac{1}{1+\left(\frac{x}{a}\right)^2}\mathrm{d}x = \frac{1}{a}\int \frac{1}{1+\left(\frac{x}{a}\right)^2}\mathrm{d}\left(\frac{x}{a}\right) = \frac{1}{a}\arctan\frac{x}{a} + C$

【例 9】　计算 $\displaystyle\int \frac{1}{\sqrt{a^2 - x^2}}\mathrm{d}x.$

解　$\displaystyle\int \frac{1}{\sqrt{a^2-x^2}}\mathrm{d}x = \int \frac{1}{a}\frac{1}{\sqrt{1-\left(\frac{x}{a}\right)^2}}\mathrm{d}x = \int \frac{1}{\sqrt{1-\left(\frac{x}{a}\right)^2}}\mathrm{d}\left(\frac{x}{a}\right) = \arcsin\left(\frac{x}{a}\right) + C$

【例 10】　计算 $\displaystyle\int \frac{1}{x\ln x}\mathrm{d}x.$

解　$\displaystyle\int \frac{1}{x\ln x}\mathrm{d}x = \int \frac{1}{\ln x}\mathrm{d}\ln x = \ln|\ln x| + C$

【例 11】　计算 $\displaystyle\int \sin^2 x\, \mathrm{d}x.$

解　$\displaystyle\int \sin^2 x\, \mathrm{d}x = \int \frac{1-\cos 2x}{2}\mathrm{d}x = \frac{1}{2}\int \mathrm{d}x - \frac{1}{2}\int \cos 2x\, \mathrm{d}x$

$$= \frac{1}{2}x - \frac{1}{4}\int \cos 2x\, \mathrm{d}(2x) = \frac{x}{2} - \frac{1}{4}\sin 2x + C$$

【例 12】　计算 $\displaystyle\int \sec x\, \mathrm{d}x.$

解　$\displaystyle\int \sec x\, \mathrm{d}x = \int \frac{1}{\cos x}\mathrm{d}x = \int \frac{\cos x}{\cos^2 x}\mathrm{d}x = \int \frac{1}{1-\sin^2 x}\mathrm{d}\sin x = \frac{1}{2}\ln\left|\frac{1+\sin x}{1-\sin x}\right| + C$

$$= \frac{1}{2}\ln\left|\frac{(1+\sin x)^2}{1-\sin^2 x}\right| + C = \ln|\sec x + \tan x| + C$$

用同样的方法不难得出:

$$\int \csc x \, \mathrm{d}x = -\ln|\csc x + \cot x| + C$$

不定积分第一类换元积分法是积分计算的一种常用的方法,但是它的技巧性相当强,这不仅要求熟练掌握积分的基本公式,还要有一定的分析能力,要熟悉许多恒等式及微分公式.这里没有一个可以普遍遵循的解题方法,即使同一个问题,解决者选择的切入点不同,解决途径也就不同,难易程度和计算量也会大不相同.

习题 4.3

用凑微分法计算下列不定积分:

(1) $\int \cos 4x \, \mathrm{d}x$;

(2) $\int \sin \dfrac{t}{3} \, \mathrm{d}t$;

(3) $\int \sin^4 x \cos x \, \mathrm{d}x$;

(4) $\int \dfrac{\mathrm{e}^x}{3 + \mathrm{e}^x} \mathrm{d}x$;

(5) $\int \dfrac{\arctan x}{1 + x^2} \mathrm{d}x$;

(6) $\int \dfrac{\sin x}{1 + \cos x} \mathrm{d}x$;

(7) $\int \dfrac{x}{\sqrt{x^2 - 3}} \mathrm{d}x$;

(8) $\int (2x - 5)^5 \, \mathrm{d}x$;

(9) $\int x \sqrt[3]{4 + x^2} \, \mathrm{d}x$;

(10) $\int (2x - 3)(x^2 - 3x + 2)^3 \, \mathrm{d}x$;

(11) $\int \dfrac{1}{x \ln^3 x} \, \mathrm{d}x$;

(12) $\int \dfrac{\mathrm{e}^{\frac{1}{x}}}{x^2} \mathrm{d}x$;

(13) $\int \dfrac{\sin \sqrt{x}}{\sqrt{x}} \, \mathrm{d}x$;

(14) $\int (2 - 3x)^{1\,000} \, \mathrm{d}x$;

(15) $\int \cos^3 x \, \mathrm{d}x$;

(16) $\int \sqrt{2 + \mathrm{e}^x} \, \mathrm{e}^x \, \mathrm{d}x$;

(17) $\int \dfrac{1}{\mathrm{e}^x + \mathrm{e}^{-x}} \mathrm{d}x$;

(18) $\int \dfrac{1}{\sqrt{x}(1 + x)} \mathrm{d}x$;

(19) $\int \dfrac{2 + \ln x}{x} \mathrm{d}x$;

(20) $\int \dfrac{\sqrt{x} + \ln^2 x}{x} \, \mathrm{d}x$;

(21) $\int \tan^3 x \, \mathrm{d}x$;

(22) $\int \dfrac{1}{2 + 2x + x^2} \mathrm{d}x$;

(23) $\int \dfrac{\sin x \cos x}{1 + \sin^4 x} \mathrm{d}x$;

(24) $\int \dfrac{1}{\sqrt{2 + x} - \sqrt{1 + x}} \mathrm{d}x$;

(25) $\int x \mathrm{e}^{-x^2} \, \mathrm{d}x$;

(26) $\int \dfrac{x}{\sqrt{1 - x^4}} \mathrm{d}x$;

(27) $\int \dfrac{2x + 2}{x^2 + 2x + 3} \mathrm{d}x$;

(28) $\int \dfrac{2 + \cos x}{\sin^2 x} \, \mathrm{d}x$;

(29) $\int \tan x \sec^2 x \, \mathrm{d}x$;

(30) $\int \sin^4 x \, \mathrm{d}x$.

4.4 第二类换元积分法

首先看下积分 $\int \dfrac{1}{1+\sqrt{x}}\mathrm{d}x$ 应当如何计算呢?

在我们所掌握的基本公式中以及所能采用的恒等变换中,很难找到一个很好的变换,凑出简便的积分式. 从问题的分析角度来说,麻烦的就是这个根号,如果能把根号消去的话,问题是否会变得简单一点了呢? 不妨试试看:

令 $\sqrt{x}=t$,于是 $x=t^2$,这时 $\mathrm{d}x=2t\mathrm{d}t$,把这些关系式代入原式,得

$$\int \frac{1}{1+\sqrt{x}}\mathrm{d}x = \int \frac{1}{1+t}2t\,\mathrm{d}t = 2\int\left(1-\frac{1}{1+t}\right)\mathrm{d}t$$

$$= 2[t-\ln(1+t)]+C$$

$$= 2[\sqrt{x}-\ln(1+\sqrt{x})]+C$$

这就得到了问题解决的办法,这一方法就是我们将要介绍的第二类换元积分法.

定理 1 如果 $x=\varphi(t)$ 单调、可导,并且 $f\{\varphi(t)\}\varphi'(t)$ 存在原函数 $F(t)$,那么

$$\int f(x)\mathrm{d}x = \int f\{\varphi(t)\}\varphi'(t)\mathrm{d}t = F(t)+C = F\{\varphi^{-1}(x)\}+C$$

从形式上来看,第二类换元积分法是第一类换元积分法倒过来使用,用一个式子来说

$$\int f\{\varphi(t)\}\varphi'(t)\mathrm{d}t = \int f\{\varphi(t)\}\mathrm{d}\varphi(t)$$

用右边求左边就是第一类换元积分法;反之,用左边求右边就是第二类换元积分法.

在第二类换元积分法的解中,最后需要求出 $x=\varphi(t)$ 的反函数 $t=\varphi^{-1}(x)$,再代入到 $F(t)+C$.

【**例 1**】 计算 $\int \dfrac{1}{\sqrt{x}+\sqrt[3]{x}}\,\mathrm{d}x$.

解 令 $x=t^6$,则 $\sqrt{x}=t^3$,$\sqrt[3]{x}=t^2$,$\mathrm{d}x=6t^5\mathrm{d}t$,因此

$$\int \frac{1}{\sqrt{x}+\sqrt[3]{x}}\,\mathrm{d}x = \int \frac{6t^5}{t^3+t^2}\,\mathrm{d}t = 6\int \frac{t^3}{t+1}\,\mathrm{d}t$$

$$= 6\int \frac{(t^3+1)-1}{t+1}\,\mathrm{d}t$$

$$= 6\int\left(t^2-t+1-\frac{1}{t+1}\right)\mathrm{d}t$$

$$= 2t^3-3t^2+6t-6\ln(t+1)+C$$

$$\xrightarrow{\text{回代 } t=\sqrt[6]{x}} 2\sqrt{x}-3\sqrt[3]{x}+6\sqrt[6]{x}-6\ln(\sqrt[6]{x}+1)+C$$

【例 2】 计算 $\int \sqrt{a^2 - x^2}\,\mathrm{d}x$

解 令 $x = a\sin t$，那么，$\mathrm{d}x = \mathrm{d}a\sin t = a\cos t\,\mathrm{d}t$，所以有

$$\int \sqrt{a^2 - x^2}\,\mathrm{d}x = \int \sqrt{a^2 - a^2\sin^2 t}\ a\cos t\,\mathrm{d}t = a^2 \int \cos^2 t\,\mathrm{d}t$$

$$= a^2 \int \frac{1 + \cos 2t}{2}\,\mathrm{d}t = \frac{a^2}{2}t + \frac{a^2}{4}\sin 2t + C$$

如右图，选择一个直角坐标系，于是 $\sin t = \dfrac{x}{a}$；

$$\cos t = \frac{\sqrt{a^2 - x^2}}{a}\ ,\text{所以}$$

$$\sin 2t = 2\sin t\cos t = \frac{2}{a^2}x\ \sqrt{a^2 - x^2},\ \text{所以}$$

$$\int \sqrt{a^2 - x^2}\,\mathrm{d}x = \frac{a^2}{2}\arcsin\frac{x}{a} + \frac{x}{2}\ \sqrt{a^2 - x^2} + C$$

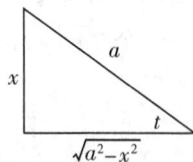

【例 3】 计算 $\int \sqrt{a^2 + x^2}\,\mathrm{d}x.$

解 注意到 $1 + \tan^2 t = \sec^2 t$，于是令 $x = a\tan t$ 有 $\mathrm{d}x = \sec^2 t\,\mathrm{d}t$ 代入原式有

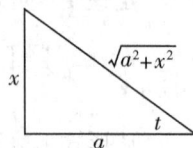

$$\int \sqrt{a^2 + x^2}\,\mathrm{d}x = \int a\sec t\ a\ \sec^2 t\,\mathrm{d}t$$

$$= a^2 \int \frac{1}{\cos^3 t}\,\mathrm{d}t = a^2 \int \frac{\cos t}{\cos^4 t}\,\mathrm{d}t = a^2 \int \frac{1}{(1 - \sin^2 t)^2}\,\mathrm{d}\sin t$$

$$= \frac{a^2}{4} \int \left\{ \frac{1}{1 - \sin t} + \frac{1}{1 + \sin t} \right\}^2 \,\mathrm{d}\sin t$$

$$= \frac{a^2}{4} \int \left\{ \frac{1}{(1 - \sin t)^2} + \frac{1}{1 - \sin t} + \frac{1}{1 + \sin t} + \frac{1}{(1 + \sin t)^2} \right\}$$
$$\mathrm{d}\sin t$$

$$= \frac{a^2}{4} \left\{ \frac{1}{1 - \sin t} - \frac{1}{1 + \sin t} + \ln \left| \frac{1 + \sin t}{1 - \sin t} \right| \right\} + C$$

$$= \frac{a^2}{2}\sec t\tan t + \frac{a^2}{2}\ln|\sec t + \tan t| + C$$

所以

$$\int \sqrt{a^2 + x^2}\,\mathrm{d}x = \frac{a^2}{2}\frac{\sqrt{a^2 + x^2}}{a}\frac{x}{a} + \frac{a^2}{2}\ln \left| \frac{\sqrt{a^2 + x^2}}{a} + \frac{x}{a} \right| + C$$

$$= \frac{x}{2}\ \sqrt{a^2 + x^2} + \frac{a^2}{2}\ln\left| x + \sqrt{a^2 + x^2} \right| + C$$

【例 4】 计算 $\int \dfrac{1}{\sqrt{x^2-a^2}}\mathrm{d}x$.

解 令 $x=a\sec t$，所以 $\mathrm{d}x=a\sec t\tan t\mathrm{d}t$
因此

$$\int \frac{1}{\sqrt{x^2-a^2}}\mathrm{d}x=\int \frac{1}{a\tan t}a\sec t\tan t\,\mathrm{d}t$$

$$=\int \sec t\,\mathrm{d}t=\ln|\sec t+\tan t|+C$$

$$=\ln\left|x+\sqrt{x^2-a^2}\right|+C$$

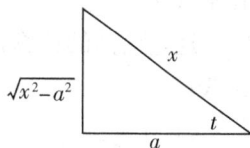

同样的，对于 $\int \dfrac{1}{\sqrt{a^2+x^2}}\mathrm{d}x$，令 $x=\tan t$ 代入得

$$\int \frac{1}{\sqrt{a^2+x^2}}\mathrm{d}x=\int \frac{1}{a\sec t}a\sec^2 t\,\mathrm{d}t=\int \sec t\,\mathrm{d}t$$

$$=\ln|\sec t+\tan t|+C_1=\ln\left|x+\sqrt{a^2+x^2}\right|+C$$

【例 5】 计算 $\int \dfrac{\sqrt{1-x^2}}{x^4}\mathrm{d}x$.

解 令 $x=\sin t$，则 $\mathrm{d}x=\cos t\,\mathrm{d}t$ 把上述关系代入原式，得

$$\int \frac{\sqrt{1-x^2}}{x^4}\mathrm{d}x=\int \frac{\sqrt{1-\sin^2 t}}{\sin^4 t}\cos t\,\mathrm{d}t=\int \frac{\cos^2 t}{\sin^4 t}\,\mathrm{d}t$$

$$=-\int \cot^2 t\,\mathrm{d}\cot t=-\frac{1}{3}\cot^3 t+C$$

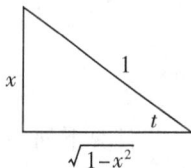

由右边的三角形不难得知，$\cot t=\dfrac{\sqrt{1-x^2}}{x}$，于是

$$\int \frac{\sqrt{1-x^2}}{x^4}=-\frac{1}{3}\frac{1-x^2}{x^3}\sqrt{1-x^2}+C$$

从上面几个例题可以看出，当被积函数含有根式 $\sqrt{a^2-x^2}$ 或 $\sqrt{x^2\pm a^2}$ 时，可运用第二类换元积分法对被积表达式作如下变换：

(1) 含有 $\sqrt{a^2-x^2}$ 时，令 $x=a\sin t$；

(2) 含有 $\sqrt{x^2+a^2}$ 时，令 $x=a\tan t$；

(3) 含有 $\sqrt{x^2-a^2}$ 时，令 $x=a\sec t$.

需要指出的是：在用以上三角函数变换时，在开根号时都是在主值区间内考虑的，所以通常取正号.

另外，上述方法只是在一般情况下可以这样考虑，它们只是解决问题的一种方法，它的基本思路就是无理函数有理化，但并不意味这种方法一定可行，更不一定最好. 有的情

况下,这样做可能根本计算不出结果;有的情况下,即使能算出结果,但计算量相当大,至于如何合理使用它们,学习者只有在练习中去总结了,题目类型做得多了,思路自然就会开阔起来.

通过前面的计算,我们得到了一些基本积分公式,为了便于今后的应用,建议记住如下公式:

(1) $\int \tan x \, dx = -\ln|\cos x| + C$;

(2) $\int \cot x \, dx = \ln|\sin x| + C$;

(3) $\int \sec x \, dx = \ln|\sec x + \tan x| + C$;

(4) $\int \csc x \, dx = -\ln|\csc x + \cot x| + C$

(5) $\int \dfrac{1}{a^2 - x^2} dx = \dfrac{1}{2a} \ln\left|\dfrac{a+x}{a-x}\right| + C$

(6) $\int \dfrac{1}{a^2 + x^2} dx = \dfrac{1}{a} \arctan \dfrac{x}{a} + C$

(7) $\int \dfrac{1}{\sqrt{a^2 - x^2}} dx = \arcsin \dfrac{x}{a} + C$

(8) $\int \dfrac{1}{\sqrt{x^2 \pm a^2}} dx = \ln\left|x + \sqrt{x^2 \pm a^2}\right| + C$

习题 4.4

计算下列不定积分:

(1) $\int \dfrac{1}{1 + \sqrt{3+x}} dx$;

(2) $\int \dfrac{\sqrt{x}}{1 + \sqrt{x}} dx$;

(3) $\int \dfrac{1}{\sqrt{(1+x^2)^3}} dx$;

(4) $\int \dfrac{\sqrt{x^2 - 1}}{x} dx$;

(5) $\int \dfrac{x^2}{\sqrt{2 - x}} dx$;

(6) $\int \dfrac{1}{\sqrt{1 + e^x}} dx$;

(7) $\int \dfrac{1}{x^2 \sqrt{1 - x^2}} dx$;

(8) $\int \dfrac{1}{x^2 \sqrt{1 + x^2}} dx$.

4.5 分部积分法

前面,我们在复合函数求导法则的基础上,得到了换元法. 现在,我们利用两个函数乘积的求导法则,来推出另一种积分法——分部积分法.

定理 1 设 $u(x), v(x)$ 具有连续的导数,则有:

$$\int u(x) \cdot v'(x) \, dx = u(x) \cdot v(x) - \int u'(x) \cdot v(x) dx;$$

或

$$\int u(x)\mathrm{d}v(x) = u(x) \cdot v(x) - \int v(x)\mathrm{d}u(x) . \text{（证明略）}$$

定理 1 主要作用是把左边的不定积分 $\int u(x)\mathrm{d}v(x)$ 转化为右边的不定积分 $\int v(x)\mathrm{d}u(x)$，显然后一个积分较前一个积分要容易，否则，该转化是无意义的.

【**例 1**】　求 $\int x\mathrm{e}^x\,\mathrm{d}x$.

解　选 $u(x) = x, v(x) = \mathrm{e}^x$，原式 $= \int x(\mathrm{e}^x)'\mathrm{d}x = \int x\,\mathrm{d}\mathrm{e}^x = x\mathrm{e}^x - \int \mathrm{e}^x\,\mathrm{d}x = x\mathrm{e}^x - \mathrm{e}^x + C$.

【**例 2**】　求 $\int x^2\,\mathrm{e}^x\mathrm{d}x$.

解　选 $u(x) = x^2, v(x) = \mathrm{e}^x$，

$$\text{原式} = \int x^2\,\mathrm{d}\mathrm{e}^x = x^2\mathrm{e}^x - \int \mathrm{e}^x\,\mathrm{d}x^2 = x^2\mathrm{e}^x - 2\int x\mathrm{e}^x\mathrm{d}x \text{（利用上式结果）}$$
$$= x^2\mathrm{e}^x - 2x\mathrm{e}^x + 2\mathrm{e}^x + C.$$

【**例 3**】　求 $\int x\cos x\,\mathrm{d}x$.

解　选 $u(x) = x, v(x) = \sin x$，

$$\text{原式} = \int x\,\mathrm{d}\sin x = x\sin x - \int \sin x\,\mathrm{d}x$$
$$= x\sin x + \cos x + C.$$

【**例 4**】　求 $\int x \cdot \sin(3x-1)\mathrm{d}x$.

解　因为 $\sin(3x-1) = \left[-\dfrac{1}{3}\cos(3x-1)\right]'$，所以选 $u(x) = x, v(x) = \cos(3x-1)$，

$$\text{原式} = -\frac{1}{3}\int x\,\mathrm{d}\cos(3x-1)$$
$$= -\frac{1}{3}x\cos(3x-1) + \frac{1}{3}\int \cos(3x-1)\mathrm{d}x$$
$$= -\frac{1}{3}x\cos(3x-1) + \frac{1}{9}\sin(3x-1) + C$$

【**例 5**】　求 $\int x^3 \cdot \ln x\,\mathrm{d}x$.

解　选 $u(x) = \ln x, v(x) = \dfrac{1}{4}x^4$，

$$\text{原式} = \int \ln x\,\mathrm{d}\left(\frac{1}{4}x^4\right) = \frac{1}{4}x^4 \cdot \ln x - \int \frac{1}{4}x^4\,\mathrm{d}\ln x$$

$$= \frac{1}{4} x^4 \ln x - \int \frac{1}{x} \cdot \frac{1}{4} x^4 \mathrm{d}x$$

$$= \frac{1}{4} x^4 \ln x - \frac{1}{4} \int x^3 \mathrm{d}x = \frac{1}{4} x^4 \ln x - \frac{1}{16} x^4 + C.$$

相对于第一类换元法,分部积分法计算的被积函数的特点更加明显,一般有以下三个结论:

(1) 被积表达式为 $x^n \mathrm{e}^{ax+b} \mathrm{d}x$ 时,可选 $u(x) = x^n$,$\mathrm{d}v(x) = \mathrm{e}^{ax+b}$ $\left(\text{即 } v(x) = \frac{1}{a} \mathrm{e}^{ax+b}\right)$;

(2) 被积表达式为 $x^n \sin(ax+b)\mathrm{d}x$ 或 $x^n \cos(ax+b)\mathrm{d}x$ 时,可选 $u(x) = x^n$,$\mathrm{d}v(x) = \sin(ax+b)$ 或 $\mathrm{d}v(x) = \cos(ax+b)$($\text{即 } v(x) = -\frac{1}{a}\cos(ax+b)$ 或 $v(x) = \frac{1}{a}\sin(ax+b)$);

(3) 被积表达式为 $x^a \cdot \ln x (\alpha \neq -1)$,可取 $u(x) = \ln x$,$\mathrm{d}v(x) = x^a$ $\left(\text{即 } v(x) = \frac{1}{\alpha+1} x^{\alpha+1}\right)$.

请思考:$\int (x+1)\mathrm{e}^x \mathrm{d}x$,$\int x \mathrm{e}^{2x} \mathrm{d}x$,$\int x^2 \sin x \mathrm{d}x$,$\int \ln x \mathrm{d}x$,$\int \sqrt{x} \ln x \mathrm{d}x$.

【例 6】 求 $\int \arcsin x \mathrm{d}x$.

解 选 $u(x) = \arcsin x$,$v(x) = x$,

$$原式 = \int \arcsin x \mathrm{d}x = x \arcsin x - \int \frac{x}{\sqrt{1-x^2}} \mathrm{d}x$$

$$= x\arcsin x + \frac{1}{2} \int \frac{1}{\sqrt{1-x^2}} \mathrm{d}(1-x^2) = x\arcsin x + \sqrt{1-x^2} + C.$$

【例 7】 求 $\int \mathrm{e}^x \sin x \mathrm{d}x$.

解 选 $u(x) = \sin x$,$v(x) = \mathrm{e}^x$,

$$原式 = \int \sin x \mathrm{d}\mathrm{e}^x = \mathrm{e}^x \cdot \sin x - \int \mathrm{e}^x \mathrm{d}\sin x = \mathrm{e}^x \cdot \sin x - \int \cos x \cdot \mathrm{e}^x \mathrm{d}x,$$

$$同理 \int \cos x \cdot \mathrm{e}^x \mathrm{d}x = \mathrm{e}^x \cos x + \int \mathrm{e}^x \cdot \sin x \mathrm{d}x,$$

$$所以 \int \mathrm{e}^x \sin x \mathrm{d}x = \mathrm{e}^x \sin x - \mathrm{e}^x \cos x - \int \mathrm{e}^x \sin x \mathrm{d}x,$$

移项得

$$2\int \mathrm{e}^x \sin x \mathrm{d}x = \mathrm{e}^x \sin x - \mathrm{e}^x \cos x + C,$$

所以

$$\int \mathrm{e}^x \sin x \mathrm{d}x = \frac{1}{2} \mathrm{e}^x (\sin x - \cos x) + C.$$

例 7 中使用的是递推的方法,请注意例 6 与例 7 两类被积函数的特点,并考虑:

$$\int \arccos x \mathrm{d}x, \int \arctan x \, \mathrm{d}x, \int \mathrm{e}^x \cos x \, \mathrm{d}x.$$

【例 8】 计算 $\int \mathrm{e}^{\sqrt{x}} \mathrm{d}x$.

解 令 $\sqrt{x}=t$,则 $x=t^2$,所以 $\mathrm{d}x=2t\mathrm{d}t$,代入原式得

$$\int \mathrm{e}^{\sqrt{x}} \mathrm{d}x = 2\int t\,\mathrm{e}^t \mathrm{d}t$$

变化到此,再用分部积分法可得

$$\int \mathrm{e}^{\sqrt{x}} \mathrm{d}x = 2\int t\mathrm{e}^t \mathrm{d}t = 2\int t \mathrm{d}\mathrm{e}^t = 2t\,\mathrm{e}^t - 2\int \mathrm{e}^t \mathrm{d}t$$

$$= 2t\mathrm{e}^t - 2\mathrm{e}^t + C = 2(\sqrt{x}-1)\mathrm{e}^{\sqrt{x}} + C$$

【例 9】 计算 $\int x^5 \cos x^3 \mathrm{d}x$.

解 $\int x^5 \cos x^3 \mathrm{d}x = \dfrac{1}{3}\int x^3 \cos x^3 \mathrm{d}x^3 = \dfrac{1}{3}\int x^3 \mathrm{d}\sin x^3$

$$= \frac{1}{3}x^3 \sin x^3 - \frac{1}{3}\int \sin x^3 \mathrm{d}x^3 = \frac{1}{3}x^3 \sin x^3 + \frac{1}{3}\cos x^3 + C$$

上述两个例子表明,在有的情况下,换元积分法与分部积分法要结合起来使用. 如果方法应用得当,也能比较顺利地解决问题.

习题 4.5

计算下列积分:

(1) $\int x \sin x \, \mathrm{d}x$;

(2) $\int x\cos 3x \, \mathrm{d}x$;

(3) $\int \arcsin x \, \mathrm{d}x$;

(4) $\int x\mathrm{e}^{-x} \mathrm{d}x$;

(5) $\int x \arctan x \, \mathrm{d}x$;

(6) $\int x^{-2}\ln x \, \mathrm{d}x$;

(7) $\int \ln(1+x^2)\mathrm{d}x$;

(8) $\int \mathrm{e}^{-x}\sin x \, \mathrm{d}x$;

(9) $\int \dfrac{1}{x} \ln\ln x \, \mathrm{d}x$;

(10) $\int \mathrm{e}^{\sqrt{x}}\mathrm{d}x$.

4.6 用 Matlab 求积分

4.6.1 求不定积分

高等数学中求不定积分是较费时间的事情,在 Matlab 中,只要输入一个命令就可以快

速求出不定积分来.

（1）命令形式 1：int(f)

功能：求函数 f 对默认变量的不定积分，用于函数中只有一个变量.

（2）命令形式 2：int(f,v)

功能：求函数 f 对变量 v 的不定积分.

【例 1】 计算 $\displaystyle\int \frac{1}{\sin^2 x \cos^2 x}\mathrm{d}x$.

解　Matlab 命令为

≫ syms x

≫ y＝1/((sin(x))^2 ∗ (cos(x))^2);

≫ pretty(int(y))

$$\frac{1}{\sin(x)\,\cos(x)} - 2\,\frac{\cos(x)}{\sin(x)}$$

故 $\displaystyle\int \frac{1}{\sin^2 x \cos^2 x}\mathrm{d}x = \frac{1}{\sin x \cos x} - 2\frac{\cos x}{\sin x} + C$（$C$ 为任意实数，下同）

【例 2】 计算 $\displaystyle\int \frac{1}{a^2 - x^2}\mathrm{d}x$.

解　Matlab 命令为

≫ syms a x

≫ y＝1/(a^2−x^2);

≫ pretty(int(y,x))

$$1/2\,\frac{\log(x + a)}{a} - 1/2\,\frac{\log(x - a)}{a}$$

故 $\displaystyle\int \frac{1}{a^2 - x^2}\mathrm{d}x = \frac{\ln(x+a)}{2a} - \frac{\ln(x-a)}{2a} + C$

习题 4.6

1. 已知函数 $f(x)=\dfrac{\sin x}{x^2+4x+3}$，先求其一阶导数，再求其不定积分.

2. 计算 $\displaystyle\int x^3 \cos^2 ax\,\mathrm{d}x$.

复 习 题 四

一、填空题

1. $(\qquad)' = 1,$ $\displaystyle\int \mathrm{d}x = (\qquad);$

2. $\mathrm{d}(\qquad) = 3x^2\,\mathrm{d}x,$ $\displaystyle\int 3x^2\,\mathrm{d}x = (\qquad);$

3. $(\qquad)' = \mathrm{e}^x,$ $\displaystyle\int \mathrm{e}^x\,\mathrm{d}x = (\qquad);$

本章小结

4. $\mathrm{d}(\qquad) = \sec^2 x\,\mathrm{d}x$, $\qquad\displaystyle\int \sec^2 x\,\mathrm{d}x =(\qquad)$;

5. $\mathrm{d}(\qquad) = \sin x\,\mathrm{d}x$, $\qquad\displaystyle\int \sin x\,\mathrm{d}x =(\qquad)$;

6. $\mathrm{d}\displaystyle\int \dfrac{\cos^2 x}{1+\sin^2 x}\,\mathrm{d}x = (\qquad)$, $\qquad\displaystyle\int \left(\dfrac{\sin x}{1+\cos x}\right)'\mathrm{d}x = (\qquad)$;

7. $\displaystyle\int \dfrac{3}{1+x^2}\,\mathrm{d}x = (\qquad)$, $\qquad\displaystyle\int \dfrac{3x}{1+x^2}\,\mathrm{d}x = (\qquad)$;

8. $\displaystyle\int \dfrac{3x^2}{1+x^2}\,\mathrm{d}x = (\qquad)$, $\qquad\displaystyle\int \dfrac{3x^3}{1+x^2}\,\mathrm{d}x = (\qquad)$;

9. $\displaystyle\int \dfrac{3x^4}{1+x^2}\,\mathrm{d}x = (\qquad)$, $\qquad\displaystyle\int \dfrac{4\cdot 3^x + 3\cdot 4^x}{3^x}\,\mathrm{d}x = (\qquad)$;

10. $\displaystyle\int \dfrac{1}{3+\sqrt{x+2}}\,\mathrm{d}x = (\qquad)$, $\qquad\displaystyle\int e^x \ln(e^x+1)\,\mathrm{d}x = (\qquad)$.

二、选择题

1. 下列函数中,(　　)是 $x\sin x^2$ 的原函数.

A. $\dfrac{1}{2}\cos x^2$ 　　　　　　B. $2\cos x^2$

C. $-2\cos x^2$ 　　　　　　D. $-\dfrac{1}{2}\cos x^2$

2. 若 $F(x)$ 是 $f(x)$ 的一个原函数,则 $\displaystyle\int f(3x+2)\,\mathrm{d}x = (\qquad)$

A. $F(3x+2)+C$ 　　　　　　B. $\dfrac{1}{3}F(x)+C$

C. $\dfrac{1}{3}F(3x+2)+C$ 　　　　　　D. $F(x)+C$

3. 若 $\displaystyle\int f(x)\,\mathrm{d}x = \cos 3x + C$, 则 $f(x) = (\qquad)$

A. $-3\sin 3x$ 　　　　　　B. $-3\cos 3x$

C. $3\sin 3x$ 　　　　　　D. $3\cos 3x$

4. 下列等式成立的有　　　　　　　　　　　　　　　　　　　　　　(　　)

A. $\dfrac{1}{\sqrt{x}}\mathrm{d}x = \mathrm{d}\sqrt{x}$ 　　　　　　B. $\dfrac{1}{x^2}\mathrm{d}x = -\mathrm{d}\left(\dfrac{1}{x}\right)$

C. $\sin x\,\mathrm{d}x = \mathrm{d}(\cos x)$ 　　　　　　D. $a^x\,\mathrm{d}x = \ln a\,\mathrm{d}a^x$

5. 下列等式成立的是　　　　　　　　　　　　　　　　　　　　　　(　　)

A. $\displaystyle\int x^a\,\mathrm{d}x = \dfrac{1}{a+1}x^{a-1}+C$ 　　　　B. $\displaystyle\int \tan x\,\mathrm{d}x = \dfrac{1}{1+x^2}+C$

C. $\displaystyle\int \cos x\,\mathrm{d}x = \sin x + C$ 　　　　D. $\displaystyle\int a^x\,\mathrm{d}x = a^x \ln a + C$

6. 下列不定积分中,常用分部积分法计算的是　　　　　　　　　　　(　　)

A. $\displaystyle\int \cos(2x+1)\,\mathrm{d}x$ 　　　　　　B. $\displaystyle\int x\sqrt{1-x^2}\,\mathrm{d}x$

C. $\int x\sin 2x\,dx$ D. $\int \dfrac{x}{1+x^2}\,dx$

三、计算题

1. $\int (x^3+3x^2+1)\,dx$；　　2. $\int x^{\frac{5}{2}}\,dx$；

3. $\int \left(\dfrac{3}{5}\sqrt{x}+x+3x^{-\frac{1}{2}}\right)\,dx$；　　4. $\int 10^x\cdot 2^{3x}\,dx$；

5. $\int \sec x(\sec x-\tan x)\,dx$；　　6. $\int \dfrac{1+x+x^2}{x(1+x^2)}\,dx$；

7. $\int e^{x-3}\,dx$；　　8. $\int \dfrac{1+\sin 2x}{\cos x+\sin x}\,dx$；

9. $\int e^{5x+1}\,dx$；　　10. $\int \dfrac{1}{(1+2x)^2}\,dx$；

11. $\int \dfrac{x}{\sqrt{x^2+4}}\,dx$；　　12. $\int \sqrt[3]{1-2x}\,dx$；

13. $\int \dfrac{\ln^4 x}{x}\,dx$；　　14. $\int \dfrac{e^{\frac{1}{x}}}{x^2}\,dx$；

15. $\int (e^{2x}+2e^{3x}+2)e^x\,dx$；　　16. $\int \dfrac{dx}{36+x^2}$；

17. $\int \dfrac{1}{\sqrt{x}-\sqrt[3]{x}}\,dx$；　　18. $\int \dfrac{1}{x\sqrt{1-x^2}}\,dx$；

19. $\int \dfrac{dx}{\sqrt{4-9x^2}}$；　　20. $\int \dfrac{\cos x}{\sqrt{\sin x}}\,dx$；

21. $\int x\sin 2x\,dx$；　　22. $\int xe^{2x}\,dx$；

23. $\int x\ln(x-1)\,dx$；　　24. $\int x^2\cos x\,dx$；

25. $\int \sin\sqrt{x}\,dx$；　　26. $\int xf''(x)\,dx$.

四、应用题

1. 求一曲线 $y=f(x)$，使它在点 $(x,f(x))$ 处的切线的斜率为 $2x$，且通过点 $(2,5)$.

2. 某企业每天生产某产品的总成本 y 的变化率（即边际成本）是日产量 x 的函数，即 $y'=7+\dfrac{25}{\sqrt{x}}$. 已知固定成本为 10 000 元，求总成本与日产量的函数关系.

3. 如果函数 $f(x)$ 的一个原函数是 $\dfrac{\sin x}{x}$，试求 $\int xf'(x)\,dx$.

第5章 定积分及其应用

> **本章提要** 积分学中的另一个基本概念就是定积分.积分方法是解决许多实际应用问题的一个重要方法,本章将主要介绍定积分的基本概念、基本性质和基本计算方法.

关于积分学问题研究,可以追溯到古代,在古希腊、中国和印度数学家们的著述中,不乏用无限小过程计算特殊形状的面积、体积和曲线长的例子.

如阿基米德将穷竭法应用于圆的周长和面积公式,他从圆内接正三角形出发,边数逐次加倍,计算到正 96 边形而得到圆周率 π 的近似 $\dfrac{22}{7}$.刘徽在《九章算术》中应用割圆术作为计算圆的周长、面积以及圆周率的基础.刘徽割圆术从圆内接正六边形出发,将边数逐渐加倍,并计算逐次的正多边形面积和周长,无限增加边数即可得到圆面积和周长.他们的工作即是现在建立一般定积分的思想雏形.

定积分是积分的一种,是函数 $f(x)$ 在区间 $[a,b]$ 上的积分和极限.这里应注意定积分与不定积分之间的关系:若定积分存在,则它是一个具体的数值,是一个曲边梯形的面积,而不定积分是一个函数表达式,它们由牛顿-莱布尼茨公式联系在一起.

在现实问题中,定积分有多方面的应用,如解决曲边图形的面积问题、变力做功等问题,在经济问题中由经济函数的边际、求经济函数在区间上的增量、由贴现率求总贴现值在时间区间上的增量等问题将在本章中了解学习.

5.1 定积分的概念和性质

定积分

5.1.1 两个实例

1. 曲边梯形的面积问题

【定义 1】 在区间 $[a,b]$ 上由连续曲线 $y=f(x)(f(x)\geqslant 0)$ 和直线 $x=a,x=b,y=0$ 所围的平面图形(如图 5-1) 称为**曲边梯形**.

虽然在中学阶段我们已经会求多边形和圆的面积,但由于曲边梯形的一条边是连续曲线,故不能直接用梯形或矩形面积进行计算.

我们的做法是把区间 $[a,b]$ 划分为若干个小区间,在每个小区间上的曲边梯形可近似地看作矩形,于是,每个小区间上的曲边梯形面积近似地等于该区间上小矩形面积,所有这些小矩形面积之和就是曲边梯形面积近似值.如果把区间 $[a,b]$ 无限细分,使每一小区间长度趋于零,这时,所有小矩形面积

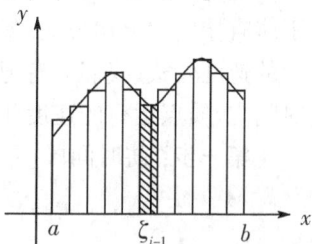

图 5-1

之和的极限就可定义为曲边梯形的面积.

具体做法如下:

第一步:将$[a,b]$区间任意分割成n个小区间,分别记为$[x_0,x_1]$,$[x_1,x_2]$,……,$[x_{n-1},x_n]$.

其中:$x_0=a,x_n=b$. 并令$\triangle x_i=x_i-x_{i-1}(i=1,2,\cdots\cdots,n)$ 这样,我们就把整个图形分割成了n个细长条,每个细长条都是小"曲边梯形",但是,它们都非常的细,细到每一条都可以看成"矩形".

第二步:在每个小区间$[x_{i-1},x_i]$上任取一点ξ_i作乘积$f(\xi_i)\triangle x_i$.

既然每一个小"曲边梯形"都近似成了"矩形",其宽就是$\triangle x_i$,其高呢? 那就在小区间$[x_{i-1},x_i]$上任取一点ξ_i,以这一点的函数值作为高,于是,这个细长条的面积就近似地等于$f(\xi_i)\triangle x_i$.

第三步:求和$\sum\limits_{i=1}^{n}f(\xi_i)\Delta x_i$.

每个小"曲边梯形"的面积求出来了,把它们累加起来,所有的小"曲边梯形"的面积和,就是整个图形的面积的近似值.

第四步:令$\lambda=\max\{\Delta x_i\}\rightarrow 0$,取极限$\lim\limits_{\lambda\rightarrow 0}\sum\limits_{i=1}^{n}f(\xi_i)\Delta x_i$.

无论怎么分细,和式$\sum\limits_{i=1}^{n}f(\xi_i)\Delta x_i$终究还是整个图形面积的近似值. 于是,人们就用一种终极状态:当n无限增加,同时细长条都越来越细的时候,其极限值定义为该曲边梯形的面积.

为了确保所有小"曲边梯形"最终退化成一条"线段",不能令$n\rightarrow\infty$取极限,只能令$\lambda=\max\{\Delta x_i\}\rightarrow 0$.

2. 变速直线运动的路程问题

设有一质点做变速直线运动,已知该质点在时刻t的瞬时速度为$v=v(t)$,求该质点由时刻T_0到时刻T_1的运行路程.

和前面的问题类似,质点做匀速直线运动时,其运行路程定义为

运行路程=运行速度×运行时间

但是,我们遇到的问题是变速直线运动,质点运行的速度时刻都在变化着的,因此,我们不能直接应用上述公式.怎么办呢? 这又是一个要转换矛盾的问题,为了能用上匀速直线运动的速度公式,我们只有把整个运行时间分成很多小段,使得时间间隔非常小,小到每一段时间内,质点运行的速度几乎不发生变化,即为匀速的,于是,

第一步:将时间段$[T_0,T_1]$任意分割成n个小时间段,并记为

$$[t_0,t_1],[t_1,t_2],\cdots\cdots,[t_{n-1},t_n]$$

其中:$t_0=T_0,t_n=T_1$. 再令$\Delta t_i=t_i-t_{i-1}(i=1,2,\cdots\cdots,n)$

时间间隔分小了,每段时间内质点又可以近似地看成做匀速运动了.

第二步:在$[t_{i-1},t_i]$内任意取定一个时间值ξ_i,就以此刻的速度$v(\xi_i)$为这段时间的匀速直线运动速度,当然这段时间质点的运行路程为$v(\xi_i)\Delta t_i$.

第三步：求和 $\sum\limits_{i=1}^{n} v(\xi_i)\Delta t_i$，得到由时刻 T_0 到时刻 T_1 运行路程的近似值.

第四步：令 $\lambda = \max(\Delta t_i) \to 0$，取极限 $\lim\limits_{\lambda \to 0} \sum\limits_{i=1}^{n} v(\xi_i)\Delta t_i$，为时刻 T_0 到时刻 T_1 运行路程的精确值.

上述两个实例,从各自的具体意义来说是毫不相干的,一个是几何学的面积问题,另一个是物理学的路程问题. 但是,我们把它们的计算方法从具体意义中抽象出来的话,其描述过程与模式是完全一致的,其最终结果就是计算同一类型的和式极限. 我们把这样一种从具体意义中抽象出来的计算方法用数学语言去描述的话,就是我们将要介绍的定积分的概念.

5.1.2 定积分的概念

1. 定积分定义

【**定义 2**】 设 $f(x)$ 在闭区间 $[a,b]$ 上有定义,如果:

(1) 在闭区间 $[a,b]$ 内任意插入 $n-1$ 个分点,$a=x_0<x_1<x_2<\cdots\cdots<x_{n-1}<x_n=b$,将区间 $[a,b]$ 分割成 n 个小区间,$[x_0,x_1]$,$[x_1,x_2]$,$\cdots\cdots$,$[x_{n-1},x_n]$,并且令 $\Delta x_i = x_i - x_{i-1}$;

(2) 在每个小区间 $[x_{i-1},x_i]$ 上任取一点 $\xi_i \in [x_{i-1},x_i]$,作乘积 $f(\xi_i)\Delta x_i (i = 1, 2,\cdots\cdots,n)$;

(3) 求和 $\sum\limits_{i=1}^{n} f(\xi_i)\Delta x_i$;

(4) 令 $\lambda = \max\{\Delta x_1,\Delta x_2,\cdots\cdots,\Delta x_n\}$,取极限 $\lim\limits_{\lambda \to 0} \sum\limits_{i=1}^{n} f(\xi_i)\Delta x_i$;

如果极限 $\lim\limits_{\lambda \to 0} \sum\limits_{i=1}^{n} f(\xi_i)\Delta x_i = I$ 存在,并且极限值 I 与区间 $[a,b]$ 的分割无关,还与点 ξ_i 在区间 $[x_{i-1},x_i]$ 上的选取无关,那么就称 $f(x)$ 在区间 $[a,b]$ 上可积,并把极限值 I 称为 $f(x)$ 在区间 $[a,b]$ 上的定积分,并记为 $\int_a^b f(x)\mathrm{d}x$. 即

$$\int_a^b f(x)\mathrm{d}x = \lim_{\lambda \to 0} \sum_{i=1}^{n} f(\xi_i)\Delta x_i,$$

其中,$f(x)$ 称为被积函数,$f(x)\mathrm{d}x$ 称为被积表达式,和式 $\sum\limits_{i=1}^{n} f(\xi_i)\Delta x_i$ 称为积分和(也称为黎曼和),$\int$ 称为积分号,a 称为积分下限,b 称为积分上限,x 称为积分变量,$[a,b]$ 称为积分区间.

由定积分的定义可知,前面我们讲述的两个例子实际上就是:

曲边梯形的面积为 $$S = \int_a^b f(x)\mathrm{d}x;$$

质点运行的路程为 $$S = \int_{T_0}^{T_1} v(t)\mathrm{d}t.$$

2. 定积分的几何意义

我们分析一下定积分 $\int_a^b f(x)\mathrm{d}x$ 的几何意义.

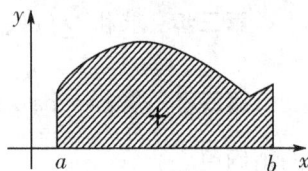

图 5-2

(1) 当 $f(x) \geqslant 0$ 时,曲线 $y = f(x)$ 位于上半平面,和式中的 $f(\xi_i) \geqslant 0$,于是 $\sum_{i=1}^n f(\xi_i)\Delta x_i \geqslant 0$,因此,$\int_a^b f(x)\mathrm{d}x \geqslant 0$,它所表示的是图 5-2 的面积值,这种面积值我们称之为正面积;

(2) 当 $f(x) \leqslant 0$ 时,曲线 $y = f(x)$ 位于下半平面,和式中的 $f(\xi_i) \leqslant 0$,于是 $\sum_{i=1}^n f(\xi_i)\Delta x_i \leqslant 0$,因此,$\int_a^b f(x)\mathrm{d}x \leqslant 0$,它所表示的是图 5-3 的面积值,这种面积值我们称之为负面积;

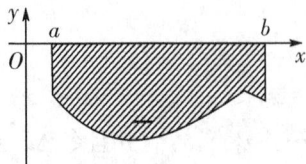

图 5-3

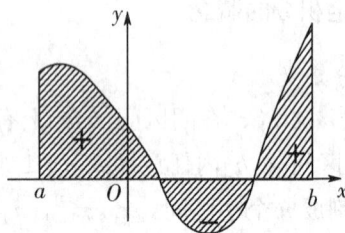

图 5-4

(3) 更一般地,$f(\xi_i)$ 有正有负,在几何上 $\int_a^b f(x)\mathrm{d}x$ 表示的就是上半平面围成的图形面积与下半平面围成的图形面积之差(代数和). 如图 5-4.

据定积分的几何意义,有些定积分直接可以从几何中的面积公式得到,例如:

$\int_a^b \mathrm{d}x = \int_a^b 1 \cdot \mathrm{d}x = $ 高为1、底为 $b-a$ 的矩形面积 $= b-a$;

$\int_0^a x\,\mathrm{d}x = $ 是高为 a、底为 a 的直角三角形面积 $= \dfrac{1}{2}a^2$;

$\int_{-R}^R \sqrt{R^2-x^2}\,\mathrm{d}x = $ 半径为 R 的上半圆的面积 $= \dfrac{1}{2}\pi R^2$;

$\int_0^{2\pi} \sin x\,\mathrm{d}x = 0$(正负面积相消后的代数面积为 0).

关于定积分,有几点是值得特别指出的:

(1) 定积分 $\int_a^b f(x)\mathrm{d}x$ 的值只与被积函数 $f(x)$ 和积分区间 $[a,b]$ 有关. 在我们给出积分和 $\sum_{i=1}^n f(\xi_i)\Delta x_i$ 的时候,只要不改变函数关系式,不改变区间 $[a,b]$,和式中的变量用什么符号都行,也就是说,定积分 $\int_a^b f(x)\mathrm{d}x$ 的值与积分变量选择无关 $\int_a^b f(x)\mathrm{d}x = \int_a^b f(s)\mathrm{d}s = \int_a^b f(t)\mathrm{d}t = \int_a^b f(y)\mathrm{d}y$.

(2) $\int_a^a f(x)\mathrm{d}x = 0$. 即当积分下限等于积分上限时,积分值等于零.

(3) $\int_a^b f(x)\mathrm{d}x = -\int_b^a f(x)\mathrm{d}x$. 也就是说,互换积分下限与积分上限的位置时,相应积分需改变一个符号.

下面我们来看一个用定积分定义求定积分的例子.

【例 1】 求 $\int_0^1 x^2 \mathrm{d}x$.

解 (1) 将 $[0,1]$ 区间进行 n 等分,得到 n 个小区间,如图 5-5 所示。

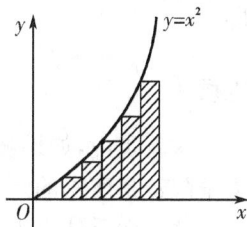

$$\left[0, \frac{1}{n}\right], \left[\frac{1}{n}, \frac{2}{n}\right], \cdots, \left[\frac{n-1}{n}, 1\right],$$

图 5-5

(2) 在每个小区间 $\left[\frac{i-1}{n}, \frac{i}{n}\right]$ 上取左端点 $\frac{i-1}{n}$,作乘积 $\left(\frac{i-1}{n}\right)^2 \frac{1}{n}$;

(3) 求和

$$\sum_{i=1}^n \left(\frac{i-1}{n}\right)^2 \frac{1}{n} = \frac{1}{n^3} \sum_{i=1}^n (i-1)^2 = \frac{(n-1)n(2n-1)}{6n^3}$$

因为是 n 等分区间,最长的区间长度为 $\frac{1}{n}$,而 $\frac{1}{n} \to 0 \Leftrightarrow n \to \infty$,所以,

$$\int_0^1 x^2 \mathrm{d}x = \lim_{n \to \infty} \frac{(n-1)n(2n-1)}{6n^3} = \frac{1}{3}$$

5.1.3 定积分的性质

在下面的讨论中,假设函数在所讨论的闭区间上都是连续的.

性质 1 $\int_a^b [f(x) \pm g(x)]\mathrm{d}x = \int_a^b f(x)\mathrm{d}x \pm \int_a^b g(x)\mathrm{d}x$

这就是说,函数的代数和的定积分等于它们的定积分的代数和.

证明:$\int_a^b [f(x) \pm g(x)]\mathrm{d}x = \lim_{\lambda \to 0} \sum_{i=1}^n [f(\xi_i) \pm g(\xi_i)]\Delta x_i$

$$= \lim_{\lambda \to 0} \sum_{i=1}^n f(\xi_i)\Delta x_i \pm \lim_{\lambda \to 0} \sum_{i=1}^n g(\xi_i)\Delta x_i$$

$$= \int_a^b f(x)\mathrm{d}x \pm \int_a^b g(x)\mathrm{d}x$$

即 $\qquad \int_a^b [f(\xi_i) \pm g(\xi_i)]\mathrm{d}x = \int_a^b f(x)\mathrm{d}x \pm \int_a^b g(x)\mathrm{d}x.$

这一性质可以推广到有限个连续函数代数和的定积分的情形.

性质 2 $\int_a^b kf(x)\mathrm{d}x = k\int_a^b f(x)\mathrm{d}x$

这就是说,常数因子可以提到积分号外.

证明:$\int_a^b kf(x)\mathrm{d}x = \lim_{\lambda \to 0} \sum_{i=1}^n kf(\xi_i)\Delta x_i = \lim_{\lambda \to 0} k \sum_{i=1}^n f(\xi_i)\Delta x_i$

$$= k \lim_{\lambda \to 0} \sum_{i=1}^{n} f(\xi_i) \Delta x_i = k \int_a^b f(x) \mathrm{d}x$$

即

$$\int_a^b k f(x) \mathrm{d}x = k \int_a^b f(x) \mathrm{d}x.$$

性质 3 $\int_a^b \mathrm{d}x = b - a$

这就是说,如果被积函数 $f(x) = 1$,那么 $f(x)$ 在区间 $[a, b]$ 上的定积分等于上限 b 减去下限 a 是所得的差.

这一性质从定积分的几何意义可以很容易看出.

性质 4 (**定积分的区间可加性**)对于任意点 c,有

$$\int_a^b f(x) \mathrm{d}x = \int_a^c f(x) \mathrm{d}x + \int_c^b f(x) \mathrm{d}x$$

应注意,任意点 c 意味着不论 $c \in [a, b]$ 还是 $c \notin [a, b]$,只要 $\int_a^b f(x) \mathrm{d}x$,$\int_a^c f(x) \mathrm{d}x$ 和 $\int_c^b f(x) \mathrm{d}x$ 都存在,就有等式 $\int_a^b f(x) \mathrm{d}x = \int_a^c f(x) \mathrm{d}x + \int_c^b f(x) \mathrm{d}x$ 成立.

【例 2】 已知 $\int_0^2 x^2 \mathrm{d}x = \dfrac{8}{3}$,$\int_0^3 x^2 \mathrm{d}x = 9$,求 $\int_2^3 x^2 \mathrm{d}x$.

解 由性质 4 可知,

$$\int_0^3 x^2 \mathrm{d}x = \int_0^2 x^2 \mathrm{d}x + \int_2^3 x^2 \mathrm{d}x,$$

于是

$$\int_2^3 x^2 \mathrm{d}x = \int_0^3 x^2 \mathrm{d}x - \int_0^2 x^2 \mathrm{d}x,$$

因此

$$\int_2^3 x^2 \mathrm{d}x = 9 - \frac{8}{3} = \frac{19}{3}.$$

性质 5 (**积分比较性质**)在区间 $[a, b]$ 上若有 $f(x) \leqslant g(x)$,则

$$\int_a^b f(x) \mathrm{d}x \leqslant \int_a^b g(x) \mathrm{d}x.$$

推论 在区间 $[a, b]$ 上若 $f(x) \geqslant 0$,则

$$\int_a^b f(x) \mathrm{d}x \geqslant 0.$$

性质 6 (**积分估值定理**) $f(x)$ 在区间 $[a, b]$ 上连续,m、M 分别是 $f(x)$ 在区间 $[a, b]$ 上的最小值和最大值,则

$$m(b - a) \leqslant \int_a^b f(x) \mathrm{d}x \leqslant M(b - a).$$

由几何图形,不难得到"以最小值 m 为高,$[a, b]$ 区间为底的矩形面积"、"阴影部分曲边梯形的面积"以及"以最大值 M 为高,$[a, b]$ 区间为底的矩形面积"三者之间的大小关系. 这从几何上说明了积分估值定理的正确性.

性质 7　（积分中值定理）若 $f(x)$ 在区间 $[a,b]$ 上连续，则在 $[a,b]$ 区间上至少存在一点 $\xi \in [a,b]$，使得

$$\int_a^b f(x)\mathrm{d}x = f(\xi)(b-a).$$

证明　因为 $f(x)$ 在区间 $[a,b]$ 上连续，则 $f(x)$ 在 $[a,b]$ 区间上必能取到最小值 m 和最大值 M. 由性质 6 得 $m \leqslant \dfrac{1}{b-a}\int_a^b f(x)\mathrm{d}x \leqslant M$. 再由闭区间上连续函数的介值性，至少有一点 $\xi \in [a,b]$，使得

$$f(\xi) = \frac{1}{b-a}\int_a^b f(x)\mathrm{d}x.$$

即

$$\int_a^b f(x)\mathrm{d}x = f(\xi)(b-a).$$

它的几何意义是：

若 $f(x)$ 在区间 $[a,b]$ 上连续，那么至少可以找到一点 $\xi \in [a,b]$，使得以 $[a,b]$ 为底、以 $f(\xi)$ 为高的矩形的面积，正好等于由 $x=a, x=b, y=0$ 以及 $y=f(x)$ 所围的曲边梯形面积（如图 5-6）.

该性质也可从另一个角度来解释：若 $f(x)$ 在区间 $[a,b]$ 上连续，至少可以找到一点 $\xi \in [a,b]$，使得 $f(\xi)$ 为 $f(x)$ 在区间 $[a,b]$ 上的平均值.

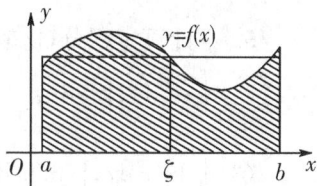

图 5-6

【**例 3**】　估计积分值 $\displaystyle\int_{-1}^1 \mathrm{e}^{-x^2}\mathrm{d}x$.

解　设 $f(x) = \mathrm{e}^{-x^2}$，则 $f'(x) = -2x\mathrm{e}^{-x^2}$，并且 $x>0$ 时有 $f'(x)<0$；$x<0$ 时有 $f'(x)<0$，所以，$f(x)$ 在 $x=0$ 取最大值，在 $x=1$ 和 $x=-1$ 取最小值，最大值为 $f(0)=1$，最小值为 $f(1)=f(-1)=\mathrm{e}^{-1}$，因此 $2\mathrm{e}^{-1} < \displaystyle\int_{-1}^1 \mathrm{e}^{-x^2}\mathrm{d}x < 2$.

【**例 4**】　试比较下列积分的大小：

(1) $\displaystyle\int_0^1 x^2\mathrm{d}x$ 与 $\displaystyle\int_0^1 x^3\mathrm{d}x$；　　　　　　　(2) $\displaystyle\int_1^2 x^2\mathrm{d}x$ 与 $\displaystyle\int_1^2 x^3\mathrm{d}x$.

解　(1) 因为 $0 \leqslant x \leqslant 1$ 时，$x^2 \geqslant x^3$，所以 $\displaystyle\int_0^1 x^2\mathrm{d}x \geqslant \int_0^1 x^3\mathrm{d}x$；

(2) 因为 $1 \leqslant x \leqslant 2$ 时，$x^2 \leqslant x^3$，所以 $\displaystyle\int_1^2 x^2\mathrm{d}x \leqslant \int_1^2 x^3\mathrm{d}x$.

习题 5.1

1. 用定积分表示下面的量：

(1) 由曲线 $y=x^2+1, x=0, x=3$ 及 x 轴所围成的曲边梯形的面积.

(2) 已知变速直线运动的速度 $v=2t+3$，当物体从第 1 秒开始，经过 2 秒后所经过的路程.

2. 根据定积分的几何意义,判断下列定积分值的正负(不必算):

(1) $\int_{-2}^{1} x \, \mathrm{d}x$;　　　　　　　　　　　(2) $\int_{0}^{\pi} \sin x \, \mathrm{d}x$;

(3) $\int_{-\pi}^{-\frac{\pi}{2}} \cos x \, \mathrm{d}x$;　　　　　　　　(4) $\int_{-1}^{2} x^2 \, \mathrm{d}x$.

3. 根据定积分的几何意义,说明下列等式的正确性:

(1) $\int_{-2}^{3} \mathrm{d}x = 5$;　　　　　　　　　(2) $\int_{-\pi}^{\pi} \sin x \, \mathrm{d}x = 0$;

(3) $\int_{0}^{1} (x+1) \, \mathrm{d}x = \dfrac{3}{2}$;　　　　　　(4) $\int_{-1}^{1} \sqrt{1-x^2} \, \mathrm{d}x = \dfrac{\pi}{2}$.

4. 利用定积分性质和 $\int_{0}^{1} x^2 \, \mathrm{d}x = \dfrac{1}{3}$, $\int_{0}^{2} x^2 \, \mathrm{d}x = \dfrac{8}{3}$, $\int_{0}^{3} x^2 \, \mathrm{d}x = 9$,计算下列定积分:

(1) $\int_{0}^{1} (3x^2 - 2) \, \mathrm{d}x$;　　　　　　　(2) $\int_{0}^{2} (2x^2 - 1) \, \mathrm{d}x$;

(3) $\int_{1}^{2} (2x^2 - 3) \, \mathrm{d}x$;　　　　　　　(4) $\int_{3}^{2} (1 - x^2) \, \mathrm{d}x$.

5. 不计算定积分,比较下列定积分的大小:

(1) $\int_{0}^{1} x^2 \, \mathrm{d}x$, $\int_{0}^{1} x \, \mathrm{d}x$;　　　　　(2) $\int_{1}^{2} \ln x \, \mathrm{d}x$, $\int_{1}^{2} \ln^2 x \, \mathrm{d}x$;

(3) $\int_{3}^{4} \ln x \, \mathrm{d}x$, $\int_{3}^{4} \ln^2 x \, \mathrm{d}x$;　　　(4) $\int_{0}^{\frac{\pi}{4}} \sin x \, \mathrm{d}x$, $\int_{0}^{\frac{\pi}{4}} \tan x \, \mathrm{d}x$.

6. 不计算定积分,估计下列定积分的值:

(1) $\int_{0}^{1} (1 + x^2) \, \mathrm{d}x$;　　　　　　　(2) $\int_{1}^{2} x^3 \, \mathrm{d}x$;

(3) $\int_{1}^{e} \ln x \, \mathrm{d}x$;　　　　　　　　　(4) $\int_{-1}^{1} \dfrac{1}{1 + x^4} \, \mathrm{d}x$

5.2　微积分基本定理

我们已经给出了定积分的基本概念和基本性质,但是用定积分的定义即和式的极限来计算定积分比较复杂、困难甚至求不出,因此接下来的问题就是如何方便、快捷地计算定积分.上一章我们学习了不定积分,已经掌握了许多不定积分的计算方法,它们既然都叫积分,就说明它们之间存在某种联系.这一节我们主要就是讨论这两者之间的联系,进而引出微积分基本公式.

5.2.1　积分上限函数及其导数

设 $f(x)$ 在区间 $[a,b]$ 上连续,对 $\forall x \in [a,b]$, $f(x)$ 在区间 $[a,x]$ 上也连续,因此可积,并且积分值 $\int_{a}^{x} f(t) \mathrm{d}t$(因为定积分的值与积分变量选择无关,为不引起混淆,我们将积分变量由 x 改为 T)由上限 x 唯一确定,如果令:

$$F(x) = \int_{a}^{x} f(t) \mathrm{d}t \, (a \leqslant x \leqslant b),$$

那么,$F(x)$ 是定义在 $[a,b]$ 上的函数,这个函数我们称它为变上限的定积分,也称为积分上限函数.

下面我们讨论积分上限函数的一个基本性质.

定理 1　若 $f(x)$ 在 $[a,b]$ 上连续,则 $f(x)$ 在 $[a,b]$ 上的积分上限函数 $F(x)=\int_a^x f(t)\mathrm{d}t$ 在 $[a,b]$ 上可导,并且它的导数为

$$F'(x)=\frac{\mathrm{d}}{\mathrm{d}x}\int_a^x f(t)\mathrm{d}t=f(x)\ (\ a\leqslant x\leqslant b\ )$$

即积分上限函数 $F(x)=\int_a^x f(t)\mathrm{d}t$ 是 $f(x)$ 在 $[a,b]$ 上的一个原函数(证明略).

这个定理给我们提供了一个非常重要的信息,就是:连续函数的积分上限函数是可导函数,并且它的导函数就等于被积函数,积分上限函数也是被积函数的一个原函数.

推论 1　如果 $f(x)$ 在任何有限区间上连续,$\varphi(x)$ 可导,那么 $F(x)=\int_a^{\varphi(x)}f(t)\mathrm{d}t$ 可导,并且它的导数为 $F'(x)=f[\varphi(x)]\varphi'(x)$.

事实上,令 $F(u)=\int_a^u f(t)\mathrm{d}t,u=g(x)$,再由复合函数的求导法则,便可得到推论的结论.

【例 1】　设 $F(x)=\int_1^x \mathrm{e}^{-t^2}\cos t\,\mathrm{d}t$,求 $F'(x)$.

解　由积分上限函数的性质有:$F'(x)=\mathrm{e}^{-x^2}\cos x$.

【例 2】　设 $F(x)=\int_0^{\cos x}\sin t\mathrm{d}t$,求 $F'(x)$.

解　令 $G(u)=\int_0^u \sin t\,\mathrm{d}t,u=\cos x$,则 $F(x)$ 是 $G(u)$ 与 $u=\cos x$ 复合而成函数,由复合函数的求导法则,可得

$$F'(x)=G'(u)u'=\sin u(-\sin x)=-\sin x\sin(\cos x).$$

【例 3】　求极限 $\lim\limits_{x\to 0}\dfrac{\int_0^x \sin t^2\mathrm{d}t}{x^3}$.

解　这是一个 $\dfrac{0}{0}$ 型的极限问题,由洛必达法则有:

$$\lim_{x\to 0}\frac{\int_0^x \sin t^2\mathrm{d}t}{x^3}=\lim_{x\to 0}\frac{\sin x^2}{3x^2}=\frac{1}{3}.$$

5.2.2　牛顿-莱布尼兹公式

定理 2　(微积分基本定理)若 $f(x)$ 在 $[a,b]$ 上连续,$F(x)$ 是 $f(x)$ 在 $[a,b]$ 上的一个原函数,则

$$\int_a^b f(x)\mathrm{d}x=F(b)-F(a).$$

牛顿与莱布尼兹

上式,称为**牛顿-莱布尼兹公式**.又称为微积分基本公式.它建立起定积分和原函数的关系,也就是定积分与不定积分的关系,从而定积分的计算问题就转化为求被积函数的原函数在积分区间上的增量问题.

证明:已知 $F(x)$ 是 $f(x)$ 在 $[a,b]$ 上的一个原函数,又积分上限函数 $G(x)=\int_a^x f(t)\mathrm{d}t$ 也是 $f(x)$ 在 $[a,b]$ 上的一个原函数,根据原函数的性质有:

$$G(x)=\int_a^x f(t)\mathrm{d}t=F(x)+C;$$

在上式中令 $x=a$,有 $0=G(a)=\int_a^a f(t)\mathrm{d}t=F(a)+C$,所以 $C=-F(a)$,再令 $x=b$ 有:

$$\int_a^b f(x)\mathrm{d}x=F(b)-F(a).$$

有了牛顿-莱布尼兹公式,定积分的计算问题就容易多了,我们可以用不定积分的方法,求出被积函数的一个原函数,进而求出定积分的值.

【例4】 计算定积分 $\int_0^1 x^2\mathrm{d}x$.

解 由于 $\frac{1}{3}x^3$ 是 x^2 的一个原函数,由牛顿-莱布尼兹公式有:

$$\int_0^1 x^2\mathrm{d}x=\frac{1}{3}x^3\Big|_0^1=\frac{1}{3}(1^3-0^3)=\frac{1}{3}.$$

这个计算,相比于我们前面按定义计算,明显简单多了.

【例5】 计算定积分 $\int_1^{\sqrt{3}}\frac{1}{1+x^2}\mathrm{d}x$.

解 由于 $\arctan x$ 是 $\frac{1}{1+x^2}$ 的一个原函数,由牛顿-莱布尼兹公式有:

$$\int_1^{\sqrt{3}}\frac{1}{1+x^2}\mathrm{d}x=\arctan x\Big|_1^{\sqrt{3}}$$

$$=\arctan\sqrt{3}-\arctan 1=\frac{\pi}{3}-\frac{\pi}{4}=\frac{\pi}{12}.$$

【例6】 计算定积分 $\int_{-2}^{-1}\frac{1}{x}\mathrm{d}x$.

解 因为 $\int\frac{1}{x}\mathrm{d}x=\ln|x|+C$,

所以 $\int_{-2}^{-1}\frac{1}{x}\mathrm{d}x=[\ln|x|]_{-2}^{-1}=\ln 1-\ln 2=-\ln 2.$

【例7】 求定积分:

(1) $\int_0^2|1-x|\mathrm{d}x$; (2) $\int_{-1}^1 f(x)\mathrm{d}x$,其中 $f(x)=\begin{cases}1+x, & 0<x\leqslant 2,\\1, & x\leqslant 0\end{cases}$.

解　(1) 因为 $|1-x| = \begin{cases} 1-x, & 0 \leqslant x \leqslant 1 \\ x-1, & 1 \leqslant x \leqslant 2 \end{cases}$，所以

$$\int_0^2 |1-x|\,\mathrm{d}x = \int_0^1 (1-x)\,\mathrm{d}x + \int_1^2 (x-1)\,\mathrm{d}x = -\frac{1}{2}(1-x)^2\Big|_0^1 + \frac{1}{2}(x-1)^2\Big|_1^2 = 1;$$

(2) $\displaystyle\int_{-1}^1 f(x)\,\mathrm{d}x = \int_{-1}^0 f(x)\,\mathrm{d}x + \int_0^1 f(x)\,\mathrm{d}x = \int_{-1}^0 1\cdot\,\mathrm{d}x + \int_0^1 (1+x)\,\mathrm{d}x$

$$= x\Big|_{-1}^0 + \frac{1}{2}(1+x)^2\Big|_0^1 = \frac{5}{2}.$$

【例 8】　火车以 72 km/h 的速度行驶，在到达某车站前以等加速度 $a = -2.5 \text{ m/s}^2$ 刹车，问火车需要在到站前多少距离开始刹车，可使火车到站时停稳？

解　首先计算开始刹车到停止所需的时间，速度从 $v_0 = 72 \text{ km/h} = 20 \text{ m/s}$ 到 $v = 0$ 时间. 因为开始刹车后火车以每秒 -2.5 m 减速，由匀加速运动公式

$$v(t) = v_0 + at = 20 - 2.5t,$$

令 $v(t) = 0$，得 $t = 8(\text{s})$.

以开始刹车作为计时开始，即 $t = 0$，则在 $t = 0$ 到 $t = 8$ 之间火车行进的路程

$$s = \int_0^8 v(t)\,\mathrm{d}t = \int_0^8 (20 - 2.5t)\,\mathrm{d}t = \left[20t - \frac{5}{4}t^2\right]\Big|_0^8 = 80 \text{ m}.$$

所以火车需要在到站前 80 m 开始刹车，才可使火车到站时停稳.

【例 9】　已知某化工产品的关于投资 x 的边际利润函数为 $MR = 0.15(1 - 0.1e^{-0.1x})$（万元），现拟投资 20 万元，可望获利多少？

解　设关于投资 x 的利润函数为 $R(x)$，则 $MR = R(x)$，所以投资 20 万元时的利润

$$R = \int_0^{20} MR\cdot\,\mathrm{d}x = \int_0^{20} 0.15(1 - 0.1e^{-0.1x})\,\mathrm{d}x = 0.15\left[\int_0^{20}\,\mathrm{d}x - \int_0^{20} 0.1e^{-0.1x}\,\mathrm{d}x\right]$$

$$= 0.15(x + e^{-0.1x})\Big|_0^{20}) \approx 2.87.$$

所以投资 20 万元时，可望获利 2.87 万元.

习题 5.2

1. 计算下列函数的导数：

(1) $F(x) = \displaystyle\int_1^x \frac{1}{1+t^2}\,\mathrm{d}t$；

(2) $F(x) = \displaystyle\int_x^{-1} 2^t \tan t\,\mathrm{d}t$；

(3) $F(x) = \displaystyle\int_0^{x^2} t^2 e^{\sqrt{t}}\,\mathrm{d}t$；

(4) $F(x) = \displaystyle\int_{\sin x}^{\cos x} (1-t^2)\,\mathrm{d}t$.

2. 求下列极限：

(1) $\displaystyle\lim_{x\to 0} \frac{\int_0^x \sin t\,\mathrm{d}t}{x^2}$；

(2) $\displaystyle\lim_{x\to 0} \frac{\int_1^{\cos x} e^{-t^2}\,\mathrm{d}t}{x^2}$；

(3) $\lim\limits_{x \to 0} \dfrac{\displaystyle\int_{\cos x}^{1} (1-t^2)\,\mathrm{d}t}{x^4}$.

3. 计算下列定积分：

(1) $\displaystyle\int_0^1 x^{100}\,\mathrm{d}x$；

(2) $\displaystyle\int_{-1}^{3} \sqrt[3]{x}\,\mathrm{d}x$；

(3) $\displaystyle\int_0^2 (3x^2 - 2x + 1)\,\mathrm{d}x$；

(4) $\displaystyle\int_0^{\frac{\pi}{2}} \sin t\,\mathrm{d}t$；

(5) $\displaystyle\int_0^1 x\mathrm{e}^{x^2}\,\mathrm{d}x$；

(6) $\displaystyle\int_{-1}^1 \dfrac{x^2}{1+x^2}\,\mathrm{d}x$；

(7) $\displaystyle\int_0^1 |1 - 2x|\,\mathrm{d}x$；

(8) $\displaystyle\int_0^{\pi} |\cos x|\,\mathrm{d}x$；

(9) $\displaystyle\int_0^{2\pi} \sqrt{1 - \cos 2x}\,\mathrm{d}x$；

(10) $\displaystyle\int_{-1}^1 (2x + |x| + 1)^2\,\mathrm{d}x$.

5.3 定积分的计算

牛顿-莱布尼兹公式给出了定积分的一个非常简洁的计算公式,只要我们能求出被积函数的一个原函数,定积分的计算问题就算基本解决了.但这样做有时还很烦琐,在定积分的实际计算过程中,往往没有必要原原本本地先求出原函数,只需要在计算过程中直接进行某些变换就可以了.下面我们就来介绍定积分的两种基本计算方法——定积分的换元积分法和分部积分法.

5.3.1 定积分第一类换元积分法

定理 1 设 $\varphi(x)$ 在 $[a,b]$ 上可导,$g(x) = f[\varphi(x)]\varphi'(x)$ 在 $[a,b]$ 上连续,则

$$\int_a^b g(x)\mathrm{d}x = \int_a^b f[\varphi(x)]\varphi'(x)\mathrm{d}x = \int_a^b f[\varphi(x)]\mathrm{d}\varphi(x)$$

$$= F[\varphi(x)]\Big|_a^b = F[\varphi(b)] - F[\varphi(a)]$$

其中：$F'(u) = f(u)$

证明 由于 $\dfrac{\mathrm{d}}{\mathrm{d}x}\{F[\varphi(x)]\} = F'[\varphi(x)]\varphi'(x) = f[\varphi(x)]\varphi'(x)$,所以 $F[\varphi(x)]$ 是 $g(x)$ 的一个原函数,由牛顿-莱布尼兹公式得 $\displaystyle\int_a^b g(x)\mathrm{d}x = F[\varphi(x)]\Big|_a^b = F[\varphi(b)] - F[\varphi(a)]$.

第一类换元积分法也称凑积分法.

【例 1】 计算 $\displaystyle\int_0^{\pi} \dfrac{\sin x}{1 + \cos^2 x}\,\mathrm{d}x$.

解 $\displaystyle\int_0^{\pi} \dfrac{\sin x}{1 + \cos^2 x}\,\mathrm{d}x = \int_0^{\pi} \dfrac{-1}{1 + \cos^2 x}\,\mathrm{d}\cos x = -\arctan \cos x\Big|_0^{\pi} = -\left(-\dfrac{\pi}{4} - \dfrac{\pi}{4}\right) = \dfrac{\pi}{2}$.

【例 2】 计算 $\displaystyle\int_0^1 x\mathrm{e}^{-\frac{x^2}{2}}\,\mathrm{d}x$.

解　$\int_0^1 x\mathrm{e}^{-\frac{x^2}{2}}\mathrm{d}x = \int_0^1 -\mathrm{e}^{-\frac{x^2}{2}}\mathrm{d}\left(-\frac{x^2}{2}\right) = -\mathrm{e}^{-\frac{x^2}{2}}\big|_0^1 = 1 - \mathrm{e}^{-\frac{1}{2}}.$

5.3.2　定积分的第二类换元积分法

定理 2　设 $f(x)$ 在区间 $[a,b]$ 上连续,函数 $x = \varphi(t)$ 满足下列条件:

(1) $x = \varphi(t)$ 在区间 $[\alpha,\beta]$(或 $[\beta,\alpha]$)上有连续导函数,并且 $a \leqslant \varphi(t) \leqslant b$;

(2) $\varphi(\alpha) = a, \varphi(\beta) = b.$

则

$$\int_a^b f(x)\mathrm{d}x = \int_\alpha^\beta f[\varphi(t)]\varphi'(t)\mathrm{d}t$$

证明　设 $F(x)$ 是 $f(x)$ 在区间 $[a,b]$ 上的一个原函数,则 $\int_a^b f(x)\mathrm{d}x = F(b) - F(a).$

另一方面,$\dfrac{\mathrm{d}}{\mathrm{d}t}F[\varphi(t)] = F'[\varphi(t)]\varphi'(t) = f[\varphi(t)]\varphi'(t)$, 因此

$$\int_\alpha^\beta f[\varphi(t)]\varphi'(t)\mathrm{d}t = F[\varphi(t)]\big|_\alpha^\beta = F[\varphi(\beta)] - F[\varphi(\alpha)] = F(b) - F(a)$$

所以,$\int_a^b f(x)\mathrm{d}x = \int_\alpha^\beta f[\varphi(t)]\varphi'(t)\mathrm{d}t.$

【例 3】　求 $\int_0^8 \dfrac{\mathrm{d}x}{1+\sqrt[3]{x}}.$

解　令 $x = t^3$,有 $\mathrm{d}x = 3t^2\mathrm{d}t$,且当 $x = 0$ 时 $t = 0$,当 $x = 8$ 时 $t = 2$, 于是

$$\int_0^8 \frac{\mathrm{d}x}{1+\sqrt[3]{x}}\mathrm{d}x = \int_0^2 \frac{1}{1+t}\cdot 3t^2\mathrm{d}t = 3\int_0^2 \frac{t^2-1+1}{t+1}\mathrm{d}t = 3\int_0^2 \left(t-1+\frac{1}{t+1}\right)\mathrm{d}t$$

$$= 3\left(\frac{1}{2}t^2 - t + \ln(1+t)\right)\bigg|_0^2 = 3\ln 3.$$

【例 4】　计算 $\int_2^4 \dfrac{1}{x\sqrt{x-1}}\mathrm{d}x.$

解　令 $\sqrt{x-1} = t$,即 $x = t^2+1$,$\mathrm{d}x = 2t\mathrm{d}t$. 当 $x = 2$ 时,$t = 1$;当 $x = 4$ 时,$t = \sqrt{3}$. 于是

$$\int_2^4 \frac{1}{x\sqrt{x-1}}\mathrm{d}x = \int_1^{\sqrt{3}} \frac{2t\mathrm{d}t}{(1+t^2)t} = 2\int_1^{\sqrt{3}} \frac{\mathrm{d}t}{1+t^2} = 2\arctan t\big|_1^{\sqrt{3}} = 2\left(\frac{\pi}{3} - \frac{\pi}{4}\right) = \frac{\pi}{6}.$$

【例 5】　计算 $\int_0^{\frac{1}{2}} \dfrac{x^2}{\sqrt{1-x^2}}\mathrm{d}x.$

解　令 $x = \sin t$,则 $\mathrm{d}x = \cos t\mathrm{d}t$. $x = 0$ 有 $t = 0$;$x = \frac{1}{2}$ 有 $t = \frac{\pi}{6}$. 因此

$$\int_0^{\frac{1}{2}} \frac{x^2}{\sqrt{1-x^2}}\mathrm{d}x = \int_0^{\frac{\pi}{6}} \frac{\sin^2 t}{\sqrt{1-\sin^2 t}}\cos t\,\mathrm{d}t = \int_0^{\frac{\pi}{6}} \sin^2 t\mathrm{d}t = \int_0^{\frac{\pi}{6}} \frac{1-\cos 2t}{2}\mathrm{d}t$$

$$= \frac{t}{2}\bigg|_0^{\frac{\pi}{6}} - \frac{1}{4}\int_0^{\frac{\pi}{6}} \cos 2t\,\mathrm{d}2t = \frac{\pi}{12} - \frac{1}{4}\sin 2t\bigg|_0^{\frac{\pi}{6}} = \frac{\pi}{12} - \frac{\sqrt{3}}{8}.$$

【**例 6**】 设函数 $f(x)$ 在闭区间 $[-a,a]$ 上连续，证明：

(1) 当 $f(x)$ 为奇函数时，$\int_{-a}^{a} f(x)\mathrm{d}x = 0$；

(2) 当 $f(x)$ 为偶函数时，$\int_{-a}^{a} f(x)\mathrm{d}x = 2\int_{0}^{a} f(x)\mathrm{d}x$.

证明 $\int_{-a}^{a} f(x)\mathrm{d}x = \int_{-a}^{0} f(x)\mathrm{d}x + \int_{0}^{a} f(x)\mathrm{d}x$,

在 $\int_{-a}^{0} f(x)\mathrm{d}x$ 换元：令 $x=-t$，则 $\mathrm{d}x=-\mathrm{d}t$，x 从 $-a \to 0 \Leftrightarrow t$ 从 $a \to 0$. 于是

$$\int_{-a}^{0} f(x)\mathrm{d}x = \int_{a}^{0} f(-t)\mathrm{d}(-t) = \int_{0}^{a} f(-t)\mathrm{d}t,$$

从而 $\int_{-a}^{a} f(x)\mathrm{d}x = \int_{0}^{a} f(-t)\mathrm{d}t + \int_{0}^{a} f(x)\mathrm{d}x = \int_{0}^{a} [f(-x) + f(x)]\mathrm{d}x.$

(1) 当 $f(x)$ 为奇函数时，有 $f(-x)+f(x)=0$，所以 $\int_{-a}^{a} f(x)\mathrm{d}x = 0$；

(2) 当 $f(x)$ 为偶函数时，有 $f(-x)+f(x)=2f(x)$，所以 $\int_{-a}^{a} f(x)\mathrm{d}x = 2\int_{0}^{a} f(x)\mathrm{d}x.$

本例所证明的等式，称为奇、偶函数在对称区间上的积分性质. 在理论和计算中经常会用这个结论.

从直观上看，性质反映了对称区间上奇函数的正负面积相消、偶函数面积是半区间上面积的两倍这样一个事实（如图 5-7，图 5-8）.

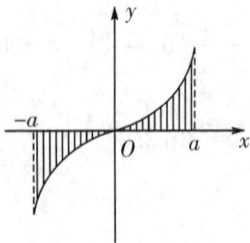
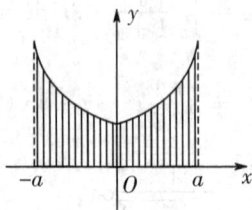

图 5-7   图 5-8

【**例 7**】 计算下列各定积分：

(1) $\int_{-\frac{\pi}{4}}^{\frac{\pi}{4}} \dfrac{1+x^3}{\cos^2 x}\mathrm{d}x$;   (2) $\int_{-1}^{1} x^2 \mid x \mid \mathrm{d}x$.

解 (1) 由于 $\dfrac{1}{\cos^2 x}$ 是 $\left[-\dfrac{\pi}{4}, \dfrac{\pi}{4}\right]$ 上的偶函数，$\dfrac{x^3}{\cos^2 x}$ 是 $\left[-\dfrac{\pi}{4}, \dfrac{\pi}{4}\right]$ 上的奇函数，所以

$$\int_{-\frac{\pi}{4}}^{\frac{\pi}{4}} \frac{1+x^3}{\cos^2 x}\mathrm{d}x = \int_{-\frac{\pi}{4}}^{\frac{\pi}{4}} \frac{1}{\cos^2 x}\mathrm{d}x + \int_{-\frac{\pi}{4}}^{\frac{\pi}{4}} \frac{x^3}{\cos^2 x}\mathrm{d}x = 2\int_{0}^{\frac{\pi}{4}} \frac{1}{\cos^2 x}\mathrm{d}x + 0 = 2\tan x \Big|_{0}^{\frac{\pi}{4}} = 2.$$

(2) 由于 $x^2 |x|$ 是 $[-1,1]$ 上的偶函数，所以

$$\int_{-1}^{1} x^2 \mid x \mid \mathrm{d}x = 2\int_{0}^{1} x^3 \mathrm{d}x = 2 \cdot \frac{1}{4}x^4 \Big|_{0}^{1} = \frac{1}{2}.$$

5.3.3　定积分的分部积分法

我们知道,不定积分的分部积分公式是:$\int u\mathrm{d}v = uv - \int v\mathrm{d}u$,它主要是来自导数公式:

$$(uv)' = u'v + uv'$$

也就是说,uv 是 $u'v + uv'$ 的一个原函数. 因此,当 $u(x), v(x)$ 在 $[a,b]$ 上有连续导数时,由牛顿-莱布尼兹公式有:

$$\int_a^b (u'v + uv')\mathrm{d}x = uv \Big|_a^b$$

即

$$\int_a^b v\mathrm{d}u + \int_a^b u\mathrm{d}v = uv \Big|_a^b$$

也就是

$$\int_a^b u\mathrm{d}v = uv \Big|_a^b - \int_a^b v\mathrm{d}u$$

这就是定积分的分部积分公式.

【例 8】　计算 $\int_0^{\frac{\pi}{2}} x \sin x\mathrm{d}x$.

解　$\int_0^{\frac{\pi}{2}} x \sin x\mathrm{d}x = -\int_0^{\frac{\pi}{2}} x \,\mathrm{d}\cos x = -x\cos x\Big|_0^{\frac{\pi}{2}} + \int_0^{\frac{\pi}{2}} \cos x\,\mathrm{d}x = \sin x\Big|_0^{\frac{\pi}{2}} = 1.$

【例 9】　计算 $\int_1^e x \ln x\mathrm{d}x$.

解　$\int_1^e x \ln x \,\mathrm{d}x = \int_1^e \ln x\,\mathrm{d}\left(\frac{1}{2}x^2\right) = \frac{1}{2}x^2\ln x\Big|_1^e - \int_1^e \frac{1}{2}x^2 \cdot \frac{1}{x}\mathrm{d}x$

$= \frac{1}{2}e^2 - \frac{1}{4}x^2\Big|_1^e$

$= \frac{1}{2}e^2 - \left(\frac{1}{4}e^2 - \frac{1}{4}\right) = \frac{1}{4}e^2 + \frac{1}{4}.$

【例 10】　计算 $\int_0^1 x^2 e^x\mathrm{d}x$.

解　$\int_0^1 x^2 e^x\mathrm{d}x = \int_0^1 x^2 \mathrm{d}e^x = x^2 e^x\Big|_0^1 - \int_0^1 e^x\mathrm{d}x^2$

$= e - \int_0^1 2x e^x\mathrm{d}x = e - \int_0^1 2x\mathrm{d}e^x$

$= e - 2xe^x\Big|_0^1 + \int_0^1 2e^x\mathrm{d}x = e - 2e + 2e^x\Big|_0^1 = e - 2.$

这个例子说明,有时用分部积分法求定积分时需要连续使用.

【例 11】　计算 $\int_0^1 x \arctan x\,\mathrm{d}x$.

解 $\displaystyle\int_0^1 x\arctan x\,\mathrm{d}x = \int_0^1 \arctan x\,\mathrm{d}\frac{x^2}{2} = \frac{x^2}{2}\arctan x\Big|_0^1 - \frac{1}{2}\int_0^1 x^2\,\mathrm{d}\arctan x$

$$= \frac{\pi}{8} - \frac{1}{2}\int_0^1 \frac{x^2}{1+x^2}\mathrm{d}x = \frac{\pi}{8} - \frac{1}{2}\left(\int_0^1 \mathrm{d}x - \int_0^1 \frac{1}{1+x^2}\mathrm{d}x\right)$$

$$= \frac{\pi}{8} - \frac{1}{2} + \frac{1}{2}\arctan x\Big|_0^1 = \frac{\pi}{4} - \frac{1}{2}.$$

【例 12】 计算 $\displaystyle\int_0^1 \mathrm{e}^{\sqrt{x}}\mathrm{d}x.$

解 先用换元法

令 $\sqrt{x} = t$，则 $x = t^2, \mathrm{d}x = 2t\mathrm{d}t$，当 $x = 0$ 时，$t = 0$；当 $x = 1$ 时，$t = 1$. 于是

$$\int_0^1 \mathrm{e}^{\sqrt{x}}\mathrm{d}x = \int_0^1 2t\,\mathrm{e}^t\mathrm{d}t = 2\int_0^1 t\,\mathrm{e}^t\mathrm{d}t.$$

再用分部积分法

$$\int_0^1 t\mathrm{e}^t\mathrm{d}t = \int_0^1 t\,\mathrm{d}\mathrm{e}^t = t\mathrm{e}^t\Big|_0^1 - \int_0^1 \mathrm{e}^t\mathrm{d}t = \mathrm{e} - \mathrm{e}^t\Big|_0^1 = \mathrm{e} - (\mathrm{e}-1) = 1,$$

所以 $$\int_0^1 \mathrm{e}^{\sqrt{x}}\mathrm{d}x = 2.$$

习题 5.3

1. 计算下列定积分

(1) $\displaystyle\int_0^1 \frac{x^2}{1+x^6}\mathrm{d}x;$

(2) $\displaystyle\int_0^9 \frac{1}{1+\sqrt{x}}\mathrm{d}x;$

(3) $\displaystyle\int_1^3 \sqrt{1+x}\,\mathrm{d}x;$

(4) $\displaystyle\int_1^{\mathrm{e}^2} \frac{1}{x\sqrt{1+\ln x}}\mathrm{d}x;$

(5) $\displaystyle\int_3^8 \frac{x}{\sqrt{1+x}}\mathrm{d}x;$

(6) $\displaystyle\int_1^5 \frac{\sqrt{x-1}}{x}\mathrm{d}x;$

(7) $\displaystyle\int_0^1 \sqrt{1-x^2}\,\mathrm{d}x;$

(8) $\displaystyle\int_1^{\ln 3} \frac{1}{1+\mathrm{e}^x}\mathrm{d}x;$

(9) $\displaystyle\int_{-4}^4 \frac{\sin x}{x^2\sqrt{1+x^4}}\mathrm{d}x;$

(10) $\displaystyle\int_{-1}^1 x^2\sqrt{1-x^2}\,\mathrm{d}x;$

(11) $\displaystyle\int_0^\pi x\cos\frac{x}{2}\mathrm{d}x;$

(12) $\displaystyle\int_1^{\mathrm{e}} \ln x\,\mathrm{d}x;$

(13) $\displaystyle\int_0^{\frac{1}{2}} \arcsin x\,\mathrm{d}x;$

(14) $\displaystyle\int_0^1 x^2\ln(x+1)\mathrm{d}x.$

5.4 广义积分

前面我们介绍的定积分概念，必须满足积分区间一定是有限区间这个前提条件. 但在实际问题中，常常需要讨论积分区间为无限时的情形. 无穷区间上的积分，通常称为无穷区间

上的广义积分,简称为无穷积分.

5.4.1　无穷区间上的广义积分

【定义 1】　设 $f(x)$ 在 $[a,+\infty)$ 上有定义,如果

$$\lim_{b\to+\infty}\int_a^b f(x)\mathrm{d}x (a<b)$$

存在,则称此极限值为 $f(x)$ 在 $[a,+\infty)$ 上的广义积分,并记为

$$\int_a^{+\infty} f(x)\mathrm{d}x = \lim_{b\to+\infty}\int_a^b f(x)\mathrm{d}x.$$

当 $\lim\limits_{b\to+\infty}\int_a^b f(x)\mathrm{d}x$ 存在时,也称广义积分 $\int_a^{+\infty} f(x)\mathrm{d}x$ 是收敛的,否则称广义积分 $\int_a^{+\infty} f(x)\mathrm{d}x$ 发散.

同样地,可以定义函数 $f(x)$ 在 $(-\infty,b]$ 和 $(-\infty,+\infty)$ 上的广义积分:

在 $(-\infty,b]$ 上

$$\int_{-\infty}^b f(x)\mathrm{d}x = \lim_{a\to-\infty}\int_a^b f(x)\mathrm{d}x (a<b)$$

上等式右端极限存在时,也称广义积分 $\int_{-\infty}^b f(x)\mathrm{d}x$ 是收敛的,否则称广义积分 $\int_{-\infty}^b f(x)\mathrm{d}x$ 发散.

$\int_{-\infty}^{+\infty} f(x)\mathrm{d}x = \int_{-\infty}^a f(x)\mathrm{d}x + \int_a^{+\infty} f(x)\mathrm{d}x$ 称为 $f(x)$ 在 $(-\infty,+\infty)$ 上的广义积分,只有当 $\int_a^{+\infty} f(x)\mathrm{d}x$ 与 $\int_{-\infty}^a f(x)\mathrm{d}x$ 都收敛时,才称广义积分 $\int_{-\infty}^{+\infty} f(x)\mathrm{d}x$ 收敛,否则称广义积分 $\int_{-\infty}^{+\infty} f(x)\mathrm{d}x$ 发散.

注:若 $F(x)$ 是 $f(x)$ 的一个原函数,则广义积分也可记为

$$\int_a^{+\infty} f(x)\mathrm{d}x = \lim_{b\to+\infty}\int_a^b f(x)\mathrm{d}x = \lim_{b\to+\infty} F(x)\Big|_a^b = \lim_{b\to+\infty} F(b)-F(a) = F(+\infty)-F(a)$$

$$\int_{-\infty}^b f(x)\mathrm{d}x = \lim_{a\to-\infty}\int_a^b f(x)\mathrm{d}x = \lim_{a\to-\infty} F(x)\Big|_a^b = F(b)-\lim_{a\to-\infty} F(a) = F(b)-F(-\infty)$$

$$\int_{-\infty}^{+\infty} f(x)\mathrm{d}x = \lim_{b\to+\infty}\lim_{a\to-\infty}\int_a^b f(x) = \lim_{b\to+\infty}\lim_{a\to-\infty} F(x)\Big|_a^b = \lim_{b\to+\infty} F(b)-\lim_{a\to-\infty} F(a)$$

$$= F(+\infty)-F(-\infty)$$

上述三种广义积分都称为无穷区间上的广义积分.

【例 1】　计算广义积分 $\int_0^{+\infty} \mathrm{e}^{-x}\mathrm{d}x$.

解　$\int_0^{+\infty} \mathrm{e}^{-x}\mathrm{d}x = \lim\limits_{b\to+\infty}\int_0^b \mathrm{e}^{-x}\mathrm{d}x = \lim\limits_{b\to+\infty}(-\mathrm{e}^{-x})\Big|_0^b = \lim\limits_{b\to+\infty}(-\mathrm{e}^{-b}+1) = 1$

或 $$\int_0^{+\infty} e^{-x}dx = (-e^{-x})\Big|_0^{+\infty} = -e^{-\infty} + 1 = 1.$$

【例2】 计算广义积分 $\int_0^{+\infty} \dfrac{x}{1+x^2}dx$.

解 $$\int_0^{+\infty} \frac{x}{1+x^2}dx = \frac{1}{2}\ln(1+x^2)\Big|_0^{+\infty} = +\infty$$

所以广义积分 $\int_0^{+\infty} \dfrac{x}{1+x^2}dx$ 发散.

【例3】 讨论广义积分 $\int_a^{+\infty} \dfrac{1}{x^a}dx$ 的敛散性($a>0$).

解 当 $\alpha = 1$ 时

$$\int_a^{+\infty} \frac{dx}{x} = [\ln x]_a^{+\infty} = +\infty$$

当 $\alpha \neq 1$ 时

$$\int_a^{+\infty} \frac{1}{x^a}dx = \left[\frac{x^{1-a}}{1-\alpha}\right]_a^{+\infty} = \begin{cases} \dfrac{1}{\alpha-1}a^{1-a} & \alpha > 1 \\ +\infty & \alpha < 1 \end{cases}$$

综上所述,当 $\alpha \leqslant 1$ 时, $\int_a^{+\infty} \dfrac{1}{x^a}dx$ 发散;当 $\alpha>1$ 时, $\int_a^{+\infty} \dfrac{1}{x^a}dx$ 收敛,并且 $\int_a^{+\infty} \dfrac{1}{x^a}dx = \dfrac{1}{\alpha-1}\dfrac{1}{a^{\alpha-1}}$.

【例4】 讨论广义积分 $\int_{-\infty}^{+\infty} \dfrac{1}{1+x^2}dx$ 的敛散性.

解 由于 $\int_0^{+\infty} \dfrac{1}{1+x^2}dx = \lim_{x\to+\infty}\int_0^x \dfrac{1}{1+x^2}dx = \lim_{x\to+\infty}\arctan x = \dfrac{\pi}{2}$,所以 $\int_0^{+\infty} \dfrac{1}{1+x^2}dx$ 收敛;

$$\int_{-\infty}^0 \frac{1}{1+x^2}dx = \lim_{x\to-\infty}\int_x^0 \frac{1}{1+x^2}dx = \lim_{x\to-\infty}(-\arctan x) = \frac{\pi}{2},$$

所以 $\int_{-\infty}^0 \dfrac{1}{1+x^2}dx, \int_{-\infty}^{+\infty} \dfrac{1}{1+x^2}dx$ 收敛,并且

$$\int_{-\infty}^{+\infty} \frac{1}{1+x^2}dx = \int_{-\infty}^0 \frac{1}{1+x^2}dx + \int_0^{+\infty} \frac{1}{1+x^2}dx = \frac{\pi}{2} + \frac{\pi}{2} = \pi.$$

习题 5.4

1. 下列广义积分是否收敛? 若收敛,求其值:

(1) $\int_0^{+\infty} e^{-2x}dx$;

(2) $\int_e^{+\infty} \dfrac{1}{x\ln^2 x}dx$;

(3) $\int_{\frac{1}{e}}^{+\infty} \dfrac{\ln x}{x}dx$;

(4) $\int_{-\infty}^0 \dfrac{2x}{x^2+1}dx$;

(5) $\int_{-\infty}^{+\infty} xe^{-x^2}dx$.

5.5 定积分的应用

从定积分引入的背景来说,它就是人们在解决类似于"曲边梯形的面积"、"变速运动质点的运行路程"等问题中产生的. 理论来源于实践,回过来又用于指导实践、服务于实践.

在这一节,我们将主要介绍定积分在几何学、经济学中的简单应用.

5.5.1 定积分的微元法

定积分概念的引入,体现了一种思想,它就是:在微观意义下,没有什么"曲、直"之分,曲顶的图形可以看成是平顶的,"不均匀"的可以看成是"均匀"的. 简单地说,就是以"直"代"曲",以"不变"代变;用这一思想来指导我们的实际应用,许多计算公式可以比较便利地得出来.

比如,求图 5-9 所示图形的面积时,在 $[a,b]$ 上任取一点 x,此处任给一个"宽度" Δx,那么这个微小的"矩形"的面积为

$$dS = f(x)\Delta x = f(x)dx$$

此时我们把 $dS = f(x)dx$ 称为"面积微元". 把这些微小的面积全部累加起来,就是整个图形的面积了. 这种累加通过什么来实现呢? 当然就是通过积分,它就是

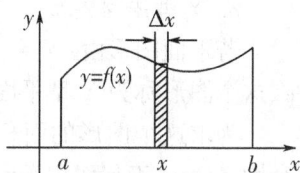

图 5-9

$$S = \int_a^b f(x)dx.$$

这些"面积微元",几乎就是细线段,当这些数都数不清的"细线段"一根一根地累加起来,就形成了整个图形的面积. 打一个不很严格的比方,一页纸的厚度几乎可以忽略不计,但几十页上百页的纸全部累加起来,就有了一本书的厚度.

这样的思想方法称为"微元法".

再比如,求变速直线运动的质点的运行路程的时候,我们在 T_0 到 T_1 的时间内,任取一个时间值 t,再任给一个时间增量 Δt,那么在这个非常短暂的时间内(Δt 内)质点做匀速运动,质点的速度为 $v(t)$,其运行的路程当然就是

$$dS = v(t)\Delta t = v(t)dt$$

$dS = v(t)dt$ 就是"路程微元",把它们全部累加起来之后就是:

$$S = \int_{T_0}^{T_1} v(t)dt$$

用这样的思想方法,我们还可以得出"弧长微元"、"体积微元"、"质量微元"和"功微元"等等. 这是一种解决实际问题非常有效、可行的好方法.

5.5.2 平面图形的面积

下面我们应用微元法的思想,给出直角坐标系下平面图形面积的计算公式.

1. X 型平面图形的面积

若平面图形由：$x=a;x=b;y=g(x)$ 和 $y=f(x)$ 所围，那么称该图形为 X 型的平面图形. 如图 5-10 所示.

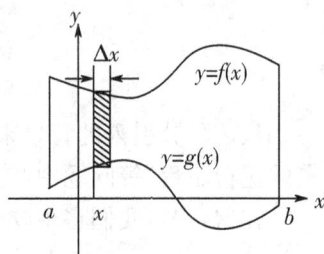

为了求这个图形的面积 S,在 $[a,b]$ 上任取一点 x,再任给 x 一个增量 Δx,于是面积微元为

$$dS = [f(x) - g(x)]\Delta x = [f(x) - g(x)]dx$$

所以，$$S = \int_a^b [f(x) - g(x)]dx$$

图 5-10

当然更一般地有：$dS = |f(x) - g(x)|\Delta x = |f(x) - g(x)|dx$

所以 $$S = \int_a^b |f(x) - g(x)| dx$$

2. Y 型平面图形

若平面图形由：$x=f(y);x=g(y);y=c$ 和 $y=d$ 所围，那么这个图形称为 Y 型平面图形. 如图图 5-11 所示.

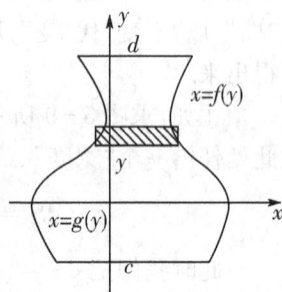

为求这个图形的面积 S,在 $[c,d]$ 上任取一点 y,再任给 y 一个增量 Δy,于是面积微元为

$$dS = [f(y) - g(y)]\Delta y = [f(y) - g(y)]dy$$

所以，$$S = \int_c^d [f(y) - g(y)]dy$$

图 5-11

当然更一般地有：

$$dS = |f(y) - g(y)|\Delta y = |f(y) - g(y)| dy$$

所以

$$S = \int_c^d |f(y) - g(y)| dy$$

5.5.3 几何应用举例

【例1】 计算由曲线 $y = x^3$ 和直线 $y = x$ 围成的平面图形的面积.

解 如图 5-12 所示,解方程组 $\begin{cases} y = x^3 \\ y = x \end{cases}$,得曲线交点为

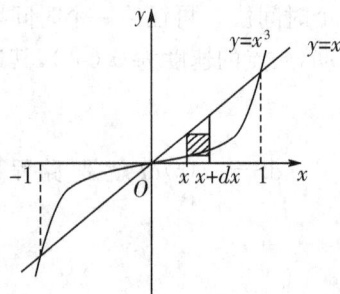

$(-1,-1),(0,0),(1,1)$. 选取 x 为积分变量,则对于任意 $x \in [-1,1]$,在小区间 $[x, x+dx]$ 上,其面积元素为 $dA = |x - x^3|dx$,于是

图 5-12

$$A = \int_{-1}^1 dA = \int_{-1}^1 |x - x^3| dx = \int_{-1}^0 |x - x^3| dx + \int_0^1 |x - x^3| dx$$

$$= \int_{-1}^0 (x^3 - x)dx + \int_0^1 (x - x^3) dx$$

$$= \left[\frac{x^4}{4}\right]_{-1}^{0} - \left[\frac{x^2}{2}\right]_{-1}^{0} + \left[\frac{x^2}{2}\right]_{0}^{1} - \left[\frac{x^4}{4}\right]_{0}^{1} = \frac{1}{2}.$$

为简化运算,也可以根据图形的对称性 $A = 2\int_0^1 |x - x^3| \,\mathrm{d}x$ 求面积.

如果选择 y 为积分变量,则对于任意 $y \in [-1,1]$,在小区间 $[y, y+\mathrm{d}y]$ 上,其面积元素为 $\mathrm{d}A = \left| y - \sqrt[3]{y} \right| \mathrm{d}y$,于是 $A = 2\int_0^1 \left| y - \sqrt[3]{y} \right| \mathrm{d}y = 2\int_0^1 (\sqrt[3]{y} - y)\mathrm{d}y = 2\left[\frac{3y^{\frac{4}{3}}}{4}\right]_0^1 - 2\left[\frac{y^2}{2}\right]_0^1 = \frac{1}{2}.$

【例 2】　求由抛物线 $y^2 = 2x$ 与直线 $y = x - 4$ 所围成的平面图形的面积.

解　如图 5-13 所示,解方程组 $\begin{cases} y^2 = 2x \\ y = x - 4 \end{cases}$,得交点坐标为 $(2,-2),(8,4)$.

如果选择 x 为积分变量,在不同的小区间,面积元素的解析式不同,需要分区间求面积.

如果选择 y 为积分变量,对于任意 $y \in [-2,4]$,在小区间 $[y, y+\mathrm{d}y]$ 上,面积元素为

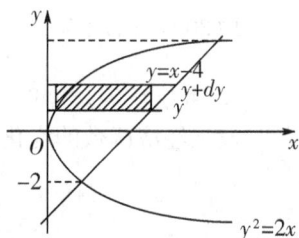

图 5-13

$$\mathrm{d}A = \left| (y+4) - \frac{y^2}{2} \right| \mathrm{d}y,$$

于是

$$A = \int_{-2}^4 \mathrm{d}A = \int_{-2}^4 \left| (y+4) - \frac{y^2}{2} \right| \mathrm{d}y = \int_{-2}^4 \left(y+4 - \frac{y^2}{2}\right)\mathrm{d}y$$

$$= \left[\frac{y^2}{2} + 4y - \frac{1}{6}y^3\right]_{-2}^4 = 18.$$

由此可见,适当选取积分变量可以使计算简便.

5.5.4　经济应用举例

1. 由经济函数的边际,求经济函数在区间上的增量

根据边际成本,边际收入,边际利润以及产量 x 的变动区间 $[a,b]$ 上的改变量(增量)就等于它们各自边际在区间 $[a,b]$ 上的定积分:

$$R(b) - R(a) = \int_a^b R'(x)\mathrm{d}x \tag{1}$$

$$C(b) - C(a) = \int_a^b C'(x)\mathrm{d}x \tag{2}$$

$$L(b) - L(a) = \int_a^b L'(x)\mathrm{d}x \tag{3}$$

【例 3】　已知某商品边际收入为 $-0.08x + 25$(万元/t),边际成本为 5(万元/t),求产量

x 从 250t 增加到 300t 时销售收入 $R(x)$，总成本 $C(x)$，利润 $L(x)$ 的改变量（增量）.

解 首先求边际利润

$$L'(x) = R'(x) - C'(x) = -0.08x + 25 - 5 = -0.08x + 20$$

所以根据式(1)、式(2)、式(3)，依次求出：

$$R(300) - R(250) = \int_{250}^{300} R'(x)\mathrm{d}x = \int_{250}^{300}(-0.08x + 25)\mathrm{d}x = 150（万元）$$

$$C(300) - C(250) = \int_{250}^{300} C'(x)\mathrm{d}x = \int_{250}^{300} 5\mathrm{d}x = 250（万元）$$

$$L(300) - L(250) = \int_{250}^{300} L'(x)\mathrm{d}x = \int_{250}^{300}(-0.08x + 20)\mathrm{d}x = -100（万元）$$

2. 由经济函数的变化率，求经济函数在区间上的平均变化率

设某经济函数的变化率为 $f(t)$，则称

$$\frac{\int_{t_1}^{t_2} f(t)\mathrm{d}t}{t_2 - t_1}$$

为该经济函数在时间间隔 $[t_1, t_2]$ 内的平均变化率.

【例 4】 某银行的利息连续计算，利息率是时间 t（单位：年）的函数：$r(t) = 0.08 + 0.015\sqrt{t}$，求它在开始 2 年，即时间间隔 $[0, 2]$ 内的平均利息率.

解 由于

$$\int_0^2 r(t)\mathrm{d}t = \int_0^2 (0.08 + 0.015\sqrt{t})\mathrm{d}t = 0.16 + 0.01t\sqrt{t}\,\Big|_0^2 = 0.16 + 0.02\sqrt{2}$$

所以开始 2 年的平均利息率为

$$r = \frac{\int_0^2 r(t)\mathrm{d}t}{2 - 0} = 0.08 + 0.01\sqrt{2} \approx 0.094$$

【例 5】 某公司运行 T（年）所获利润为 $L(t)$（元）利润的年变化率为 $L'(t) = 3 \times 10^5 \sqrt{t+1}$（元/年），求利润从第 4 年初到第 8 年末，即时间间隔 $[3, 8]$ 内年平均变化率.

解 由于

$$\int_3^8 L'(t)\mathrm{d}t = \int_3^8 3 \times 10^5 \sqrt{t+1}\mathrm{d}t = 2 \times 10^5 \cdot (t+1)^{\frac{3}{2}}\,\Big|_3^8 = 38 \times 10^5$$

所以从第 4 年初到第 8 年末，利润的年平均变化率为

$$\frac{\int_3^8 L'(t)\mathrm{d}t}{8 - 3} = 7.6 \times 10^5（元/年）$$

即在这 5 年内公司平均每年平均获利 7.6×10^5 元.

3. 由贴现率求总贴现值在时间区间上的增量

设某个项目在 T（年）时的收入为 $f(t)$（万元），年利率为 r，即贴现率是 $f(t)\mathrm{e}^{-rt}$，则应用

定积分计算,该项目在时间区间$[a,b]$上总贴现值的增量为$\int_a^b f(t)\mathrm{e}^{-rt}n\,\mathrm{d}t$.

设某工程总投资在竣工时的贴现值为A(万元),竣工后的年收入预计为a(万元)年利率为R,银行利息连续计算.在进行动态经济分析时,把竣工后收入的总贴现值达到A,即使关系式

$$\int_0^T a\mathrm{e}^{-rt}\,\mathrm{d}t = A,$$

成立的时间T(年)称为该项工程的投资回收期.

【例 6】 某工程总投资在竣工时的贴现值为 1 000 万元,竣工后的年收入预计为 200 万元,年利息率为 0.08,求该工程的投资回收期.

解 这里$A=1\,000,a=200,r=0.08$,则该工程竣工后T年内收入的总贴现值为

$$\int_0^T 200\mathrm{e}^{-0.08t}\,\mathrm{d}t = \frac{200}{-0.08}\mathrm{e}^{-0.08t}\Big|_0^T = 2\,500(1-\mathrm{e}^{-0.08T})$$

令 $2\,500(1-\mathrm{e}^{-0.08T})=1\,000$,即得该工程回收期为

$$T=-\frac{1}{0.08}\ln\left(1-\frac{1\,000}{2\,500}\right)=-\frac{1}{0.08}\ln 0.6=6.39(年)$$

习题 5.5

1. 求由曲线$y=x^2$和直线$y=2x$所围平面图形的面积.

2. 求由曲线$y=x^2$和$y^2=x$所围平面图形的面积.

3. 求由曲线$y^2=2x$和直线$y=x-4$所围平面图形的面积.

4. 已知某产品的总产量Q在时刻t(小时)时的变化率为$Q'(t)=250+32t-0.6t^2$(kg/h),求从$t=2$至$t=4$这两小时的总产量.

5. 设某产品边际成本为$C'(q)=4+0.5q$万元/吨,边际收益$R'(q)=80-q$万元/吨.

(1) 求产量由 10 t 增加到 50 t 时,总成本和总收益各增加多少?

(2) 当固定成本为$C(0)=10$万元时,试求总成本函数和总收益函数.

5.6 用数值方法计算定积分

5.6.1 求定积分

命令形式:int(f,a,b)

功能:求函数f对默认变量的定积分,用于函数中只有一个变量.

【例 1】 计算$\int_0^1 \mathrm{e}^x\mathrm{d}x$.

解 Matlab 命令为

≫ syms x

≫ int(exp(x),0,1)

ans =

$\exp(1)-1$

【例2】 计算 $\int_0^2 |x-1| \mathrm{d}x$.

解 Matlab 命令为

$\gg$ syms x

$\gg$ int(abs(x−1),0,2)

ans =

1

用定积分的符号解法求定积分有时会失效,此时,可以用数值方法计算定积分. Matlab 提供了如下一些计算定积分值的数值方法.

5.6.2 使用矩形法求定积分

定积分 $\int_a^b f(x)\mathrm{d}x$ 的几何意义是由 $y=f(x), y=0, x=a, x=b$ 围成的曲边梯形的面积 (代数和). 用矩形法求定积分,就是用小矩形面积代替小曲边梯形的面积,然后求和以获得定积分的近似值,这种方法精度较低. 矩形法可以用命令 $\mathrm{sum}(x)$ 来完成,它的功能为求向量 x 的和或者是矩形每一列向量的和.

【例3】 用矩形法求 $y=-x^2+115$ 在 $x=0$ 到 $x=10$ 之间所围面积.

解 Matlab 命令为:

$\gg$ dx=0.1;

$\gg$ x=0:dx:10;y=−x.^2+115;

$\gg$ sum(y(1:length(x)−1))∗dx

ans =

　821.6500

5.6.3 复合梯形公式法

本方法用小梯形面积代替小曲边梯形的面积,然后求和,以获得定积分的近似值.

命令形式:trapz(x,y)

功能:用复合梯形公式法计算定积分,变量 x 是积分变量在被积区间上的分点向量,y 为被积函数在 x 处对应的函数值向量.

5.6.4 复合辛普生公式法

本方法用抛物线代替小曲边梯形的曲边计算小曲边梯形的面积,然后求和以获得定积分的近似值.

命令形式1:quad('fun',a,b,tol,trace)

命令形式2:quad8('fun',a,b,tol,trace)

式中 fun 是被积函数表达式字符串或者是 M 函数文件名,a, b 是积分的下限与上限,tol 代表精度,可以缺省;缺省时,tol=0.001. trace=1 时用图形展示积分过程,trace=0 时无图形,默认值为0. 命令形式2比命令形式1精度高.

【例4】 用两种方法求定积分 $\int_2^5 \dfrac{\ln x}{x^3}\mathrm{d}x$ 的近似值.

解　Matlab 命令为：

```
≫x=2:0.1:5;
≫y=log(x)./(x.^2);
≫t=trapz(x,y);
≫ff=inline('log(x)./(x.^2)');
≫q=quad(ff,2,5);
≫disp([blanks(3),'梯形法求积分',blanks(3),'辛普生法求积分']),[t,q]
```

梯形法求积分　辛普生法求积分

%1.3247　　　0.3247

说明：inline 表示内联函数．

习题 5.6

1. 计算 $\displaystyle\int_0^2 |1-x|\sqrt{(x-4)^2}\,\mathrm{d}x$．

2. 计算 $\displaystyle\int_1^5 \frac{1}{x^4}\,\mathrm{d}x$．

3. 用三种数值积分方法计算 $\displaystyle\int_0^1 \sqrt{1+x^2}\,\mathrm{d}x$，并与其精确值比较．

复 习 题 五

本章小结

一、填空题

1. $\displaystyle\int_1^1 \mathrm{d}x =$ _____，$\displaystyle\int_0^3 \mathrm{d}x =$ _____．

2. $\displaystyle\frac{\mathrm{d}}{\mathrm{d}x}\int_0^x \sin t^2\,\mathrm{d}t =$ _____，$\displaystyle\frac{\mathrm{d}}{\mathrm{d}x}\int_0^{x^2} \sin t^2\,\mathrm{d}t =$ _____，$\displaystyle\frac{\mathrm{d}}{\mathrm{d}x}\int_0^1 \sin t^2\,\mathrm{d}t =$ _____．

3. $\displaystyle\int_{-2}^2 \sin x\sqrt{4-x^2}\,\mathrm{d}x =$ _____，$\displaystyle\int_{-\pi}^{\pi} \cos x\,\mathrm{d}x =$ _____．

4. $\displaystyle\int_0^1 \frac{x^2}{1+x^2}\,\mathrm{d}x =$ _____，$\displaystyle\int_0^4 \frac{\mathrm{d}x}{(x-3)^2} =$ _____．

5. $\displaystyle\int_1^{+\infty} \frac{1}{x^4}\,\mathrm{d}x =$ _____，$\displaystyle\int_1^{+\infty} \frac{x}{x^2+1}\,\mathrm{d}x =$ _____．

6. 设 $f(x)$ 为连续函数，则 $\displaystyle\int_{-a}^a x^2[f(x)-f(-x)]\,\mathrm{d}x =$ _____．

7. 若 $\displaystyle\int_a^b \frac{f(x)}{f(x)+g(x)}\,\mathrm{d}x = 1$，则 $\displaystyle\int_a^b \frac{g(x)}{f(x)+g(x)}\,\mathrm{d}x =$ _____．

8. 求由曲线 $y^2=x$ 与 $y=x-3$ 所围的平面图形面积，选 _____ 为积分变量，计算较简单．

二、选择题

1. 定积分 $\displaystyle\int_a^b f(x)\,\mathrm{d}x$ 是　　　　　　　　　　　　　　（　　　）

A．一个常数　　　　　　　　　　B．$f(x)$ 的一个原函数

C．一个函数族　　　　　　　　　D．一个非负常数

2. 定积分定义 $\int_a^b f(x)\mathrm{d}x = \lim\limits_{\lambda \to 0} \sum\limits_{i=1}^{n} f(\xi_i)\Delta x_i$ 说明 （　　）

    A. $[a,b]$ 必须 n 等分，ξ_i 是 $[x_{i-1},x_i]$ 端点

    B. $[a,b]$ 可任意分法，ξ_i 必须是 $[x_{i-1},x_i]$ 端点

    C. $[a,b]$ 可任意分法，$\lambda = \max\{\Delta x_i\} \to 0$，$\xi_i$ 可在 $[x_{i-1},x_i]$ 内任取

    D. $[a,b]$ 必须等分，$\lambda = \max\{\Delta x_i\} \to 0$，$\xi_i$ 可在 $[x_{i-1},x_i]$ 内任取

3. 下列命题中正确的是（其中 $f(x)$，$g(x)$ 均为连续函数） （　　）

    A. 在 $[a,b]$ 上若 $f(x) \neq g(x)$，则 $\int_a^b f(x)\mathrm{d}x \neq \int_a^b g(x)\mathrm{d}x$

    B. $\int_a^b f(x)\mathrm{d}x \neq \int_a^b f(t)\mathrm{d}t$

    C. $\mathrm{d}\int_a^b f(x)\mathrm{d}x = f(x)\mathrm{d}x$

    D. $f(x) \neq g(x)$，则 $\int f(x)\mathrm{d}x \neq \int g(x)\mathrm{d}x$

4. 设 $f'(x)$ 连续，则变上限积分 $\int_a^x f(t)\mathrm{d}t$ 是 （　　）

    A. $f'(x)$ 的一个原函数

    B. $f'(x)$ 的全体原函数

    C. $f(x)$ 的一个原函数

    D. $f(x)$ 的全体原函数

5. $\int_{-\frac{\pi}{2}}^{\frac{\pi}{2}} |\sin x|\,\mathrm{d}x$ 的值为 （　　）

    A. 0　　　　　　　　B. π　　　　　　　　C. $\dfrac{\pi}{2}$　　　　　　　　D. 2

6. $\lim\limits_{x \to 0} \dfrac{\int_0^x \sin t^2\,\mathrm{d}t}{x^3}$ 的值为 （　　）

    A. 1　　　　　　　　B. 0　　　　　　　　C. $\dfrac{1}{2}$　　　　　　　　D. $\dfrac{1}{3}$

7. 设函数 $f(x)$ 在 $[a,b]$ 上连续，则由曲线 $y = f(x)$ 与直线 $x = a$，$x = b$，$y = 0$ 所围平面图形的面积为 （　　）

    A. $\int_a^b f(x)\mathrm{d}x$　　　　　　　　　　　　B. $\left| \int_a^b f(x)\mathrm{d}x \right|$

    C. $\int_a^b |f(x)|\,\mathrm{d}x$　　　　　　　　　　D. $f(\varepsilon)(b-a)$，$a < \varepsilon < b$

8. 已知 $F'(x) = f(x)$，则 $\int_a^x f(t+a)\mathrm{d}t =$ （　　）

    A. $F(x) = F(a)$　　　　　　　　　　B. $F(t) - F(a)$

    C. $F(x+a) - F(2a)$　　　　　　　　D. $F(t+a) - F(2a)$

三、计算题

1. 求下列定积分：

(1) $\displaystyle\int_3^4 \frac{x^2+x-6}{x-2}\mathrm{d}x$；

(2) $\displaystyle\int_{-1}^0 (2x+3)^4\mathrm{d}x$；

(3) $\displaystyle\int_0^{2\pi} |\sin x|\mathrm{d}x = 4$；

(4) $\displaystyle\int_0^1 \frac{x}{\sqrt{1+x^2}}\mathrm{d}x$；

(5) $\displaystyle\int_0^1 \frac{\mathrm{e}^x}{1+\mathrm{e}^x}\mathrm{d}x$；

(6) $\displaystyle\int_1^2 \frac{\mathrm{e}^{\frac{1}{x}}}{x^2}\mathrm{d}x$；

(7) $\displaystyle\int_0^3 \frac{x}{1+\sqrt{1+x}}\mathrm{d}x$；

(8) $f(x)=\begin{cases} x+1 & x\leqslant 1 \\ \dfrac{1}{2}x^2 & x>1 \end{cases}$，求 $\displaystyle\int_0^2 f(x)\mathrm{d}x$．

2. 设 $f(x)$ 连续，且 $f(x)=x+2\displaystyle\int_0^1 f(t)\mathrm{d}t$，求 $f(x)$．

四、应用题

1. 求由曲线 $y=x^2$ 和 $y=2-x^2$ 所围平面图形的面积．

2. 求由曲线 $y=x$，$x=2$ 以及 $y=\dfrac{1}{x}$ 所围平面图形的面积．

3. 求曲线 $y=x^2$ 以及直线 $y=x$，$y=2x$ 所围平面图形的面积．

4. 求由曲线 $y=x^3$ 与直线 $y=\sqrt{x}$ 所围平面图形的面积．

5. 设某产品在时刻 T（小时）时的产量的变化率为 $f(t)=100+12t-0.6t^2$（单位：小时），求从 $t=2$ 至 $t=4$ 这 2 小时的产量．

6. 已知某产品的边际收益 $R'(x)=200-0.01x$（元每件）$(x\geqslant 0)$，其中 x（件）为产量．

(1) 求生产了 50 件时的收益；

(2) 若已生产了 100 件，求再生产 100 件的收益．

第二篇 线性代数

第6章 行 列 式

本章提要 在线性代数和其他数学领域以及工程技术中,行列式是一个很重要的工具. 本章主要介绍行列式的定义、性质及其计算方法.

本章将带领大家学习线性代数基础工具之一的行列式理论. 行列式的概念最早是由 17 世纪日本数学家关孝和提出来的,他在 1683 年写了一部叫做《解伏题之法》的著作,意思是 "解行列式问题的方法",书里对行列式的概念和它的展开已经有了清楚的叙述. 1750 年,瑞士数学家克莱姆利用行列式并给出了现在我们所称的解线性方程组的克莱姆法则,在此基础上线性方程组的理论体系得以逐步建立起来.

本章中我们首先介绍行列式的定义并讨论它的性质和计算方法,然后再介绍用 n 阶行列式求解 n 元线性方程组的克莱姆法则.

6.1 行列式的定义

本节在讨论二元和三元线性方程组的基础上,引入二阶和三阶行列式,在此基础上,给出 n 阶行列式的定义.

6.1.1 二阶、三阶行列式

在初等代数中,用消元法求解二元一次方程组

$$\begin{cases} a_{11}x_1 + a_{12}x_2 = b_1 \\ a_{21}x_1 + a_{22}x_2 = b_2 \end{cases} \tag{6.1.1}$$

当 $a_{11}a_{22} - a_{12}a_{21} \neq 0$ 时,可得(6.1.1)唯一一组解

$$\begin{cases} x_1 = \dfrac{b_1 a_{22} - b_2 a_{12}}{a_{11}a_{22} - a_{12}a_{21}} \\ x_2 = \dfrac{b_2 a_{11} - b_1 a_{21}}{a_{11}a_{22} - a_{12}a_{21}} \end{cases} \tag{6.1.2}$$

为便于表示上述结果,引入二阶行列式的概念.

1. 二阶行列式的定义

【定义1】 用 2^2 个数组成的记号

$$\begin{vmatrix} a_{11} & a_{12} \\ a_{21} & a_{22} \end{vmatrix},$$

表示数值 $a_{11}a_{22}-a_{12}a_{21}$，称为**二阶行列式**. 其中 $a_{11},a_{12},a_{21},a_{22}$ 称为二阶行列式的元素，每个横排称为行列式的**行**，竖排称为行列式的**列**，从左上角到右下角的对角线称为行列式的**主对角线**，从右上角到左下角的对角线称为**次对角线**. 行列式通常用大写的英文字母 D 表示. 即

$$D = \begin{vmatrix} a_{11} & a_{12} \\ a_{21} & a_{22} \end{vmatrix} = a_{11}a_{22}-a_{12}a_{21}$$

利用二阶行列式的概念，(6.1.1)中的分子分别记为

$$D_1 = \begin{vmatrix} b_1 & a_{12} \\ b_2 & a_{22} \end{vmatrix}, D_2 = \begin{vmatrix} a_{11} & b_1 \\ a_{21} & b_2 \end{vmatrix}$$

则(6.1.1)的解(6.1.2)可以简洁的表示为

$$\begin{cases} x_1 = \dfrac{D_1}{D} \\ x_2 = \dfrac{D_2}{D} \end{cases}$$

【例 1】　用行列式解线性方程组 $\begin{cases} 3x_1 - 2x_2 = 3 \\ x_1 + 3x_2 = -1 \end{cases}$.

解　因为系数行列式

$$D = \begin{vmatrix} 3 & -2 \\ 1 & 3 \end{vmatrix} = 11 \neq 0,$$

所以方程组有唯一解，
又

$$D_1 = \begin{vmatrix} 3 & -2 \\ -1 & 3 \end{vmatrix} = 7, D_2 = \begin{vmatrix} 3 & 3 \\ 1 & -1 \end{vmatrix} = -6,$$

所以方程组的解为

$$\begin{cases} x_1 = \dfrac{D_1}{D} = \dfrac{7}{11} \\ x_2 = \dfrac{D_2}{D} = -\dfrac{6}{11} \end{cases}.$$

2. 三阶行列式

类似地，我们可以定义三阶行列式，

【定义 2】　用 3^2 个数组成的记号 $\begin{vmatrix} a_{11} & a_{12} & a_{13} \\ a_{21} & a_{22} & a_{23} \\ a_{31} & a_{32} & a_{33} \end{vmatrix}$，表示数值 $a_{11}a_{22}a_{33} + a_{12}a_{23}a_{31} +$

$a_{13}a_{21}a_{32} - a_{13}a_{22}a_{31} - a_{12}a_{21}a_{33} - a_{11}a_{23}a_{32}$,称为三阶行列式,即

$$\begin{vmatrix} a_{11} & a_{12} & a_{13} \\ a_{21} & a_{22} & a_{23} \\ a_{31} & a_{32} & a_{33} \end{vmatrix} = a_{11}a_{22}a_{33} + a_{12}a_{23}a_{31} + a_{13}a_{21}a_{32} - a_{13}a_{22}a_{31} - a_{12}a_{21}a_{33} - a_{11}a_{23}a_{32}.$$

上式可以用**对角线法则**记忆,如图 6.1 所示.实线上三个元素的乘积取正号,虚线上三个元素的乘积取负号.

我们可以注意到,展开后共六项,正、负各三项;并且每项都是三个数的乘积,这三个数来自不同的行和列.

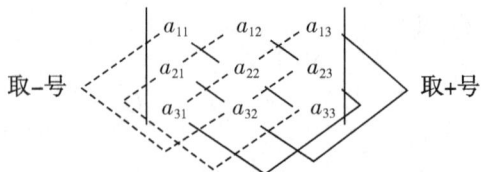

【例 2】 计算三阶行列式 $D =$ $\begin{vmatrix} 3 & 1 & 2 \\ 2 & 0 & -3 \\ -1 & 5 & 4 \end{vmatrix}$

解 按对角法则展开有

$$D = 3\times0\times4 + 1\times(-3)\times(-1) + 2\times5\times2 - 2\times0\times(-1) - 1\times2\times4 - (-3)\times5\times3$$

$$= 0 + 3 + 20 - 0 - 8 + 45 = 60.$$

【例 3】 解方程 $\begin{vmatrix} x & 1 & 0 \\ 1 & x & 0 \\ 4 & 1 & 1 \end{vmatrix} = 0.$

解 因为

$$\begin{vmatrix} x & 1 & 0 \\ 1 & x & 0 \\ 4 & 1 & 1 \end{vmatrix} = x^2 - 1,$$

原方程化为

$$x^2 - 1 = 0,$$

故方程的解为

$$x = -1 \text{ 或 } x = 1.$$

6.1.2 n 阶行列式及代数余子式展开

【定义 3】 由 n^2 个元素组成的一个算式,记为 D,且

$$D = \begin{vmatrix} a_{11} & a_{12} & \cdots & a_{1n} \\ a_{21} & a_{22} & \cdots & a_{2n} \\ \vdots & \vdots & \vdots & \vdots \\ a_{n1} & a_{n2} & \cdots & a_{nn} \end{vmatrix}$$

称为 **n 阶行列式**,其中 a_{ij} 称为第 i 行第 j 列的元素 $(i,j=1,2,\cdots,n)$.

当 $n=1$ 时,规定:

$$D=|a_{11}|=a_{11}.$$

【**定义 4**】 在行列式

$$D=\begin{vmatrix} a_{11} & a_{12} & \cdots & a_{1n} \\ a_{21} & a_{22} & \cdots & a_{2n} \\ \vdots & \vdots & \vdots & \vdots \\ a_{n1} & a_{n2} & \cdots & a_{nn} \end{vmatrix}$$

中去掉元素 a_{ij} 所在的第 i 行及第 j 列,所得的 $n-1$ 阶行列式叫元素 a_{ij} 的**余子式**,记为 M_{ij},$A_{ij}=(-1)^{i+j}M_{ij}$ 称为元素 a_{ij} 的**代数余子式**.

例如 $\quad D=\begin{vmatrix} a_{11} & a_{12} & a_{13} \\ a_{21} & a_{22} & a_{23} \\ a_{31} & a_{32} & a_{33} \end{vmatrix}$

a_{11} 的余子式 $M_{11}=\begin{vmatrix} a_{22} & a_{23} \\ a_{32} & a_{33} \end{vmatrix}$,代数余子式 $A_{11}=(-1)^{1+1}M_{11}=(-1)^{1+1}\begin{vmatrix} a_{22} & a_{23} \\ a_{32} & a_{33} \end{vmatrix}$,

a_{12} 的余子式 $M_{12}=\begin{vmatrix} a_{21} & a_{23} \\ a_{31} & a_{33} \end{vmatrix}$,代数余子式 $A_{12}=(-1)^{1+2}M_{12}=(-1)^{1+2}\begin{vmatrix} a_{21} & a_{23} \\ a_{31} & a_{33} \end{vmatrix}$,

a_{13} 的余子式 $M_{13}=\begin{vmatrix} a_{21} & a_{22} \\ a_{31} & a_{32} \end{vmatrix}$,代数余子式 $A_{13}=(-1)^{1+3}M_{13}=(-1)^{1+3}\begin{vmatrix} a_{21} & a_{22} \\ a_{31} & a_{32} \end{vmatrix}$,

可以验证

$$D=\begin{vmatrix} a_{11} & a_{12} & a_{13} \\ a_{21} & a_{22} & a_{23} \\ a_{31} & a_{32} & a_{33} \end{vmatrix}=a_{11}\cdot(-1)^{1+1}\begin{vmatrix} a_{22} & a_{23} \\ a_{32} & a_{33} \end{vmatrix}+a_{12}\cdot(-1)^{1+2}\begin{vmatrix} a_{21} & a_{23} \\ a_{31} & a_{33} \end{vmatrix}$$

$$+a_{13}\cdot(-1)^{1+3}\begin{vmatrix} a_{21} & a_{22} \\ a_{31} & a_{32} \end{vmatrix}$$

$$=a_{11}A_{11}+a_{12}A_{12}+a_{13}A_{13}$$

上式是按行列式的第一行展开的计算的,事实上,也可以按行列式的其他行或者列展开,即行列式等于它的任意一行或任意一列中所有元素与它们各自的代数余子式乘积之和,这种方法称为"**拉普拉斯展开**".如按第二列展开,可得

$$D=\begin{vmatrix} a_{11} & a_{12} & a_{13} \\ a_{21} & a_{22} & a_{23} \\ a_{31} & a_{32} & a_{33} \end{vmatrix}=a_{12}A_{12}+a_{22}A_{22}+a_{32}A_{32}.$$

【**例 4**】 计算行列式 $\begin{vmatrix} 2 & 0 & 1 \\ -1 & 3 & 6 \\ 4 & -2 & 4 \end{vmatrix}$.

(1) 按第一行展开,并求其值;

(2) 按第三列展开,并求其值.

解 (1) 按第一行展开,则

$$\begin{vmatrix} 2 & 0 & 1 \\ -1 & 3 & 6 \\ 4 & -2 & 4 \end{vmatrix} = a_{11}A_{11} + a_{12}A_{12} + a_{13}A_{13}$$

$$= 2 \times (-1)^{1+1} \begin{vmatrix} 3 & 6 \\ -2 & 4 \end{vmatrix} + 0 \times (-1)^{1+2} \begin{vmatrix} -1 & 6 \\ 4 & 4 \end{vmatrix} + 1 \times (-1)^{1+3} \begin{vmatrix} -1 & 3 \\ 4 & -2 \end{vmatrix}$$

$$= 2 \times 24 + 0 \times 28 + 1 \times (-10) = 38$$

(2) 按第三列展开

$$\begin{vmatrix} 2 & 0 & 1 \\ -1 & 3 & 6 \\ 4 & -2 & 4 \end{vmatrix} = a_{13}A_{13} + a_{23}A_{23} + a_{33}A_{33}$$

$$= 1 \times (-1)^{3+1} \begin{vmatrix} -1 & 3 \\ 4 & -2 \end{vmatrix} + 6 \times (-1)^{3+2} \begin{vmatrix} 2 & 0 \\ 4 & -2 \end{vmatrix} + 4 \times (-1)^{3+3} \begin{vmatrix} 2 & 0 \\ -1 & 3 \end{vmatrix}$$

$$= 1 \times (-10) + 6 \times 4 + 4 \times 6 = 38.$$

【例5】 计算行列式 $\begin{vmatrix} 2 & 0 & 0 \\ -1 & 3 & 6 \\ 4 & -2 & 4 \end{vmatrix}$.

解 因为第一行零元素较多,我们可按第一行展开,则

$$\begin{vmatrix} 2 & 0 & 0 \\ -1 & 3 & 6 \\ 4 & -2 & 4 \end{vmatrix} = a_{11}A_{11} + a_{12}A_{12} + a_{13}A_{13}$$

$$= 2 \times A_{11}$$

$$= 2 \times (-1)^{1+1} \begin{vmatrix} 3 & 6 \\ -2 & 4 \end{vmatrix} = 48$$

【例6】 计算行列式 $\begin{vmatrix} a_{11} & 0 & \cdots & 0 \\ 0 & a_{22} & \cdots & 0 \\ \vdots & \vdots & \vdots & \vdots \\ 0 & 0 & \cdots & a_{nn} \end{vmatrix}$.

解 当 $i \neq j$ 时,$a_{ij}=0$,根据拉普拉斯展开法,并选择按第一行展开,则

$$\begin{vmatrix} a_{11} & 0 & \cdots & 0 \\ 0 & a_{22} & \cdots & 0 \\ \vdots & \vdots & \vdots & \vdots \\ 0 & 0 & \cdots & a_{nn} \end{vmatrix} = a_{11}A_{11} + 0A_{12} + \cdots + 0A_{1n} = a_{11}A_{11} = a_{11} \begin{vmatrix} a_{22} & 0 & \cdots & 0 \\ 0 & a_{33} & \cdots & 0 \\ \vdots & \vdots & \vdots & \vdots \\ 0 & 0 & \cdots & a_{nn} \end{vmatrix}$$

$$\xrightarrow{\text{按第一行展开}} a_{11}a_{22} \begin{vmatrix} a_{33} & 0 & \cdots & 0 \\ 0 & a_{44} & \cdots & 0 \\ \vdots & \vdots & \vdots & \vdots \\ 0 & 0 & \cdots & a_{nn} \end{vmatrix} = \cdots = a_{11}a_{22}\cdots a_{nn}$$

【例 7】 计算行列式 $\begin{vmatrix} a_{11} & 0 & \cdots & 0 \\ a_{21} & a_{22} & \cdots & 0 \\ \vdots & \vdots & \vdots & \vdots \\ a_{n1} & a_{n2} & \cdots & a_{nn} \end{vmatrix}$.

解 当 $i < j$ 时，$a_{ij} = 0$，根据代数余子式展开法，并选择按第一行展开，则

$$\begin{vmatrix} a_{11} & 0 & \cdots & 0 \\ a_{21} & a_{22} & \cdots & 0 \\ \vdots & \vdots & \vdots & \vdots \\ a_{n1} & a_{n2} & \cdots & a_{nn} \end{vmatrix} = a_{11}A_{11} + 0A_{12} + \cdots + 0A_{1n} = a_{11}A_{11} = a_{11} \begin{vmatrix} a_{22} & 0 & \cdots & 0 \\ a_{32} & a_{33} & \cdots & 0 \\ \vdots & \vdots & \vdots & \vdots \\ a_{n2} & a_{n3} & \cdots & a_{nn} \end{vmatrix}$$

$$\xrightarrow{\text{按第一行展开}} a_{11}a_{22} \begin{vmatrix} a_{33} & 0 & \cdots & 0 \\ a_{43} & a_{44} & \cdots & 0 \\ \vdots & \vdots & \vdots & \vdots \\ a_{n3} & a_{n4} & \cdots & a_{nn} \end{vmatrix} = \cdots = a_{11}a_{22}\cdots a_{nn}$$

把形如

$$\begin{vmatrix} a_{11} & 0 & \cdots & 0 \\ 0 & a_{22} & \cdots & 0 \\ \vdots & \vdots & \vdots & \vdots \\ 0 & 0 & \cdots & a_{nn} \end{vmatrix}$$

的行列式称为**对角行列式**；

形如

$$\begin{vmatrix} a_{11} & 0 & \cdots & 0 \\ a_{21} & a_{22} & \cdots & 0 \\ \vdots & \vdots & \vdots & \vdots \\ a_{n1} & a_{n2} & \cdots & a_{nn} \end{vmatrix}$$

的行列式称**下三角行列式**；

形如

$$\begin{vmatrix} a_{11} & a_{12} & \cdots & a_{1n} \\ 0 & a_{22} & \cdots & a_{2n} \\ \vdots & \vdots & \vdots & \vdots \\ 0 & 0 & \cdots & a_{nn} \end{vmatrix}$$

的行列式称上三角行列式.

由上述几个例子,我们可以注意到:对角行列式、上(下)三角行列式的值都等于主对角线元素乘积.

习题 6.1

1. 计算下列行列式:

(1) $\begin{vmatrix} 5 & 7 \\ 2 & 3 \end{vmatrix}$; (2) $\begin{vmatrix} 1 & 1 \\ 0 & 0 \end{vmatrix}$;

(3) $\begin{vmatrix} 1 & 0 \\ 1 & 0 \end{vmatrix}$; (4) $\begin{vmatrix} \sin\alpha & -\cos\alpha \\ \cos\alpha & \sin\alpha \end{vmatrix}$;

(5) $\begin{vmatrix} a & b \\ a^2 & b^2 \end{vmatrix}$; (6) $\begin{vmatrix} 1 & \log_a b \\ \log_b a & 1 \end{vmatrix}$;

(7) $\begin{vmatrix} 2 & -3 & 2 \\ 1 & 0 & 0 \\ 1 & 1 & 1 \end{vmatrix}$; (8) $\begin{vmatrix} 1 & 0 & 1 \\ 2 & 1 & 1 \\ 3 & 2 & 1 \end{vmatrix}$;

(9) $\begin{vmatrix} 1 & 2 & 4 \\ -2 & 2 & 1 \\ -3 & 4 & -2 \end{vmatrix}$; (10) $\begin{vmatrix} 0 & a & 0 \\ b & 0 & c \\ 0 & d & 0 \end{vmatrix}$.

2. 写出三阶行列式 $\begin{vmatrix} -1 & 3 & 2 \\ 7 & 0 & 6 \\ 11 & 9 & 4 \end{vmatrix}$ 中元素 $a_{21} = 7$ 和 $a_{23} = 6$ 的代数余子式,并求其值.

3. 指出下列行列式的名称,并计算其值:

(1) $\begin{vmatrix} 1 & 0 & 0 \\ 0 & 3 & 0 \\ 0 & 0 & 4 \end{vmatrix}$; (2) $\begin{vmatrix} 1 & 1 & 1 \\ 0 & 3 & 2 \\ 0 & 0 & 4 \end{vmatrix}$; (3) $\begin{vmatrix} 1 & 0 & 0 \\ 1 & 3 & 0 \\ 1 & 2 & 4 \end{vmatrix}$.

4. 证明下列各式.

(1) $\begin{vmatrix} 1 & a & a^2 \\ 1 & b & b^2 \\ 1 & c & c^2 \end{vmatrix} = (b-c)(c-a)(a-b)$;

(2) $\begin{vmatrix} b & a & a \\ a & b & a \\ a & a & b \end{vmatrix} = (2a+b)(b-a)^2$.

5. 解下列方程:

(1) $\begin{vmatrix} 6 & x-2 \\ x-1 & 2 \end{vmatrix} = 0$; (2) $\begin{vmatrix} a & a & x \\ m & m & m \\ b & x & b \end{vmatrix} = 0$; (3) $\begin{vmatrix} 2x & 1 & 5 \\ 1 & 1 & 2 \\ 0 & 2 & x \end{vmatrix} = 0$.

6. 按第 3 列展开行列式 $\begin{vmatrix} 1 & 0 & a & 1 \\ 0 & -1 & b & -1 \\ -1 & -1 & c & 1 \\ -1 & 1 & d & 0 \end{vmatrix}$,并计算其结果.

6.2 行列式的性质

6.2.1 行列式的性质

根据 n 阶行列式的定义直接计算行列式,当行列式的阶数 n 较大时,一般是很麻烦的,为了简化 n 阶行列式的计算,我们有必要讨论 n 阶行列式的性质. 在介绍行列式的性质之前,先给出 n 阶转置行列式的概念.

如果把 n 阶行列式

$$D=\begin{vmatrix} a_{11} & a_{12} & \cdots & a_{1n} \\ a_{21} & a_{22} & \cdots & a_{2n} \\ \vdots & \vdots & \vdots & \vdots \\ a_{n1} & a_{n2} & \cdots & a_{nn} \end{vmatrix}$$

中的行与列按顺序互换,得到一个新的行列式,

$$D^T=\begin{vmatrix} a_{11} & a_{21} & \cdots & a_{n1} \\ a_{12} & a_{22} & \cdots & a_{n2} \\ \vdots & \vdots & \vdots & \vdots \\ a_{1n} & a_{2n} & \cdots & a_{nn} \end{vmatrix}$$

称 D^T 为行列式 D 的转置行列式. 显然,D 也是 D^T 的转置行列式.

例如 $D=\begin{vmatrix} 3 & 5 \\ 1 & 2 \end{vmatrix}$,则 $D^T=\begin{vmatrix} 3 & 1 \\ 5 & 2 \end{vmatrix}$.

性质 1 行列式 D 与它的转置行列式 D^T 相等,即 $D=D^T$.

性质 2 互换行列式的任意两行(列),行列式变号.

例如,二阶行列式

$$D=\begin{vmatrix} a_{11} & a_{12} \\ a_{21} & a_{22} \end{vmatrix}=a_{11}a_{22}-a_{12}a_{21},$$

交换两行后得到的行列式

$$\begin{vmatrix} a_{21} & a_{22} \\ a_{11} & a_{12} \end{vmatrix}=a_{21}a_{12}-a_{22}a_{11}=-D.$$

推论 若行列式的两行(列)元素对应相同,则此行列式的值为零.

事实上,交换相同的两行,由性质 2 得,$D=-D$,于是 $D=0$.

性质 3 行列式某一行(或列)的公因子可以提到行列式记号的外面,即

$$\begin{vmatrix} a_{11} & a_{12} & \cdots & a_{1n} \\ \vdots & \vdots & \vdots & \vdots \\ \lambda a_{i1} & \lambda a_{i2} & \cdots & \lambda a_{in} \\ \vdots & \vdots & \vdots & \vdots \\ a_{n1} & a_{n2} & \cdots & a_{nn} \end{vmatrix}=\lambda\begin{vmatrix} a_{11} & a_{12} & \cdots & a_{1n} \\ \vdots & \vdots & \vdots & \vdots \\ a_{i1} & a_{i2} & \cdots & a_{in} \\ \vdots & \vdots & \vdots & \vdots \\ a_{n1} & a_{n2} & \cdots & a_{nn} \end{vmatrix}.$$

例如
$$A = \begin{vmatrix} 1 & 2 & 3 \\ 25 & 75 & 150 \\ 7 & 8 & 9 \end{vmatrix} = 25 \begin{vmatrix} 1 & 2 & 3 \\ 1 & 3 & 6 \\ 7 & 8 & 9 \end{vmatrix} = B.$$

推论 1 如果行列式中有一行(或列)的元素全为零,那么此行列式的值为零.

例如
$$\begin{vmatrix} 1 & 2 & 3 \\ 1 & 3 & 6 \\ 0 & 0 & 0 \end{vmatrix} = 0.$$

推论 2 如果行列式其中有两行(或列)元素对应成比例,那么行列式等于零.

例如
$$D = \begin{vmatrix} 1 & 1 \\ 2 & 2 \end{vmatrix} = 2 \times \begin{vmatrix} 1 & 1 \\ 1 & 1 \end{vmatrix} = 0.$$

性质 4 如果行列式的某一行(或列)元素可以写成两数之和,那么可以把行列式表示成两个行列式的和,即

$$\begin{vmatrix} a_{11} & a_{12} & \cdots & a_{1n} \\ \vdots & \vdots & \vdots & \vdots \\ b_{i1}+c_{i1} & b_{i2}+c_{i2} & \cdots & b_{in}+c_{in} \\ \vdots & \vdots & \vdots & \vdots \\ a_{n1} & a_{n2} & \cdots & a_{nn} \end{vmatrix} = \begin{vmatrix} a_{11} & a_{12} & \cdots & a_{1n} \\ \vdots & \vdots & \vdots & \vdots \\ b_{i1} & b_{i2} & \cdots & b_{in} \\ \vdots & \vdots & \vdots & \vdots \\ a_{n1} & a_{n2} & \cdots & a_{nn} \end{vmatrix} + \begin{vmatrix} a_{11} & a_{12} & \cdots & a_{1n} \\ \vdots & \vdots & \vdots & \vdots \\ c_{i1} & c_{i2} & \cdots & c_{in} \\ \vdots & \vdots & \vdots & \vdots \\ a_{n1} & a_{n2} & \cdots & a_{nn} \end{vmatrix}.$$

【例 1】 若 $\begin{vmatrix} a & b \\ c & d \end{vmatrix} = 3$, $\begin{vmatrix} x & y \\ c & d \end{vmatrix} = 2$,求 $A = \begin{vmatrix} a+x & b+y \\ c & d \end{vmatrix}$.

解 由性质 4 知,$\begin{vmatrix} a+x & b+y \\ c & d \end{vmatrix} = \begin{vmatrix} a & b \\ c & d \end{vmatrix} + \begin{vmatrix} x & y \\ c & d \end{vmatrix} = 3+2 = 5$

性质 5 把行列式的某一行(列)的各元素乘以同一数然后加到另一行(列)对应的元素上去,行列式不变,即

$$\begin{vmatrix} a_{11} & a_{12} & \cdots & a_{1n} \\ \vdots & \vdots & \vdots & \vdots \\ a_{i1} & a_{i2} & \cdots & a_{in} \\ \vdots & \vdots & \vdots & \vdots \\ a_{j1} & a_{j2} & \cdots & a_{jn} \\ \vdots & \vdots & \vdots & \vdots \\ a_{n1} & a_{n2} & \cdots & a_{nn} \end{vmatrix} = \begin{vmatrix} a_{11} & a_{12} & \cdots & a_{1n} \\ \vdots & \vdots & & \vdots \\ a_{i1}+ka_{j1} & a_{i2}+ka_{j2} & \cdots & a_{in}+ka_{jn} \\ \vdots & \vdots & & \vdots \\ a_{j1} & a_{j2} & \cdots & a_{jn} \\ \vdots & \vdots & & \vdots \\ a_{n1} & a_{n2} & \cdots & a_{nn} \end{vmatrix}$$

例如 $\begin{vmatrix} 1 & 1 \\ 1 & 2 \end{vmatrix} \xrightarrow{(-1)r_1+r_2} \begin{vmatrix} 1 & 1 \\ 0 & 1 \end{vmatrix} = 1.$

为了便于书写,在行列式计算过程中约定采用下列标记法:

(1) 第 i 行和第 j 行互换,记为 $r_i \leftrightarrow r_j$;

(2) 把第 j 行(或第 j 列)的元素同乘以数 k,加到第 i 行(或第 i 列)对应的元素上去,记

为 $kr_j + r_i$；

（3）行列式的第 i 行（或第 i 列）中所有元素都乘以 k，记为 kr_i.

6.2.2　行列式性质的应用

行列式计算时，可以根据行列式的特点，利用行列式的性质把它逐步化为上三角形或下三角形，由前面的结论可知，这时行列式的值就是主对角线上的元素乘积. 这种方法一般称为"化上三角形法".

【例 2】　计算 $D = \begin{vmatrix} -1 & 3 & 2 & -2 \\ 1 & 1 & 1 & 4 \\ -1 & 2 & 1 & -1 \\ 1 & 1 & 2 & 9 \end{vmatrix}$.

解　$D = \begin{vmatrix} -1 & 3 & 2 & -2 \\ 1 & 1 & 1 & 4 \\ -1 & 2 & 1 & -1 \\ 1 & 1 & 2 & 9 \end{vmatrix} \xrightarrow[\substack{(-1)r_1 + r_3 \\ r_1 + r_4}]{r_1 + r_2} \begin{vmatrix} -1 & 3 & 2 & -2 \\ 0 & 4 & 3 & 2 \\ 0 & -1 & -1 & 1 \\ 0 & 4 & 4 & 7 \end{vmatrix}$

$\xrightarrow{r_2 \leftrightarrow r_3} - \begin{vmatrix} -1 & 3 & 2 & -2 \\ 0 & -1 & -1 & 1 \\ 0 & 4 & 3 & 2 \\ 0 & 4 & 4 & 7 \end{vmatrix} \xrightarrow[r_4 + 4r_2]{r_3 + 4r_2} - \begin{vmatrix} -1 & 3 & 2 & -2 \\ 0 & -1 & -1 & 1 \\ 0 & 0 & -1 & 6 \\ 0 & 0 & 0 & 11 \end{vmatrix} = 11.$

【例 3】　证明 $\begin{vmatrix} b & a & a & a \\ a & b & a & a \\ a & a & b & a \\ a & a & a & b \end{vmatrix} = (3a+b)(b-a)^3$.

证明　从行列式 D 的元素排列特点看，每一列 4 个元素的和都相等，把第 2，3，4 行同时加到第 1 行，提出公因子 $3a+b$，然后各行加上第一行的 $-a$ 倍，有

$D = \begin{vmatrix} b & a & a & a \\ a & b & a & a \\ a & a & b & a \\ a & a & a & b \end{vmatrix} \xrightarrow{r_2 + r_3 + r_4 + r_1} \begin{vmatrix} 3a+b & 3a+b & 3a+b & 3a+b \\ a & b & a & a \\ a & a & b & b \\ a & a & a & b \end{vmatrix}$

$= (3a+b) \begin{vmatrix} 1 & 1 & 1 & 1 \\ a & b & a & a \\ a & a & b & a \\ a & a & a & b \end{vmatrix}$

$\xrightarrow{(-a)r_1 \text{ 加到其他各行}} \begin{vmatrix} 1 & 1 & 1 & 1 \\ 0 & b-a & 0 & 0 \\ 0 & 0 & b-a & 0 \\ 0 & 0 & 0 & b-a \end{vmatrix} (3a+b) = (3a+b)(b-a)^3.$

将 n 阶行列式化为上三角行列式的一般步骤:

(1) 把 a_{11} 变换为 1(用行列式的性质 2 或性质 5);

(2) 把第一行分别乘以 $-a_{21},-a_{31},\cdots,-a_{n1}$,加到除第一行以外的各行对应元素上,把 $a_{i1}(i=2,3,\cdots n)$ 都化为零;

(3) 从第二行依次用类似的方法,将 $a_{ij}(i>j)$ 都化为零,即得上三角行列式.

计算行列式,除了将其化为三角形外,还可用"降阶法",即用行列式的性质将其某行(列)化为只有一个非零元素,然后按该行(列)用代数余子式展开法展开.

习题 6.2

1. 计算下列行列式:

(1) $\begin{vmatrix} 1 & 121 & 121 \\ 121 & 1 & 121 \\ 121 & 121 & 1 \end{vmatrix}$;

(2) $\begin{vmatrix} 1 & 1 & 1 \\ a & b & c \\ b+c & c+a & a+b \end{vmatrix}$;

(3) $\begin{vmatrix} 3 & 1 & 1 & 1 \\ 1 & 3 & 1 & 1 \\ 1 & 1 & 3 & 1 \\ 1 & 1 & 1 & 3 \end{vmatrix}$;

(4) $\begin{vmatrix} 0 & 1 & 1 & 1 \\ 1 & 0 & 1 & 1 \\ 1 & 1 & 0 & 1 \\ 1 & 1 & 1 & 0 \end{vmatrix}$;

(5) $\begin{vmatrix} 0 & -1 & -1 & 2 \\ 1 & -1 & 0 & 2 \\ -1 & 2 & -1 & 0 \\ 2 & 1 & 1 & 0 \end{vmatrix}$;

(6) $\begin{vmatrix} 5 & 0 & 4 & 2 \\ 1 & -1 & 2 & 1 \\ 4 & 1 & 2 & 0 \\ 1 & 1 & 1 & 1 \end{vmatrix}$.

2. 证明下列结果:

(1) $\begin{vmatrix} a & b & c \\ a & a+b & a+b+c \\ a & 2a+b & 3a+2b+c \end{vmatrix} = a^3$;

(2) $\begin{vmatrix} a & b & c \\ a^2 & b^2 & c^2 \\ a^3 & b^3 & c^3 \end{vmatrix} = abc(a-b)(b-c)(c-a)$.

3. 解方程 $\begin{vmatrix} 1 & 1 & 1 & 1 \\ 1 & x & 2 & 2 \\ 2 & 2 & x & 3 \\ 3 & 3 & 3 & x \end{vmatrix} = 0$.

6.3 用行列式解线性方程组

在 6.1 节中求解二元方程组时,我们用二阶行列式表示方程组的解,在解 n 个未知数 n 个方程的线性方程组时,是否也可以用行列式表示其解呢?

含有 n 个未知数 n 个方程的线性方程组的一般形式为

$$\begin{cases} a_{11}x_1 + a_{12}x_2 + \cdots + a_{1n}x_n = b_1 \\ a_{21}x_1 + a_{22}x_2 + \cdots + a_{2n}x_n = b_2 \\ \cdots\cdots\cdots\cdots\cdots\cdots\cdots\cdots\cdots\cdots\cdots \\ a_{n1}x_1 + a_{n2}x_2 + \cdots + a_{nn}x_n = b_n \end{cases} \quad (6.3.1)$$

由它的系数 a_{ij} 组成的 n 阶行列式

$$D = \begin{vmatrix} a_{11} & a_{12} & \cdots & a_{1n} \\ a_{21} & a_{22} & \cdots & a_{2n} \\ \vdots & \vdots & \vdots & \vdots \\ a_{n1} & a_{n2} & \cdots & a_{nn} \end{vmatrix}$$

称为 n 元线性方程组(6.3.1)的**系数行列式**.

用常数项 $b_1, b_2, \cdots, b_n$ 代替 D 中的第 j 列,组成的行列式记为 D_j,即

$$D_j = \begin{vmatrix} a_{11} & \cdots & a_{1j-1} & b_1 & a_{1j+1} & \cdots & a_{1n} \\ a_{21} & \cdots & a_{2j-1} & b_2 & a_{2j+1} & \cdots & a_{2n} \\ \vdots & \vdots & \vdots & \vdots & \vdots & \vdots & \vdots \\ a_{n1} & \cdots & a_{nj-1} & b_n & a_{nj+1} & \cdots & a_{nn} \end{vmatrix} (j = 1, 2, \cdots, n).$$

定理 1 (克莱姆法则)若线性方程组的系数行列式 D 不等于零,即 $D \neq 0$,则方程组存在唯一解

$$x_j = \frac{D_j}{D}(j = 1, 2, \cdots, n)$$

【**例 1**】 用行列式解线性方程组 $\begin{cases} 3x - 2y - 3 = 0 \\ x + 3y + 1 = 0 \end{cases}$.

解 将方程组写成一般形式

$$\begin{cases} 3x - 2y = 3 \\ x + 3y = -1 \end{cases}$$

因为

$$D = \begin{vmatrix} 3 & -2 \\ 1 & 3 \end{vmatrix} = 11 \neq 0 ,$$

所以方程组有唯一解,
又

$$D_x = \begin{vmatrix} 3 & -2 \\ -1 & 3 \end{vmatrix} = 7, D_y = \begin{vmatrix} 3 & 3 \\ 1 & -1 \end{vmatrix} = -6 ,$$

所以方程组的解为

$$\begin{cases} x = \dfrac{D_x}{D} = \dfrac{7}{11} \\ y = \dfrac{D_y}{D} = -\dfrac{6}{11} \end{cases}$$

【例 2】 用行列式解线性方程组 $\begin{cases} 2x - y + 3z = 3 \\ 3x + y - 5z = 0. \\ 4x - y + z = 3 \end{cases}$

解 因为

$$D = \begin{vmatrix} 2 & -1 & 3 \\ 3 & 1 & -5 \\ 4 & -1 & 1 \end{vmatrix} = -6 \neq 0,$$

所以方程组有唯一解,
又

$$D_x = \begin{vmatrix} 3 & -1 & 3 \\ 0 & 1 & -5 \\ 3 & -1 & 1 \end{vmatrix} = -6, D_y = \begin{vmatrix} 2 & 3 & 3 \\ 3 & 0 & -5 \\ 4 & 3 & 1 \end{vmatrix} = -12,$$

$$D_z = \begin{vmatrix} 2 & -1 & 3 \\ 3 & 1 & 0 \\ 4 & -1 & 3 \end{vmatrix} = -6$$

所以方程组的解为

$$x = \frac{D_x}{D} = 1, y = \frac{D_y}{D} = 2, x = \frac{D_z}{D} = 1$$

【例 3】 用行列式解线性方程组 $\begin{cases} 3x_1 + 2x_2 & = 1 \\ x_1 + 3x_2 + 2x_3 & = 0 \\ x_2 + 3x_3 + 2x_4 & = 0, \\ x_3 + 3x_4 + 2x_5 = 0 \\ x_4 + 3x_5 = 1 \end{cases}$

解 因为

$$D = \begin{vmatrix} 3 & 2 & 0 & 0 & 0 \\ 1 & 3 & 2 & 0 & 0 \\ 0 & 1 & 3 & 2 & 0 \\ 0 & 0 & 1 & 3 & 2 \\ 0 & 0 & 0 & 1 & 3 \end{vmatrix} = 63 \neq 0,$$

所以方程组有唯一解,又

$$D_1 = \begin{vmatrix} 3 & 2 & 0 & 0 & 0 \\ 1 & 3 & 2 & 0 & 0 \\ 0 & 1 & 3 & 2 & 0 \\ 0 & 0 & 1 & 3 & 2 \\ 0 & 0 & 0 & 1 & 3 \end{vmatrix} = 47,$$

同样可求得

$$D_2 = -39, D_3 = 33, D_4 = -33, D_5 = 32$$

所以方程组的解为

$$x_1 = \frac{D_1}{D} = \frac{47}{63}, x_2 = \frac{D_2}{D} = -\frac{39}{63} = -\frac{13}{21}, x_3 = \frac{D_3}{D} = \frac{33}{63} = \frac{11}{21},$$

$$x_4 = \frac{D_4}{D} = -\frac{33}{63} = -\frac{11}{21}, x_5 = \frac{D_5}{D} = \frac{32}{63}.$$

我们可以看到：克莱姆法则给出了解与系数的明显关系,但它仅适用于方程个数与未知量个数相等的情形.

线性方程组(6.3.1)

$$\begin{cases} a_{11}x_1 + a_{12}x_2 + \cdots + a_{1n}x_n = b_1 \\ a_{21}x_1 + a_{22}x_2 + \cdots + a_{2n}x_n = b_2 \\ \cdots\cdots\cdots\cdots\cdots\cdots\cdots\cdots\cdots\cdots \\ a_{n1}x_1 + a_{n2}x_2 + \cdots + a_{nn}x_n = b_n \end{cases}$$

若常数项 $b_1, b_2, \cdots, b_n$ 不全为零,则称此方程组为非齐次线性方程组;

若常数项 $b_1, b_2, \cdots, b_n$ 全为零,即

$$\begin{cases} a_{11}x_1 + a_{12}x_2 + \cdots + a_{1n}x_n = 0 \\ a_{21}x_1 + a_{22}x_2 + \cdots + a_{2n}x_n = 0 \\ \cdots\cdots\cdots\cdots\cdots\cdots\cdots\cdots\cdots\cdots \\ a_{n1}x_1 + a_{n2}x_2 + \cdots + a_{nn}x_n = 0 \end{cases} \tag{6.3.2}$$

则称此方程组为**齐次线性方程组**. 这时行列式 D_j 第 j 列的元素全为零,所以 $D_j = 0$, $j = 1, 2, \cdots n$. 因此(6.3.2)的系数行列式 $D \neq 0$ 时,由克莱姆法则知它有唯一解

$$x_j = 0, j = 1, 2, \cdots n.$$

齐次线性方程组全部由零组成的解称为**零解**.若有一组不全为零的数是它的解,称为**非零解**.

于是可得下面的推论:

推论 1　如果齐次线性方程组的系数行列式 $D \neq 0$,则齐次线性方程组只有零解.

推理 2　如果齐次线性方程组有非零解,则它的系数行列式必为 0.

【例 4】 问 λ 取何值时,齐次线性方程组 $\begin{cases} (1-\lambda)x_1 - 2x_2 + 4x_3 = 0 \\ 2x_1 + (3-\lambda)x_2 + x_3 = 0 \\ x_1 + x_2 + (1-\lambda)x_3 = 0 \end{cases}$　有非零解?

解　$D = \begin{vmatrix} 1-\lambda & -2 & 4 \\ 2 & 3-\lambda & 1 \\ 1 & 1 & 1-\lambda \end{vmatrix} = \begin{vmatrix} 1-\lambda & -3+\lambda & 4 \\ 2 & 1-\lambda & 1 \\ 1 & 0 & 1-\lambda \end{vmatrix}$

$$= (1-\lambda)^3 + (\lambda-3) - 4(1-\lambda) - 2(1-\lambda)(-3+\lambda)$$

$$= (1-\lambda)^3 + 2(1-\lambda)^2 + \lambda - 3 = -\lambda(\lambda-2)(\lambda-3)$$

齐次方程组有非零解,则 $D = 0$,所以 $\lambda = 0, \lambda = 2$ 或 $\lambda = 3$ 时齐次方程组有非零解.

习题 6.3

1. 用克莱姆法则解方程组：

(1) $\begin{cases} 2x+y=5 \\ x-3y=-1 \end{cases}$; (2) $\begin{cases} x-y+2z=13 \\ x+y+z=10 \\ 2x+3y-z=1 \end{cases}$; (3) $\begin{cases} 6x+4z+w=3 \\ x-y+2z+w=1 \\ 4x+y+2z=1 \\ x+y+z+w=0 \end{cases}$.

2. 判断下列齐次线性方程组是否有非零解？

(1) $\begin{cases} -x+2y+2z=0 \\ 4x+y-2z=0 \\ y+4z=0 \end{cases}$; (2) $\begin{cases} x+3y-2z=0 \\ -3x-y-2z=0 \\ x+2y-z=0 \end{cases}$.

6.4 Matlab 在行列式中的应用

6.4.1 矩阵的建立

逗号或空格用于分隔某一行的元素，分号用于区分不同的行．除了分号，在输入矩阵时，按 Enter 键也表示开始新一行．输入矩阵时，严格要求所有行有相同的列．

【例1】 输入矩阵.

$\gg$ m=[1 2 3 4；5 6 7 8；9 10 11 12]

m =

1	2	3	4
5	6	7	8
9	10	11	12

6.4.2 行列式的计算

命令格式：det(A)

功能：计算矩阵 A 的行列式.

【例2】 计算矩阵 $A=\begin{bmatrix} 1 & 0 & 2 & 1 \\ -1 & 2 & 2 & 3 \\ 2 & 3 & 3 & 1 \\ 0 & 1 & 2 & 1 \end{bmatrix}$ 的行列式.

解 输入命令：

$\gg$ A=[1 0 2 1；-1 2 2 3；2 3 3 1；0 1 2 1];

$\gg$ det(A)

ans =

14

【例3】 用克莱姆法则解方程组 $\begin{cases} 2x+3y+5z=2 \\ x+2y+5z=5 \\ x+3y+5z=4 \end{cases}$.

解 输入命令

≫ D＝[2 3 5;1 2 5;1 3 5]; D1＝[2 3 5;5 2 5;4 3 5];

≫ D2＝[2 2 5;1 5 5;1 4 5]; D3＝[2 3 2;1 2 5;1 3 4];

≫ det(D)

ans＝ −5

≫ det(D1)

ans＝ 10

≫ det(D2)

ans＝ 5

≫ det(D)

ans＝ −9

则得方程组的解为

$$\begin{cases} x=\dfrac{D1}{D}=-2 \\[2mm] y=\dfrac{D2}{D}=-1 \\[2mm] z=\dfrac{D3}{D}=\dfrac{9}{5} \end{cases}$$

习题 6.4

1. 输入矩阵 $A=\begin{pmatrix} 1 & 2 & 3 & 4 & 5 \\ 3 & 4 & 5 & 6 & 7 \\ 5 & 6 & 7 & 8 & 9 \end{pmatrix}$.

2. 计算行列式 $\begin{vmatrix} 1 & 2 & 3 & 4 \\ 4 & 3 & 2 & 1 \\ 0 & 1 & 0 & -2 \\ 3 & 7 & 2 & 9 \end{vmatrix}$.

3. 用克莱姆法则求解线性方程组 $\begin{cases} x+2y+z=1 \\ 2x-y+z=1. \\ x-y+2z=3 \end{cases}$

复 习 题 六

一、填空题

1. 若 $D=\begin{vmatrix} a & b \\ x & y \end{vmatrix}=2$,则 $D^{T}=\begin{vmatrix} a & x \\ b & y \end{vmatrix}=$_____.

2. 若 $\begin{vmatrix} a & b \\ x & y \end{vmatrix}=1$,则 $\begin{vmatrix} x & y \\ a & b \end{vmatrix}=$_____,$\begin{vmatrix} a & b \\ 3x & 3y \end{vmatrix}=$_____.

3. 若三阶行列式 D 的第二列元素分别为 $1,2,3$,且其相应的代数余子式分别为 $3,2,1$,则 $D=$_____.

本章小结和
阅读材料

4. 若 $\begin{vmatrix} a & b \\ c & d \end{vmatrix} = 1$, $\begin{vmatrix} x & y \\ c & d \end{vmatrix} = 2$,则 $\begin{vmatrix} a+x & b+y \\ c & d \end{vmatrix} =$ _____.

5. 若 $\begin{vmatrix} a & b \\ c & d \end{vmatrix} = 2$,则 $\begin{vmatrix} a & b \\ c+3a & d+3b \end{vmatrix} =$ _____.

二、单项选择题

1. 若 $D_1 = \begin{vmatrix} a_{11} & 3a_{12} & a_{13} \\ a_{21} & 3a_{22} & a_{23} \\ a_{31} & 3a_{32} & a_{33} \end{vmatrix} = 6$,则 $D_2 = \begin{vmatrix} a_{11} & a_{12} & a_{13} \\ a_{21} & a_{22} & a_{23} \\ a_{31} & a_{32} & a_{33} \end{vmatrix} =$ (   )

  A. 3   B. 2   C. 18   D. 1

2. 已知三阶行列式 D 的值为 2,将 D 的第二行元素乘以 -1 加到第三行的对应元素上去,则现行列式的值   (   )

  A. 2   B. 0   C. -1 D. -2

3. 设 $D = \begin{vmatrix} a_{11} & a_{12} \\ a_{21} & a_{22} \end{vmatrix} = 1$,则 $D = \begin{vmatrix} 4a_{11} & a_{11}-3a_{12} \\ 4a_{21} & a_{21}-3a_{22} \end{vmatrix} =$ (   )

  A. 0   B. -12 C. 12   D. 1

4. 设齐次线性方程组 $\begin{cases} kx + z = 0 \\ 2x + ky + z = 0 \\ kx - 2y + z = 0 \end{cases}$ 有非零解,则 $k =$ (   )

  A. 2   B. 0   C. -1 D. -2

5. 设 $A = \begin{vmatrix} 2 & 0 & 8 \\ -3 & 1 & 5 \\ 2 & 9 & 7 \end{vmatrix}$,则代数余子式 $A_{12} =$ (   )

  A. -31 B. 31   C. 0   D. -11

6. 已知三阶行列式 D 中第三列元素依次为 $-1,2,0$,它们的余子式依次分别为 $5,3,-7$,则 $D =$ (   )

  A. -5 B. 5   C. 0   D. -11

7. 行列式 $\begin{vmatrix} a & b & c \\ d & e & f \\ g & h & k \end{vmatrix}$ 中元素 f 的代数余子式是   (   )

  A. $\begin{vmatrix} d & e \\ g & h \end{vmatrix}$ B. $-\begin{vmatrix} a & b \\ g & h \end{vmatrix}$ C. $\begin{vmatrix} a & b \\ g & h \end{vmatrix}$ D. $-\begin{vmatrix} d & e \\ g & h \end{vmatrix}$

8. 若行列式 $\begin{vmatrix} 2 & -1 & 0 \\ 1 & x & -2 \\ 3 & -1 & 2 \end{vmatrix} = 0$,则 $x =$ (   )

  A. -2 B. 2   C. -1 D. 1

9. 设 $D = \begin{vmatrix} 1 & 0 & 0 \\ 0 & 2 & 0 \\ 0 & 0 & 3 \end{vmatrix}$,则 $D =$ (   )

  A. -2 B. 2   C. 6   D. -6

10. 设 $D = \begin{vmatrix} 0 & 0 & 1 \\ 0 & 1 & 0 \\ 1 & 0 & 0 \end{vmatrix}$，则 $D =$ (   )

  A. -2 B. 2 C. 1 D. -1

三、计算下列行列式

1. $\begin{vmatrix} \sec\alpha & \mathrm{tg}\,\alpha \\ \mathrm{tg}\,\alpha & \sec\alpha \end{vmatrix}$;

2. $\begin{vmatrix} \log_a b & 1 \\ 2 & \log_b a \end{vmatrix}$;

3. $\begin{vmatrix} -5 & 2 & 2 \\ 2 & 2 & -5 \\ 2 & -5 & 2 \end{vmatrix}$;

4. $\begin{vmatrix} 1 & 1 & 1 \\ a & b & c \\ b+c & a+c & a+b \end{vmatrix}$;

5. $\begin{vmatrix} a & -1 & 0 & 0 \\ b & x & -1 & 0 \\ c & 0 & x & -1 \\ d & 0 & 0 & x \end{vmatrix}$;

6. $\begin{vmatrix} a & 1 & 1 & 1 \\ 1 & a & 1 & 1 \\ 1 & 1 & a & 1 \\ 1 & 1 & 1 & a \end{vmatrix}$.

四、解下列方程

1. $\begin{vmatrix} 2x & 1 & 5 \\ 1 & 1 & 2 \\ 0 & 2 & x \end{vmatrix} = 0$;

2. $\begin{vmatrix} x-2 & 1 & 0 \\ 1 & x-2 & 1 \\ 0 & 0 & x-2 \end{vmatrix} = 0$;

3. $\begin{vmatrix} 0 & 1 & x & 1 \\ 1 & 0 & 1 & x \\ x & 1 & 0 & 1 \\ 1 & x & 1 & 0 \end{vmatrix} = 0$.

五、解下列线性方程组

1. $\begin{cases} 2x_1 + 2x_2 - 3x_3 = 9 \\ x_1 + 2x_2 + x_3 = 4 \\ 3x_1 + 9x_2 + 2x_3 = 19 \end{cases}$;

2. $\begin{cases} 2x_1 - x_2 + 3x_3 + 2x_4 = 6 \\ 3x_1 - 3x_2 + 3x_3 + 2x_4 = 5 \\ 3x_1 - x_2 - x_3 + 2x_4 = 3 \\ 3x_1 - x_2 + 3x_3 - x_4 = 4 \end{cases}$.

六、 k 为何值时，齐次线性方程组 $\begin{cases} x_1 + x_2 + kx_3 = 0, \\ -x_1 + kx_2 + x_3 = 0, \\ x_1 - x_2 + 2x_3 = 0. \end{cases}$ 只有零解？

第7章 矩 阵

本章提要 矩阵是线性代数的一个重要的基本概念和工具,广泛应用于自然科学的各个分支及经济分析、经济管理等许多领域。矩阵是利用计算机进行数据处理和分析的数学基础,目前国际认可的最优化的科技应用软件——MATLAB 就是以矩阵作为基本的数据结构,从矩阵的数据分析、处理发展起来的被广泛应用的软件.

　　本章主要介绍矩阵的概念、特殊矩阵、矩阵运算、可逆矩阵、矩阵的初等变换、矩阵的秩,并会用矩阵判定方程组的解.

　　线性代数研究最多最基本的便是矩阵.矩阵是线性代数最基本的概念,矩阵的运算是线性代数的基本内容.矩阵就是一个数表,而这个数表可以进行变换以形成新的数表.如果你了解原始数表的含义,而且你可以从中抽象出某种变化规律,你就可以用线性代数的理论对你研究的数表进行变换,得到你想要的一些结论.日常生活中,矩阵无时无刻不出现在我们的身边,例如生产管理中的生产成本问题、人口流动和迁徙、密码学、生态统计学、经济管理等方面都和矩阵息息相关.

　　矩阵作为线性代数中最重要的部分,它贯穿在线性代数的各个方面.矩阵运算实际和大家以前学过的实数四则运算和向量运算在某些方面非常相似,大家学习过程中,将会发现矩阵运算相对于数的运算有许多结论是相通的,当然作为一种新的处理大型运算问题的数学工具,矩阵也有其独特的性质和特征,如乘法交换律不成立,矩阵没有除法但有除法功能相似运算——逆矩阵等.矩阵论的方法也是计算机学科和工程技术上不可缺少的有力工具.

　　在一般的数学教材中都会出现一些比较复杂的计算和证明,在此我们尽量减少理论定理的讲解,让大家掌握矩阵计算原理,理解本质,了解如何运用数学软件计算各种矩阵,希望大家好好努力学习它.

7.1 矩阵的概念

本节主要介绍矩阵的概念和几种特殊矩阵.

7.1.1 矩阵的概念

矩阵的发展史

　　矩阵是一个重要的概念,在生产活动和日常生活中,我们常常用数表表示一些量或关系,如班级学生各科考试成绩、企业销售产品的数量和单价、物流公司物品配送路径等等.当抽出其具体内容时,它们的数量都可以形成矩阵.

　　【例 1】 某户居民第二季度每个月水(单位:吨)、电(单位:千瓦时)、天然气(单位:立方米)的使用情况,可以用一个三行三列的数表表示为

水　电　气

$$\begin{bmatrix} 9 & 165 & 14 \\ 10 & 190 & 15 \\ 10 & 210 & 16 \end{bmatrix}$$

【例2】　［价格矩阵］四种食品(Food)在三家商店(Shop)中,单位量的售价(以某种货币单位计)可用以下矩阵给出

$$\begin{array}{c} \\ S1 \\ S2 \\ S3 \end{array} \begin{array}{cccc} F1 & F2 & F3 & F4 \end{array} \\ \begin{bmatrix} 17 & 7 & 11 & 21 \\ 15 & 9 & 13 & 19 \\ 18 & 8 & 15 & 19 \end{bmatrix}$$

【定义1】　由 $m \times n$ 个数 $a_{ij}(i = 1, 2, \cdots m; j = 1, 2 \cdots n)$ 排成 m 行 n 列的数表

$$\begin{bmatrix} a_{11} & a_{12} & \cdots & a_{1n} \\ a_{21} & a_{22} & \cdots & a_{2n} \\ \vdots & \vdots & \vdots & \vdots \\ a_{m1} & a_{m2} & \cdots & a_{mn} \end{bmatrix}$$

称为 m 行 n 列的矩阵. 矩阵通常用黑斜体大写英文字母 A、B、C 等表示,上述矩阵可记为 A 或 $A_{m \times n}$,有时也记为

$$A = (a_{ij})_{m \times n}$$

其中 a_{ij} 称为矩阵 A 的第 i 行第 j 列的元素.

特别地,当 $m = 1$ 或 $n = 1$ 时,称 A 为行矩阵或列矩阵,此时

$$A = \begin{bmatrix} a_{11} a_{12} \cdots a_{1n} \end{bmatrix} \text{或} A = \begin{bmatrix} a_{11} \\ a_{21} \\ \vdots \\ a_{m1} \end{bmatrix}$$

例如,桥式电路中的网孔电流矩阵 $I = \begin{bmatrix} I_1 \\ I_2 \\ I_3 \end{bmatrix}$.

当 $m = n$ 时,称 A 为 n 阶矩阵或 n 阶方阵,此时

$$A = \begin{bmatrix} a_{11} & a_{12} & \cdots & a_{1n} \\ a_{21} & a_{22} & \cdots & a_{2n} \\ \vdots & \vdots & \vdots & \vdots \\ a_{n1} & a_{n2} & \cdots & a_{nn} \end{bmatrix}$$

在 n 阶方阵中,从左上角到右下角的对角线称为主对角线;从右上角到左下角的对角线称为次对角线.

两个矩阵的行数相等、列数也相等时,就称它们是同型矩阵.

【定义 2】 设 $A = (a_{ij})_{m \times n}$ 与 $B = (b_{ij})_{m \times n}$ 为同型矩阵,若它们的对应元素相等,即

$$a_{ij} = b_{ij}(i = 1, 2, \cdots, m; j = 1, 2, \cdots, n),$$

则称矩阵 A 与矩阵 B 相等,记作 $A = B$.

【例 3】 设 $A = \begin{bmatrix} 3 & 2 & 0 \\ a-b & b & 3 \\ -1 & 1 & 2 \end{bmatrix}$, $B = \begin{bmatrix} a+b & 2 & 0 \\ 5 & b & 3 \\ -1 & 1 & 2 \end{bmatrix}$, 且 $A = B$, 求 a、b.

解 由 $A = B$ 知, $\begin{cases} a+b = 3 \\ a-b = 5 \end{cases}$, 得 $\begin{cases} a = 4 \\ b = -1 \end{cases}$.

7.1.2 特殊矩阵

1. 零矩阵

所有元素都是零的矩阵称为零矩阵. 记作 O

2. 三角矩阵

主对角线下(上)的元素都是 0 的方阵称为上(下)三角矩阵.

即 $\begin{bmatrix} a_{11} & a_{12} & \cdots & a_{1n} \\ 0 & a_{22} & \cdots & a_{2n} \\ \vdots & \vdots & \vdots & \vdots \\ 0 & 0 & \cdots & a_{nn} \end{bmatrix}$ 及 $\begin{bmatrix} a_{11} & 0 & \cdots & 0 \\ a_{21} & a_{22} & \cdots & 0 \\ \vdots & \vdots & \vdots & \vdots \\ a_{n1} & a_{n2} & \cdots & a_{nn} \end{bmatrix}$ 分别为上、下三角矩阵.

3. 对角阵

除对角线上的元素之外的元素都是 0 的方阵称为对角方阵,如

$$\begin{bmatrix} a_{11} & 0 & \cdots & 0 \\ 0 & a_{22} & \cdots & 0 \\ \vdots & \vdots & \vdots & \vdots \\ 0 & 0 & \cdots & a_{nn} \end{bmatrix}.$$

4. 数量矩阵

主对角线上的元素都是非零常数 a,其他元素都是 0 的方阵称为数量矩阵,如

$$\begin{bmatrix} a & 0 & \cdots & 0 \\ 0 & a & \cdots & 0 \\ \vdots & \vdots & \vdots & \vdots \\ 0 & 0 & \cdots & a \end{bmatrix}$$ 是数量矩阵.

5. 单位矩阵

主对角线上的元素都是 1,其他元素都是 0 的方阵就称为单位矩阵,用 E 表示

$$\begin{bmatrix} 1 & 0 & \cdots & 0 \\ 0 & 1 & \cdots & 0 \\ \vdots & \vdots & \vdots & \vdots \\ 0 & 0 & \cdots & 1 \end{bmatrix}$$ 是单位矩阵.

6. 阶梯矩阵

(1) 若矩阵有零行(元素全为零的行),零行全部在下方;

(2) 各非零行的第一个不为零的元素(首非零元)的列标随着行标的递增而严格增大.

如 $A = \begin{bmatrix} 1 & 3 & -1 & 2 \\ 0 & 2 & 3 & -2 \\ 0 & 0 & 4 & 1 \end{bmatrix}$, $B = \begin{bmatrix} 2 & 1 & 4 & 4 \\ 0 & 2 & 9 & 3 \\ 0 & 0 & 0 & 0 \\ 0 & 0 & 0 & 0 \end{bmatrix}$, $C = \begin{bmatrix} -7 & 1 & 5 & 11 \\ 0 & 0 & 4 & 2 \\ 0 & 0 & 0 & -2 \\ 0 & 0 & 0 & 0 \end{bmatrix}$ 等都是阶梯形,

但 $D = \begin{bmatrix} -2 & 1 & 3 & 6 \\ 2 & 4 & -6 & 5 \\ 0 & 0 & -3 & 1 \\ 0 & 0 & 2 & 4 \end{bmatrix}$ 不是阶梯形.

7. 行最简形矩阵

阶梯形矩阵进一步满足:

(1) 各非零行的首非零元都是 1;

(2) 所有首非零元所在的列其余元素都是 0.

如 $A = \begin{bmatrix} 1 & 0 & \cdots & 0 \\ 0 & 1 & \cdots & 0 \\ \vdots & \vdots & \vdots & \vdots \\ 0 & 0 & \cdots & 1 \end{bmatrix}$, $B = \begin{bmatrix} 1 & 2 & 0 & 0 & 0 \\ 0 & 0 & 1 & 0 & -3 \\ 0 & 0 & 0 & 1 & 4 \end{bmatrix}$, $C = \begin{bmatrix} 1 & -3 & 2 & 0 & 0 \\ 0 & 0 & 0 & 1 & 0 \\ 0 & 0 & 0 & 0 & 1 \\ 0 & 0 & 0 & 0 & 0 \end{bmatrix}$ 都是行最

简形矩阵.

习题 7.1

1. 一空调商店销售三种功率的空调:$1P$、$1.5P$ 和 $2P$. 商店有两个分店,六月份第一分店售出以上型号的空调数量分别为 48 台、56 台和 20 台;六月份第二分店售出了以上型号的空调数量分别为 32 台、38 台和 14 台.

(1) 用一个矩阵 A 表示这一信息;

(2) 若在五月份,第一分店售出了以上型号的空调数量分别为 42 台、46 台和 15 台,第二分店出售了以上型号的空调数量分别为 34 台、40 台和 12 台. 用与 A 相同类型的矩阵 B 表示这一信息;

(3) 五月份和六月份,第一分店和第二分店售出了以上型号的空调数量分别是多少台?请用相同类型的矩阵 M 表示这一信息,并考虑 M 与 A、B 的关系.

2. 设 $A = \begin{bmatrix} a & 1 & 3 \\ 0 & b & 4 \\ 5 & 2 & 3 \end{bmatrix}$, $B = \begin{bmatrix} 2 & 1 & c \\ 0 & 1 & 4 \\ d & 2 & 3 \end{bmatrix}$,且 $A = B$,求 a, b, c, d 的值.

3. 判断下列矩阵是否为阶梯形矩阵?

(1) $\begin{bmatrix} 2 & -1 & 3 & 5 \\ 0 & 4 & 0 & 1 \\ 0 & 0 & 0 & -3 \\ 0 & 0 & 0 & 0 \\ 0 & 0 & 0 & 0 \end{bmatrix}$;

(2) $\begin{bmatrix} 2 & -1 & 3 & 5 \\ 0 & 4 & 0 & 1 \\ 0 & 0 & 1 & -3 \\ 0 & 0 & 2 & 1 \\ 0 & 0 & 0 & 0 \end{bmatrix}$;

$(3)\begin{bmatrix}2 & 0 & -1 & 3 & 5\\ 0 & 0 & 4 & 0 & 1\\ 0 & 0 & 0 & 0 & 0\end{bmatrix};$
$(4)\begin{bmatrix}-1 & 3 & 5\\ 0 & 4 & -1\\ 0 & 0 & 2\end{bmatrix}.$

4. 判断下列矩阵是否为行最简形矩阵?

$(1)\begin{bmatrix}1 & 0 & -2 & 0 & 1\\ 0 & 1 & 3 & 0 & 2\\ 0 & 0 & 0 & 1 & 1\\ 0 & 0 & 0 & 0 & 0\end{bmatrix};$
$(2)\begin{bmatrix}1 & -3 & 0 & 5 & 0 & 4\\ 0 & 0 & 1 & 2 & 0 & 3\\ 0 & 0 & 0 & 0 & 1 & 0\end{bmatrix};$

$(3)\begin{bmatrix}1 & 1 & 0 & 1 & 1\\ 0 & 1 & 0 & 0 & 2\\ 0 & 0 & 1 & 1 & 1\\ 0 & 0 & 0 & 0 & 0\end{bmatrix};$
$(4)\begin{bmatrix}1 & 0 & 0 & 1 & 1\\ 0 & -1 & 0 & 0 & 2\\ 0 & 0 & 1 & 1 & 1\\ 0 & 0 & 0 & 0 & 0\end{bmatrix}.$

7.2 矩阵的基本运算

7.2.1 矩阵的加法

引例 [药品库存总量]如某药业公司有 A、B 两个仓库,100 片/瓶、200 片/瓶和 300 片/瓶,三种包装规格的维生素 C 和维生素 E 的库存量分别如下:

A 仓库两种药品的库存量为

维生素 C	41	31	28
维生素 E	36	29	32

B 仓库两种药品的库存量为

维生素 C	26	35	18
维生素 E	29	24	11

若 A 和 B 仓库库存量分别用矩阵表示

$$A=\begin{bmatrix}41 & 31 & 28\\ 36 & 29 & 32\end{bmatrix}, B=\begin{bmatrix}26 & 35 & 18\\ 29 & 24 & 11\end{bmatrix}$$

则该公司维生素 C 和维生素 E 的总库存量可以用矩阵表示为

$$A+B=\begin{bmatrix}41+26 & 31+35 & 28+18\\ 36+29 & 29+24 & 32+11\end{bmatrix}=\begin{bmatrix}67 & 66 & 46\\ 65 & 53 & 43\end{bmatrix}.$$

【定义 1】 设有两个 $m\times n$ 矩阵 $A=(a_{ij})_{m\times n}, B=(b_{ij})_{m\times n}$,则矩阵 A 与 B 的和,记作 $A+B$,

$$A+B=\begin{bmatrix}a_{11}+b_{11} & a_{12}+b_{12} & \cdots & a_{1n}+b_{1n}\\ a_{21}+b_{21} & a_{22}+b_{22} & \cdots & a_{2n}+b_{2n}\\ \vdots & \vdots & \vdots & \vdots\\ a_{m1}+b_{m1} & a_{m2}+b_{m2} & \cdots & a_{mn}+b_{mn}\end{bmatrix}.$$

说明：只有当两个矩阵是同型矩阵时，才能进行加法运算.

【例1】 设 $A=\begin{bmatrix}3&5&7&2\\2&0&4&3\\0&1&2&3\end{bmatrix}$，$B=\begin{bmatrix}1&3&2&0\\2&1&5&7\\0&6&4&8\end{bmatrix}$，求 $A+B$.

解　$A+B=\begin{bmatrix}3+1&5+3&7+2&2+0\\2+2&0+1&4+5&3+7\\0+0&1+6&2+4&3+8\end{bmatrix}=\begin{bmatrix}4&8&9&2\\4&1&9&10\\0&7&6&11\end{bmatrix}$

矩阵的加法满足下列**运算规律**（设 A、B、C 为同型矩阵）：
(1) 交换律 $A+B=B+A$
(2) 结合律 $(A+B)+C=A+(B+C)$
(3) $A+O=A$
(4) $A+(-A)=O$

7.2.2 数与矩阵的乘法

【定义2】 数 λ 与矩阵 A 的乘积，记作 λA 或 $A\lambda$ ，规定为

$$\lambda A=A\lambda=\begin{bmatrix}\lambda a_{11}&\lambda a_{12}&\cdots&\lambda a_{1n}\\\lambda a_{21}&\lambda a_{22}&\cdots&\lambda a_{2n}\\\vdots&\vdots&\vdots&\vdots\\\lambda a_{m1}&\lambda a_{m1}&\cdots&\lambda a_{mn}\end{bmatrix}.$$

说明　当 $\lambda=-1$ 时，$\lambda A=-A$，所以 $A-B=A+(-B)$.

【例2】 设 $A=\begin{bmatrix}-3&7&21\\6&4&5\end{bmatrix}$，求 $3A$.

解　$3A=\begin{bmatrix}3\times(-3)&3\times7&3\times21\\3\times6&3\times4&3\times5\end{bmatrix}=\begin{bmatrix}-9&21&63\\18&12&15\end{bmatrix}$

数与矩阵相乘满足下列运算规律（设 A,B 为 $m\times n$ 矩阵，λ,μ 为数）：
(1) $(\lambda\mu)A=\lambda(\mu A)$
(2) $(\lambda+\mu)A=\lambda A+\mu A$
(3) $\lambda(A+B)=\lambda A+\lambda B$

【例3】 设 $A=\begin{bmatrix}3&5&7&2\\2&0&4&3\\0&1&2&3\end{bmatrix}$，$B=\begin{bmatrix}1&3&2&0\\2&1&5&7\\0&6&4&8\end{bmatrix}$，求 $3A-2B$.

解

$$3A-2B=3\begin{bmatrix}3&5&7&2\\2&0&4&3\\0&1&2&3\end{bmatrix}-2\begin{bmatrix}1&3&2&0\\2&1&5&7\\0&6&4&8\end{bmatrix}$$

$$=\begin{bmatrix}9&15&21&6\\6&0&12&9\\0&3&6&9\end{bmatrix}-\begin{bmatrix}2&6&4&0\\4&2&10&14\\0&12&8&16\end{bmatrix}$$

$$= \begin{bmatrix} 9-2 & 15-6 & 21-4 & 6-0 \\ 6-4 & 0-2 & 12-10 & 9-14 \\ 0-0 & 3-12 & 6-8 & 9-16 \end{bmatrix}$$

$$= \begin{bmatrix} 7 & 9 & 17 & 6 \\ 2 & -2 & 2 & -5 \\ 0 & -9 & -2 & -7 \end{bmatrix}$$

【例4】 ［库存清单］一药品供应公司的存货清单上显示瓶装 Vitamins C 和瓶装 Vitamins E 的数量为

维 C：25 箱瓶装 100 片的，10 箱瓶装 250 片的，32 箱瓶装 500 片的；

维 E：30 箱瓶装 100 片的，18 箱瓶装 250 片的，40 箱瓶装 500 片的.

现用矩阵 A 表示这一库存.若公司立即组织两次货运以减少库存，每次运输的数量用矩阵 B 表示.问：最后公司维 C 和维 E 的库存为多少？

$$A = \begin{bmatrix} 25 & 10 & 32 \\ 30 & 18 & 40 \end{bmatrix}, B = \begin{bmatrix} 10 & 5 & 6 \\ 12 & 4 & 8 \end{bmatrix}$$

解 最后公司维 C 和维 E 的库存为

$$A - 2B = \begin{bmatrix} 25 & 10 & 32 \\ 30 & 18 & 40 \end{bmatrix} - 2 \begin{bmatrix} 10 & 5 & 6 \\ 12 & 4 & 8 \end{bmatrix} = \begin{bmatrix} 5 & 0 & 20 \\ 6 & 10 & 24 \end{bmatrix}$$

7.2.3 矩阵的乘法

【例5】 设有两家连锁超市出售三种奶粉，某日销售量（单位：包）为

货类 超市	奶粉 I	奶粉 II	奶粉 III
甲	5	8	10
乙	7	5	6

每种奶粉的单价和利润见下表：

	单价（单位：元）	利润（单位：元）
奶粉 I	15	3
奶粉 II	12	2
奶粉 III	20	4

求各超市出售奶粉的总收入和总利润.

解 各个超市奶粉的总收入＝奶粉 I 数量×单价＋奶粉 II 数量×单价＋奶粉 III 数量×单价.

列表分析如下：

	总收入（单位：元）	总利润（单位：元）
超市甲	5×15+8×12+10×20	5×3+8×2+10×4
超市乙	7×15+5×12+6×20	7×3+5×2+6×4

设 $A = \begin{bmatrix} 5 & 8 & 10 \\ 7 & 5 & 6 \end{bmatrix}$，$B = \begin{bmatrix} 15 & 3 \\ 12 & 2 \\ 20 & 4 \end{bmatrix}$，$C$ 为各超市出售奶粉的总收入和总利润，则

$$C = \begin{bmatrix} 5\times15+8\times12+10\times20 & 5\times3+8\times2+10\times4 \\ 7\times15+5\times12+6\times20 & 7\times3+5\times2+6\times4 \end{bmatrix} = \begin{bmatrix} 371 & 71 \\ 285 & 55 \end{bmatrix}.$$

矩阵 C 中第一行第一列的元素等于矩阵 A 第一行元素与矩阵 B 的第一列对应元素乘积之和．同样，矩阵 C 中第 i 行第 j 列的元素等于矩阵 A 第 i 行元素与矩阵 B 的第 j 列对应元素乘积之和．

【定义 3】　设 $A = (a_{ij})$ 是一个 $m \times s$ 矩阵，$B = (b_{ij})$ 是一个 $s \times n$ 矩阵，那么规定矩阵 A 与矩阵 B 的乘积是一个 $m \times n$ 矩阵 $C = (c_{ij})$，其中

$$c_{ij} = a_{i1}b_{1j} + a_{i2}b_{2j} + \cdots + a_{is}b_{sj} = \sum_{k=1}^{s} a_{ik}b_{kj} \quad (i = 1, 2, \cdots, m; j = 1, 2, \cdots, n),$$

并把此乘积记作：$C = AB$．

说明　并不是任意两矩阵都能相乘，只有左矩阵的列数等于右矩阵的行数时，这两个矩阵才能相乘．两矩阵相乘所得乘积矩阵的阶数为左矩阵的行数右矩阵的列数．

【例 6】　设 $A = \begin{bmatrix} 3 & -1 \\ 0 & 3 \\ 1 & 4 \end{bmatrix}$，$B = \begin{bmatrix} 1 & 3 & 1 & 2 \\ 0 & -2 & 1 & 0 \end{bmatrix}$，求 AB．

解

$$AB = \begin{bmatrix} 3\times1+(-1)\times0 & 3\times3+(-1)\times(-2) & 3\times1+(-1)\times1 & 3\times2+(-1)\times0 \\ 0\times1+3\times0 & 0\times3+3\times(-2) & 0\times1+3\times1 & 0\times2+3\times0 \\ 1\times1+4\times0 & 1\times3+4\times(-2) & 1\times1+4\times1 & 1\times2+4\times0 \end{bmatrix}$$

$$= \begin{bmatrix} 3 & 11 & 2 & 6 \\ 0 & -6 & 3 & 0 \\ 1 & -5 & 5 & 2 \end{bmatrix}$$

【例 7】　设 $A = \begin{bmatrix} 0 & 0 & 0 \\ a & b & c \end{bmatrix}$，$B = \begin{bmatrix} d & 0 \\ e & 0 \\ f & 0 \end{bmatrix}$，求 AB，BA．

解　$AB = \begin{bmatrix} 0 & 0 \\ ad+be+cf & 0 \end{bmatrix}$，$BA = \begin{bmatrix} 0 & 0 & 0 \\ 0 & 0 & 0 \\ 0 & 0 & 0 \end{bmatrix}$．

可以看出矩阵乘法也**不满足交换律**．

【例8】 设 $A = \begin{bmatrix} 1 & 2 \\ 0 & 3 \end{bmatrix}, B = \begin{bmatrix} 1 & 0 \\ 0 & 4 \end{bmatrix}, C = \begin{bmatrix} 1 & 1 \\ 0 & 0 \end{bmatrix}$,则有

$$AC = \begin{bmatrix} 1 & 2 \\ 0 & 3 \end{bmatrix}\begin{bmatrix} 1 & 1 \\ 0 & 0 \end{bmatrix} = \begin{bmatrix} 1 & 1 \\ 0 & 0 \end{bmatrix}, BC = \begin{bmatrix} 1 & 0 \\ 0 & 4 \end{bmatrix}\begin{bmatrix} 1 & 1 \\ 0 & 0 \end{bmatrix} = \begin{bmatrix} 1 & 1 \\ 0 & 0 \end{bmatrix},$$

显然 $AC = BC$,但 $A \neq B$.

可以看出矩阵乘法也**不满足消去律**.

矩阵的乘法有下列性质(设下列矩阵都可以进行有关运算):

(1) 结合律 $(AB)C = A(BC)$;

(2) 分配律 $(A+B)C = AC + BC$;

(3) 分配律 $A(B+C) = AB + AC$;

(4) $k(AB) = (kA)B = A(kB)$

(5) $AE = EA = A$.

7.2.4 矩阵的转置

【定义4】 将 $m \times n$ 矩阵 A 的行与列互换,得到的 $n \times m$ 矩阵,称为矩阵 A 的**转置矩阵**,记为 A^T. 即如果

$$A = \begin{bmatrix} a_{11} & a_{12} & \cdots & a_{1n} \\ a_{21} & a_{22} & \cdots & a_{2n} \\ \vdots & \vdots & \vdots & \vdots \\ a_{n1} & a_{n2} & \cdots & a_{nn} \end{bmatrix},$$

则

$$A^T = \begin{bmatrix} a_{11} & a_{21} & \cdots & a_{n1} \\ a_{12} & a_{22} & \cdots & a_{n2} \\ \vdots & \vdots & \vdots & \vdots \\ a_{1n} & a_{2n} & \cdots & a_{nn} \end{bmatrix}$$

转置矩阵的性质:

(1) $(A^T)^T = A$;

(2) $(A+B)^T = A^T + B^T$;

(3) $(kA)^T = kA^T$;

(4) $(AB)^T = B^T A^T$.

【例9】 设 $A = \begin{bmatrix} 1 & -1 & 2 \end{bmatrix}, B = \begin{bmatrix} 2 & -1 & 0 \\ 1 & 1 & 3 \\ 4 & 2 & 1 \end{bmatrix}$,求 $A^T, B^T, B^T A^T$.

解 $A^T = \begin{bmatrix} 1 \\ -1 \\ 2 \end{bmatrix}, B^T = \begin{bmatrix} 2 & 1 & 4 \\ -1 & 1 & 2 \\ 0 & 3 & 1 \end{bmatrix}, B^T A^T = \begin{bmatrix} 2 & 1 & 4 \\ -1 & 1 & 2 \\ 0 & 3 & 1 \end{bmatrix}\begin{bmatrix} 1 \\ -1 \\ 2 \end{bmatrix} = \begin{bmatrix} 9 \\ 2 \\ -1 \end{bmatrix}$

7.2.5 方阵的行列式

【定义5】 由 n 阶方阵 A 的元素按原顺序所构成的行列式,称为**方阵 A 的行列式**,记作 $|A|$.

运算规律

(1) $|A^T| = |A|$;

(2) $|\lambda A| = \lambda^n |A|$;

(3) $|AB| = |A||B|$,A,B 为同型方阵;

(4) $|AB| = |BA|$.

【例10】 已知 $A = \begin{bmatrix} 1 & 3 \\ 2 & -2 \end{bmatrix}$,$B = \begin{bmatrix} 2 & 5 \\ 3 & 4 \end{bmatrix}$,求 $|A|$,$|B|$,$|AB|$,$|BA|$.

解 $AB = \begin{bmatrix} 11 & 17 \\ -2 & 2 \end{bmatrix}$,$BA = \begin{bmatrix} 12 & -4 \\ 11 & 1 \end{bmatrix}$,所以 $|A| = \begin{vmatrix} 1 & 3 \\ 2 & -2 \end{vmatrix} = -8$,$|B| = \begin{vmatrix} 2 & 5 \\ 3 & 4 \end{vmatrix} = -7$,$|AB| = \begin{vmatrix} 11 & 17 \\ -2 & 2 \end{vmatrix} = 56$,$|BA| = \begin{vmatrix} 12 & -4 \\ 11 & 1 \end{vmatrix} = 56$,或 $|AB| = |A||B| = |B||A| = |BA| = 56$.

习题 7.2

1. [调运方案]设某种物资由甲、乙、丙三个产地运往 4 个销地 S_1,S_2,S_3,S_4,两次调运方案(单位:吨)分别见表 1 和表 2.

表 1

销地\产地	S_1	S_2	S_3	S_4
甲	3	7	5	2
乙	0	2	1	4
丙	1	3	0	6

表 2

销地\产地	S_1	S_2	S_3	S_4
甲	1	0	1	2
乙	3	2	4	3
丙	0	1	5	2

(1) 用 A、B 两个矩阵表示各次调运量;

(2) 用矩阵表示两次从各产地调运该物资到各销地的运量之和.

2. [运输费用]现将甲、乙两地的产品运销到三个不同的地区,已知甲、乙两地到三个销地的距离为

$$A = \begin{pmatrix} 88 & 70 & 95 \\ 142 & 35 & 113 \end{pmatrix},$$

若每吨货物的运费为 2.4 元/公里,求从甲、乙两地到三个销地之间每吨货物的运费.

3. 计算

(1) $A=\begin{bmatrix} 3 & 5 & 7 & 2 \\ 2 & 0 & 4 & 3 \\ 0 & 1 & 2 & 3 \end{bmatrix}$, $B=\begin{bmatrix} 1 & 3 & 2 & 0 \\ 2 & 1 & 5 & 7 \\ 0 & 6 & 4 & 8 \end{bmatrix}$, 求 $A+B$;

(2) $A=\begin{bmatrix} 2 & 3 & 4 \\ -2 & 4 & 5 \\ 10 & 1 & 2 \end{bmatrix}$, $B=\begin{bmatrix} 5 & 9 & 12 \\ -6 & 11 & 15 \\ 30 & 3 & 5 \end{bmatrix}$, 求 $3A-B$;

(3) $A=\begin{bmatrix} 2 & 1 & 0 \\ 1 & -1 & 2 \end{bmatrix}$, $B=\begin{bmatrix} 1 & 1 \\ 0 & -1 \\ 1 & 0 \end{bmatrix}$, 求 AB;

(4) $A=\begin{bmatrix} 0 & 1 & 0 \\ 1 & 0 & 0 \\ 0 & 0 & 1 \end{bmatrix}$, $B=\begin{bmatrix} 1 & 2 & 3 \\ 3 & 2 & 1 \\ 1 & 3 & 2 \end{bmatrix}$, 求 AB;

(5) $A=\begin{bmatrix} 1 & 2 & 3 \end{bmatrix}$, $B=\begin{bmatrix} 3 \\ 2 \\ 1 \end{bmatrix}$, 求 AB;

(6) $A=\begin{bmatrix} 1 \\ 1 \\ 1 \end{bmatrix}$, $B=\begin{bmatrix} 1 & 1 & 1 \end{bmatrix}$, 求 AB.

4. 设 $A=\begin{bmatrix} 1 & 2 & 2 & 1 \\ 2 & 1 & 1 & 2 \\ 1 & 2 & 2 & -1 \end{bmatrix}$, $B=\begin{bmatrix} 1 & 6 & 6 & 3 \\ 6 & 1 & 3 & 6 \\ 3 & 6 & 5 & -3 \end{bmatrix}$, 求:

(1) $3A-B$;

(2) 若 X 满足 $A+X=B$,求 X.

5. 现有 4 家工厂均能生产 A、B、C 三种产品,其单位成本如下表. 现要生产 A、B、C 三种产品分别为 600 件、500 件、200 件,若三种产品只能委托一家工厂,问由哪家生产成本最低?

	A	B	C
Ⅰ	3	5	6
Ⅱ	2	4	8
Ⅲ	4	5	5
Ⅳ	4	3	7

6. 设 A 为 n 阶方阵,k 为非零常数,证明:$|kA|=k^n|A|$.

7.3　矩阵的初等行变换与矩阵的秩

7.3.1　矩阵的初等行变换

【定义 1】　对矩阵施以下列三种变换,称为矩阵的初等行变换.

(1) **换行变换**:即交换矩阵的第 i 行和第 j 行(用 $r_i \leftrightarrow r_j$ 表示);

(2) **倍乘变换**:即用某非零常数 k 乘以矩阵的第 i 行(用 kr_i 表示);

(3) **倍加变换**:把矩阵第 i 行的 k 倍加到第 j 行的对应元素上(用 $kr_i + r_j$ 表示).

如果矩阵 A 经过若干次初等变换后变为 B,用

$$A \leftrightarrow B$$

表示,并称 B 与 A 是**等价**的.

　　说明　任意矩阵通过初等变换都能化为阶梯形矩阵和行最简矩阵.

【例 1】　将矩阵 $A = \begin{bmatrix} 1 & -2 & 3 & -1 & 1 \\ 3 & -1 & 5 & -3 & 6 \\ 2 & 1 & 2 & -2 & 8 \end{bmatrix}$ 化为阶梯形矩阵.

解　$A = \begin{bmatrix} 1 & -2 & 3 & -1 & 1 \\ 3 & -1 & 5 & -3 & 6 \\ 2 & 1 & 2 & -2 & 8 \end{bmatrix} \xrightarrow[(-2)r_1+r_3]{(-3)r_1+r_2,} \begin{bmatrix} 1 & -2 & 3 & -1 & 1 \\ 0 & 5 & -4 & 0 & 3 \\ 0 & 5 & -4 & 0 & 6 \end{bmatrix}$

$\xrightarrow{(-1)r_2+r_3} \begin{bmatrix} 1 & -2 & 3 & -1 & 1 \\ 0 & 5 & -4 & 0 & 3 \\ 0 & 0 & 0 & 0 & 3 \end{bmatrix}$

【例 2】　将矩阵 $A = \begin{bmatrix} 1 & 2 & 0 \\ 3 & 5 & 2 \\ 2 & 0 & 6 \end{bmatrix}$ 化为行最简矩阵.

解　$A = \begin{bmatrix} 1 & 2 & 0 \\ 3 & 5 & 2 \\ 2 & 0 & 6 \end{bmatrix} \xrightarrow{\frac{1}{2}r_3} \begin{bmatrix} 1 & 2 & 0 \\ 3 & 5 & 2 \\ 1 & 0 & 3 \end{bmatrix} \xrightarrow[(-1)r_1+r_3]{(-3)r_1+r_2} \begin{bmatrix} 1 & 2 & 0 \\ 0 & -1 & 2 \\ 0 & -2 & 3 \end{bmatrix}$

$\xrightarrow{(-1)r_2} \begin{bmatrix} 1 & 2 & 0 \\ 0 & 1 & -2 \\ 0 & -2 & 3 \end{bmatrix} \xrightarrow[2r_2+r_3]{(-2)r_2+r_1} \begin{bmatrix} 1 & 0 & 4 \\ 0 & 1 & -2 \\ 0 & 0 & -1 \end{bmatrix}$

$\xrightarrow{(-1)r_3} \begin{bmatrix} 1 & 2 & 0 \\ 0 & 1 & -2 \\ 0 & 0 & 1 \end{bmatrix} \xrightarrow[2r_3+r_2]{(-4)r_3+r_1} \begin{bmatrix} 1 & 0 & 0 \\ 0 & 1 & 0 \\ 0 & 0 & 1 \end{bmatrix}$

7.3.2　矩阵秩的概念

矩阵的秩是矩阵代数中非常有用的一个概念,它在讨论线性方程组解的情况中有重要应用.

【定义 2】 设 A 是 $m \times n$ 矩阵,在 A 中位于任意选定的 k 行 k 列交点上的 k^2 个元素,按原来次序组成的 k 阶行列式,称为矩阵 A 的一个 **k 阶子式**,其中 $k \leqslant \min\{m, n\}$.

例如,矩阵
$$A = \begin{bmatrix} 1 & 2 & 3 \\ 2 & 4 & 1 \\ 0 & 0 & 1 \end{bmatrix},$$

取 A 的第一、二行,第一、三列的相交元素,排成行列式 $\begin{vmatrix} 1 & 3 \\ 2 & 1 \end{vmatrix}$ 为 A 的一个二阶子式.

由子式的定义知:子式的行、列是以原行列式的行、列中任取的,所以可以组成 $C_3^2 C_3^2 = 9$ 个二阶子式.

注 k 阶子式是行列式.非零子式就是行列式的值不等于零的子式.

【定义 3】 如果矩阵 A 中存在一个 r 阶非零子式,而任一 $r+1$ 阶子式(如果存在的话)的值全为零,即矩阵 A 的非零子式的最高阶数是 r,则称 r 为 A 的**秩**,记作 $r(A) = r$.

【例 3】 求矩阵 $A = \begin{bmatrix} 1 & -2 & 3 & 5 \\ 0 & 1 & 2 & 1 \\ 1 & -1 & 5 & 6 \end{bmatrix}$ 的秩.

解 因为 $\begin{vmatrix} 1 & -2 \\ 0 & 1 \end{vmatrix} \neq 0$,所以 A 的非零子式的最高阶数至少是 2,即 $r(A) \geqslant 2$.A 共有四个三阶子式:

$$\begin{vmatrix} 1 & -2 & 3 \\ 0 & 1 & 2 \\ 1 & -1 & 5 \end{vmatrix} = 0, \begin{vmatrix} 1 & -2 & 5 \\ 0 & 1 & 1 \\ 1 & -1 & 6 \end{vmatrix} = 0, \begin{vmatrix} 1 & 3 & 5 \\ 0 & 2 & 1 \\ 1 & 5 & 6 \end{vmatrix} = 0, \begin{vmatrix} -2 & 3 & 5 \\ 1 & 2 & 1 \\ -1 & 5 & 6 \end{vmatrix} = 0$$

即所有三阶子式均为零,所以 $r(A) = 2$.

按照定义求矩阵的秩,要计算很多行列式,所以有时候非常麻烦.

【例 4】 求矩阵 $A = \begin{bmatrix} 1 & -2 & 1 \\ 0 & -3 & 3 \\ 0 & 0 & 0 \end{bmatrix}$ 的秩.

解 因为
$$\begin{vmatrix} 1 & -2 \\ 0 & -3 \end{vmatrix} \neq 0,$$

而矩阵的三阶子式为零,即
$$\begin{vmatrix} 1 & -2 & 1 \\ 0 & -3 & 3 \\ 0 & 0 & 0 \end{vmatrix} = 0,$$

所以 $r(A) = 2$

可以注意到,阶梯形矩阵的秩就是非零行的行数 r.

7.3.3 用矩阵的初等行变换求矩阵的秩

定理 矩阵的初等行变换不改变矩阵的秩.

由此得到求矩阵秩的有效方法：通过初等变换把矩阵化为阶梯形矩阵,其非零行的行数就是矩阵的秩.

【例 5】 求矩阵 $A = \begin{bmatrix} -2 & 1 & 1 \\ 1 & -2 & 1 \\ 1 & 1 & -2 \end{bmatrix}$ 的秩.

解 $A = \begin{bmatrix} -2 & 1 & 1 \\ 1 & -2 & 1 \\ 1 & 1 & -2 \end{bmatrix} \xrightarrow{r_1 \leftrightarrow r_2} \begin{bmatrix} 1 & -2 & 1 \\ -2 & 1 & 1 \\ 1 & 1 & -2 \end{bmatrix} \xrightarrow[2r_1 + r_2]{-r_1 + r_3} \begin{bmatrix} 1 & -2 & 1 \\ 0 & -3 & 3 \\ 0 & 3 & -3 \end{bmatrix}$

$\xrightarrow{r_2 + r_3} \begin{bmatrix} 1 & -2 & 1 \\ 0 & -3 & 3 \\ 0 & 0 & 0 \end{bmatrix}.$

所以矩阵 A 的秩为 2,即 $r(A) = 2$.

【例 6】 求矩阵 $A = \begin{bmatrix} 1 & -2 & -1 & 0 & 2 \\ -2 & 4 & 2 & 6 & -6 \\ 2 & -1 & 0 & 2 & 3 \\ 3 & 3 & 3 & 3 & 4 \end{bmatrix}$ 的秩.

解 $A = \begin{bmatrix} 1 & -2 & -1 & 0 & 2 \\ -2 & 4 & 2 & 6 & -6 \\ 2 & -1 & 0 & 2 & 3 \\ 3 & 3 & 3 & 3 & 4 \end{bmatrix} \xrightarrow[\substack{(-2)r_1 + r_3 \\ (-3)r_1 + r_4}]{2r_1 + r_2} \begin{bmatrix} 1 & -2 & -1 & 0 & 2 \\ 0 & 0 & 0 & 6 & -2 \\ 0 & 3 & 2 & 2 & -1 \\ 0 & 9 & 6 & 3 & -2 \end{bmatrix}$

$\xrightarrow[\substack{r_3 \leftrightarrow r_4}]{r_2 \leftrightarrow r_3} \begin{bmatrix} 1 & -2 & -1 & 0 & 2 \\ 0 & 3 & 2 & 2 & -1 \\ 0 & 9 & 6 & 3 & -2 \\ 0 & 0 & 0 & 6 & -2 \end{bmatrix} \xrightarrow{(-3) \times r_2 + r_3} \begin{bmatrix} 1 & -2 & -1 & 0 & 2 \\ 0 & 3 & 2 & 2 & -1 \\ 0 & 0 & 0 & -3 & 1 \\ 0 & 0 & 0 & 6 & -2 \end{bmatrix}$

$\xrightarrow{2r_3 + r_4} \begin{bmatrix} 1 & -2 & -1 & 0 & 2 \\ 0 & 3 & 2 & 2 & -1 \\ 0 & 0 & 0 & -3 & 1 \\ 0 & 0 & 0 & 0 & 0 \end{bmatrix}$

非零行的个数为 3,所以 $r(A) = 3$.

习题 7.3

1. 将矩阵化为阶梯形

$(1) A = \begin{bmatrix} 1 & 1 & -1 \\ 2 & -1 & 0 \\ 1 & 0 & 1 \end{bmatrix};$ 　　　　$(2) B = \begin{bmatrix} 1 & 1 & 1 & -1 \\ -1 & -1 & 2 & 3 \\ 2 & 2 & 5 & 0 \end{bmatrix}.$

2. 将下列矩阵化为行最简形矩阵

(1) $A = \begin{bmatrix} 1 & 1 & 1 & 1 \\ -1 & 2 & -4 & 2 \\ 2 & 5 & -1 & 3 \end{bmatrix}$;

(2) $B = \begin{bmatrix} 1 & 2 & -3 & 4 \\ 2 & 3 & -5 & 7 \\ 2 & 5 & -8 & -8 \end{bmatrix}$.

3. 求下列矩阵的秩

(1) $A = \begin{bmatrix} 1 & 1 & 1 & 2 \\ 1 & 3 & 3 & 2 \\ 1 & 1 & 2 & 1 \end{bmatrix}$;

(2) $A = \begin{bmatrix} 1 & -1 & 1 & 2 \\ 2 & 3 & 3 & 2 \\ 1 & 1 & 2 & 1 \end{bmatrix}$.

(3) $A = \begin{bmatrix} 1 & 3 & -1 & -2 \\ 2 & -1 & 2 & 3 \\ 3 & 2 & 1 & 1 \\ 1 & -4 & 3 & 5 \end{bmatrix}$;

(4) $A = \begin{bmatrix} 1 & 0 & 0 & 1 \\ 1 & 2 & 0 & -1 \\ 3 & -1 & 0 & 4 \\ 1 & 4 & 5 & 1 \end{bmatrix}$.

7.4 逆矩阵

7.4.1 逆矩阵的概念

【定义 1】 对于 n 阶矩阵 A,如果存在 n 阶矩阵 B,使得 $AB = BA = E$,则称矩阵 A 为可逆矩阵,而 B 称为 A 的逆矩阵.记作 A^{-1}.

例如,

$$A = \begin{bmatrix} 2 & 2 & 3 \\ 1 & -1 & 0 \\ -1 & 2 & 1 \end{bmatrix}, B = \begin{bmatrix} 1 & -4 & -3 \\ 1 & -5 & -3 \\ -1 & 6 & 4 \end{bmatrix}$$

因为 $$AB = \begin{bmatrix} 2 & 2 & 3 \\ 1 & -1 & 0 \\ -1 & 2 & 1 \end{bmatrix}\begin{bmatrix} 1 & -4 & -3 \\ 1 & -5 & -3 \\ -1 & 6 & 4 \end{bmatrix} = \begin{bmatrix} 1 & 0 & 0 \\ 0 & 1 & 0 \\ 0 & 0 & 1 \end{bmatrix},$$

$$BA = \begin{bmatrix} 1 & -4 & -3 \\ 1 & -5 & -3 \\ -1 & 6 & 4 \end{bmatrix}\begin{bmatrix} 2 & 2 & 3 \\ 1 & -1 & 0 \\ -1 & 2 & 1 \end{bmatrix} = \begin{bmatrix} 1 & 0 & 0 \\ 0 & 1 & 0 \\ 0 & 0 & 1 \end{bmatrix},$$

即 A,B 满足 $AB = BA = E$,所以矩阵 A 可逆,其逆矩阵 $A^{-1} = B$.

7.4.2 逆矩阵的性质

(1) 若 A 可逆,则 A^{-1} 也可逆,且 $(A^{-1})^{-1} = A$;

(2) 若 A 可逆,数 $\lambda \neq 0$,则 λA 可逆,且 $(\lambda A)^{-1} = \frac{1}{\lambda}A^{-1}$;

(3) 若 A,B 为同阶可逆矩阵,则 AB 亦可逆,且 $(AB)^{-1} = B^{-1}A^{-1}$;

(4) 若 A 可逆,则 A^T 也可逆,且 $(A^T)^{-1} = (A^{-1})^T$.

定理 1 若 n 方阵 A 可逆的充分必要条件是 $|A| \neq 0$.

定理 2 若 n 方阵 A 可逆的充分必要条件是 $r(A)=n$.

说明

（1）单位矩阵 E 的逆矩阵就是它本身，因为 $EE=E$；

（2）如果方阵 A 是可逆的，那么 A 的逆矩阵是唯一的；

（3）在 A 的逆的定义中，实际上若 $AB=E$（或 $BA=E$），就有 $A^{-1}=B$.

【**例 1**】 求二阶矩阵 $A=\begin{bmatrix}1&1\\0&1\end{bmatrix}$ 的逆阵.

解 因为

$$|A|=\begin{vmatrix}1&1\\0&1\end{vmatrix}=1\neq0,$$

所以 A 是可逆的，设

$$A^{-1}=\begin{bmatrix}a&b\\c&d\end{bmatrix}$$

由逆矩阵的定义，有

$$AA^{-1}=\begin{bmatrix}1&1\\0&1\end{bmatrix}\begin{bmatrix}a&b\\c&d\end{bmatrix}=\begin{bmatrix}a+c&b+d\\c&d\end{bmatrix}=\begin{bmatrix}1&0\\0&1\end{bmatrix},$$

所以

$$\begin{cases}a=1\\b=-1\\c=0\\d=1\end{cases},$$

所以

$$A^{-1}=\begin{bmatrix}1&-1\\0&1\end{bmatrix}.$$

用定义求矩阵的逆，当行列式阶数 n 较大时，计算比较繁琐，下面介绍就逆矩阵的另一种方法：**初等行变换法**.

7.4.3 用矩阵的初等行变换求矩阵的逆矩阵

作矩阵 $(A\ \ E)_{n\times 2n}$，施以初等行变换，将矩阵 A 化为单位矩阵 E，那么右半部的单位矩阵 E 就同时化成了 A^{-1}，即 $(A\ \ E)\xrightarrow{\text{初等行变换}}(E\ \ A^{-1})$.

【**例 2**】 求矩阵 $A=\begin{bmatrix}1&0&2\\2&1&1\\3&1&2\end{bmatrix}$ 的逆矩阵 A^{-1}.

解 $(A\ \ E)=\begin{bmatrix}1&0&2&1&0&0\\2&1&1&0&1&0\\3&1&2&0&0&1\end{bmatrix}\xrightarrow[(-3)r_1+r_2]{(-2)r_1+r_2}\begin{bmatrix}1&0&2&1&0&0\\0&1&-3&-2&1&0\\0&1&-4&-3&0&1\end{bmatrix}$

$$\xrightarrow{(-1)r_2+r_3} \begin{bmatrix} 1 & 0 & 2 & 1 & 0 & 0 \\ 0 & 1 & -3 & -2 & 1 & 0 \\ 0 & 0 & -1 & -1 & -1 & 1 \end{bmatrix} \xrightarrow{-r_3} \begin{bmatrix} 1 & 0 & 2 & 1 & 0 & 0 \\ 0 & 1 & -3 & -2 & 1 & 0 \\ 0 & 0 & 1 & 1 & 1 & -1 \end{bmatrix}$$

$$\xrightarrow[3r_3+r_2]{(-2)r_3+r_1} \begin{bmatrix} 1 & 0 & 0 & -1 & -2 & 2 \\ 0 & 1 & 0 & 1 & 4 & -3 \\ 0 & 0 & 1 & 1 & 1 & -1 \end{bmatrix}$$

所以

$$\boldsymbol{A}^{-1} = \begin{bmatrix} -1 & -2 & 2 \\ 1 & 4 & -3 \\ 1 & 1 & -1 \end{bmatrix}.$$

【例3】 设矩阵 $\boldsymbol{A} = \begin{bmatrix} -2 & -1 & 6 \\ 4 & 0 & 5 \\ -6 & -1 & 1 \end{bmatrix}$,判断矩阵 $\boldsymbol{A}$ 是否可逆,若可逆,求逆矩阵 $\boldsymbol{A}^{-1}$.

解 $(\boldsymbol{A} \quad \boldsymbol{E}) = \begin{bmatrix} -2 & -1 & 6 & 1 & 0 & 0 \\ 4 & 0 & 5 & 0 & 1 & 0 \\ -6 & -1 & 1 & 0 & 0 & 1 \end{bmatrix} \xrightarrow[(-3)r_1+r_3]{2r_1+r_2} \begin{bmatrix} -2 & -1 & 6 & 1 & 0 & 0 \\ 0 & -2 & 17 & 2 & 1 & 0 \\ 0 & 2 & -17 & -3 & 0 & 1 \end{bmatrix}$

$$\xrightarrow{r_2+r_3} \begin{bmatrix} -2 & -1 & 6 & 1 & 0 & 0 \\ 0 & -2 & 17 & 2 & 1 & 0 \\ 0 & 0 & 0 & -1 & 1 & 1 \end{bmatrix}$$

因为 $r(\boldsymbol{A}) = 2 < 3 (= n)$,所以 $\boldsymbol{A}$ 不可逆.

7.4.4 逆矩阵应用

含有 n 个方程的 n 元线性方程组 $\begin{cases} a_{11}x_1 + a_{12}x_2 + \cdots + a_{1n}x_n = b_1 \\ a_{21}x_1 + a_{22}x_2 + \cdots + a_{2n}x_n = b_2 \\ \cdots\cdots\cdots\cdots\cdots\cdots\cdots\cdots\cdots\cdots \\ a_{n1}x_1 + a_{n2}x_2 + \cdots + a_{nn}x_n = b_n \end{cases}$ 可写成 $\boldsymbol{AX} = \boldsymbol{B}$,

其中

$$\boldsymbol{A} = \begin{bmatrix} a_{11} & a_{12} & \cdots & a_{1n} \\ a_{21} & a_{22} & \cdots & a_{2n} \\ \vdots & \vdots & \vdots & \vdots \\ a_{n1} & a_{n2} & \cdots & a_{nn} \end{bmatrix}, \boldsymbol{X} = \begin{bmatrix} x_1 \\ x_2 \\ \vdots \\ x_n \end{bmatrix}, \boldsymbol{B} = \begin{bmatrix} b_1 \\ b_2 \\ \vdots \\ b_n \end{bmatrix},$$

若 $|\boldsymbol{A}| \neq 0$,则

$$\boldsymbol{X} = \boldsymbol{A}^{-1}\boldsymbol{B}.$$

【例4】 用逆矩阵解线性方程组 $\begin{cases} x_1 + 2x_3 = 1 \\ 2x_1 + x_2 + x_3 = -1. \\ 3x_1 + x_2 + 2x_3 = 0 \end{cases}$

解 其系数矩阵为

$$|A| = \begin{bmatrix} 1 & 0 & 2 \\ 2 & 1 & 1 \\ 3 & 1 & 2 \end{bmatrix}$$

由【例2】知 A 可逆,且

$$A^{-1} = \begin{bmatrix} -1 & -2 & 2 \\ 1 & 4 & -3 \\ 1 & 1 & -1 \end{bmatrix},$$

所以方程组的解为

$$X = A^{-1}B = \begin{bmatrix} -1 & -2 & 2 \\ 1 & 4 & -3 \\ 1 & 1 & -1 \end{bmatrix} \begin{bmatrix} 1 \\ -1 \\ 0 \end{bmatrix} = \begin{bmatrix} 1 \\ -3 \\ 0 \end{bmatrix}$$

【例5】 [密码学] 在军事通讯中,矩阵密码法是信息编码与解码的常用,其中的一种是基于利用可逆矩阵的方法.先在 26 个英文字母与数字间建立起一一对应.如

a	b	c	⋯	x	y	z
1	2	3	⋯	24	25	26

例如 are 对应一矩阵 $B^T = [1 \quad 18 \quad 5]$,但如果按这种方式传输,则很容易被敌方破译.于是,必须采取加密,即用一个约定的加密矩阵 A 乘以原信号 B,传输信号为 $C = AB^T$,收到信号的一方再将信号还原(破译)为 $B^T = A^{-1}C$.若敌方不知道加密矩阵,则很难破译.设收到的信号为

$$C = \begin{bmatrix} 14 \\ 30 \\ 41 \end{bmatrix},$$

并已知加密矩阵为

$$A = \begin{bmatrix} -1 & 0 & 1 \\ 0 & 1 & 1 \\ 1 & 1 & 1 \end{bmatrix},$$

求原信号 B.

解 先求 A 的逆矩阵

$$[A \quad E] = \begin{bmatrix} -1 & 0 & 1 & 1 & 0 & 0 \\ 0 & 1 & 1 & 0 & 1 & 0 \\ 1 & 1 & 1 & 0 & 0 & 1 \end{bmatrix} \xrightarrow{r_1 + r_3} \begin{bmatrix} -1 & 0 & 1 & 1 & 0 & 0 \\ 0 & 1 & 1 & 0 & 1 & 0 \\ 0 & 1 & 2 & 1 & 0 & 1 \end{bmatrix}$$

$$\xrightarrow{(-1)r_2+r_3} \begin{bmatrix} -1 & 0 & 1 & 1 & 0 & 0 \\ 0 & 1 & 1 & 0 & 1 & 0 \\ 0 & 0 & 1 & 1 & -1 & 1 \end{bmatrix} \xrightarrow{(-1)r_1} \begin{bmatrix} 1 & 0 & -1 & -1 & 0 & 0 \\ 0 & 1 & 1 & 0 & 1 & 0 \\ 0 & 0 & 1 & 1 & -1 & 1 \end{bmatrix}$$

$$\xrightarrow[(-1)r_3+r_2]{r_3+r_1} \begin{bmatrix} 1 & 0 & 0 & 0 & -1 & 1 \\ 0 & 1 & 0 & -1 & 2 & -1 \\ 0 & 0 & 1 & 1 & -1 & 1 \end{bmatrix}$$

所以

$$\boldsymbol{A}^{-1} = \begin{bmatrix} 0 & -1 & 1 \\ -1 & 2 & -1 \\ 1 & -1 & 1 \end{bmatrix}$$

原信号

$$\boldsymbol{B}^T = \boldsymbol{A}^{-1}\boldsymbol{C} = \begin{bmatrix} 0 & -1 & 1 \\ -1 & 2 & -1 \\ 1 & -1 & 1 \end{bmatrix} \begin{bmatrix} 14 \\ 30 \\ 41 \end{bmatrix} = \begin{bmatrix} 11 \\ 5 \\ 25 \end{bmatrix}$$

即原信号为 key.

习题 7.4

1. [**用电度数**]我国某地方为避开高峰期用电,实行分时段计费,鼓励夜间用电. 某地白天(AM8:00—PM11:00)与夜间(PM11:00—AM8:00)的电费标准为 P,若某宿舍两户人某月的用电情况如下:

	白天	夜间
第一户	20	30
第二户	40	70

所交电费 $\boldsymbol{F} = \begin{bmatrix} 19 \\ 41 \end{bmatrix}$,问如何用矩阵的运算表示当地的电费标准 P?

2. 判断下列矩阵是否可逆,如可逆,求其逆矩阵 $\boldsymbol{A}^{-1}$.

(1) $\boldsymbol{A} = \begin{bmatrix} 0 & 1 & 2 \\ 1 & 1 & 4 \\ 2 & -1 & 0 \end{bmatrix}$; (2) $\boldsymbol{A} = \begin{bmatrix} 1 & -2 & 4 \\ -3 & 2 & 5 \\ -3 & -2 & 22 \end{bmatrix}$;

(3) $\boldsymbol{A} = \begin{bmatrix} 1 & 0 & 8 \\ 0 & 1 & 0 \\ 0 & 0 & 1 \end{bmatrix}$; (4) $\boldsymbol{A} = \begin{bmatrix} 2 & 0 & 0 \\ 1 & 2 & 0 \\ 0 & 1 & 2 \end{bmatrix}$;

(5) $\boldsymbol{A} = \begin{bmatrix} 1 & 1 & 1 & 1 \\ 1 & 1 & -1 & -1 \\ 1 & -1 & 1 & -1 \\ 1 & -1 & -1 & 1 \end{bmatrix}$; (6) $\boldsymbol{A} = \begin{bmatrix} 1 & a & a^2 & a^3 \\ 0 & 1 & a & a^2 \\ 0 & 0 & 1 & a \\ 0 & 0 & 0 & 1 \end{bmatrix}$.

3. 用逆矩阵解矩阵方程

(1) $\begin{bmatrix} 2 & 5 \\ 1 & 3 \end{bmatrix} \boldsymbol{X} = \begin{bmatrix} 4 & -6 \\ 2 & 1 \end{bmatrix}$;

(2) $\boldsymbol{X} \begin{bmatrix} 2 & 1 & -1 \\ 2 & 1 & 0 \\ 1 & -1 & 1 \end{bmatrix} = \begin{bmatrix} 1 & -1 & 3 \\ 4 & 3 & 2 \end{bmatrix}$.

4. 用逆矩阵解方程组

(1) $\begin{cases} x_1 + 2x_2 + 3x_3 = 1 \\ 2x_1 + 2x_2 + 5x_3 = 2 \\ 3x_1 + 5x_2 + x_3 = 3 \end{cases}$;

(2) $\begin{cases} x_1 - x_2 - x_3 = 2 \\ 2x_1 - x_2 - 3x_3 = 1 \\ 3x_1 + 2x_2 - 5x_3 = 0 \end{cases}$.

7.5　线性方程组的解

线性方程组是线性代数中的一个基本问题. 在经济领域的规划、决策等问题中,经常遇到线性方程组的求解问题.

虽然在中学我们已经学过用加减消元法或代入消元法解二元或三元一次方程组,又知道二元一次方程组的解的情况只可能有三种：有唯一解、有无穷多解、无解. 但是在许多实际问题中,我们遇到的方程组中未知数个数常常超过三个,而且方程组中未知数个数与方程的个数也不一定相同.

如

$$\begin{cases} x_1 + 2x_2 - 2x_3 - 4x_4 = 1 \\ x_1 + x_2 - x_3 + 2x_4 = -1 \\ -x_1 - x_2 + 2x_3 - x_4 = 2 \end{cases}$$

这样的线性方程组是否有解呢？ 如果有解,解是否唯一？ 如果解不唯一,解的结构如何呢？ 在有解的情况下,如何求解？

7.5.1　线性方程组的概念

与二元、三元线性方程组类似,含 n 个未知量,由 m 个线性方程构成的线性方程组的一般形式为

$$\begin{cases} a_{11}x_1 + a_{12}x_2 + \cdots + a_{1n}x_n = b_1 \\ a_{21}x_1 + a_{22}x_2 + \cdots + a_{2n}x_n = b_2 \\ \vdots \qquad \vdots \qquad \qquad \vdots \quad \vdots \\ a_{m1}x_1 + a_{m2}x_2 + \cdots + a_{mn}x_n = b_m \end{cases},$$

其中系数 a_{ij}、常数 b_i 都是已知常数,x_j 是未知量. 当右端常数项 $b_1, b_2, \cdots, b_m$ 不全为 0 时,称方程组为**非齐次线性方程组**；当 $b_1, b_2, \cdots, b_m$ 全为 0 时,即

$$\begin{cases} a_{11}x_1 + a_{12}x_2 + \cdots + a_{1n}x_n = 0 \\ a_{21}x_1 + a_{22}x_2 + \cdots + a_{2n}x_n = 0 \\ \vdots \qquad \vdots \qquad \qquad \vdots \quad \vdots \\ a_{m1}x_1 + a_{m2}x_2 + \cdots + a_{mn}x_n = 0 \end{cases},$$

称方程组为**齐次线性方程组**.

利用矩阵来讨论线性方程组的解的情况或求解线性方程组的解是很方便的,我们给出线性方程组的矩阵表示形式.

非齐次线性方程组用矩阵表示为

$$AX = B,$$

其中

$$A = \begin{bmatrix} a_{11} & a_{12} & \cdots & a_{1n} \\ a_{21} & a_{22} & \cdots & a_{2n} \\ \vdots & \vdots & & \vdots \\ a_{m1} & a_{m2} & \cdots & a_{mn} \end{bmatrix}, \quad X = \begin{bmatrix} x_1 \\ x_2 \\ \vdots \\ x_n \end{bmatrix}, \quad B = \begin{bmatrix} b_1 \\ b_2 \\ \vdots \\ b_m \end{bmatrix},$$

称 A 为非齐次线性方程组的**系数矩阵**,X 为未知矩阵,B 为**常数矩阵**,将系数矩阵和常数矩阵放在一起构成的矩阵

$$(AB) = \begin{bmatrix} a_{11} & a_{12} & \cdots & a_{1n} & b_1 \\ a_{21} & a_{22} & \cdots & a_{2n} & b_2 \\ \vdots & \vdots & & \vdots & \vdots \\ a_{m1} & a_{m2} & \cdots & a_{mn} & b_m \end{bmatrix}$$

称为方程组的**增广矩阵**,记为 $\overline{A}$,因为线性方程组是由它的系数和常数项确定,所以增广矩阵 $\overline{A}$ 和线性方程组是一一对应关系.

齐次线性方程组的矩阵表示形式为

$$AX = 0,$$

其中

$$0 = \begin{bmatrix} 0 \\ 0 \\ \vdots \\ 0 \end{bmatrix}.$$

7.5.2 非齐次线性方程组的解

【例 1】 用高斯消元法解线性方程组 $\begin{cases} 2x_1 - x_2 + 2x_3 = 4 \\ x_1 + x_2 + 2x_3 = 1 \\ 4x_1 + x_2 + 4x_3 = 2 \end{cases}$.

解 交换第一、二两个方程,得同解组

$$\begin{cases} x_1 + x_2 + 2x_3 = 1 & (1) \\ 2x_1 - x_2 + 2x_3 = 4 & (2) \\ 4x_1 + x_2 + 4x_3 = 2 & (3) \end{cases}$$

(2)−(1)×2,(3)−(1)×4 得同解组

$$\begin{cases} x_1+x_2+2x_3=1 & (1) \\ -3x_2-2x_3=2 & (2) \\ -3x_2-4x_3=-2 & (3) \end{cases}$$

((3)−(2))÷2 得同解组

$$\begin{cases} x_1+x_2+2x_3=1 & (1) \\ -3x_2-2x_3=2 & (2) \\ x_3=2 & (3) \end{cases}$$

至此消元过程完结,接下来是回代过程:

将(3)代入(2)得 $x_2=-2$,再将 $x_2=-2$,$x_3=2$ 代入(1) 得 $x_1=-1$,
从而原方程组有唯一解

$$\begin{cases} x_1=-1 \\ x_2=-2 \\ x_3=2 \end{cases}$$

在高斯消元法求解线性方程组时,对方程组共施行了三种变换:

(1) 互换两个方程的位置;

(2) k 乘某一方程($k\neq0$);

(3) 用一个数 k 乘某一方程后加到另一个方程上去.

这与矩阵的初等行变换相同. 所以线性方程的求解完全可以由其增广矩阵的行初等变换求出.

定理 1 非齐次线性方程组 $\begin{cases} a_{11}x_1+a_{12}x_2+\cdots+a_{1n}x_n=b_1 \\ a_{21}x_1+a_{22}x_2+\cdots+a_{2n}x_n=b_2 \\ \vdots \qquad \vdots \qquad \qquad \vdots \qquad \vdots \\ a_{m1}x_1+a_{m2}x_2+\cdots+a_{mn}x_n=b_m \end{cases}$

(1) 无解的充分必要条件是 $r(\mathbf{A})<r(\overline{\mathbf{A}})$;

(2) 有唯一解的充分必要条件是 $r(\mathbf{A})=r(\overline{\mathbf{A}})=n$;

(3) 有无限多解的充分必要条件是 $r(\mathbf{A})=r(\overline{\mathbf{A}})<n$.

【例 2】 用矩阵的初等行变换求解线性方程组 $\begin{cases} 2x_1-x_2+2x_3=4 \\ x_1+x_2+2x_3=1 \\ 4x_1+x_2+4x_3=2 \end{cases}$.

解 用初等行变换将增广矩阵化成阶梯形矩阵,即

$$\overline{\mathbf{A}}=\begin{bmatrix} 2 & -1 & 2 & 4 \\ 1 & 1 & 2 & 1 \\ 4 & 1 & 4 & 2 \end{bmatrix} \xrightarrow{r_1\leftrightarrow r_2} \begin{bmatrix} 1 & 1 & 2 & 1 \\ 2 & -1 & 2 & 4 \\ 4 & 1 & 4 & 2 \end{bmatrix} \xrightarrow[(-4)r_1+r_3]{(-2)r_1+r_2} \begin{bmatrix} 1 & 1 & 2 & 1 \\ 0 & -3 & -2 & 2 \\ 0 & -3 & -4 & -2 \end{bmatrix}$$

$$\xrightarrow{(-1)r_2+r_3} \begin{bmatrix} 1 & 1 & 2 & 1 \\ 0 & -3 & -2 & 2 \\ 0 & 0 & -2 & -4 \end{bmatrix} \xrightarrow{(-\frac{1}{2})r_3} \begin{bmatrix} 1 & 1 & 2 & 1 \\ 0 & -3 & -2 & 2 \\ 0 & 0 & 1 & 2 \end{bmatrix}=\mathbf{B}$$

因为 $r(\boldsymbol{A})=r(\overline{\boldsymbol{A}})=3=n$，所以方程组有唯一解，

用初等行变换将增广矩阵的阶梯形矩阵化成行最简矩阵，即

$$\boldsymbol{B} \xrightarrow[2r_3+r_2]{(-2)r_3+r_1} \begin{bmatrix} 1 & 1 & 0 & -3 \\ 0 & -3 & 0 & 6 \\ 0 & 0 & 1 & 2 \end{bmatrix} \xrightarrow{(-\frac{1}{3})r_2} \begin{bmatrix} 1 & 1 & 0 & -3 \\ 0 & 1 & 0 & -2 \\ 0 & 0 & 1 & 2 \end{bmatrix}$$

$$\xrightarrow{(-1)r_2+r_1} \begin{bmatrix} 1 & 0 & 0 & -1 \\ 0 & 1 & 0 & -2 \\ 0 & 0 & 1 & 2 \end{bmatrix}$$

由此得方程组的唯一解

$$\begin{cases} x_1=-1 \\ x_2=-2. \\ x_3=2 \end{cases}$$

【例3】 解线性方程组

$$\begin{cases} x_1+x_2+x_3=1 \\ -x_1+2x_2-4x_3=2 \\ 2x_1+5x_2-x_3=3 \end{cases}$$

解 用初等行变换将增广矩阵化成阶梯形矩阵，即

$$\overline{\boldsymbol{A}}=\begin{bmatrix} 1 & 1 & 1 & 1 \\ -1 & 2 & -4 & 2 \\ 2 & 5 & -1 & 3 \end{bmatrix} \xrightarrow[(-2)r_1+r_3]{r_1+r_2} \begin{bmatrix} 1 & 1 & 1 & 1 \\ 0 & 3 & -3 & 3 \\ 0 & 3 & -3 & 1 \end{bmatrix} \xrightarrow{(-1)r_2+r_3} \begin{bmatrix} 1 & 1 & 1 & 1 \\ 0 & 3 & -3 & 3 \\ 0 & 0 & 0 & -2 \end{bmatrix}$$

$r(\boldsymbol{A})=2, r(\overline{\boldsymbol{A}})=3$，两者不等，所以，原方程组无解.

【例4】 解线性方程组 $\begin{cases} x_1+5x_2-x_3-x_4=-1 \\ x_1+6x_2-2x_3-3x_4=-3 \\ x_1+3x_2+x_3+3x_4=3 \\ x_1+x_2+3x_3+7x_4=7 \end{cases}$

解 用初等行变换将增广矩阵化成阶梯形矩阵，即

$$\overline{\boldsymbol{A}}=\begin{bmatrix} 1 & 5 & -1 & -1 & -1 \\ 1 & 6 & -2 & -3 & -3 \\ 1 & 3 & 1 & 3 & 3 \\ 1 & 1 & 3 & 7 & 7 \end{bmatrix} \xrightarrow[\substack{(-1)r_1+r_3 \\ (-1)r_1+r_4}]{(-1)r_1+r_2} \begin{bmatrix} 1 & 5 & -1 & -1 & -1 \\ 0 & 1 & -1 & -2 & -2 \\ 0 & -2 & 2 & 4 & 4 \\ 0 & -4 & 4 & 8 & 8 \end{bmatrix}$$

$$\xrightarrow[4r_2+r_4]{2r_2+r_3} \begin{bmatrix} 1 & 5 & -1 & -1 & -1 \\ 0 & 1 & -1 & -2 & -2 \\ 0 & 0 & 0 & 0 & 0 \\ 0 & 0 & 0 & 0 & 0 \end{bmatrix}=\boldsymbol{B}$$

因为，$r(\boldsymbol{A})=r(\overline{\boldsymbol{A}})=2<n(=4)$，所以方程组有无穷多解，

用初等行变换将增广矩阵的阶梯形矩阵化成行最简矩阵,即

$$\boldsymbol{B} \xrightarrow{(-5)r_2+r_1} \begin{bmatrix} 1 & 0 & 4 & 9 & 9 \\ 0 & 1 & -1 & -2 & -2 \\ 0 & 0 & 0 & 0 & 0 \\ 0 & 0 & 0 & 0 & 0 \end{bmatrix},$$

于是,得与原方程组同解的方程组

$$\begin{cases} x_1 + 4x_3 + 9x_4 = 9 \\ x_2 - x_3 - 2x_4 = -2 \end{cases}$$

即

$$\begin{cases} x_1 = 9 - 4x_3 - 9x_4 \\ x_2 = -2 + x_3 + 2x_4 \end{cases}$$

其中 x_3 与 x_4 可取任意值,称为自由未知量. 方程组的解为

$$\begin{cases} x_1 = 9 - 4c_1 - 9c_2 \\ x_2 = -2 + c_1 + 2c_2 \\ x_3 = c_1 \\ x_4 = c_2 \end{cases} \quad (\text{其中 } c_1, c_2 \text{ 为任意常数}).$$

7.5.3 齐次线性方程组的解

定理 2 齐次线性方程组
$$\begin{cases} a_{11}x_1 + a_{12}x_2 + \cdots + a_{1n}x_n = 0 \\ a_{21}x_1 + a_{22}x_2 + \cdots + a_{2n}x_n = 0 \\ \vdots \quad\quad \vdots \quad\quad\quad\quad \vdots \quad\quad \vdots \\ a_{m1}x_1 + a_{m2}x_2 + \cdots + a_{mn}x_n = 0 \end{cases}$$

(1) 当 $r(\boldsymbol{A}) = r = n$,则方程组有唯一零解;

(2) 当 $r(\boldsymbol{A}) = r < n$ 时,则方程组有无穷多组解.

【例 5】 解方程组 $\begin{cases} x_1 + x_2 + x_3 + x_4 = 0 \\ x_1 + 2x_2 + 2x_3 + 3x_4 = 0 \\ 2x_1 + 3x_2 + 3x_3 + 4x_4 = 0 \end{cases}.$

解 $\boldsymbol{A} = \begin{bmatrix} 1 & 1 & 1 & 1 \\ 1 & 2 & 2 & 3 \\ 2 & 3 & 3 & 4 \end{bmatrix} \xrightarrow[(-2)r_1+r_3]{(-1)r_1+r_2} \begin{bmatrix} 1 & 1 & 1 & 1 \\ 0 & 1 & 1 & 2 \\ 0 & 1 & 1 & 2 \end{bmatrix} \xrightarrow{(-1)r_2+r_3} \begin{bmatrix} 1 & 1 & 1 & 1 \\ 0 & 1 & 1 & 2 \\ 0 & 0 & 0 & 0 \end{bmatrix} = \boldsymbol{B}$

因为,$r(\boldsymbol{A}) = 2 < n(=4)$,所以方程组有无穷多解,

$$\boldsymbol{B} \xrightarrow{(-1)r_2+r_1} \begin{bmatrix} 1 & 0 & 0 & -1 \\ 0 & 1 & 1 & 2 \\ 0 & 0 & 0 & 0 \end{bmatrix}$$

所以,方程组的同解方程组为

$$\begin{cases} x_1 - x_4 = 0 \\ x_2 + x_3 + 2x_4 = 0 \end{cases}$$

即

$$\begin{cases} x_1 = x_4 \\ x_2 = -x_3 - 2x_4 \end{cases} (x_3, x_4 \text{ 为自由未知量})$$

所以方程组的解为

$$\begin{cases} x_1 = c_2 \\ x_2 = -c_1 - 2c_2 \\ x_3 = c_1 \\ x_4 = c_2 \end{cases}$$

习题 7.5

1. 判断下列方程组是否有解,如有解则求方程组的解.

(1) $\begin{cases} x_1 - 2x_2 + 3x_3 - x_4 = 1 \\ 3x_1 - x_2 + 5x_3 - 3x_4 = 2; \\ 2x_1 + x_2 + 2x_3 - 2x_4 = 3 \end{cases}$　　(2) $\begin{cases} 2x_1 + 2x_2 - 4x_3 = 4 \\ x_1 - x_2 - x_3 = 1 \\ 3x_1 - 4x_2 - 2x_3 = 5 \end{cases}$;

(3) $\begin{cases} x_1 + 5x_2 - x_3 - x_4 = -1 \\ x_1 + 6x_2 - 2x_3 - 3x_4 = -3 \\ x_1 + 3x_2 + x_3 + 3x_4 = 3 \\ x_1 + x_2 + 3x_3 + 7x_4 = 7 \end{cases}$;　　(4) $\begin{cases} x_1 - 2x_2 + x_3 = 0 \\ x_1 + 2x_2 - 3x_3 = 0 \\ -x_1 + 2x_2 + 2x_3 = 0 \end{cases}$;

(5) $\begin{cases} x_1 + x_2 + x_3 + x_4 = 0 \\ x_1 + 2x_2 + 2x_3 + 3x_4 = 0 \\ 2x_1 + 3x_2 + 3x_3 + 4x_4 = 0 \end{cases}$.

2. 已知总成本 y 是产品数量 X 的二次函数

$$y = a + bx + cx^2$$

根据统计资料,产品数量与总成本间有如下表的数据,试求成本函数.

时期	第一期	第二期	第三期
产品数量(件)	1	2	3
总成本(万元)	4	9	16

7.6　Matlab 在矩阵中的应用

7.6.1　矩阵的计算

命令格式 1:inv(A)

功能:计算矩阵 A 的逆矩阵.

命令格式 2:A\B

功能:将矩阵 A 的逆矩阵左乘矩阵 B.

命令格式 3:A/B

功能:将矩阵 A 的逆矩阵右乘矩阵 B.

命令格式 4:A′

功能:求实矩阵 A 的转置矩阵 A'.

【例1】 设 $A=\begin{bmatrix} -1 & 0 & 0 \\ 0 & -1 & 2 \\ 0 & -2 & 3 \end{bmatrix}$,$B=\begin{bmatrix} 1 & 2 & -1 \\ 2 & 0 & -1 \\ 1 & -2 & 3 \end{bmatrix}$,求 $2A+B, A^{-1}, A^{-1}B, BA^{-1}, B'$.

解 输入命令:

≫A=[-1 0 0;0 -1 2;0 -2 3];B=[1 2 -1;2 0 -1;1 -2 3];2*A+B

ans =

```
   -1    2   -1
    2   -2    3
    1   -6    9
```

≫ inv(A)

ans =

```
   -1    0    0
    0    3   -2
    0    2   -1
```

≫A\B

ans =

```
   -1   -2    1
    4    4   -9
    3    2   -5
```

≫A/B

ans =

```
  -0.1667   -0.3333   -0.1667
   0.0833   -0.3333    0.5833
  -0.1667   -0.3333    0.8333
```

≫B'

ans =

```
    1    2    1
    2    0   -2
   -1   -1    3
```

7.6.2 矩阵的初等行变换

命令格式 1:rref(A)

功能:将矩阵 A 化为行简化阶梯形矩阵.

命令格式 2:format rat

功能:设定有理式数据格式.

命令格式 3:C(:,4:6)

功能:提取矩阵 C 中的第 4 列到第 6 列.

【例2】 设矩阵 $A=\begin{bmatrix} 1 & 1 & 1 \\ 1 & 2 & -5 \\ 2 & 3 & -4 \end{bmatrix}$,将 A 化为行简化阶梯形矩阵.

解 输入命令:

≫ A=[1 1 1;1 2 −5;2 3 −4];rref(A)

ans =

1	0	7
0	1	−6
0	0	0

【例3】 设矩阵 $A=\begin{bmatrix} 1 & 3 & 2 \\ 4 & 7 & -5 \\ 2 & 3 & -4 \end{bmatrix}$,用初等行变换求 A 的逆矩阵.

解 输入命令:

≫ A=[1 3 2;4 7 −5;2 3 −4];format rat;C=rref([A eye(3,3)])

C =

1	0	0	−13	18	−29
0	1	0	6	−8	13
0	0	1	−2	3	−5

≫ C(:,4:6)

ans =

−13	18	−29
6	−8	13
−2	3	−5

习题 7.6

1. 设 $A=\begin{pmatrix} 1 & 2 & -1 \\ 0 & 1 & 2 \\ -3 & 6 & 4 \end{pmatrix}$, $B=\begin{pmatrix} -1 & 0 & 1 \\ 0 & 2 & 2 \\ 3 & 5 & 1 \end{pmatrix}$,求 A^{t}, $A+B$, AB, A^{2}, $A^{-1}B$, $A*B$.

2. 设矩阵 $A=\begin{bmatrix} 1 & 2 & 3 \\ 4 & 8 & -1 \\ 3 & 3 & -4 \end{bmatrix}$,用初等行变换求 A 的逆矩阵.

3. 将矩阵 $A=\begin{pmatrix} 7 & 1 & -1 & 10 & 1 \\ 4 & 8 & -2 & 4 & 3 \\ 12 & 1 & -1 & -1 & 5 \end{pmatrix}$ 化为最简行阶梯形矩阵.

复习题七

本章小结
阅读材料

一、填空题

1. 设 $A=\begin{bmatrix} 1 & 3 \\ -1 & -2 \end{bmatrix}$，则 $E-2A=$ _____.

2. 当 $a=$ _____ 时，矩阵 $A=\begin{bmatrix} 1 & 3 \\ -1 & a \end{bmatrix}$ 不可逆.

3. 矩阵 $A=\begin{bmatrix} 1 & 0 & 0 \\ 0 & 1 & 0 \\ 0 & 4 & 0 \end{bmatrix}$ 的秩为 _____ .

4. 已知矩阵 $A=\begin{bmatrix} 1 & 0 & 0 \\ 0 & 2 & 0 \\ 0 & 0 & -3 \end{bmatrix}$，则 $A^{-1}=$ _____ .

5. 设矩阵 $A=\begin{bmatrix} 1 & -2 & 0 \end{bmatrix}$，$B=\begin{bmatrix} 2 & 1 \\ -1 & 0 \\ 0 & 1 \end{bmatrix}$，则 $AB=$ _____ .

二、选择题

1. 下列说法正确的是　　　　　　　　　　　　　　　　　　　　　　　　　　　（　　）

 A. O 矩阵一定是方阵

 B. 可转置的矩阵一定是方阵

 C. 数量矩阵一定是方阵

 D. 若 A 与 A^T 可进行乘法运算，则 A 一定是方阵

2. 设 A 是可逆矩阵，且 $A+AB=E$，则 $A^{-1}=$　　　　　　　　　　　　　　（　　）

 A. $E+B$　　　　　　B. $E-B$　　　　　　C. B　　　　　　D. $(E-AB)^{-1}$

3. 设 A 是 n 阶可逆矩阵，k 是不为 0 的常数，则 $(kA)^{-1}=$　　　　　　　（　　）

 A. kA^{-1}　　　　　　B. $\dfrac{1}{k^n}A^{-1}$　　　　　　C. $-kA^{-1}$　　　　　　D. $\dfrac{1}{k}A^{-1}$

4. 设 A 是 4 阶方阵，若 $r(A)=3$，则　　　　　　　　　　　　　　　　　　（　　）

 A. A 可逆　　　　　　　　　　　　　B. A 的阶梯矩阵有一个 0 行

 C. A 有一个 0 行　　　　　　　　　D. A 至少有一个 0 行

5. 设 A,B 为同阶方阵，则下列说法正确的是　　　　　　　　　　　　　　　（　　）

 A. 若 $AB=O$，则必有 $A=O$ 或 $B=O$

 B. 若 $AB\neq O$，则必有 $A\neq O,B\neq O$

 C. 若 $r(A)\neq 0,r(B)\neq 0$，则 $r(AB)\neq 0$

 D. $r(A+B)=r(A)+r(B)$

三、已知 $\begin{bmatrix} 3x & y \\ -1 & 2 \end{bmatrix}+\begin{bmatrix} -2y & -2x \\ 1 & -1 \end{bmatrix}=\begin{bmatrix} 1 & 0 \\ 0 & 1 \end{bmatrix}$，求 x,y 的值.

四、已知 $A=\begin{bmatrix} 1 & 2 & 1 \\ 1 & 0 & 1 \end{bmatrix}$，$B=\begin{bmatrix} 1 & 1 & 0 \\ 0 & 1 & 1 \end{bmatrix}$，

1. 求 $2A-3B$;

2. $3A-X=B$,求 X.

五、已知 $A=\begin{bmatrix} 1 & 2 \\ 1 & 1 \end{bmatrix}$, $B=\begin{bmatrix} 2 & 1 \\ 1 & 2 \end{bmatrix}$,求 AB 和 BA.

六、计算

1. $\begin{bmatrix} 0 & 1 \\ 1 & 0 \end{bmatrix}\begin{bmatrix} 1 & 2 \\ 1 & 1 \end{bmatrix}$;

2. $\begin{bmatrix} 1 & 2 \\ 1 & 1 \end{bmatrix}\begin{bmatrix} 0 & 1 \\ 1 & 0 \end{bmatrix}$;

3. $\begin{bmatrix} 1 & 1 \\ 0 & 1 \end{bmatrix}\begin{bmatrix} 1 & 1 \\ 0 & 1 \end{bmatrix}$;

4. $\begin{bmatrix} 1 & 0 \\ 3 & -2 \\ -1 & 1 \end{bmatrix}\begin{bmatrix} 1 & 2 & 3 \\ 2 & -2 & 0 \end{bmatrix}$.

七、求下列矩阵的秩

1. $A=\begin{bmatrix} 1 & 1 & 1 & -1 \\ -1 & -1 & 2 & 3 \\ 2 & 2 & 5 & 1 \end{bmatrix}$;

2. $A=\begin{bmatrix} 1 & 0 & 2 & -1 \\ -1 & 1 & -3 & 2 \\ 2 & -1 & 5 & -3 \end{bmatrix}$;

3. $A=\begin{bmatrix} 1 & 2 & 0 & 1 \\ 2 & 1 & 4 & 0 \\ 1 & -1 & 2 & 0 \end{bmatrix}$;

4. $A=\begin{bmatrix} 1 & 1 & 0 & 1 \\ 1 & 0 & 1 & 2 \\ 2 & 1 & 1 & 3 \end{bmatrix}$.

八、用矩阵的初等变换解方程组

1. $\begin{cases} x_1+2x_2-3x_3=-11 \\ -x_1-x_2+x_3=7 \\ 2x_1-3x_2+x_3=6 \\ -3x_1+x_2+2x_3=4 \end{cases}$;

2. $\begin{cases} x_1+2x_2+3x_3=1 \\ 2x_1+2x_2+5x_3=2; \\ 3x_1+5x_2+x_3=3 \end{cases}$

3. $\begin{cases} x_1-x_2-x_3=2 \\ 2x_1-x_2-3x_3=1; \\ 3x_1+2x_2-5x_3=0 \end{cases}$

4. $\begin{cases} x_1+2x_3=-1 \\ -x_1+x_2-3x_3=2; \\ 2x_1-x_2+5x_3=-3 \end{cases}$

5. $\begin{cases} x_1-x_2+2x_3=0 \\ -x_1+2x_2-3x_3=0; \\ 2x_1-3x_2+6x_3=0 \end{cases}$

6. $\begin{cases} 2x_1+x_2+3x_3+5x_4=0 \\ x_1+x_2+x_3+4x_4=0 \\ 3x_1+x_2+5x_3+6x_4=0 \end{cases}$.

九、[行业就业人数预测]

设某中小城市及郊区乡镇共有 30 万人从事农、工、商工作,假定这个总人数在若干年内保持不变,而社会调查表明:

(1) 在这 30 万就业人员中,目前约有 15 万人从事农业,9 万人从事工业,6 万人经商;

(2) 在务农人员中,每年约有 20% 改为务工,10% 改为经商;

(3) 在务工人员中,每年约有 20% 改为务农,10% 改为经商;

(4) 在经商人员中,每年约有 10% 改为务农,10% 改为务工;

现欲预测一、二年后从事各业人员的人数,以及经过多年之后,从事各业人员总数之发展趋势.

第8章 n 维向量和线性方程组

> **本章提要** 用矩阵的初等行变换可以解决线性方程组的求解问题,但为了对方程组的内在联系和解的结构等问题作进一步讨论,我们引进 n 维向量和与之相关的一些概念.

线性方程组是各个方程关于未知量均为一次的方程组. 对线性方程组的研究,中国比欧洲至少早 1500 年,记载在公元初《九章算术》方程章中,中国人解出了 3×3 的线性方程组. 直到 18 世纪,随着德国数学家莱布尼兹、瑞士数学家克莱姆、瑞士数学家欧拉等人各自对线性方程组的研究深入,线性方程组的理论体系才得以逐步建立起来.

线性方程组是最简单也是最重要的一类代数方程组. 线性方程组的理论应用已经渗透到数学发展的许多分支,很多实际问题的处理最后往往归结为比较容易处理的线性方程组的问题,同时线性方程组可以广泛地应用于工程学、计算机科学、物理学、数学、经济学、统计学、通信、航空等学科和领域. 由于数学软件的优化普及,使线性方程组能够更好地解决我们现实中的问题.

本章中我们学习线性方程组的理论,利用数学软件 matlab 求一般方程组.

8.1 n 维向量的概念

在实际问题中,总有许多研究对象要用 n 元有序数组来表示,比如总结某同学小学六年数学成绩,分析公司某年各月利润总额的变动等,就分别要用到 6 元有序数组和 12 元有序数组.

8.1.1 n 维向量的定义

【定义 1】 由 n 个数组成的一个有序数组

$$\boldsymbol{\alpha} = \begin{bmatrix} a_1 \\ a_2 \\ \vdots \\ a_n \end{bmatrix}$$

称为一个 **n 维向量**. 其中 $a_i(i = 1, 2, \cdots, n)$ 称为 $\boldsymbol{\alpha}$ 的第 i 个**分量**(坐标),分量的个数 n 称为向量 $\boldsymbol{\alpha}$ 的**维数**.

通常用黑体小写希腊字母 $\boldsymbol{\alpha}, \boldsymbol{\beta}, \boldsymbol{\gamma} \cdots$ 表示向量.

向量可以竖着写,也可以横着写,竖着写的称为列向量,如

$$\boldsymbol{\alpha} = \begin{pmatrix} a_1 \\ a_2 \\ \vdots \\ a_n \end{pmatrix},$$

横写的向量称为行向量,如

$$\boldsymbol{\beta} = (a_1, a_2, \cdots, a_n),$$

一般称 $\boldsymbol{\beta}$ 为 $\boldsymbol{\alpha}$ 的转置向量,记为 $\boldsymbol{\alpha}^T$.

几种特殊向量:

(1) **零向量**　分量都是零的向量. 记作 $\boldsymbol{0}, \boldsymbol{0} = (0, 0, \cdots, 0)$

(2) **负向量**　向量 $-\boldsymbol{\alpha} = \begin{pmatrix} a_1 \\ a_2 \\ \vdots \\ a_n \end{pmatrix}$ 称为向量 $\boldsymbol{\alpha} = \begin{pmatrix} a_1 \\ a_2 \\ \vdots \\ a_n \end{pmatrix}$ 的负向量,记作 $-\boldsymbol{\alpha}$.

一个 3×4 的矩阵

$$A = \begin{bmatrix} 1 & 2 & 0 & 1 \\ 2 & 1 & 4 & 0 \\ 1 & -1 & 2 & 0 \end{bmatrix}$$

中的每一列都是由三个有序数组成的,因此都可以看作 3 维向量,我们把这四个 3 维向量

$$\begin{bmatrix} 1 \\ 2 \\ 1 \end{bmatrix}, \begin{bmatrix} 2 \\ 1 \\ -1 \end{bmatrix}, \begin{bmatrix} 0 \\ 4 \\ 2 \end{bmatrix}, \begin{bmatrix} 1 \\ 0 \\ 0 \end{bmatrix}$$

称为**矩阵 A 的列向量**.

同样其中的每一行都由四个有序数组成,因此也可以看作 4 维向量,称这三个 4 维向量

$$(1, 2, 0, 1), (2, 1, 4, 0), (1, -1, 2, 0)$$

为**矩阵 A 的行向量**.

若干个同维向量所组成的集合叫做**向量组**.

矩阵的列向量组和行向量组都是只含有限个向量的向量组;反之,一个含有限个向量的向量组总可以构成一个矩阵.

m 个 n 维列向量所组 A: $a_1, a_2, \cdots, a_m$ 成的向量组构成一个 $n \times m$ 矩阵

$$A = (a_1, a_2, \cdots, a_m)$$

m 个 n 维行向量所组 B: $\boldsymbol{\beta}_1, \boldsymbol{\beta}_2, \cdots, \boldsymbol{\beta}_m$ 成的向量组构成一个 $m \times n$ 矩阵

$$B = \begin{pmatrix} \boldsymbol{\beta}_1 \\ \boldsymbol{\beta}_2 \\ \vdots \\ \boldsymbol{\beta}_m \end{pmatrix}$$

由此可知,n 维列向量和 $n \times 1$ 矩阵(列矩阵)是本质相同的两个概念. 所以 n 维向量之间,n 维向量的相等、相加、数乘与列矩阵之间的相等、相加、数乘对应相同.

8.1.2 向量的运算

1. 向量的相等

【定义 2】 两个向量

$$\boldsymbol{\alpha} = (a_1, a_2, \cdots, a_n), \boldsymbol{\beta} = (b_1, b_2, \cdots, b_n),$$

若它们对应的分量相等,即 $a_i = b_i (i = 1, 2, \cdots, n)$ 时,称向量 $\boldsymbol{\alpha}$ 与 $\boldsymbol{\beta}$ 相等,记 $\boldsymbol{\alpha} = \boldsymbol{\beta}$.

2. 向量的加法

【定义 3】 设有两个向量

$$\boldsymbol{\alpha} = (a_1, a_2, \cdots, a_n), \boldsymbol{\beta} = (b_1, b_2, \cdots, b_n),$$

则向量

$$(a_1 \pm b_1, a_2 \pm b_2, \cdots, a_n \pm b_n)$$

称为向量 $\boldsymbol{\alpha}$ 与 $\boldsymbol{\beta}$ 的和(差),记为向量 $\boldsymbol{\alpha} \pm \boldsymbol{\beta}$,即

$$\boldsymbol{\alpha} \pm \boldsymbol{\beta} = (a_1 \pm b_1, a_2 \pm b_2, \cdots, a_n \pm b_n).$$

3. 向量的数乘

【定义 4】 设有向量 $\boldsymbol{\alpha} = (a_1, a_2, \cdots, a_n)$,$k$ 为实数,则向量 $(ka_1, ka_2, \cdots, ka_n)$ 称为数 k 与向量 $\boldsymbol{\alpha}$ 的乘积,简称数乘,记为 $k\boldsymbol{\alpha}$,并规定 $\boldsymbol{\alpha} \times k = k\boldsymbol{\alpha}$.

显然向量的加法及数乘运算满足下列运算规律:

(1) $\boldsymbol{\alpha} + \boldsymbol{\beta} = \boldsymbol{\beta} + \boldsymbol{\alpha}$;

(2) $(\boldsymbol{\alpha} + \boldsymbol{\beta}) + \boldsymbol{\gamma} = \boldsymbol{\beta} + (\boldsymbol{\alpha} + \boldsymbol{\gamma})$;

(3) $k(\boldsymbol{\alpha} \pm \boldsymbol{\beta}) = k\boldsymbol{\alpha} \pm k\boldsymbol{\beta}$;

(4) $(k \pm l)\boldsymbol{\alpha} = k\boldsymbol{\alpha} \pm l\boldsymbol{\alpha}$;

(5) $(kl)\boldsymbol{\alpha} = k(l\boldsymbol{\alpha})$;

(6) $k\boldsymbol{\alpha} = \boldsymbol{0} \Leftrightarrow k = 0$ 或 $\boldsymbol{\alpha} = \boldsymbol{0}$

向量的加、减及数乘运算称为向量的代数运算.

【例 1】 设 $\boldsymbol{\alpha} = (7, 2, 0, -8), \boldsymbol{\beta} = (2, 1, -4, 3)$,求 $3\boldsymbol{\alpha} + 7\boldsymbol{\beta}$.

解 $3\boldsymbol{\alpha} + 7\boldsymbol{\beta} = 3 \times (7, 2, 0, -8) + 7 \times (2, 1, -4, 3)$

$$= (21, 6, 0, -24) + (14, 7, -28, 21)$$

$$= (35, 13, -28, -3)$$

【例 2】 设 $\boldsymbol{\alpha} = (5, -1, 3, 2, 4), \boldsymbol{\beta} = (3, 1, -2, 2, 1)$,且 $3\boldsymbol{\alpha} + \boldsymbol{\gamma} = 4\boldsymbol{\beta}$,求 $\boldsymbol{\gamma}$.

解 因为 $3\boldsymbol{\alpha} + \boldsymbol{\gamma} = 4\boldsymbol{\beta}$,

所以 $\boldsymbol{\gamma} = 4\boldsymbol{\beta} - 3\boldsymbol{\alpha} = 4 \times (3, 1, -2, 2, 1) - 3 \times (5, -1, 3, 2, 4)$

$$=(12,4,-8,8,4)-(15,-3,9,6,12)$$

$$=(-3,7,-17,2,-8)$$

8.1.3 向量组的线性组合

【定义 5】 设有 m 个 n 维向量 $\boldsymbol{\beta},\boldsymbol{\alpha}_1,\boldsymbol{\alpha}_2,\cdots,\boldsymbol{\alpha}_m$，如果存在一组数 $k_1,k_2,\cdots,k_m$，使

$$\boldsymbol{\beta}=k_1\boldsymbol{\alpha}_1+k_2\boldsymbol{\alpha}_2+\cdots+k_m\boldsymbol{\alpha}_m,$$

则称 $\boldsymbol{\beta}$ 是 $\boldsymbol{\alpha}_1,\boldsymbol{\alpha}_2,\cdots,\boldsymbol{\alpha}_m$ 的**线性组合**，或称 $\boldsymbol{\beta}$ 可由向量组 $\boldsymbol{\alpha}_1,\boldsymbol{\alpha}_2,\cdots,\boldsymbol{\alpha}_m$ **线性表示**.

【例 3】 设有向量

$$\boldsymbol{\beta}=\begin{pmatrix}0\\0\\0\end{pmatrix},\boldsymbol{\alpha}_1=\begin{pmatrix}1\\2\\3\end{pmatrix},\boldsymbol{\alpha}_2=\begin{pmatrix}3\\2\\1\end{pmatrix},$$

证明 $\boldsymbol{\beta}$ 是 $\boldsymbol{\alpha}_1,\boldsymbol{\alpha}_2$ 的线性组合.

证明 因为 $\boldsymbol{\beta}=0\boldsymbol{\alpha}_1+0\boldsymbol{\alpha}_2$，所以存在 $k_1=k_2=0$ 使 $\boldsymbol{\beta}=k_1\boldsymbol{\alpha}_1+k_2\boldsymbol{\alpha}_2$.

所以 $\boldsymbol{\beta}$ 是 $\boldsymbol{\alpha}_1,\boldsymbol{\alpha}_2$ 的线性组合，证毕.

事实上，零向量是任意向量组 $\boldsymbol{\alpha}_1,\boldsymbol{\alpha}_2,\cdots,\boldsymbol{\alpha}_m$ 的线性组合，或者说零向量可由任意向量组 $\boldsymbol{\alpha}_1,\boldsymbol{\alpha}_2,\cdots,\boldsymbol{\alpha}_m$ 线性表示.

【例 4】 二维向量 $\boldsymbol{e}_1=\begin{pmatrix}1\\0\end{pmatrix}$，$\boldsymbol{e}_2=\begin{pmatrix}0\\1\end{pmatrix}$ 称为**二维单位向量组**. 任意二维向量 $\boldsymbol{\alpha}=\begin{pmatrix}a_1\\a_2\end{pmatrix}$ 均可由向量组 $\boldsymbol{e}_1,\boldsymbol{e}_2$ 线性表示：

$$\boldsymbol{\alpha}=a_1\boldsymbol{e}_1+a_2\boldsymbol{e}_2.$$

【例 5】 向量 $\begin{pmatrix}1\\1\end{pmatrix}$ 不是向量 $\begin{pmatrix}1\\0\end{pmatrix}$，$\begin{pmatrix}-2\\0\end{pmatrix}$ 的线性组合.

因为对于任意一组实数 k_1,k_2，

$$k_1\begin{pmatrix}1\\0\end{pmatrix}+k_2\begin{pmatrix}-2\\0\end{pmatrix}=\begin{pmatrix}k_1-2k_2\\0\end{pmatrix}\neq\begin{pmatrix}1\\1\end{pmatrix}$$

【例 6】 设有

$$\boldsymbol{\beta}=\begin{pmatrix}0\\4\\2\end{pmatrix},\boldsymbol{\alpha}_1=\begin{pmatrix}1\\2\\3\end{pmatrix},\boldsymbol{\alpha}_2=\begin{pmatrix}2\\3\\1\end{pmatrix},\boldsymbol{\alpha}_3=\begin{pmatrix}3\\1\\2\end{pmatrix},$$

试问 $\boldsymbol{\beta}$ 可否表示为 $\boldsymbol{\alpha}_1,\boldsymbol{\alpha}_2,\boldsymbol{\alpha}_3$ 的线性组合？若可以，则写出具体组合表示.

解 设 $\boldsymbol{\beta}=k_1\boldsymbol{\alpha}_1+k_2\boldsymbol{\alpha}_2+k_3\boldsymbol{\alpha}_3$，由此可得

$$\begin{cases}k_1+2k_2+3k_3=0\\2k_1+3k_2+k_3=4,\\3k_1+k_2+2k_3=2\end{cases}$$

解线性方程组,因为

$$\begin{bmatrix} 1 & 2 & 3 & 0 \\ 2 & 3 & 1 & 4 \\ 3 & 1 & 2 & 2 \end{bmatrix} \rightarrow \begin{bmatrix} 1 & 0 & 0 & 1 \\ 0 & 1 & 0 & 1 \\ 0 & 0 & 1 & -1 \end{bmatrix}$$

显然方程组有解,即 $k_1=1,k_2=1,k_3=-1$,
所以

$$\boldsymbol{\beta}=\boldsymbol{\alpha}_1+\boldsymbol{\alpha}_2-\boldsymbol{\alpha}_3.$$

【例 7】 设有

$$\boldsymbol{\alpha}=\begin{pmatrix} 2 \\ -3 \\ 0 \end{pmatrix},\boldsymbol{\beta}=\begin{pmatrix} 0 \\ -1 \\ 2 \end{pmatrix},\boldsymbol{\gamma}=\begin{pmatrix} 0 \\ -7 \\ -4 \end{pmatrix},$$

试问 $\boldsymbol{\gamma}$ 可否表示为 $\boldsymbol{\alpha},\boldsymbol{\beta}$ 的线性组合?

解 设 $\boldsymbol{\gamma}=k_1\boldsymbol{\alpha}+k_2\boldsymbol{\beta}$,即

$$\begin{cases} 2k_1=0 \\ -3k_1-k_2=-7, \\ 2k_2=-4 \end{cases}$$

因为

$$\begin{bmatrix} 2 & 0 & 0 \\ -3 & -1 & -7 \\ 0 & 2 & -4 \end{bmatrix} \rightarrow \begin{bmatrix} 1 & 1 & 7 \\ 0 & 1 & 7 \\ 0 & 0 & -9 \end{bmatrix}$$

所以方程组无解,所以 $\boldsymbol{\gamma}$ 不能由 $\boldsymbol{\alpha},\boldsymbol{\beta}$ 线性表示.

定理 向量 $\boldsymbol{\beta}$ 可由向量组 $\boldsymbol{\alpha}_1,\boldsymbol{\alpha}_2,\cdots,\boldsymbol{\alpha}_m$ 线性表示的充分必要条件是矩阵 $A=(\boldsymbol{\alpha}_1,\boldsymbol{\alpha}_2,\cdots,\boldsymbol{\alpha}_m)$ 的秩等于矩阵 $B=(\boldsymbol{\alpha}_1,\boldsymbol{\alpha}_2,\cdots,\boldsymbol{\alpha}_m,\boldsymbol{\beta})$ 的秩.

习题 8.1

1. 设向量

$$\boldsymbol{\alpha}=\begin{pmatrix} -1 \\ 4 \\ a+b+4c \\ -3 \\ 2 \end{pmatrix},\boldsymbol{\beta}=\begin{pmatrix} 3a-7b+5c \\ 4 \\ 0 \\ -3 \\ 2a-b-c \end{pmatrix},$$

若 $\boldsymbol{\alpha}=\boldsymbol{\beta}$,求 a,b,c.

2. 设

$$\boldsymbol{\alpha}=\begin{pmatrix}0\\1\\2\end{pmatrix}, \boldsymbol{\beta}=\begin{pmatrix}-1\\3\\4\end{pmatrix},$$

求 $\boldsymbol{\alpha}+\boldsymbol{\beta}, 2\boldsymbol{\alpha}-\boldsymbol{\beta}$.

3. 设 $\boldsymbol{\alpha}=\begin{pmatrix}1\\1\\-2\end{pmatrix}$, 若 $2\boldsymbol{\alpha}-\boldsymbol{\beta}=\begin{pmatrix}-1\\3\\-4\end{pmatrix}$, 求 $\boldsymbol{\beta}$.

4. 设

$$\boldsymbol{\alpha}=\begin{pmatrix}3\\-1\\4\\2\end{pmatrix}, \boldsymbol{\beta}=\begin{pmatrix}2\\5\\-3\\7\end{pmatrix},$$

且 $2\boldsymbol{\alpha}+\boldsymbol{\gamma}-3\boldsymbol{\beta}=0$, 求 $\boldsymbol{\gamma}$.

5. 下列向量 $\boldsymbol{\beta}$ 能否由其余向量线性表示？若能则写出线性表达式.

(1) $\boldsymbol{\beta}=\begin{pmatrix}1\\1\\1\end{pmatrix}, \boldsymbol{\alpha}_1=\begin{pmatrix}0\\1\\-1\end{pmatrix}, \boldsymbol{\alpha}_2=\begin{pmatrix}1\\1\\0\end{pmatrix}, \boldsymbol{\alpha}_3=\begin{pmatrix}1\\0\\2\end{pmatrix}$

(2) $\boldsymbol{\beta}=\begin{pmatrix}-1\\0\\2\\1\end{pmatrix}, \boldsymbol{\alpha}_1=\begin{pmatrix}1\\1\\3\\-2\end{pmatrix}, \boldsymbol{\alpha}_2=\begin{pmatrix}1\\5\\-1\\2\end{pmatrix}, \boldsymbol{\alpha}_3=\begin{pmatrix}-2\\-3\\1\\1\end{pmatrix}, \boldsymbol{\alpha}_4=\begin{pmatrix}-1\\-2\\4\\-1\end{pmatrix}$

(3) $\boldsymbol{\beta}=\begin{pmatrix}1\\2\\0\end{pmatrix}, \boldsymbol{\alpha}_1=\begin{pmatrix}2\\-11\\0\end{pmatrix}, \boldsymbol{\alpha}_2=\begin{pmatrix}1\\0\\2\end{pmatrix}$

(4) $\boldsymbol{\beta}=\begin{pmatrix}2\\3\\-1\\-4\end{pmatrix}, \boldsymbol{e}_1=\begin{pmatrix}1\\0\\0\\0\end{pmatrix}, \boldsymbol{e}_2=\begin{pmatrix}0\\1\\0\\0\end{pmatrix}, \boldsymbol{e}_3=\begin{pmatrix}0\\0\\1\\0\end{pmatrix}, \boldsymbol{e}_4=\begin{pmatrix}0\\0\\0\\1\end{pmatrix}$

8.2 向量的线性相关性

【定义 1】 设有 m 个 n 维向量 $\boldsymbol{\alpha}_1, \boldsymbol{\alpha}_2, \cdots, \boldsymbol{\alpha}_m$, 若存在一组不全为零的常数 $k_1, k_2, \cdots,$ k_m, 使

$$k_1\boldsymbol{\alpha}_1+k_2\boldsymbol{\alpha}_2+\cdots+k_m\boldsymbol{\alpha}_m=0$$

成立, 则称向量组 $\boldsymbol{\alpha}_1, \boldsymbol{\alpha}_2, \cdots, \boldsymbol{\alpha}_m$ **线性相关**. 否则说向量组 $\boldsymbol{\alpha}_1, \boldsymbol{\alpha}_2, \cdots, \boldsymbol{\alpha}_m$ **线性无关**, 也就是说,

若当且仅当 $k_1,k_2,\cdots,k_m$ 都等于零时,才能使此式成立,则向量组 $\boldsymbol{\alpha}_1,\boldsymbol{\alpha}_2,\cdots,\boldsymbol{\alpha}_m$ 线性无关.

由定义可知:

(1) 单独一个零向量线性相关;

(2) 含有零向量的向量组线性相关;

(3) 单独一个非零向量线性无关;

(4) $\begin{vmatrix} 1 & 0 & 0 \\ 0 & 1 & 0 \\ 0 & 0 & 1 \end{vmatrix}=1\neq 0$,所以 3 维单位向量 e_1,e_2,e_3 组成的向量组线性无关;

(5) 两个非零向量线性相关的充要条件是对应分量成比例.

【例 1】 判断向量组 $\boldsymbol{\alpha}_1=\begin{pmatrix}2\\1\\0\end{pmatrix},\boldsymbol{\alpha}_2=\begin{pmatrix}1\\2\\1\end{pmatrix},\boldsymbol{\alpha}_3=\begin{pmatrix}0\\1\\2\end{pmatrix}$ 是否线性相关?

解　设 $k_1\boldsymbol{\alpha}_1+k_2\boldsymbol{\alpha}_2+k_3\boldsymbol{\alpha}_3=0$,由此可得

$$\begin{cases} 2k_1+k_2=0 \\ k_1+2k_2+k_3=0, \\ k_2+2k_3=0 \end{cases}$$

方程组对应的行列式 $\begin{vmatrix} 2 & 1 & 0 \\ 1 & 2 & 1 \\ 0 & 1 & 2 \end{vmatrix}\neq 0$,所以方程组只有零解,所以向量组 $\boldsymbol{\alpha}_1,\boldsymbol{\alpha}_2,\boldsymbol{\alpha}_3$ 线性无关.

定理 1　m 个列(或行)向量组 $\boldsymbol{\alpha}_1,\boldsymbol{\alpha}_2,\cdots,\boldsymbol{\alpha}_m$,设

$$\boldsymbol{A}=(\boldsymbol{\alpha}_1,\boldsymbol{\alpha}_2,\cdots,\boldsymbol{\alpha}_m)\text{ 或 }\boldsymbol{A}=(\boldsymbol{\alpha}_1^T,\boldsymbol{\alpha}_2^T,\cdots,\boldsymbol{\alpha}_m^T),$$

则 $\boldsymbol{\alpha}_1,\boldsymbol{\alpha}_2,\cdots,\boldsymbol{\alpha}_m$ 线性相关的充分必要条件是 $r(\boldsymbol{A})<m$;向量组 $\boldsymbol{\alpha}_1,\boldsymbol{\alpha}_2,\cdots,\boldsymbol{\alpha}_m$ 线性无关的充分必要条件是 $r(\boldsymbol{A})=m$.

推论 1　n 个 n 维向量 $\boldsymbol{\alpha}_i=(a_{i1},a_{i2},\cdots,a_{in})(i=1,2,\cdots,n)$ 线性相关

$$\Leftrightarrow \begin{vmatrix} a_{11} & a_{12} & \cdots & a_{1n} \\ a_{21} & a_{22} & \cdots & a_{2n} \\ \vdots & \vdots & \vdots & \vdots \\ a_{n1} & a_{n2} & \cdots & a_{nn} \end{vmatrix}=0$$

推论 2　当 $m>n$ 时,m 个 n 维向量必线性相关.特别:任意 $n+1$ 个 n 维向量必线性相关.

【例 2】 判断下列向量组的相关性.

(1) $\boldsymbol{\alpha}_1=\begin{pmatrix}1\\-1\\2\end{pmatrix},\boldsymbol{\alpha}_2=\begin{pmatrix}0\\2\\1\end{pmatrix},\boldsymbol{\alpha}_3=\begin{pmatrix}1\\1\\1\end{pmatrix}$

(2) $\boldsymbol{\alpha}_1=\begin{pmatrix}1\\0\\-1\\2\end{pmatrix},\boldsymbol{\alpha}_2=\begin{pmatrix}-1\\-1\\2\\-4\end{pmatrix},\boldsymbol{\alpha}_3=\begin{pmatrix}2\\3\\5\\10\end{pmatrix}$

(3) $\boldsymbol{\alpha}_1 = \begin{pmatrix} 1 \\ 3 \\ 2 \end{pmatrix}, \boldsymbol{\alpha}_2 = \begin{pmatrix} -1 \\ 2 \\ 1 \end{pmatrix}, \boldsymbol{\alpha}_3 = \begin{pmatrix} 6 \\ 5 \\ 4 \end{pmatrix}, \boldsymbol{\alpha}_4 = \begin{pmatrix} 2 \\ 1 \\ 3 \end{pmatrix}$

解 (1) 因为

$$\begin{vmatrix} 1 & 0 & 1 \\ -1 & 2 & 1 \\ 2 & 1 & 1 \end{vmatrix} \neq 0$$

所以 $\boldsymbol{\alpha}_1, \boldsymbol{\alpha}_2, \boldsymbol{\alpha}_3$ 线性无关.

(2) 因为

$$\boldsymbol{A} = \begin{bmatrix} 1 & -1 & 2 \\ 0 & -1 & 3 \\ -1 & 2 & -5 \\ 2 & -4 & 10 \end{bmatrix} \rightarrow \begin{bmatrix} 1 & -1 & 2 \\ 0 & -1 & 3 \\ 0 & 0 & 0 \\ 0 & 0 & 0 \end{bmatrix}$$

$r(\boldsymbol{A}) = 2 < 3$,所以 $\boldsymbol{\alpha}_1, \boldsymbol{\alpha}_2, \boldsymbol{\alpha}_3$ 线性相关.

(3) 由推论 2 知,四个三维向量一定相关.

定理 2 若 n 维向量组 $\boldsymbol{\alpha}_1, \boldsymbol{\alpha}_2, \cdots, \boldsymbol{\alpha}_m$ 线性无关,则每一个向量上添加 r 个分量所得到的 $n+r$ 维向量组 $\boldsymbol{\beta}_1, \boldsymbol{\beta}_2, \cdots, \boldsymbol{\beta}_m$ 也线性无关.

推论 n 维向量组线性相关,把每个向量的维数减少后,得到的新向量组仍线性相关.

例如 $\boldsymbol{\alpha}_1 = \begin{pmatrix} 1 \\ 0 \end{pmatrix}, \boldsymbol{\alpha}_2 = \begin{pmatrix} 0 \\ 1 \end{pmatrix}$,线性无关,则 $\boldsymbol{\alpha}_1 = \begin{pmatrix} 1 \\ 0 \\ 1 \end{pmatrix}, \boldsymbol{\alpha}_2 = \begin{pmatrix} 0 \\ 1 \\ 2 \end{pmatrix}$,也线性无关.

习题 8.2

1. 判断下列向量组是否线性相关.

(1) $\boldsymbol{\alpha}_1 = \begin{pmatrix} 1 \\ 1 \\ 1 \end{pmatrix}, \boldsymbol{\alpha}_2 = \begin{pmatrix} 0 \\ 1 \\ 2 \end{pmatrix}$;

(2) $\boldsymbol{\alpha}_1 = \begin{pmatrix} -1 \\ 0 \end{pmatrix}, \boldsymbol{\alpha}_2 = \begin{pmatrix} 1 \\ 1 \end{pmatrix}, \boldsymbol{\alpha}_3 = \begin{pmatrix} 0 \\ 1 \end{pmatrix}$;

(3) $\boldsymbol{\alpha}_1 = \begin{pmatrix} 1 \\ 0 \\ 1 \end{pmatrix}, \boldsymbol{\alpha}_2 = \begin{pmatrix} 0 \\ 2 \\ 0 \end{pmatrix}, \boldsymbol{\alpha}_3 = \begin{pmatrix} 2 \\ 4 \\ 2 \end{pmatrix}$;

(4) $\boldsymbol{\alpha}_1 = \begin{pmatrix} 1 \\ 1 \\ 1 \end{pmatrix}, \boldsymbol{\alpha}_2 = \begin{pmatrix} -1 \\ 0 \\ 1 \end{pmatrix}, \boldsymbol{\alpha}_3 = \begin{pmatrix} -1 \\ 1 \\ 0 \end{pmatrix}$.

2. 若向量组 $\boldsymbol{\alpha}_1, \boldsymbol{\alpha}_2, \boldsymbol{\alpha}_3$ 线性无关,试证:$2\boldsymbol{\alpha}_1 + 3\boldsymbol{\alpha}_2, \boldsymbol{\alpha}_2 + 4\boldsymbol{\alpha}_3, \boldsymbol{\alpha}_1 + 5\boldsymbol{\alpha}_3$ 也线性无关.

8.3 向量组的秩

8.3.1 向量组的秩的概念

【定义 1】 若 n 维向量组 $\boldsymbol{\alpha}_1, \boldsymbol{\alpha}_2, \cdots, \boldsymbol{\alpha}_m$ 中,如有 r 个向量 $\boldsymbol{\alpha}_1, \boldsymbol{\alpha}_2, \cdots, \boldsymbol{\alpha}_r (r \leqslant m)$ 满足:

(1) $\boldsymbol{\alpha}_1, \boldsymbol{\alpha}_2, \cdots, \boldsymbol{\alpha}_r$ 线性无关;

(2) $\boldsymbol{\alpha}_1, \boldsymbol{\alpha}_2, \cdots, \boldsymbol{\alpha}_m$ 任何一个向量均可由 $\boldsymbol{\alpha}_1, \boldsymbol{\alpha}_2, \cdots, \boldsymbol{\alpha}_r$ 线性表示,

则称 $\boldsymbol{\alpha}_1, \boldsymbol{\alpha}_2, \cdots, \boldsymbol{\alpha}_r$ 为 $\boldsymbol{\alpha}_1, \boldsymbol{\alpha}_2, \cdots, \boldsymbol{\alpha}_m$ 的一个**极大无关组**.

特别地,当向量组线性无关时,它的极大无关组就是其自身.

【例 1】 求向量组

$$\boldsymbol{\alpha}_1 = \begin{bmatrix} 2 \\ 1 \\ -1 \end{bmatrix}, \quad \boldsymbol{\alpha}_2 = \begin{bmatrix} 1 \\ 2 \\ 1 \end{bmatrix}, \quad \boldsymbol{\alpha}_3 = \begin{bmatrix} 1 \\ 1 \\ 0 \end{bmatrix}$$

的一个极大无关组.

解 因为

$$\boldsymbol{A} = \begin{bmatrix} 2 & 1 & 1 \\ 1 & 2 & 1 \\ -1 & 1 & 0 \end{bmatrix} \rightarrow \begin{bmatrix} 1 & 0 & \frac{1}{3} \\ 0 & 1 & \frac{1}{3} \\ 0 & 0 & 0 \end{bmatrix},$$

$r(\boldsymbol{A}) = 2 < 3$,所以 $\boldsymbol{\alpha}_1, \boldsymbol{\alpha}_2, \boldsymbol{\alpha}_3$ 线性相关. 而 $\boldsymbol{\alpha}_1, \boldsymbol{\alpha}_2$ 线性无关,且 $\boldsymbol{\alpha}_3 = \frac{1}{3}\boldsymbol{\alpha}_1 + \frac{1}{3}\boldsymbol{\alpha}_2$,所以向量组 $\boldsymbol{\alpha}_1, \boldsymbol{\alpha}_2$ 是向量组 $\boldsymbol{\alpha}_1, \boldsymbol{\alpha}_2, \boldsymbol{\alpha}_3$ 的一个极大无关组.

同样可以验证,向量组 $\boldsymbol{\alpha}_1, \boldsymbol{\alpha}_3$ 和向量组 $\boldsymbol{\alpha}_2, \boldsymbol{\alpha}_3$ 都是向量组 $\boldsymbol{\alpha}_1, \boldsymbol{\alpha}_2, \boldsymbol{\alpha}_3$ 的极大无关组.

定理 1 若向量组含有多个极大无关组,则极大无关组所含向量的个数相同.

【定义 2】 向量组 $\boldsymbol{\alpha}_1, \boldsymbol{\alpha}_2, \cdots, \boldsymbol{\alpha}_m$ 中极大无关组所含向量的个数称为向量组的秩. 记作

$$r(\boldsymbol{\alpha}_1, \boldsymbol{\alpha}_2, \cdots, \boldsymbol{\alpha}_m)$$

由定义知,例 1 中向量组的秩为 2.

【例 2】 求全体 n 维向量构成向量组的极大无关组,并求其秩.

解 因为 n 维单位向量组 $\boldsymbol{e}_1, \boldsymbol{e}_2, \cdots, \boldsymbol{e}_n$ 线性无关,而任一 n 维向量 $\boldsymbol{\alpha} = (a_1, a_2, \cdots, a_n)$,都有

$$\boldsymbol{\alpha} = (a_1, a_2, \cdots, a_n) = a_1 \boldsymbol{e}_1 + a_2 \boldsymbol{e}_2 + \cdots + a_n \boldsymbol{e}_n,$$

所以 $\boldsymbol{e}_1, \boldsymbol{e}_2, \cdots, \boldsymbol{e}_n$ 是全体 n 维向量构成向量组的极大无关组,其秩为 n.

8.3.2 向量组的秩及其极大无关组的求法

定理 2 m 个 n 维列向量组 $\boldsymbol{\alpha}_1, \boldsymbol{\alpha}_2, \cdots, \boldsymbol{\alpha}_m$ 的秩与 $\boldsymbol{A} = (\boldsymbol{\alpha}_1, \boldsymbol{\alpha}_2, \cdots, \boldsymbol{\alpha}_m)$ 的秩相等.

推论　若 $\alpha_1,\alpha_2,\cdots,\alpha_m$ 为行向量组,则 $r(\alpha_1,\alpha_2,\cdots,\alpha_m)=r(A)$,其中 $A=(\alpha_1^T,\alpha_2^T,\cdots,$ $\alpha_m^T)$.

求向量组的秩及极大无关组的一般步骤:

(1) 把向量作为矩阵的列构成一个矩阵;

(2) 用矩阵的初等行变换把矩阵化为阶梯形;

(3) 阶梯形的非零行数就是向量组的秩,首非零元所在列对应的原来的向量组中的向量就是极大无关组.

【例 3】　设向量组

$$\alpha_1=\begin{pmatrix}1\\1\\1\\4\end{pmatrix},\ \alpha_2=\begin{pmatrix}1\\1\\-1\\-2\end{pmatrix},\ \alpha_3=\begin{pmatrix}2\\2\\1\\5\end{pmatrix},\ \alpha_4=\begin{pmatrix}3\\3\\1\\6\end{pmatrix},$$

求向量组的秩及一个极大无关组.

解　作矩阵 $A=(\alpha_1,\alpha_2,\alpha_3,\alpha_4)$,用初等行变换把 A 化为阶梯形

$$A=\begin{bmatrix}1&1&2&3\\1&1&2&3\\1&-1&1&1\\4&-2&5&6\end{bmatrix}\xrightarrow[\substack{(-2)r_1+r_3\\(-4)r_1+r_4}]{(-1)r_1+r_2}\begin{bmatrix}1&1&2&3\\0&0&0&0\\0&-2&-1&-2\\0&-6&-3&-6\end{bmatrix}$$

$$\xrightarrow{(-3)r_3+r_4}\begin{bmatrix}1&1&2&3\\0&0&0&0\\0&-2&-1&-2\\0&0&0&0\end{bmatrix}\xrightarrow{r_2\leftrightarrow r_3}\begin{bmatrix}1&1&2&3\\0&-2&-1&-2\\0&0&0&0\\0&0&0&0\end{bmatrix},$$

所以 $r(\alpha_1,\alpha_2,\alpha_3,\alpha_4)=2$,且 α_1,α_2 为向量组的一个极大无关组.

【例 4】　设向量组 $\alpha_1=(-1,2,0,0)$,$\alpha_2=(1,-1,1,-1)$,$\alpha_3=(0,1,1,-1)$,$\alpha_4=(-1,4,2,1)$,$\alpha_5=(-2,8,4,1)$,求向量组的秩及一个极大无关组,并把其余向量用此极大无关组线性表示.

解　作矩阵 $A=(\alpha_1^T,\alpha_2^T,\alpha_3^T,\alpha_4^T)$,用初等行变换把 A 化为阶梯形

$$A=\begin{bmatrix}-1&1&0&-1&-2\\2&-1&1&4&8\\0&1&1&2&4\\0&-1&-1&1&1\end{bmatrix}\xrightarrow[\substack{r_3+r_4}]{2r_1+r_2}\begin{bmatrix}-1&1&0&-1&-2\\0&1&1&2&4\\0&1&1&2&4\\0&0&0&3&5\end{bmatrix}$$

$$\xrightarrow{(-1)r_2+r_3}\begin{bmatrix}-1&1&0&-1&-2\\0&1&1&2&4\\0&0&0&0&0\\0&0&0&3&5\end{bmatrix}\xrightarrow{r_3\leftrightarrow r_4}\begin{bmatrix}-1&1&0&-1&-2\\0&1&1&2&4\\0&0&0&3&5\\0&0&0&0&0\end{bmatrix}=B$$

所以 $r(\alpha_1,\alpha_2,\alpha_3,\alpha_4,\alpha_5)=3$,且 $\alpha_1,\alpha_2,\alpha_4$ 为向量组的一个极大无关组.

【例 5】 设向量组

$$\boldsymbol{\alpha}_1 = \begin{pmatrix} 1 \\ 0 \\ 1 \\ 0 \end{pmatrix}, \boldsymbol{\alpha}_2 = \begin{pmatrix} 1 \\ 1 \\ 0 \\ 1 \end{pmatrix}, \boldsymbol{\alpha}_3 = \begin{pmatrix} 1 \\ 1 \\ 0 \\ 0 \end{pmatrix}, \boldsymbol{\alpha}_4 = \begin{pmatrix} 0 \\ 0 \\ 0 \\ 1 \end{pmatrix}$$

求向量组的秩及其一个极大无关组, 并把其余向量用此极大无关组线性表示.

解 作矩阵 $A = (\boldsymbol{\alpha}_1, \boldsymbol{\alpha}_2, \boldsymbol{\alpha}_3, \boldsymbol{\alpha}_4)$, 用初等行变换把 A 化为阶梯形

$$A = \begin{bmatrix} 1 & 1 & 1 & 0 \\ 0 & 1 & 1 & 0 \\ 1 & 0 & 0 & 0 \\ 0 & 1 & 0 & 1 \end{bmatrix} \xrightarrow{(-1)r_1 + r_3} \begin{bmatrix} 1 & 1 & 1 & 0 \\ 0 & 1 & 1 & 0 \\ 0 & -1 & -1 & 0 \\ 0 & 1 & 0 & 1 \end{bmatrix} \xrightarrow[(-1)r_2 + r_4]{r_2 + r_3} \begin{bmatrix} 1 & 1 & 1 & 0 \\ 0 & 1 & 1 & 0 \\ 0 & 0 & 0 & 0 \\ 0 & 0 & -1 & 1 \end{bmatrix}$$

$$\xrightarrow{r_3 \leftrightarrow r_4} \begin{bmatrix} 1 & 1 & 1 & 0 \\ 0 & 1 & 1 & 0 \\ 0 & 0 & -1 & 1 \\ 0 & 0 & 0 & 0 \end{bmatrix} = B$$

所以 $r(\boldsymbol{\alpha}_1, \boldsymbol{\alpha}_2, \boldsymbol{\alpha}_3, \boldsymbol{\alpha}_4) = 3$, 其一个极大无关组为 $\boldsymbol{\alpha}_1, \boldsymbol{\alpha}_2, \boldsymbol{\alpha}_3$. 又因为

$$B = \begin{bmatrix} 1 & 1 & 1 & 0 \\ 0 & 1 & 1 & 0 \\ 0 & 0 & -1 & 1 \\ 0 & 0 & 0 & 0 \end{bmatrix} \xrightarrow[r_3 + r_2]{r_3 + r_1} \begin{bmatrix} 1 & 1 & 0 & 1 \\ 0 & 1 & 0 & 1 \\ 0 & 0 & -1 & 1 \\ 0 & 0 & 0 & 0 \end{bmatrix} \xrightarrow[(-1)r_3]{(-1)r_2 + r_1} \begin{bmatrix} 1 & 0 & 0 & 0 \\ 0 & 1 & 0 & 1 \\ 0 & 0 & 1 & -1 \\ 0 & 0 & 0 & 0 \end{bmatrix},$$

所以 $\boldsymbol{\alpha}_4 = \boldsymbol{\alpha}_2 - \boldsymbol{\alpha}_3$.

习题 8.3

1. 求下列向量组的秩及一个极大无关组.

(1) $\boldsymbol{\alpha}_1 = (-1, 3, 1), \boldsymbol{\alpha}_2 = (2, 1, 0), \boldsymbol{\alpha}_3 = (1, 4, 1)$;

(2) $\boldsymbol{\alpha}_1 = (1, 1, 0), \boldsymbol{\alpha}_2 = (0, 2, 0), \boldsymbol{\alpha}_3 = (0, 0, 3)$;

(3) $\boldsymbol{\alpha}_1 = (1, -1, 2, 4), \boldsymbol{\alpha}_2 = (0, 3, 1, 2), \boldsymbol{\alpha}_3 = (3, 0, 7, 14), \boldsymbol{\alpha}_4 = (2, 1, 5, 6)$;

(4) $\boldsymbol{\alpha}_1 = (3, 1, 1, 5)^T, \boldsymbol{\alpha}_2 = (2, 1, 1, 4)^T, \boldsymbol{\alpha}_3 = (1, 2, 1, 3)^T, \boldsymbol{\alpha}_4 = (5, 2, 2, 9)^T$.

2. 求出下列向量组的秩和一个极大无关组, 并将其余向量用极大无关组线性表出:

$$\boldsymbol{\alpha}_1 = \begin{pmatrix} 1 \\ 1 \\ -2 \\ 7 \end{pmatrix}, \boldsymbol{\alpha}_2 = \begin{pmatrix} -1 \\ -2 \\ 2 \\ -9 \end{pmatrix}, \boldsymbol{\alpha}_3 = \begin{pmatrix} -1 \\ 1 \\ -6 \\ 6 \end{pmatrix} \boldsymbol{\alpha}_4 = \begin{pmatrix} 2 \\ 1 \\ 4 \\ 3 \end{pmatrix}, \boldsymbol{\alpha}_5 = \begin{pmatrix} 2 \\ 4 \\ 4 \\ 3 \end{pmatrix}$$

8.4 线性方程组解的结构

前面我们已经讨论了线性方程组解的存在性问题, 在方程组有解, 特别是无穷多解的情

况下,如何求解?这些解之间有怎样的关系?如何去表述这些解?这是本节需要讨论的解的结构问题.

8.4.1　齐次线性方程组解的结构

齐次线性方程组

$$\begin{cases} a_{11}x_1 + a_{12}x_2 + \cdots + a_{1n}x_n = 0 \\ a_{21}x_1 + a_{22}x_2 + \cdots + a_{2n}x_n = 0 \\ \vdots \qquad \vdots \qquad\qquad \vdots \qquad \vdots \\ a_{m1}x_1 + a_{m2}x_2 + \cdots + a_{mn}x_n = 0 \end{cases}$$

解的矩阵形式为

$$AX = 0.$$

它的任一组解 $x_1 = c_1, x_2 = c_2, \cdots, x_n = c_n$ 可以看成是一个 n 维列向量 $\begin{bmatrix} c_1 \\ c_2 \\ \vdots \\ c_n \end{bmatrix}$,称该向量

为方程组的一个**解向量**.

齐次线性方程组解的解向量有如下基本性质:

性质1　如果 $\boldsymbol{\eta}_1, \boldsymbol{\eta}_2$ 是齐次线性方程组 $AX = 0$ 的两个解向量,则 $\boldsymbol{\eta}_1 + \boldsymbol{\eta}_2$ 也是 $AX = 0$ 的解向量.

性质2　如果 $\boldsymbol{\eta}$ 是齐次线性方程组 $AX = 0$ 的解向量,则 $k\boldsymbol{\eta}$ 也是方程组 $AX = 0$ 的解向量,其中 k 为任意常数.

由性质知,若 $\boldsymbol{\eta}_1, \boldsymbol{\eta}_2, \cdots, \boldsymbol{\eta}_s$ 是齐次线性方程组 $AX = 0$ 的解向量,则 $k_1\boldsymbol{\eta}_1 + k_2\boldsymbol{\eta}_2 + \cdots + k_s\boldsymbol{\eta}_s$ 也是方程组 $AX = 0$ 的解向量,其中 $k_1, k_2, \cdots, k_s$ 为任意常数.

由此可知,若齐次线性方程组 $AX = 0$ 有非零解向量,则它就有无穷多个解向量.并且可以找到 $AX = 0$ 的有限个解向量,使得 $AX = 0$ 的每个解,均可由这有限个解向量线性表示.

【定义1】　若齐次线性方程组 $AX = 0$ 的一组解向量 $\boldsymbol{\eta}_1, \boldsymbol{\eta}_2, \cdots, \boldsymbol{\eta}_s$ 满足条件:

(1) $\boldsymbol{\eta}_1, \boldsymbol{\eta}_2, \cdots, \boldsymbol{\eta}_s$ 线性无关;

(2) $AX = 0$ 的任一解向量都可由 $\boldsymbol{\eta}_1, \boldsymbol{\eta}_2, \cdots, \boldsymbol{\eta}_s$ 线性表示,则称 $\boldsymbol{\eta}_1, \boldsymbol{\eta}_2, \cdots, \boldsymbol{\eta}_s$ 为方程组 $AX = 0$ 的一个**基础解系**.

由定义可知,方程组 $AX = 0$ 的一个基础解系是其全部解向量的一个极大无关组.

而当 $r(A) = n$ 时,方程组 $AX = 0$ 只有零解,不存在基础解系.当 $r(A) < n$ 时,有下述定理.

定理1　如果齐次线性方程组 $AX = 0$ 的系数矩阵的秩 $r(A) < n$,则方程组存在基础解系,且其基础解系含有 $n - r$ 个解向量.

综上所述,若齐次方程组 $AX = 0$ 系数矩阵的秩 $r(A) = r$,设 $\boldsymbol{\eta}_1, \boldsymbol{\eta}_2, \cdots, \boldsymbol{\eta}_{n-r}$ 为 $AX = 0$ 的一个基础解系,则 $AX = 0$ 的通解为

$$\boldsymbol{\eta} = k_1\boldsymbol{\eta}_1 + k_2\boldsymbol{\eta}_2 + \cdots + k_{n-r}\boldsymbol{\eta}_{n-r},$$

其中 $k_1, k_2, \cdots, k_{n-r}$ 为任意常数.

【例1】 求齐次线性方程组 $\begin{cases} x_1 + 2x_2 + x_3 - 2x_4 = 0 \\ 2x_1 + 3x_2 - x_4 = 0 \\ x_1 - x_2 - 5x_3 + 7x_4 = 0 \end{cases}$ 的一个基础解系和通解.

解 把系数矩阵用初等行变换化成行最简形

$$\boldsymbol{A} = \begin{bmatrix} 1 & 2 & 1 & -2 \\ 2 & 3 & 0 & -1 \\ 1 & -1 & -5 & 7 \end{bmatrix} \xrightarrow{\text{初等行变换}} \begin{bmatrix} 1 & 0 & -3 & 4 \\ 0 & 1 & 2 & -3 \\ 0 & 0 & 0 & 0 \end{bmatrix},$$

得同解方程组

$$\begin{cases} x_1 = 3x_3 - 4x_4 \\ x_2 = -2x_3 + 3x_4 \end{cases}, \text{其中 } x_3, x_4, \text{为自由未知量,}$$

令自由未知量 x_3, x_4 分别取值 $\begin{pmatrix} 1 \\ 0 \end{pmatrix}, \begin{pmatrix} 0 \\ 1 \end{pmatrix}$，可以得到的两个解向量，

$$\boldsymbol{\eta}_1 = \begin{pmatrix} 3 \\ -2 \\ 1 \\ 0 \end{pmatrix}, \boldsymbol{\eta}_2 = \begin{pmatrix} -4 \\ 3 \\ 0 \\ 1 \end{pmatrix}.$$

可以证明，$\boldsymbol{\eta}_1, \boldsymbol{\eta}_2$ 线性无关，且方程组的每个解均可由 $\boldsymbol{\eta}_1, \boldsymbol{\eta}_2$ 线性表示. 因此 $\boldsymbol{\eta}_1, \boldsymbol{\eta}_2$ 为方程组的基础解系.

方程组的通解为

$$\boldsymbol{\eta} = \begin{pmatrix} x_1 \\ x_2 \\ x_3 \\ x_4 \end{pmatrix} = k_1 \boldsymbol{\eta}_1 + k_2 \boldsymbol{\eta}_2 = k_1 \begin{pmatrix} 3 \\ -2 \\ 1 \\ 0 \end{pmatrix} + k_2 \begin{pmatrix} -4 \\ 3 \\ 0 \\ 1 \end{pmatrix},$$

其中 k_1, k_2 为任意常数.

【例2】 求齐次线性方程组 $\begin{cases} x_1 + x_2 + x_3 + x_4 + x_5 = 0 \\ 3x_1 + 2x_2 + x_3 + x_4 - 3x_5 = 0 \\ x_2 + 2x_3 + 2x_4 + 6x_5 = 0 \\ 5x_1 + 4x_2 + 3x_3 + 3x_4 - x_5 = 0 \end{cases}$ 的通解.

解 把系数矩阵用初等行变换化为行最简形矩阵

$$\boldsymbol{A} = \begin{bmatrix} 1 & 1 & 1 & 1 & 1 \\ 3 & 2 & 1 & 1 & -3 \\ 0 & 1 & 2 & 2 & 6 \\ 5 & 4 & 3 & 3 & -1 \end{bmatrix} \xrightarrow{\text{初等行变换}} \begin{bmatrix} 1 & 0 & -1 & -1 & -5 \\ 0 & 1 & 2 & 2 & 6 \\ 0 & 0 & 0 & 0 & 0 \\ 0 & 0 & 0 & 0 & 0 \end{bmatrix},$$

得同解的方程组为

$$\begin{cases} x_1 = x_3 + x_4 + 5x_5 \\ x_2 = -2x_3 - 2x_4 - 6x_5 \end{cases}, \text{其中} x_3, x_4, x_5 \text{为自由未知量}.$$

令 x_3, x_4, x_5 取三组值 $\begin{pmatrix} 1 \\ 0 \\ 0 \end{pmatrix}, \begin{pmatrix} 0 \\ 1 \\ 0 \end{pmatrix}, \begin{pmatrix} 0 \\ 0 \\ 1 \end{pmatrix}$，得原方程组的基础解系为

$$\boldsymbol{\eta}_1 = \begin{pmatrix} 1 \\ -2 \\ 1 \\ 0 \\ 0 \end{pmatrix}, \boldsymbol{\eta}_2 = \begin{pmatrix} 1 \\ -2 \\ 0 \\ 1 \\ 0 \end{pmatrix}, \boldsymbol{\eta}_3 = \begin{pmatrix} 5 \\ -6 \\ 0 \\ 0 \\ 1 \end{pmatrix},$$

所以方程组的通解为 $\boldsymbol{\eta} = k_1 \boldsymbol{\eta}_1 + k_2 \boldsymbol{\eta}_2 + k_3 \boldsymbol{\eta}_3$，即

$$\boldsymbol{\eta} = \begin{pmatrix} x_1 \\ x_2 \\ x_3 \\ x_4 \\ x_5 \end{pmatrix} = k_1 \begin{pmatrix} 1 \\ -2 \\ 1 \\ 0 \\ 0 \end{pmatrix} + k_2 \begin{pmatrix} 1 \\ -2 \\ 0 \\ 1 \\ 0 \end{pmatrix} + k_3 \begin{pmatrix} 5 \\ -6 \\ 0 \\ 0 \\ 1 \end{pmatrix},$$

其中 k_1, k_2, k_3 为任意常数.

8.4.2 非齐次线性方程组解的结构

非齐次线性方程组

$$\begin{cases} a_{11}x_1 + a_{12}x_2 + \cdots + a_{1n}x_n = b_1 \\ a_{21}x_1 + a_{22}x_2 + \cdots + a_{2n}x_n = b_2 \\ \vdots \quad\quad \vdots \quad\quad\quad\quad \vdots \quad\quad \vdots \\ a_{m1}x_1 + a_{m2}x_2 + \cdots + a_{mn}x_n = b_m \end{cases}$$

的矩阵形式为

$$\boldsymbol{AX} = \boldsymbol{B}.$$

令 $\boldsymbol{B} = \boldsymbol{0}$，得到的齐次线性方程组 $\boldsymbol{AX} = \boldsymbol{0}$ 称为非齐次线性方程组 $\boldsymbol{AX} = \boldsymbol{B}$ 的**导出组**. 方程组 $\boldsymbol{AX} = \boldsymbol{B}$ 的解与它的导出组 $\boldsymbol{AX} = \boldsymbol{0}$ 之间有着密切的关系，他们满足以下两个性质：

性质 3 若 $\boldsymbol{\eta}_1, \boldsymbol{\eta}_2$ 是非齐次线性方程组 $\boldsymbol{AX} = \boldsymbol{B}$ 的两个解向量，则 $\boldsymbol{\eta}_1 - \boldsymbol{\eta}_2$ 是其导出组 $\boldsymbol{AX} = \boldsymbol{0}$ 的一个解向量.

性质 4 如果 $\boldsymbol{\eta}$ 是非齐次线性方程组 $\boldsymbol{AX} = \boldsymbol{B}$ 的一个解向量，$\boldsymbol{\eta}_0$ 是其导出组 $\boldsymbol{AX} = \boldsymbol{0}$ 的一个解向量，则 $\boldsymbol{\eta} + \boldsymbol{\eta}_0$ 是 $\boldsymbol{AX} = \boldsymbol{B}$ 的一个解向量.

定理 2 若 $\boldsymbol{\eta}^*$ 是非齐次线性方程组 $\boldsymbol{AX} = \boldsymbol{B}$ 的一个解向量，$\boldsymbol{\eta}_1, \boldsymbol{\eta}_2, \cdots, \boldsymbol{\eta}_{n-r}$ 是其导出组 $\boldsymbol{AX} = \boldsymbol{0}$ 的一个基础解系，则 $\boldsymbol{AX} = \boldsymbol{B}$ 的通解为

$$\boldsymbol{\eta} = \boldsymbol{\eta}^* + k_1 \boldsymbol{\eta}_1 + k_2 \boldsymbol{\eta}_2 + \cdots + k_{n-r} \boldsymbol{\eta}_{n-r},$$

其中 $r=r(A),k_1,k_2,\cdots,k_{n-r}$ 为任意常数.

【例 3】 求线性方程组 $\begin{cases} x_1+2x_2-x_3+2x_4=1 \\ 2x_1+4x_2+x_3+x_4=5 \\ -x_1-2x_2-2x_3+x_4=-4 \end{cases}$ 的通解.

解 把增广矩阵用初等行变换化为行最简形

$$\bar{A}=\begin{bmatrix} 1 & 2 & -1 & 2 & 1 \\ 2 & 4 & 1 & 1 & 5 \\ 1 & -2 & -2 & 1 & -4 \end{bmatrix} \xrightarrow{\text{初等行变换}} \begin{bmatrix} 1 & 2 & 0 & 1 & 2 \\ 0 & 0 & 1 & -1 & 1 \\ 0 & 0 & 0 & 0 & 0 \end{bmatrix},$$

$r(\bar{A})=r(A)=2<4$，所以方程组有无限多组解.
且同解方程组为

$$\begin{cases} x_1=2-2x_2-x_4 \\ x_3=1+x_4 \end{cases},\text{其中 } x_2,x_4 \text{ 为自由未知量.}$$

令 $x_2=x_4=0$，得到方程组的一个特解

$$\boldsymbol{\eta}^*=\begin{pmatrix} 2 \\ 0 \\ 1 \\ 0 \end{pmatrix},$$

而导出方程组的同解方程为

$$\begin{cases} x_1=-2x_2-x_4 \\ x_3=x_4 \end{cases},x_2,x_4 \text{ 为自由未知量.}$$

令 $\begin{pmatrix} x_2 \\ x_4 \end{pmatrix}$ 分别取 $\begin{pmatrix} 1 \\ 0 \end{pmatrix},\begin{pmatrix} 0 \\ 1 \end{pmatrix}$，得导出组的基础解系

$$\boldsymbol{\eta}_1=\begin{pmatrix} -2 \\ 1 \\ 0 \\ 0 \end{pmatrix},\boldsymbol{\eta}_2=\begin{pmatrix} -1 \\ 0 \\ 1 \\ 1 \end{pmatrix},$$

所以方程组的通解为

$$\boldsymbol{\eta}=\boldsymbol{\eta}^*+k_1\boldsymbol{\eta}_1+k_2\boldsymbol{\eta}_2=\begin{pmatrix} 2 \\ 0 \\ 1 \\ 0 \end{pmatrix}+k_1\begin{pmatrix} -2 \\ 1 \\ 0 \\ 0 \end{pmatrix}+k_2\begin{pmatrix} -1 \\ 0 \\ 1 \\ 1 \end{pmatrix},$$

其中 k_1,k_2 为任意常数.

8.4.3 线性方程组的应用

线性方程组应用非常广泛,可以用于工程学、计算机科学、生物学、经济学、统计学等学

科领域.

【例 4】【闭合经济问题】

有一个木工、一个电工和一个油漆工,为了节省自己房子装修的费用,三人相互商定合作装修他们自己的房子. 在装修之前,他们达成了如下协议:

(1) 每人总共工作 10 天(包括给自己家干活在内);

(2) 每人的日工资根据一般的市价在 $60 \sim 80$ 元之间,取整数;

(3) 每人的日工资数应使得每人的总收入与总支出相等.

下表是他们协商后制定出的工作天数的分配方案,如何计算出他们每人应得的工资?

	木工	电工	油漆工
在木工家工作的天数	2	1	6
在电工家工作的天数	4	5	1
在油漆工家工作的天数	4	4	3

解　设木工、电工、油漆工的日工资分别为 x_1 , x_2 , x_3 ,则木工、电工、油漆工 10 日的总支出分别为

$$2x_1 + x_2 + 6x_3 , \quad 4x_1 + 5x_2 + x_3 , \quad 4x_1 + 4x_2 + 3x_3$$

由收支平衡关系,可得线性方程组

$$\begin{cases} 2x_1 + x_2 + 6x_3 = 10x_1 \\ 4x_1 + 5x_2 + x_3 = 10x_2 \\ 4x_1 + 4x_2 + 3x_3 = 10x_3 \end{cases}$$

即

$$\begin{cases} -8x_1 + x_2 + 6x_3 = 0 \\ 4x_1 - 5x_2 + x_3 = 0 \\ 4x_1 + 4x_2 - 7x_3 = 0 \end{cases}$$

由系数矩阵

$$\boldsymbol{A} = \begin{bmatrix} -8 & 1 & 6 \\ 4 & -5 & 1 \\ 4 & 4 & -7 \end{bmatrix} \xrightarrow{\text{初等行变换}} \begin{bmatrix} 1 & 0 & -\dfrac{31}{36} \\ 0 & 1 & -\dfrac{8}{9} \\ 0 & 0 & 0 \end{bmatrix}$$

同解方程为

$$\begin{cases} x_1 = \dfrac{31}{36}x_3 \\ x_2 = \dfrac{8}{9}x_3 \end{cases} , x_3 \text{ 为自由未知量}$$

因为每人的日工资根据一般的市价在 $60 \sim 80$ 元之间,可令 $x_3 = 72$,得木工、电工、油

漆工的日工资分别为

$$\begin{cases} x_1 = 62 \\ x_2 = 64 \\ x_3 = 72 \end{cases}$$

【例 5】 ［联合收入问题］已知三家公司 X,Y,Z 具有图所示的股份关系,即 X 公司掌握 Z 公司 50% 的股份,Z 公司掌握 X 公司 30% 的股份,而 X 公司 70% 的股份不受另两家公司控制等等.

现设 X,Y 和 Z 公司各自的营业净收入分别是 12 万元、10 万元、8 万元,每家公司的联合收入是其净收入加上在其他公司的股份按比例的提成收入,试确定各公司的联合收入及实际收入,结果保留两位小数(单位:万元).

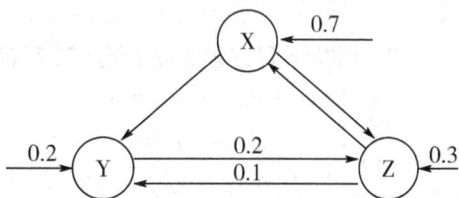

解 依照图所示各个公司的股份比例可知,若设 X,Y,Z 三公司的联合收入分别为 x,y,z ,则其实际收入分别为 $0.7x,0.2y,0.3z$,故而现在应先求出各个公司的联合收入.

联合收入由营业净收入及从其他公司的提成收入两部分组成,则 X,Y,Z 三公司的联合收入分别为

$$x = 12 + 0.7y + 0.5z, \quad y = 1 + 0.2z, \quad z = 8 + 0.3x + 0.1y$$

这样可得方程组

$$\begin{cases} x - 0.7y - 0.5z = 12 \\ y - 0.2z = 1 \\ -0.3x - 0.1y + z = 8 \end{cases}$$

$$\overline{A} = \begin{bmatrix} 1 & -0.7 & -0.5 & 12 \\ 0 & 1 & -0.2 & 1 \\ -0.3 & -0.1 & 1 & 8 \end{bmatrix} \xrightarrow{初等行变换} \begin{bmatrix} 1 & 0 & 0 & 22.37 \\ 0 & 1 & 0 & 4.02 \\ 0 & 0 & 1 & 15.11 \end{bmatrix}$$

所以,X,Y,Z 三公司的联合收入分别为

$$\begin{cases} x = 22.37 \\ y = 4.02 \\ z = 15.11 \end{cases},$$

从而 X,Y,Z 三公司的实际收入分别为

$$\begin{cases} 0.7x = 15.66 \\ 0.2y = 0.8 \\ 0.3z = 4.53 \end{cases},$$

故 X,Y,Z 三公司的联合收入分别约为 22.37 万元、4.02 万元、15.11 万元;X、Y、Z 三公司的实际收入分别为 15.66 万元、0.8 万元、4.53 万元.

习题 8.4

1. 求下列齐次线性方程组的通解.

(1) $\begin{cases} x_1 + 2x_2 - x_3 = 0 \\ 2x_1 + 5x_2 - 3x_3 = 0; \\ x_1 + 4x_2 - 3x_3 = 0 \end{cases}$　　(2) $\begin{cases} x_1 + 2x_2 + x_3 - x_4 = 0 \\ 3x_1 + 6x_2 - x_3 - 3x_4 = 0 \; ; \\ 5x_1 + 10x_2 + x_3 - 5x_4 = 0 \end{cases}$

(3) $\begin{cases} 2x_1 + 2x_2 - 3x_3 - 4x_4 - 7x_5 = 0 \\ x_1 + x_2 - x_3 + 2x_4 + 3x_5 = 0 \\ -x_1 - x_2 + 2x_3 - x_4 + 3x_5 = 0 \end{cases}$　.

2. 判断下列方程组是否有解,若有解,求出它的通解:

(1) $\begin{cases} 2x_1 + 3x_2 + x_3 = 4 \\ x_1 - 2x_2 + 4x_3 = -5 \\ 3x_1 + 8x_2 - 2x_3 = 13 \\ 4x_1 - x_2 + 9x_3 = -6 \end{cases}$；　　(2) $\begin{cases} 2x_1 + x_2 - x_3 + x_4 = 1 \\ 3x_1 - 2x_2 + x_3 - 3x_4 = 4 \; ; \\ x_1 + 4x_2 - 3x_3 + 5x_4 = -2 \end{cases}$

(3) $\begin{cases} x_1 + x_2 = 5 \\ 2x_1 + x_2 + x_3 + 2x_4 = 1 \\ 5x_1 + 3x_2 + 2x_3 + 2x_4 = 3 \end{cases}$　.

8.5　解线性方程组

8.5.1　数组(也称向量)

1. 创建简单的数组

x＝[a　b　c　d　e　f]　创建包含指定元素的行向量;

x＝first:last　创建从 first 开始,加 1 计数,到 last 结束的行向量;

x＝first:increment:last　创建从 first 开始,加 increment 计数,last 结束的行向量;

x＝linspace(first,last,n) 创建从 first 开始,到 last 结束,有 n 个元素的行向量.

2. 数组元素的访问

访问一个元素:x(i)表示访问数组 x 的第 i 个元素;

访问一组元素:x(a :b :c)表示访问数组 x 的从第 a 个元素开始,以步长为 b 到第 c 个元素(但不超过 c),b 可以为负数,b 缺省时为 1;

直接使用元素编址序号:x([a　b　c　d])表示提取数组 x 的第 a、b、c、d 个元素构成一个新的数组[x(a)　x(b)　x(c)　x(d)].

3. 数组的方向

前面例子中的数组都是一行数列,是行方向分布的,称之为行向量.数组也可以是列向量,它的数组操作和运算与行向量是一样的,唯一的区别是结果以列形式显示.

产生列向量有两种方法:

直接产生　　例　c＝[1;2;3;4]

转置产生　　例　b＝[1 2 3 4]; c＝b'

说明:以空格或逗号分隔的元素指定的是不同列的元素,而以分号分隔的元素指定了不同行的元素.

4. 数组的运算

标量－数组运算:数组对标量的加、减、乘、除、乘方是数组的每个元素对该标量施加相应的加、减、乘、除、乘方运算.

设:a=[a1,a2,…,an],c 为标量

则:a+c=[a1+c,a2+c,…,an+c]

　a. * c=[a1 * c,a2 * c,…,an * c]

　a./c=[a1/c,a2/c,…,an/c]　(右除)

　a.\c=[c/a1,c/a2,…,c/an]　(左除)

　a.^c=[a1^c,a2^c,…,an^c]

　c.^a=[c^a1,c^a2,…,c^an]

数组－数组运算:当两个数组有相同维数时,加、减、乘、除、幂运算可按元素对元素方式进行,不同大小或维数的数组是不能进行运算的.

设:a=[a1,a2,…,an], b=[b1,b2,…,bn]

则:a+b=[a1+b1,a2+b2,…,an+bn]

　a. * b=[a1 * b1,a2 * b2,…,an * bn]

　a./b=[a1/b1,a2/b2,…,an/bn]

　a.\b=[b1/a1,b2/a2,…,bn/an]

　a.^b=[a1^b1,a2^b2,…,an^bn]

8.5.2　求矩阵的秩

命令格式:rank(A)

功能:计算矩阵 *A* 的秩.

【例 1】　求下列矩阵的秩.

1. $A=\begin{bmatrix} 0 & 1 & 0 & 2 \\ 0 & 2 & 0 & 4 \end{bmatrix}$

解　输入命令:

≫ A = [0 1 0 2;0 2 0 4];

≫ rank(A)

ans = 　　　1

2. $B=\begin{bmatrix} 1 & 2 & 3 \\ 3 & 0 & 9 \\ -1 & 2 & -3 \end{bmatrix}$

解　输入命令:

≫ B = [1 2 3;3 0 9;-1 2 -3];

≫ rank(B)

ans = 　　　2

8.5.3 解线性方程组

命令格式 1：A\b

功能：将矩阵 A 的逆矩阵左乘矩阵 b.

命令格式 2：rref(A)

功能：将矩阵 A 化为行简化阶梯形矩阵.

【例 2】 解线性方程组 $\begin{cases} x-2y+z=12 \\ 3x+4z+5z=20 \\ -2x+y+7z=11 \end{cases}$

解 输入命令：

≫ A = [1 −2 1; 3 4 5; −2 1 7]; b = [12; 20; 11];

≫ C = [A b]   %输入系数矩阵和构造增广矩阵

C =   1   −2   1   12
            3   4   5   20
           −2   1   7   11

≫ rank(A)   %求系数矩阵的秩

ans =   3

≫ rank(C)   %求增广矩阵的秩

ans =   3

由于秩相同，因此解存在. 这里有三个未知量，我们也注意到秩 r 满足 $r = n$. 这意味着解唯一. 我们用左除求得解：

≫ x = A \ b

x =   4.3958   −2.2292   3.1458

【例 3】 解下列方程组 $\begin{cases} 3x+2y-z=7 \\ 4y+z=2 \end{cases}$ 的解.

解法一：输入命令：

≫ A= [3 2 −1; 0 4 1];

b = [7; 2];

≫ C = [A b]

C =   3   2   −1   7
           0   4   1   2

计算系数矩阵和增广矩阵的秩：

≫ rank(A)

ans =   2

≫ rank(C)

ans =   2

由于这些秩相等，解存在.

用左除产生一组解：

≫ x = A \ b

x ＝　　　　2.0000　　　0.5000　　　　　　　0

MATLAB 通过把其中一个变量(本例中是 z)设为零产生一组解为特解. 这解是有效的,不过它是让 $z=0$.

解法二:输入命令:

≫A＝[3 2 −1;0 4 1];

　b＝[7;2];

≫C＝[A b]

C ＝　　　3　　2　　−1　　7

　　　　　0　　4　　1　　2

≫rref(A)

ans ＝　　1　0　−1/2　　2

　　　　　0　1　1/4　　1/2

则方程组的通解为:

$$\begin{pmatrix} x \\ y \end{pmatrix} = \begin{pmatrix} 2 \\ \frac{1}{2} \end{pmatrix} + c \begin{pmatrix} \frac{1}{2} \\ -\frac{1}{4} \end{pmatrix}, c \text{ 为任意常数.}$$

习题 8.5

1. 求矩阵 $A = \begin{pmatrix} 1 & 1 & -1 & 2 & 1 \\ 4 & 0 & -2 & 0 & 3 \\ 5 & 1 & -1 & -1 & 0 \end{pmatrix}$ 的秩.

2. 求解线性方程组 $\begin{cases} x_1+3x_2-2x_3+4x_4+x_5=7 \\ 2x_1+6x_2+5x_4+2x_5=5 \\ 4x_1+11x_2+8x_3+5x_5=3 \\ x_1+3x_2+2x_3+x_4+x_5=-2 \end{cases}$.

3. 求齐次线性方程组 $\begin{cases} x_1+2x_2-x_3-2x_4=0 \\ 2x_1-x_2-x_3+x_4=0 \\ 3x_1+x_2-2x_3-x_4=0 \end{cases}$ 的基础解系及全部解.

复 习 题 八

一、填空

1. 设 $\alpha_1=(1,2,0)$, $\alpha_2=(-1,0,3)$, $\alpha_3=(2,3,4)$, 则 $2\alpha_1+3\alpha_2+\alpha_3$ ＝＿＿＿＿.

2. 若 $\alpha_1=(1,0,2)$, $\alpha_2=(-1,2,1)$, $\alpha_3=(2,a,5)$ 线性相关,则 a ＝＿＿＿＿.

3. 若向量组 $\alpha_1,\alpha_2,\cdots,\alpha_m$ 线性无关,则其任何部分向量组必线性＿＿＿＿关.

4. 对于 m 个方程 n 个未知量的方程组 $AX=0$,若有 $r(A)=r$,则方程组的基础解系中有＿＿＿＿个解向量.

本章小结
阅读材料

5. 已知 A 是 4×3 矩阵,且线性方程组 $AX = B$ 有唯一解,则增广矩阵 $\overline{A}$ 的秩是_____.

二、选择题

1. 设 α_1, α_2 是 $AX = 0$ 的解,β_1, β_2 是 $AX = B$ 的解,则_____.

    A. $2\alpha_1 + \beta_1$ 是 $AX = 0$ 的解   B. $\beta_1 + \beta_2$ 是 $AX = B$ 的解

    C. $\alpha_1 + \alpha_2$ 是 $AX = 0$ 的解   D. $\beta_1 - \beta_2$ 是 $AX = B$ 的解

2. 设 $\alpha_1, \alpha_2 \cdots, \alpha_s$ 是齐次线性方程组 $AX = 0$ 的基础解系,则_____.

    A. $\alpha_1, \alpha_2 \cdots, \alpha_s$ 线性相关

    B. $AX = 0$ 的任意 $s + 1$ 个解向量线性相关

    C. $s - r(A) = n$

    D. $AX = 0$ 的任意 $s - 1$ 个解向量线性相关

3. 设 α_1, α_2 是 $\begin{cases} x_1 + x_2 - x_3 = 1 \\ 2x_1 - x_2 = 0 \end{cases}$ 的两个解,则_____.

    A. $\alpha_1 - \alpha_2$ 是 $\begin{cases} x_1 + x_2 - x_3 = 0 \\ 2x_1 - x_2 = 0 \end{cases}$ 的解

    B. $\alpha_1 + \alpha_2$ 是 $\begin{cases} x_1 + x_2 - x_3 = 0 \\ 2x_1 - x_2 = 0 \end{cases}$ 的解

    C. $2\alpha_1$ 是 $\begin{cases} x_1 + x_2 - x_3 = 1 \\ 2x_1 - x_2 = 0 \end{cases}$ 的解

    D. $2\alpha_2$ 是 $\begin{cases} x_1 + x_2 - x_3 = 1 \\ 2x_1 - x_2 = 0 \end{cases}$ 的解

4. 设 A 是 $m \times n$ 阶矩阵,且 $r(A) = r$,则线性方程组 $AX = B$ _____.

    A. 当 $r = n$ 时有唯一解

    B. 当有无穷多解时,通解中有 r 个自由未知量

    C. 当 $B = 0$ 时只有零解

    D. 有无穷多解时,通解中有 $n - r$ 个自由未知量

5. 设 A 是 $m \times n$ 矩阵,A 经过有限次初等变换变成 B,则下列结论不一定成立的是_____.

    A. B 也是 $m \times n$ 矩阵

    B. $r(A) = r(B)$

    C. A 与 B 相等

    D. 齐次线性方程组 $AX = 0$ 与 $BX = 0$ 同解

三、设 $\alpha = (2, 1, 0, 4), \beta = (-1, 0, 2, 4)$,求 $-\alpha, 2\beta, \alpha + \beta, 3\alpha - 2\beta$.

四、设 $\alpha = (-5, 1, 3, 2, 7), \beta = (3, 0, -1, -1, 2)$,且 $\alpha + \gamma = \beta$,求 γ.

五、将 $\beta = \begin{pmatrix} 0 \\ 0 \\ 0 \\ 1 \end{pmatrix}$ 表示成 $\alpha_1 = \begin{pmatrix} 1 \\ 1 \\ 0 \\ 1 \end{pmatrix}, \alpha_2 = \begin{pmatrix} 2 \\ 1 \\ 3 \\ 1 \end{pmatrix}, \alpha_3 = \begin{pmatrix} 1 \\ 1 \\ 0 \\ 0 \end{pmatrix}, \alpha_4 = \begin{pmatrix} 0 \\ 1 \\ -1 \\ -1 \end{pmatrix}$ 的线性组合.

六、判断下列向量组是否线性相关:

　　1. $\boldsymbol{\alpha}_1=(1,0,1),\boldsymbol{\alpha}_2=(1,2,0),\boldsymbol{\alpha}_3=(-1,1,3)$;

　　2. $\boldsymbol{\alpha}_1=(1,1,-3,-1),\boldsymbol{\alpha}_2=(3,-1,-3,4),\boldsymbol{\alpha}_3=(1,5,-9,-8)$;

　　3. $\boldsymbol{\alpha}_1=(1,-3,0,1),\boldsymbol{\alpha}_2=(1,5,2,-2),\boldsymbol{\alpha}_3=(2,1,-3,2)$.

七、求下列向量组的秩,并写出它的一个极大无关组

　　1. $\boldsymbol{\alpha}_1=(1,-1,2,4),\boldsymbol{\alpha}_2=(0,3,1,2),\boldsymbol{\alpha}_3=(3,0,7,14),\boldsymbol{\alpha}_4=(1,-1,2,0),\boldsymbol{\alpha}_5=(2,1,5,6)$;

　　2. $\boldsymbol{\alpha}_1=(1,3,-1,-2),\boldsymbol{\alpha}_2=(2,-1,2,3),\boldsymbol{\alpha}_3=(3,2,1,1),\boldsymbol{\alpha}_4=(1,-4,3,5)$.

八、求齐次线性方程组 $\begin{cases} x_1-x_2+5x_3-x_4=0 \\ x_1+x_2-2x_3+3x_4=0 \\ 3x_1-x_2+8x_3+x_4=0 \end{cases}$ 的一个基础解系.

九、求线性方程组 $\begin{cases} x_1+x_2+x_3+x_4+x_5=1 \\ 3x_1+2x_2+x_3+x_4-3x_5=0 \\ 5x_1+4x_2+3x_3+3x_4-x_5=2 \end{cases}$ 的通解.

第三篇　概率统计

第9章　随机事件与概率

本章提要　在我们的生活中经常会面临许多包含有不确定性的决策问题,如一笔投资赢利的可能性多大,一项工程按期完成的可能性有多少等等.

解决上述这些问题需要运用一些概率论的基本知识,概率论为解决不确定性问题提供了最有效的理论与方法.常言道"天有不测风云,人有旦夕祸福",风险无处不在,无时不有.无论在科研、生产、保险、风险投资、管理决策等领域,还是在日常生活中,人们都会遇到如何在面临不确定性的情况下作出正确决策的问题.因此,概率论有着广泛而重要的应用价值.

本章将介绍概率论的基础知识——随机事件与概率.

在概率论历史中有一个极其著名的问题,在历史上它对概率论这门学科的形成和发展曾起过非常重要的作用.1654 年法国有个叫德梅莱的赌徒向法国的天才数学家 B·帕斯卡提出了如下分赌注的问题:甲、乙两个赌徒下了赌注后,就按某种方式赌了起来.规定:甲、乙谁胜一局谁就得一分,且谁先得到某个确定的分数谁就赢得所有赌注.但是,在谁也没有得到确定的分数之前,赌博因故中止了.如果甲需再得 n 分才赢得所有赌注,乙需再得 m 分才赢得所有赌注.那么,这时如何分配这些赌注呢?

帕斯卡为解决这一问题,就与当时享有很高声誉的法国数学家 P·费尔马建立了联系.当时,荷兰年轻的物理学家(约 25 岁)C·惠更斯知道了这事后,也赶到巴黎参加他们的讨论.这样一来,使得当时世界上很多有名的数学家对概率论产生了浓厚的兴趣,从而使得概率论这门学科得到了迅速的发展.后来人们把帕斯卡与费马建立联系的日子(1654 年 7 月29 日)作为概率论的生日,公认帕斯卡与费马为概率论的奠基人.

究竟如何解决这一问题呢? 即如何合理地分配这些赌注呢? 大家努力参与学习下面章节的知识吧,将会在下面学习中找到答案.

9.1　随机事件

9.1.1　随机现象

自然界发生的现象是多种多样的.有一类现象,在一定条件下必然要发生,例如,向上抛出一块石头必然下落,同性电荷必不相互吸引等,这类现象称为**确定性现象**.在自然界还存在着另一类现象,例如,在相同条件下抛同一枚硬币,其结果可能是正面朝上,也可能是反面朝上,并且在每次抛币之前无法肯定抛掷的结果是什么;用同一门炮向同一目标射击,各次弹着点不尽相同,在一次射击之前无法预测弹着点的确切位置.这类现象在一定的条件下可能出现这样的结果,也可能出现那样的结果,而在试验或观察之前不能预知确切的结果.但人们经过长期实践并深入研究之后,发现这类现象在大量重复试验或观察之下,它的结果却呈现出某种规律性.多次重复抛一枚硬币,得到正面朝上的次数大致有一半;同一门炮射击一定目标的弹着点按一定的规律分布等等.我们把这种在大量重复试验或观测下,其结果所呈现出的固有规律性,称为**统计规律性**.而这种在个别试验中呈现出不确定性,在大量重复试验中其结果又具有统计规律性的现象,我们称之为**随机现象**.概率论与数理统计就是研究和揭示随机现象统计规律性的一门数学学科,随机现象是概率论与数理统计研究的主要对象.

概率统计的理论与方法的应用是很广泛的,几乎遍及所有科学技术领域、工农业生产和国民经济中.例如,使用概率统计方法可以进行气象预报、水文预报及地震预报、产品的抽样验收;在研制新产品时,为寻求最佳生产方案可用以进行试验设计和数据处理;在可靠性工程中,使用概率统计方法可以给出元件或系统的使用可靠性及平均寿命的估计;在自动控制中用以给出数学模型以便通过计算机控制工业生产;在通信工程中可用以提高信号的抗干扰性和分辨率等等.

9.1.2 随机试验和样本空间

我们遇到过各种试验.在这里我们把试验作为一个含义广泛的术语,它包括各种各样的科学实验,甚至对某一事物的某一特征的观察也认为是一种试验.下面举一些试验的例子.

E_1:抛一枚硬币,观察正面 H,反面 T 出现的情况;

E_2:掷一颗骰子,观察出现的点数;

E_3:记录 110 报警台一天接到的报警次数;

E_4:在一批灯泡中任意抽取一只,测试它的寿命;

E_5:记录某物理量(长度、直径等)的测量误差;

E_6:在区间 $[0,1]$ 上任取一点,记录它的坐标.

上面举出了六个试验的例子,它们有着共同的特点.例如,试验 E_1 有两种可能的结果,出现 H 或者出现 T,且这个试验可以在相同条件下重复地进行.又如试验 E_4,我们知道灯泡的寿命(以小时计) $t \geqslant 0$,但在测试之前不能确定它的寿命有多长,这一试验也可以在相同条件下重复地进行.概括起来,这些试验具有以下的特点:

(1)可以在相同的条件下重复地进行;

(2)试验的所有可能结果是事先知道的,而且不止一个;

(3)进行一次试验之前不能确定哪一个结果会出现.

在概率论中,我们将具有上述特点的试验称为**随机试验**,以后提到的试验都是随机试验.

对于随机试验,尽管在每次试验之前不能预知试验的结果,但试验的所有可能结果组成的集合是已知的.我们将随机试验 E 的所有可能结果组成的集合称为 E 的**样本空间**,记为 Ω.样本空间的元素,即 E 的每个结果,称为样本点,用 ω 表示.

【**例 1**】 写出前面试验 $E_k(k=1,2,\cdots,6)$ 的样本空间 S_k.

解　$\Omega_1 = \{H, T\}$;

$\Omega_2 = \{1, 2, 3, 4, 5, 6\}$;

$\Omega_3 = \{0, 1, 2, 3, \cdots\}$;

$\Omega_4 = \{t \mid t \geqslant 0\}$;

$\Omega_5 = \{t \mid t \in (-\infty, +\infty)\}$;

$\Omega_6 = \{t \mid t \in [0, 1]\}$.

注：样本空间的元素可以是数，也可以不是数，样本空间所有的样本点可以是有限多个也可以是无限多个．另外，样本点应是随机试验最基本的并且不可再分的结果．当随机试验的内容确定后，样本空间就随之而确定了．

9.1.3　随机事件的概念

在随机试验中，人们除了关心试验的结果本身外，往往还关心试验的结果是否具备某一指定的可观察的特征，概率论中将这一可观察的特征称为一个**事件**．例如，投掷一枚骰子，我们也许会关心出现的点数是否为偶数，"点数为偶数"就是一个事件．同样，"点数小于 7"也是一个事件．但这两个事件有着根本的区别，前者在随机试验中可能发生也可能不发生，这样的事件称为**随机事件**．后者在试验中是必然发生的，这样的事件称为**必然事件**．与必然事件完全对立的是，在试验中一定不发生的事件，称为**不可能事件**．比如在上述试验中"点数不小于 7"是不可能事件．虽然必然事件与不可能事件是完全对立的，但它们有一个共同的特点，那就是在试验之前我们能够准确预知其是否发生，因而均不是随机事件，通常称之为确定性事件．概率论研究的是随机事件，但为方便起见常常将必然事件和不可能事件视为随机事件的极端情形，并将随机事件简称为事件，通常记作 $A, B, C, \cdots$ 等．

【例 2】　在投掷一枚骰子的试验中，分别记

"点数是 6"为 A

"点数小于 5"为 B

"点数小于 5 的偶数"为 C

则 A, B, C 均为事件，但事件 A 的结构最为简单，它对应于一个唯一的可能结果，即样本点，这样的事件称为基本事件．在本例中，共有 6 个基本事件（对应于 6 个样本点）："点数为 1""点数为 2"…，"点数为 6"．基本事件的称谓缘于相对其他事件而言，它们是最基本的，其他事件均可由它们复合而成，而它们自身又不能再分解成其他事件．事件 B 和 C 均不是基本事件，它们分别可以由一些基本事件复合而成．比如事件 C 可由"点数为 2"和"点数为 4"两个基本事件复合而成．

9.1.4　随机事件的关系与运算

在随机事件中，有许多事件，而这些事件之间又有联系，分析事件之间的关系，可以帮助我们更深刻地认识随机事件，给出事件的运算及运算规律，有助于我们讨论复杂事件．

既然事件可用集合来表示，那么事件的关系和运算自然应当按照集合论中集合之间的关系和集合的运算来处理．下面给出这些关系和运算在概率论中的提法，并根据"事件发生"的含义，给出它们概率意义．

（1）**事件的包含与相等**：若事件 A 发生必然导致事件 B 发生，则称事件 B 包含事件 A，

记为 $B \supset A$ 或者 $A \subset B$;若 $A \subset B$ 且 $B \subset A$,即 $A=B$,则称事件 A 与事件 B 相等.

(2) **事件的和**:事件 A 与事件 B 至少有一个发生的事件称为事件 A 与事件 B 的和事件,记为 $A \cup B$. 事件 $A \cup B$ 发生意味着:或事件 A 发生,或事件 B 发生,或事件 A 与事件 B 都发生.

事件的和可以推广到多个事件的情景,设有 n 个事件 $A_1, A_2, \cdots, A_n$,定义它们的和事件为 $\{A_1, A_2, \cdots, A_n$ 中至少有一个发生$\}$,记为 $\bigcup\limits_{k=1}^{n} A_i$.

【**例 3**】 在投掷一枚骰子的试验中,记

$$A = \text{“点数为奇数”}$$
$$B = \text{“点数小于 5”}$$

则 $A \cup B = \{1,2,3,4,5\}$.

(3) **事件的积**:事件 A 与事件 B 都发生的事件称为事件 A 与事件 B 的积事件,记为 $A \cap B$,也简记为 AB. 事件 $A \cap B$(或 AB)发生意味着事件 A 发生且事件 B 也发生,即 A 与 B 都发生.

类似地,可以定义 n 个事件 $A_1, A_2, \cdots, A_n$ 的积事件 $\bigcap\limits_{k=1}^{n} A_i = \{A_1, A_2, \cdots, A_n$ 都发生$\}$.

在例 3 中,事件 A 与 B 的积为

$$A \cap B = \{1,3\}.$$

(4) **事件的差**:事件 A 发生而事件 B 不发生的事件称为事件 A 与事件 B 的**差事件**,记为 $A-B$.

在例 3 中,事件 A 与 B 的差为:

$$A - B = \{5\}.$$

(5) **互斥事件**:若事件 A 与事件 B 不能同时发生,即 $AB = \varnothing$,则称事件 A 与事件 B 是**互斥**的,或**互不相容**的. 若事件 $A_1, A_2, \cdots, A_n$ 中的任意两个都互斥,则称这些事件是**两两互斥**的.

比如,在投掷一枚骰子的试验中,"点数小于 3"和"点数大于 4"这两个事件是互不相容事件.

(6) **对立事件**:"A 不发生"的事件称为事件 A 的**对立事件**(或**逆事件**),记为 $\bar{A}$. A 和 $\bar{A}$ 满足:$A \cup \bar{A} = S, A\bar{A} = \varnothing, \bar{\bar{A}} = A$.

例如,在投掷一枚骰子的试验中记 A 为事件"点数为偶数",则 $\bar{A}$ 为事件"点数为奇数".

(7) **事件运算满足的定律**:设 A, B, C 为事件,则有

交换律:$A \cup B = B \cup A, AB = BA$;

结合律:$(A \cup B) \cup C = A \cup (B \cup C), (AB)C = A(BC)$;

分配律:$(A \cup B)C = (AC) \cup (BC), (AB) \cup C = (A \cup C)(B \cup C)$;

对偶律:$\overline{A \cup B} = \bar{A} \cap \bar{B}, \overline{A \cap B} = \bar{A} \cup \bar{B}$.

这些运算律和集合的运算律是一致的.

【**例 4**】 向指定目标射三枪,观察射中目标的情况. 用 A_1, A_2, A_3 分别表示事件"第一、二、三枪击中目标",试用 A_1, A_2, A_3 表示以下各事件:

（1）只击中第一枪；（2）只击中一枪；（3）三枪都没击中；（4）至少击中一枪.

解 （1）事件"只击中第一枪"，意味着第二枪不中，第三枪也不中.所以可以表示成 $A_1\overline{A_2}\,\overline{A_3}$.

（2）事件"只击中一枪"，并不指定哪一枪击中，三个事件"只击中第一枪"、"只击中第二枪"、"只击中第三枪"中，任意一个发生，都意味着事件"只击中一枪"发生.同时，因为上述三个事件互不相容，所以可以表示成 $A_1\overline{A_2}\,\overline{A_3}+\overline{A_1}A_2\overline{A_3}+\overline{A_1}\,\overline{A_2}A_3$.

（3）事件"三枪都没击中"，就是事件"第一、二、三枪都未击中".所以可以表示成 $\overline{A_1}\,\overline{A_2}\,\overline{A_3}$.

（4）事件"至少击中一枪"，就是事件"第一、二、三枪至少有一次击中"，所以可以表示成 $A_1\bigcup A_2\bigcup A_3$ 或 $A_1\overline{A_2}\,\overline{A_3}+\overline{A_1}A_2\overline{A_3}+\overline{A_1}\,\overline{A_2}A_3+A_1A_2\overline{A_3}+A_1\overline{A_2}A_3+\overline{A_1}A_2A_3+A_1A_2A_3$.

习题 9.1

1. 写出下列随机试验的样本空间：
（1）同时抛两枚硬币，观察正反面情况；
（2）同时掷两颗骰子，观察两颗骰子出现的点数之和；
（3）生产产品直到得到第 10 件正品为止，记录生产产品的总数；
（4）在某十字路口，一小时内通过的机动车辆数；
（5）某城市一天的用电量.

2. 设 A,B,C 为三个事件，试用 A,B,C 的运算关系式表示下列事件：
（1）A 发生，B,C 都不发生；
（2）A 与 B 发生，C 不发生；
（3）A,B,C 都发生；
（4）A,B,C 至少有一个发生；
（5）A,B,C 都不发生；
（6）A,B,C 不都发生；
（7）A,B,C 至多有 2 个发生；
（8）A,B,C 至少有 2 个发生.

3. 问事件"A,B 至少发生一个"与事件"A,B 至多发生一个"是否为对立事件？

4. 请用语言描述下列事件的对立事件.
（1）A 表示"掷两枚硬币，都出现正面"；
（2）B 表示"生产四个零件，至少有一个合格".

5. 设 Ω 为随机试验的样本空间，A,B 为随机事件，且 $\Omega=\{x\mid 0\leqslant x\leqslant 5\}$，$A=\{x\mid 1\leqslant x\leqslant 2\}$，$B=\{x\mid 0\leqslant x\leqslant 2\}$，试求：$A\bigcup B,AB,B-A,\overline{A}$.

9.2 随机事件的概率

9.2.1 频率与概率

除必然事件和不可能事件外，对于一个事件来说，它在一次试验中可能发生，也可能不发生,我们常常希望知道某些事件在一次试验中发生的可能性有多大,并希望找到一个合适的数来表示这种可能性的大小,对于事件 A 这个数常记为 $p(A)$,称为事件 A 在一次试验中发生的概率. 这是概率的通俗含义,还不能作为概率的定义. 在正式给出概率的定义之前,先阐述事件概率定义的实际背景:事件的频率和古典概型. 首先介绍频率的概念.

【定义 1】 在相同条件下,进行了 n 次试验,在这 n 次试验中,事件 A 发生的次数 n_A 称为事件 A 发生的**频数**,而比值 n_A/n 称为事件 A 发生的**频率**,并制作 $f_n(A)$.

由定义,易见频率具有下述基本性质:

(1) $0 \leqslant f_n(A) \leqslant 1$;

(2) $f_n(\Omega) = 1$;

(3) 若 $A_1, A_2, \cdots, A_k$ 是两两互不相容的事件,则

$$f_n(A_1 \bigcup A_2 \bigcup \cdots \bigcup A_k) = f_n(A_1) + f_n(A_2) + \cdots + f_n(A_k).$$

由于事件 A 发生的频率是它发生的次数与试验次数之比,其大小表示 A 发生的频繁程度. 频率愈大,事件 A 发生愈频繁,这意味着 A 在一次试验中发生的可能性愈大. 直观的想法是用频率来表示 A 在一次试验中发生的可能性的大小. 但是否可行,先看下面的例子.

【例 1】 在同样条件下,多次抛一硬币,考察"正面朝上"的次数.

试验者	n	n_A	$f_n(A)$
德·摩根	2 048	1 061	0.518 1
蒲丰	4 040	2 048	0.506 9
k·皮尔逊	12 000	6 019	0.501 6
k·皮尔逊	24 000	12 012	0.500 5

【例 2】 一口袋中有 6 只乒乓球,其中 4 白,2 红,每次试验任取一球,观察颜色后作记录,放回袋中搅匀,再重复.

取球次数 n	取得白球次数 n_A	频率 $\dfrac{n_A}{n}$
200	139	0.695
400	201	0.653
600	401	0.668

分析 例 1 中,频率在 0.5 附近摆动,当 n 增大时,逐渐稳定于 0.5;例 2 中,频率在 0.66 附近摆动,当 n 增大时,逐渐稳定于 $\dfrac{2}{3}$. 这就是说,当试验次数充分多时,事件 A 出现的频率常在一个确定的数值附近摆动. 当 n 较小时,频率 $f_n(A)$ 在 0 与 1 之间随机波动,其幅度较大,当 n 逐渐增大时,频率 $f_n(A)$ 逐渐稳定于某个常数. 在 n 次试验中,事件 A 出现的次数 n_A 不确定,因而事件 A 的频率 $\dfrac{n_A}{n}$ 也不确定. 但是当试验重复多次时,事件 A 出现的频

率具有一定的稳定性. 因而,当 n 较小时用频率来表示事件发生的可能性大小显然是不合适的. 对于每一个事件 A 都有这样一个客观存在的常数与之对应,这种"频率稳定性"即通常所说的统计规律性.

但是,在实际中,我们不可能对每一个事件都做大量的试验,从中得到频率的稳定值. 同时,为了理论研究的需要,我们从频率的稳定性和频率的性质得到启发,可以给出如下度量事件发生可能性大小的频率的定义.

【定义 2】 在一个随机试验中,如果随着试验次数的增大,事件 A 发生的频率 $\frac{n_A}{n}$ 稳定地在某一常数 p 附近摆动,则称事件 A 发生的**概率**为 p,记作

$$P(A) = p,$$

这就是概率的统计定义.

数值 p,就是在一次试验中对事件 A 发生的可能性大小的数量描述. 例如,在例 1 中用 0.5 来描述掷一枚匀称硬币"正面朝上"出现的可能性;在例 2 中用 $\frac{2}{3}$ 来描述摸出的一个乒乓球是白球出现的可能性.

注:(1) 事件的频率与概率有本质区别,频率有随机波动性,是变数,而概率是个常数.

(2) 概率的统计定义只是一种描述,它指出了事件的概率是客观存在的,但并不能用这个定义计算 $P(A)$. 实际上,随着试验次数的增加,频率向概率靠近,因此当试验的次数 n 很大时,频率可以作为概率的近似值.

9.2.2 古典概型

古典概型是一类概率论发展历史上首先被人们研究的概率模型,它出现在较简单的一类随机试验中,在这类随机试验中总共只有有限个不同的结果可能出现,并且各种不同的结果出现的机会相等. 例如,抛掷一枚硬币,只有两种结果,而且两种结果等可能. 同样,抛掷一颗质地均匀的骰子,它只有 6 种不同的结果,而且出现 6 种结果的可能性相同.

理论上,具有下面两个特点的随机试验的概率模型,称为**古典概型**:

(1) 基本事件的总数是有限的,换句话说样本空间仅含有有限个样本点;

(2) 每个基本事件发生的可能性相同.

古典概型是等可能概型,实际中古典概型的例子很多. 例如:袋中摸球,产品质量检查等试验,都属于古典概型.

下面介绍古典概型事件概率的计算公式. 设 Ω 为随机试验 E 的样本空间,其中所含样本点总数为 n,A 为一随机事件,其中所含样本点数为 r,则有

$$P(A) = \frac{r}{n} = \frac{A \text{ 中的样本点数}}{\Omega \text{ 中样本点总数}}.$$

【例 3】 掷一枚质地均匀的骰子,求出现奇数点的概率.

解 显然样本空间 $\Omega = \{1,2,3,4,5,6\}$,样本点总数 $n = 6$,而事件"出现奇数点",用 A 表示,则 $A = \{1,3,5\}$,所含样本点数 $r = 3$,从而

$$P(A) = \frac{r}{n} = \frac{3}{6} = \frac{1}{2}.$$

从此可见,用古典概型求事件 A 的概率的关键在于寻求基本事件总数(或样本点总数) n 和 A 所含基本事件数(或 A 所含样本点数) r,而在求 n 和 r 时往往要利用排列、组合的有关知识,希望读者认真复习这方面的基本知识.

【例 4】　设盒中有 8 个球,其中红球 3 个,白球 5 个.

（1）若从中随机取出一球,用 A 表示{取出的是红球},B 表示{取出的是白球},求 $P(A),P(B)$;

（2）若从中随机取出两球,用 C 表示{两个都是白球},D 表示{一红一白},求 $P(C)$, $P(D)$;

（3）若从中随机取出 5 球,设 E 表示{取到的 5 个球中恰有 2 个白球},求 $P(E)$.

解　（1）从 8 个球中随机取出 1 个球,取出方式有 C_8^1 种,即基本事件的总数为 C_8^1,事件 A 包含的基本事件的个数为 C_3^1,事件 B 包含的基本事件的个数为 C_5^1. 故

$$P(A) = \frac{C_3^1}{C_8^1} = \frac{3}{8},\ P(B) = \frac{C_5^1}{C_8^1} = \frac{5}{8}.$$

（2）从 8 个球中随机取出 2 个球,基本事件的总数为 C_8^2,事件 C 包含的基本事件的个数为 C_5^2,事件 D 包含的基本事件的个数为 $C_3^1 C_5^1$. 故

$$P(C) = \frac{C_5^2}{C_8^2} = \frac{5 \times 4}{2 \times 1} \cdot \frac{2 \times 1}{8 \times 7} = \frac{5}{14} \approx 0.357;$$

$$P(D) = \frac{C_3^1 C_5^1}{C_8^2} = \frac{3 \times 5 \times 2 \times 1}{8 \times 7} = \frac{15}{28} \approx 0.536.$$

读者可以自己算一算取出 2 个都是红球的概率是多少.

（3）从 8 个球中任取 5 个球,基本事件的总数为 C_8^5,{取到的 5 个球中恰有 2 个白球}包含的基本事件的个数为 $C_3^3 \times C_5^2$. 故

$$P(E) = \frac{C_3^3 \times C_5^2}{C_8^5} = \frac{1 \times 5 \times 4}{2 \times 1} \times \frac{5 \times 4 \times 3 \times 2 \times 1}{8 \times 7 \times 6 \times 5 \times 4} \approx 0.179.$$

【例 5】　一批产品共有 100 件,其中 3 件次品,今从这批产品中接连抽取两次,每次抽取一件,考虑两种情形:

（1）不放回抽样:第一次取一件不放回,第二次再抽取一件;

（2）放回取样:第一次取一件检查后放回,第二次再抽取一件.

试分别就上述两种情况,求第一次抽到正品,第二次抽到次品(记为 A)的概率.

解　（1）采取不放回取样:由于要考虑 2 件产品取出的顺序,接连两次抽取共有 A_{100}^2 种取法,即基本事件总数 $n = A_{100}^2$. 第一次取到正品共有 97 种取法,第二次取到次品共有 3 种取法,则 A 包含的基本事件数 $r = 97 \times 3$,故

$$P(A) = \frac{r}{n} = \frac{97 \times 3}{A_{100}^2} \approx 0.0294.$$

（2）采取放回取样：第一次抽取共有 100 种取法，取后放回，第二次抽取仍有 100 种取法，即基本事件总数 $n = 100^2$. 在这种情形下，A 包含的基本事件数 r 仍为 97×3，故

$$P(A) = \frac{r}{n} = \frac{97 \times 3}{100^2} \approx 0.029\ 1.$$

计算古典概型的概率还可以用概率的性质，后面将有这方面的例子.

9.2.3 概率的定义与性质

在以上两小节的讨论中似乎已经给出了概率的定义，但那里只是针对两种特殊的情形给出的，并不是概率的一般定义，然而从以上两节的讨论中我们可以得到启发，进一步概括出如下概率的一般定义.

【定义3】 设 E 是随机试验，Ω 是它的样本空间，对于 E 的每一事件 A 赋予一个实数，记为 $P(A)$，称为事件 A 的概率，如果满足下列条件：

（1）对于每一个事件 A，有 $P(A) \geqslant 0$；

（2）$P(\Omega) = 1$；

（3）设 $A_1, A_2, \cdots$ 是两两互不相容的事件，即对于 $i \neq j$，$A_i A_j = \varnothing$，$i, j = 1, 2, \cdots$，则有 $P(A_1 \bigcup A_2 \bigcup \cdots) = P(A_1) + P(A_2) + \cdots$，该式称为概率的可列可加性.

由概率的定义，可以推得概率的一些重要性质.

性质 1 $0 \leqslant P(A) \leqslant 1$，$P(\varnothing) = 0$.

性质 2 对于任意两事件 A, B 有 $P(A \bigcup B) = P(A) + P(B) - P(AB)$.

特别地，当 A 与 B 互不相容时，$P(A \bigcup B) = P(A) + P(B)$.

性质 2 可推广：对于任意事件 A, B, C 有

$$P(A \bigcup B \bigcup C) = P(A) + P(B) + P(C) - P(AB) - P(AC) - P(BC) + P(ABC).$$

性质 3 $P(B - A) = P(B) - P(AB)$.

特别地，当 $A \subset B$ 时，$P(B - A) = P(B) - P(A)$，且 $P(A) \leqslant P(B)$.

性质 4 对于任一事件 A，有 $P(\overline{A}) = 1 - P(A)$.

【例6】 设事件 A, B 的概率分别为 $\frac{1}{3}, \frac{1}{2}$，在下列三种情况下分别求 $P(B\overline{A})$ 的值：

（1）A 与 B 互斥；（2）$A \subset B$；（3）$P(AB) = \frac{1}{8}$.

解 由性质（3）$P(B\overline{A}) = P(B) - P(AB)$，

（1）因为 A 与 B 互斥，所以 $AB = \varnothing$，$P(B\overline{A}) = P(B) - P(AB) = P(B) = \frac{1}{2}$；

（2）因为 $A \subset B$，所以 $P(B\overline{A}) = P(B) - P(AB) = P(B) - P(A) = \frac{1}{2} - \frac{1}{3} = \frac{1}{6}$；

（3）$P(B\overline{A}) = P(B) - P(AB) = \frac{1}{2} - \frac{1}{8} = \frac{3}{8}$.

【例7】 设 A, B 为随机事件，且 $P(A) = 0.7$，$P(AB) = 0.3$，求 $P(A\overline{B})$.

解 $P(A\overline{B}) = P(A - B) = P(A) - P(AB) = 0.7 - 0.3 = 0.4$.

习题 9.2

1. 10 个产品中有 7 个正品、3 个次品.

(1) 不放回地每次从中任取一个,共取 3 次,求取到 3 个次品的概率;

(2) 每次从中任取一个,有放回地取 3 次,求取到 3 个次品的概率.

2. 袋中有 8 个球,其中红球 5 个白球 3 个,从袋中取球两次,每次随机地取一个球,取后不放回,求:

(1) 第一次取到白球,第二次取到红球的概率;

(2) 两次取得一红球一白球的概率.

3. 从 1,2,3,4,5 五个数码中,任取 3 个不同数码排成一个三位数,求:

(1) 所得的三位数为偶数的概率;

(2) 所得的三位数为奇数的概率.

4. 设 $P(A) = \frac{1}{3}$,$P(B) = \frac{1}{2}$,试就以下三种情况分别求 $P(B\overline{A})$:

(1) $AB = \varnothing$;　　(2) $A \subset B$;　　(3) $P(AB) = \frac{1}{8}$.

5. 已知 $P(A) = P(B) = P(C) = \frac{1}{4}$,$P(AC) = P(BC) = \frac{1}{16}$,$P(AB) = 0$,求事件 A,B,C 全不发生的概率.

6. 每个路口有红、绿、黄三色指示灯,假设各色灯的开闭是等可能的. 一个人骑车经过三个路口,试求下列事件的概率:$A =$ "三个都是红灯" $=$ "全红";$B =$ "全绿";$C =$ "全黄";$D =$ "无红";$E =$ "无绿";$F =$ "三次颜色相同";$G =$ "颜色全不相同";$H =$ "颜色不全相同".

7. 设一批产品共 100 件,其中 98 件正品,2 件次品,从中任意抽取 3 件(分三种情况:一次拿 3 件;每次拿 1 件,取后放回拿 3 次;每次拿 1 件,取后不放回拿 3 次),试求:

(1) 取出的 3 件中恰有 1 件是次品的概率;

(2) 取出的 3 件中至少有 1 件是次品的概率.

8. 从 0,1,2,…,9 中任意选出 3 个不同的数字,试求下列事件的概率:

$A_1 = \{$三个数字中不含 0 与 5$\}$,$A_2 = \{$三个数字中不含 0 或 5$\}$.

9. 从 0,1,2,…,9 中任意选出 4 个不同的数字,计算它们能组成一个 4 位偶数的概率.

10. 一个宿舍中住有 6 位同学,计算下列事件的概率:

(1) 6 人中至少有 1 人生日在 10 月份;

(2) 6 人中恰有 4 人生日在 10 月份;

(3) 6 人中恰有 4 人生日在同一月份.

11. 从一副扑克牌(52 张)任取 3 张(不重复),计算取出的 3 张牌中至少有 2 张花色相同的概率.

9.3 条件概率

9.3.1 条件概率与乘法公式

在实际问题中,常常会遇到这样的问题:在已知事件 A 发生的条件下,求事件 B 发生的概率. 这时,因为求 B 的概率是在已知 A 发生的条件下,所以称为在事件 A 发生的条件下事件 B 发生的条件概率,记为 $P(B\mid A)$. 例如,在一批产品中任取一件,已知是合格品,问它是一等品的概率;在一人群中任选一人,被选中的人男性,问他是色盲的概率,等等,这些问题都是求条件概率问题.

【定义 1】 设 A,B 是随机试验的两个事件,且 $P(A)\neq 0$,称 $P(B\mid A)=\dfrac{P(AB)}{P(A)}$ 为在事件 A 发生的条件下事件 B 发生的**条件概率**.

条件概率公式揭示了条件概率与事件概率 $P(B)$、$P(AB)$ 三者之间的关系.

【例 1】 在全部产品中有 4% 是废品,有 72% 为一等品. 现从中任取一件为合格品,求它是一等品的概率.

解 设 A 表示"任取一件为合格品", B 表示"任取一件为一等品",$P(A)=96\%$,$P(AB)=P(B)=72\%$,注意 $B\subset A$,则所求概率为

$$P(B\mid A)=\frac{P(AB)}{P(A)}=\frac{72\%}{96\%}=0.75.$$

【例 2】 设大熊猫能活 20 年以上的概率为 80%,活 25 年以上的概率为 40%,现有一只成活 20 年的大熊猫,问它能活 25 年以上的概率?

解 设事件 $A=\{$能活 20 岁以上$\}$; 事件 $B=\{$能活 25 岁以上$\}$. 按题意,$P(A)=0.8$,由于 $B\subset A$,因此 $P(AB)=P(B)=0.4$,由条件概率有 $P(B\mid A)=\dfrac{P(AB)}{P(A)}=\dfrac{0.4}{0.8}=0.5$.

由条件概率的定义,我们可以得到一个非常有用的公式,这就是概率的**乘法公式**.

乘法公式 设 $P(A)\neq 0$,则有 $P(AB)=P(A)P(B\mid A)$.

将 A,B 的位置对换,则得乘法公式的另一种形式

$$P(AB)=P(B)P(A\mid B)\ (P(B)\neq 0).$$

利用乘法公式可以计算积事件的概率,乘法公式可以推广到 n 个事件的情形:若 $P(A_1A_2\cdots A_n)>0$,则 $P(A_1A_2\cdots A_n)=P(A_1)P(A_2\mid A_1)\cdots P(A_n\mid A_1\cdots A_{n-1})$.

【例 3】 在 10 个产品中,有 2 个次品,不放回地抽取 2 次产品,每次取一个,求取到的两个产品都是次品的概率.

解 设 A 表示"第一次取产品取到次品",B 表示"第二次取产品取到次品",则

$$P(A)=\frac{2}{10}=\frac{1}{5},P(B\mid A)=\frac{1}{9},$$

故

$$P(AB) = P(A)P(B \mid A) = \frac{1}{5} \times \frac{1}{9} = \frac{1}{45}.$$

【例 4】 盒中有 5 个白球 2 个黑球,连续不放回地在其中取 3 次球,求第三次才取到黑球的概率.

解 设 $A_i(i = 1,2,3)$ 表示"第 i 次取到黑球",于是所求的概率为

$$P(\overline{A_1}\,\overline{A_2}A_3) = P(\overline{A_1})P(\overline{A_2} \mid \overline{A_1})P(A_3 \mid \overline{A_1}\,\overline{A_2}) = \frac{5}{7} \times \frac{4}{6} \times \frac{2}{5} = \frac{4}{21}.$$

9.3.2 全概率公式与贝叶斯公式

为了计算复杂事件的概率,经常把一个复杂事件分解为若干个互不相容的简单事件的和,通过分别计算简单事件的概率,来求得复杂事件的概率.

全概率公式: $A_1, A_2, \cdots, A_n$ 为样本空间 Ω 的一个事件组,且满足:

(1) $A_1, A_2, \cdots, A_n$ 互不相容,且 $P(A_i) > 0(i = 1,2,\cdots,n)$;

(2) $A_1 \bigcup A_2 \bigcup \cdots \bigcup A_n = \Omega$,则对 Ω 中的任意一个事件 B 都有:

$$P(B) = P(A_1)P(B \mid A_1) + P(A_2)P(B \mid A_2) + \cdots + P(A_n)P(B \mid A_n).$$

【例 5】 七人轮流抓阄,抓一张参观票,问第二人抓到的概率?

解 设 $A_i = \{$第 i 人抓到参观票$\}$ $(i = 1,2)$,于是

$$P(A_1) = \frac{1}{7}, P(\overline{A_1}) = \frac{6}{7}, P(A_2 \mid A_1) = 0, P(A_2 \mid \overline{A_1}) = \frac{1}{6},$$

由全概率公式

$$P(A_2) = P(A_2 A_1) + P(A_2 \overline{A_1}) = P(A_1)P(A_2 \mid A_1) + P(\overline{A_1})P(A_2 \mid \overline{A_1}) = \frac{1}{7}.$$

我们可以看到,第一个人和第二个人抓到参观票的概率一样;事实上,每个人抓到的概率都一样,这就是所谓的"抽签公平性".

【例 6】 设一仓库有一批产品,已知其中 50%、30%、20% 依次是甲、乙、丙厂生产的,且甲、乙、丙厂生产的次品率分别为 5%,4%,3%,现从这批产品中任取一件,求取得正品的概率.

解 以 A_1, A_2, A_3 表示诸事件"取得的这箱产品是甲、乙、丙厂生产";以 B 表示事件"取得的产品为正品",于是

$$P(A_1) = 0.5, \quad P(A_2) = 0.3, \quad P(A_3) = 0.2,$$

$$P(B \mid A_1) = 0.95, \quad P(B \mid A_2) = 0.96, \quad P(B \mid A_3) = 0.97,$$

由全概率公式有 $P(B) = P(A_1)P(B \mid A_1) + P(A_2)P(B \mid A_2) + P(A_3)P(B \mid A_3) = 0.957.$

下面介绍贝叶斯公式.

设 B 是样本空间 Ω 的一个事件,$A_1, A_2, \cdots, A_n$ 为 Ω 的一个事件组,且满足:

(1) $A_1, A_2, \cdots, A_n$ 互不相容,且 $P(A_i) > 0(i = 1,2,\cdots,n)$;(2) $A_1 \bigcup A_2 \bigcup \cdots \bigcup A_n = \Omega$.

则

$$P(A_k \mid B) = \frac{P(A_kB)}{P(B)} = \frac{P(A_k)P(B \mid A_k)}{P(A_1)P(B \mid A_1) + \cdots + P(A_n)P(B \mid A_n)}.$$

这个公式称为**贝叶斯公式**,也称为后验公式.

【例 7】 发报台分别以概率 0.6 和 0.4 发出信号 "." 和 "—",由于通讯系统受到干扰,当发出信号 "." 时,收报台未必收到信号 ".",而是分别以 0.8 和 0.2 收到 "." 和 "—";同样,发出 "—" 时分别以 0.9 和 0.1 收到 "—" 和 ".". 求如果收报台收到 ".",它没收错的概率.

解 设 $A = \{$发报台发出信号 "."$\}$,$\overline{A} = \{$发报台发出信号 "—"$\}$,$B = \{$收报台收到 "."$\}$,$\overline{B} = \{$收报台收到 "—"$\}$;于是,$P(A) = 0.6$,$P(\overline{A}) = 0.4$,$P(B \mid A) = 0.8$,$P(\overline{B} \mid A) = 0.2$,$P(B \mid \overline{A}) = 0.1$,$P(\overline{B} \mid \overline{A}) = 0.9$;由贝叶斯公式有

$$P(A \mid B) = \frac{P(AB)}{P(B)} = \frac{P(A)P(B \mid A)}{P(A)P(B \mid A) + P(\overline{A})P(B \mid \overline{A})} = \frac{0.6 \times 0.8}{0.6 \times 0.8 + 0.4 \times 0.1} = \frac{12}{13}.$$

所以没收错的概率为 $\frac{12}{13}$.

【例 8】 根据以往的记录,某种诊断肝炎的试验有如下效果:对肝炎病人的试验呈阳性的概率为 0.95;非肝炎病人的试验呈阴性的概率为 0.95. 对自然人群进行普查的结果为:有 5‰ 的人患有肝炎,现有某人做此试验结果为阳性,问此人确有肝炎的概率为多少?

解 设 $A = \{$某人做此试验结果为阳性$\}$,$B = \{$某人确有肝炎$\}$;由已知条件有 $P(A \mid B) = 0.95$,$P(\overline{A} \mid \overline{B}) = 0.95$,$P(B) = 0.005$;

从而 $P(\overline{B}) = 1 - P(B) = 0.995$,$P(A \mid \overline{B}) = 1 - P(\overline{A} \mid \overline{B}) = 0.005$,

由贝叶斯公式有 $P(B \mid A) = \frac{P(AB)}{P(A)} = \frac{P(B)P(A \mid B)}{P(B)P(A \mid B) + P(\overline{B})P(A \mid \overline{B})} = 0.087.$

本题的结果表明,虽然 $P(A \mid B) = 0.95$,$P(\overline{A} \mid \overline{B}) = 0.95$,这两个概率都很高,但若将此实验用于普查,则有 $P(B \mid A) = 0.087$,即其正确性只有 8.7%,如果不注意到这一点,将会经常得出错误的诊断. 这也说明,若将 $P(A \mid B)$ 和 $P(B \mid A)$ 搞混了会造成不良的后果.

在利用全概率公式和贝叶斯公式时常常感到无从下手,不知道把哪个事件当做事件 A_i,又把哪个事件当成 B. 我们不妨直观地理解一下两个公式,对公式的应用会有所帮助,如果我们把事件 B 看成 "结果",把诸事件 $A_1, A_2, \cdots A_n$ 看成导致这一结果的 "原因",则概率 $P(B \mid A_i)$ 为原因 A_i 导致结果 B 发生的概率,而 $P(A_i)$ 为原因 A_i 发生的概率. 这样形象地把全概率公式看成为 "由原因推结果",而贝叶斯公式则恰好相反,其作用在于 "由结果推原因",有了结果 B,重新计算导致 B 发生的各个原因的可能性.

9.3.3 事件的独立性

设 A, B 是两个事件,一般而言 $P(A) \neq P(A \mid B)$,这表示事件 B 的发生对事件 A 的发生的概率有影响,只有当 $P(A) = P(A \mid B)$ 时才可以认为 B 的发生与否对 A 的发生毫无影响,这时就称两事件是独立的. 这时,由条件概率可知,

$$P(AB) = P(B)P(A \mid B) = P(B)P(A) = P(A)P(B)$$

由此,我们引出下面的

【定义 2】 若两事件 A,B 满足 $P(AB) = P(A)P(B)$,则称 A,B **相互独立**.

定理 1 若四对事件 $\{A,B\},\{\overline{A},B\},\{A,\overline{B}\},\{\overline{A},\overline{B}\}$ 中有一对是相互独立的,则另外三对也是相互独立的.

在实际问题中,我们一般不用定义来判断两事件 A,B 是否相互独立,而是相反,从试验的具体条件以及试验的具体本质分析去判断它们有无关联,是否独立。如果独立,就可以用定义中的公式来计算积事件的概率了.

【例 9】 两门高射炮彼此独立地射击一架敌机,设甲炮击中敌机的概率为 0.9,乙炮击中敌机的概率为 0.8,求敌机被击中的概率?

解 设 $A=\{$甲炮击中敌机$\},B=\{$乙炮击中敌机$\}$,那么$\{$敌机被击中$\}= A \bigcup B$;因为 A 与 B 相互独立,所以,有

$$P(A \bigcup B) = P(A) + P(B) - P(AB) = P(A) + P(B) - P(A)P(B)$$
$$= 0.9 + 0.8 - 0.9 \times 0.8 = 0.98$$

注:事件的独立性与互斥是两码事,互斥性表示两个事件不能同时发生,而独立性则表示他们彼此不影响.

【例 10】 一产品的生产分 4 道工序完成,第一、二、三、四道工序生产的次品率分别为 $2\%,3\%,5\%,3\%$,各道工序独立完成,求该产品的次品率?

解 设 $A=\{$该产品是次品$\}$,$A_i = \{$第 i 道工序生产出次品$\}$,$i = 1,2,3,4$,则
$$P(A) = 1 - P(\overline{A}) = 1 - P(\overline{A_1}\overline{A_2}\overline{A_3}\overline{A_4})$$
$$= 1 - P(\overline{A_1})P(\overline{A_2})P(\overline{A_3})P(\overline{A_4})$$
$$= 1 - (1-0.02)(1-0.03)(1-0.05)(1-0.03) = 0.124$$

三个事件相互独立一定是两两独立的,但两两独立未必是相互独立.

习题 9.3

1. 设 $P(A) = 0.5$,$P(A\overline{B}) = 0.3$,求 $P(B \mid A)$.

2. 设 $P(A) = 0.25$,$P(B \mid A) = \dfrac{1}{3}$,$P(A \mid B) = \dfrac{1}{2}$,求 $P(A \bigcup B)$.

3. 一批产品有 4% 废品,而合格品中一等品占 55%,从这批产品中任选一件,求这件产品是一等品的概率.

4. 已知某厂生产的灯泡寿命在一万小时的概率为 0.8,在两万小时的概率为 0.2,试求已用一万小时的灯泡能用两万小时的概率.

5. 已知 5% 的男人和 0.25% 的女人是色盲,假设男人和女人各占一半,现在随机地挑选一人,

(1) 求此人恰好是色盲患者的概率;

(2) 若随机挑选一人,此人不是色盲患者,问他是男人的概率是多少?

6. 两台车床加工同样的零件,第一台出现废品的概率为 0.03,第二台出现废品的概率为 0.02,加工出来的零件放在一起,并且已知第一台加工的零件比第二台加工的零件多一

倍,求任取一零件是合格品的概率.

7. 对以往数据分析结果表明,当机器调整得良好时,产品的合格率为90%,而机器发生某一故障时,产品的合格率为30%.每天早上机器开动时,机器调整良好的概率为75%.已知某日早上第一件产品是合格品,试求机器调整得好的概率.

8. 某工厂中,三台机器分别生产某种产品总数的25%,35%,40%,它们生产的产品中分别有5%,4%,2%的次品,将这些产品混在一起,今随机地取一产品,问它是次品的概率是多少? 又问这次品是由三台机器中的哪台机器生产的概率最大?

复 习 题 九

本章小结和
阅读材料

一、选择题

1. 设事件 A 与 B 相互独立,且 $P(A)>0,P(B)>0$,则下列等式成立的是 （ ）
   A. $AB=\varnothing$
   B. $P(A\overline{B})=P(A)P(\overline{B})$
   C. $P(B)=1-P(A)$
   D. $P(B\mid\overline{A})=0$

2. 设 A,B,C 为三事件,则事件 $\overline{A\bigcup BC}=$ （ ）
   A. $\overline{A}\,\overline{B}C$ 　　　　　　　　　B. $\overline{A}\overline{B}\bigcup C$
   C. $(\overline{A}\bigcup\overline{B})C$ 　　　　　　D. $(\overline{A}\bigcup\overline{B})\bigcup C$

3. 设随机事件 A 与 B 互不相容,$P(A)=0.2,P(B)=0.4$,则 $P(B|A)=$ （ ）
   A. 0　　　　B. 0.2　　　　C. 0.4　　　　D. 1

4. 设 A、B 为两事件,已知 $P(B)=\dfrac{1}{2},P(A\bigcup B)=\dfrac{2}{3}$,若事件 A,B 相互独立,则 $P(A)=$ （ ）
   A. $\dfrac{1}{9}$　　　B. $\dfrac{1}{6}$　　　C. $\dfrac{1}{3}$　　　D. $\dfrac{1}{2}$

5. 某人射击三次,其命中率为0.8,则三次中至多命中一次的概率为 （ ）
   A. 0.002　　　B. 0.04　　　C. 0.08　　　D. 0.104

6. 一批产品共10件,其中有2件次品,从这批产品中任取3件,则取出的3件中恰有一件次品的概率为 （ ）
   A. $\dfrac{1}{60}$　　　B. $\dfrac{7}{45}$　　　C. $\dfrac{1}{5}$　　　D. $\dfrac{7}{15}$

二、填空题

1. 连续抛一枚均匀硬币5次,则正面都不出现的概率为 ＿＿＿＿.

2. 袋中有红、黄、蓝球各一个,从中任取三次,每次取一个,取后放回,则红球出现的概率为＿＿＿＿.

3. 设 $P(A\mid B)=\dfrac{1}{6},P(\overline{B})=\dfrac{1}{2},P(B\mid A)=\dfrac{1}{4}$,则 $P(A)=$ ＿＿＿＿.

4. 设事件 A、B 相互独立,$P(A\bigcup B)=0.6,P(A)=0.4$,则 $P(B)=$ ＿＿＿＿.

5. 设 A 与 B 是两个随机事件,已知 $P(A)=0.4,P(B)=0.6,P(A\bigcup B)=0.7$,则

　　$P(\overline{A}B) = $ ＿＿＿＿＿＿＿.

6. 设事件 A 与 B 相互独立,且 $P(A) = 0.3, P(B) = 0.4$,则 $P(A \cup B) = $ ＿＿＿＿＿＿＿.

7. 已知 $P(A) = 1/2, P(B) = 1/3$,且 A, B 相互独立,则 $P(A\overline{B}) = $ ＿＿＿＿＿＿＿.

8. 设 A, B 为随机事件,且 $P(A) = 0.8, P(B) = 0.4, P(B \mid A) = 0.25$,则 $P(A \mid B) = $ ＿＿＿＿＿＿＿.

三、100 张彩票中有 7 张是有奖彩票,现有甲、乙两人且甲先乙后各买一张,试计算甲、乙两人中奖的概率是否相同?

四、设有两种报警系统 I 与 II,它们单独使用时,有效的概率分别为 0.92 与 0.93,且已知在系统 I 失效的条件下,系统 II 有效的概率为 0.85,试求:

　　(1) 系统 I 与 II 同时有效的概率;(2) 至少有一个系统有效的概率.

五、某商店有 100 台相同型号的冰箱待售,其中 60 台是甲厂生产的,25 台是乙厂生产的,15 台是丙厂生产的,已知这三个厂生产的冰箱质量不同,它们的不合格率依次为 0.1, 0.4, 0.2,现有一位顾客从这批冰箱中随机地取了一台,试求:

　　(1) 该顾客取到一台合格冰箱的概率;

　　(2) 顾客开箱测试后发现冰箱不合格,试问这台冰箱来自甲厂的概率是多大?

第 10 章　随机变量及其数字特征

本章提要　对于一个随机试验,人们除了对某些特定的事件发生的概率感兴趣以外,往往还会关心某个与随机试验的结果相联系的变量. 由于这一变量的取值依赖于试验结果,而试验结果是不确定的,所以这一变量的取值也是不确定的,这种变量因而被称为随机变量. 对于随机变量,人们无法准确预知其确切取值,但人们可以研究其取值的统计规律性. 对一个随机变量的统计规律性的完整描述被称为随机变量的分布,本章将介绍的两类随机变量——离散型和连续型随机变量及其分布. 但在多数实际应用中,人们很难知道一个随机变量的真实分布,这时人们希望用一些综合指标来反映随机变量的统计规律中的某些重要特征,这些指标被称为随机变量的数字特征. 最常用的数字特征有"数学期望"和"方差". 随机变量的数字特征不仅容易估计,而且为随机变量的取值提供了综合评价,这恰恰是解决一些概率应用问题的必要前提.

下面请大家考虑一个问题:一个窃贼被关在有 3 个门的地牢里。1 号门通向自由,出这个门后走三个小时就到达地面。2 号门通向一个地道,在此地道中走五个小时后将返回地牢。3 号门通向另一个地道,在此地道中走 7 个小时后也将返回地牢。如果他在任何时刻都等可能地选定其中 1 个门。这个盗贼为自由奔走的平均时间是多少？答案是 15 小时。这是著名的巴格达窃贼问题,古时候巴格达就是按照上述方法惩罚窃贼的。

在经济生活中,假设大家是某贸易公司的一员,公司需要每年以每单位 30 元的价格采购 6 000 个单位的某产品,处理订单和组织送货要 125 元的费用,每个单位存储成本为 6元,请问这种产品的最佳订货政策是什么,作为公司的一员,你能提供什么样的解决方案呢?

以上这两个问题的解决都会应用到一个概率学概念——数学期望,大家想知道是怎么解决吗? 一起来学习本章内容吧。

10.1　离散型随机变量

10.1.1　随机变量的概念

在一些随机试验中,试验的结果本身就是由数量来表示的. 比如,投掷一个骰子,观察其出现的点数,可能的结果可分别由 1,2,3,4,5,6,来表示;再比如,观察一个灯泡的使用寿命,实际使用寿命可能是 $[0,+\infty)$ 中的任何一个实数. 在另一些随机试验中,我们可能根据问题的需要对每一个可能结果指定一个数量. 比如,投掷一枚硬币进行打赌时,如果规定投掷者在硬币出现正面时赢 1 元钱,出现反面时输 1 元钱,则可对"出现正面"指定一个数1,对"出现反面"指定一个数-1. 无论哪种情形,其共同点是:对每一个可能结果,有唯一一个实数与之对应. 这种对应关系实际定义了样本空间 Ω 上的函数,通常记作 $X = X(\omega)$,

$\omega \in \Omega$. 这与微积分中定义的函数概念本质上并无区别,只不过在微积分中的函数 $y = f(x)$,其自变量 x 通常是实数,而且只关注 y 对 x 的依赖关系,并不关心 x 的取值是否是确定的. 在这里函数 $X = X(\omega),\omega \in \Omega$,其"自变量"$\omega$ 在样本空间 Ω 中"取值"(即定义域为 Ω),我们主要关心 ω 的不确定性及其统计规律所导致的因变量 X 的不确定性及其统计规律,这种取值依赖于一个试验的结果而具有不确定性的变量称为随机变量,其正式数学定义如下:

【定义 1】 设 E 为一随机试验,Ω 为它的**样本空间**,如果对于每一个结果(样本点)$\omega \in \Omega$,有一个实数 $X(\omega)$ 与之对应,这样就得到一个定义在 Ω 上的实值函数 $X = X(\omega)$,称为随机变量. 随机变量通常用 $X,Y,Z,\cdots$ 或 $X_1,X_2,\cdots$ 等来表示.

引入随机变量后,就可以用随机变量描述事件. 例如,在掷硬币的实验中,$\{X = 1\}$ 表示事件"出现正面",且 $P\{X = 1\} = \dfrac{1}{2}$.

在掷骰子的实验中,$\{X = 6\}$ 表示"出现 6 点",$P\{X = 6\} = \dfrac{1}{6}$,$\{X \geqslant 4\}$ 表示"出现 4 点,出现 5 点,或 6 点",即 $\{X \geqslant 4\} = \{4,5,6\}$,$P\{X \geqslant 4\} = \dfrac{1}{2}$.

在测试灯泡寿命的试验中,$\{Y \leqslant 1\,000\}$ 表示"灯泡寿命不超过 1 000 小时". $\{1\,000 \leqslant Y \leqslant 1\,500\}$ 表示"灯泡寿命在 1 000 小时到 1 500 小时之间",等等.

用随机变量描述事件,可以使我们摆脱只是孤立地研究一个或几个事件,而且通过随机事件把各个事件联系起来,进而去研究随机试验的全貌. 随机变量是研究随机试验的有效工具.

10.1.2　离散型随机变量及其分布律

在所有的随机变量中,有一类随机变量最简单,它只有有限个或可数个可能取值. 例如掷骰子出现的点数 X,取值范围 $\{1,2,3,4,5,6\}$;110 报警台一天接到的报警次数 Z,取值范围为 $\{0,1,2,\cdots\}$ 等,这类随机变量称为离散型随机变量.

【定义 2】 若随机变量 X 只取有限多个或可列无限多个值,则称 X 为**离散型随机变量**.

设 $X_1,X_2,\cdots$ 是 X 的所有可能取值,我们知道对每个 $x_i(X = x_i)$,是 Ω 上的一个随机事件,人们往往关心这些事件发生的可能性,也即 X 取每一个可能值 x_i 的概率.

【定义 3】 设离散型随机变量 X 的所有取值为 $x_1,x_2,\cdots,x_n,\cdots$,且 X 取这些值的概率为:$P(X = x_k) = p_k(k = 1,2,\cdots,n,\cdots)$,则称上述一系列等式为随机变量 X 的**概率分布**.

为了直观起见,有时将 X 的取值及其对应的概率列表如下:

X	x_1	x	$\cdots\cdots$	x_n	$\cdots$
P	p_1	p_2	$\cdots\cdots$	p_n	$\cdots$

我们称此表为离散型随机变量 X 的概率分布表,式子 $P(X = x_k) = p_k(k = 1,2,\cdots,n,\cdots)$ 和概率分布表都称为离散型随机变量 X 的分布律.

由概率的定义知,离散型随机变量 X 的概率分布具有以下两个性质:

(1) $p_k \geqslant 0, (k = 1, 2, \cdots, n, \cdots)$;(非负性)

(2) $\sum\limits_{k=1} p_k = 1$.(归一性)

这里当 X 取有限个值 n 时,记号为 $\sum\limits_{k=1}^{n}$,当 X 取无限可列个值时,记号为 $\sum\limits_{k=1}^{\infty}$.

【例1】 设离散型随机变量 X 的分布律为

X	0	1	2
p_k	0.2	c	0.5

求常数 c.

解 由分布律的性质知

$$1 = 0.2 + c + 0.5$$

解得 $c = 0.3$

【例2】 设袋中装有 6 个球,编号为 $\{-1, 2, 2, 2, 3, 3\}$,从袋中任取一球,求取到的球的号 X 的分布律.

解 因为 X 可取的值为 $-1, 2, 3$,而且 $P(X = -1) = \dfrac{1}{6}$,$P(X = 3) = \dfrac{1}{3}$,$P(X = 2) = \dfrac{1}{2}$,所以 X 的分布律为

X	-1	2	3
p_k	$\dfrac{1}{6}$	$\dfrac{1}{2}$	$\dfrac{1}{3}$

【例3】 掷一枚质地均匀的骰子,记 X 为出现的点数,求 X 的分布律.

解 X 的全部可能取值为 $1, 2, 3, 4, 5, 6$,且

$$p_k = P\{X = k\} = \frac{1}{6}, k = 1, 2, \cdots, 6,$$

则 X 的分布律为

X	1	2	3	4	5	6
p	$\dfrac{1}{6}$	$\dfrac{1}{6}$	$\dfrac{1}{6}$	$\dfrac{1}{6}$	$\dfrac{1}{6}$	$\dfrac{1}{6}$

【例4】 袋子中有 5 个同样大小的球,编号为 $1, 2, 3, 4, 5$. 从中同时取出 3 个球,记 X 为取出的球的最大编号,求 X 的分布律.

解 X 的取值为 $3, 4, 5$,由古典概型的概率计算方法,得

$$P\{X = 3\} = \frac{1}{C_5^3} = \frac{1}{10}, \text{(三个球的编号为 } 1, 2, 3)$$

$$P\{X=4\}=\frac{C_3^2}{C_5^6}=\frac{3}{10}\,,\text{(有一球编号为 4,从 1,2,3 中任取 2 个的组合与数字 4 搭配成 3 个)}$$

$$P\{X=5\}=\frac{C_4^2}{C_5^3}=\frac{6}{10}\,,\text{(有一球编号为 5,另两个球的编号小于 5)}$$

则 X 的分布律为

X	3	4	5
p_k	$\dfrac{1}{10}$	$\dfrac{3}{10}$	$\dfrac{6}{10}$

【例 5】 已知一批零件共 10 个,其中有 3 个不合格.今任取一个使用,若取到不合格零件,则丢弃掉,再重新抽取一个,如此下去,试求取到合格零件之前取出的不合格零件个数 X 的分布律.

解　X 的取值为 $0,1,2,3$.设 $A_i(i=1,2,3,4)$ 表示"第 i 次取出的零件是不合格的",利用概率乘法公式可计算,得

$$P\{X=0\}=P(\overline{A}_1)=\frac{7}{10}\,,$$

$$P\{X=1\}=P(A_1\overline{A}_2)=P(A_1)P(\overline{A}_2\mid A_1)=\frac{3}{10}\cdot\frac{7}{9}=\frac{7}{30}\,,$$

$$P\{X=2\}=P(A_1A_2\overline{A}_3)=P(A_1)P(A_2\mid A_1)P(\overline{A}_3\mid A_1A_2)=\frac{3}{10}\cdot\frac{2}{9}\cdot\frac{7}{8}=\frac{7}{120}\,,$$

$$P\{X=3\}=P(A_1A_2A_3\overline{A}_4)=P(A_1)P(A_2\mid A_1)P(A_3\mid A_1A_2)P(\overline{A}_4\mid A_1A_2A_3)=\frac{3}{10}\cdot$$

$\dfrac{2}{9}\cdot\dfrac{1}{8}\cdot\dfrac{7}{7}=\dfrac{1}{120}$,故 X 的分布律为

X	0	1	2	3
p_k	$\dfrac{7}{10}$	$\dfrac{7}{30}$	$\dfrac{7}{120}$	$\dfrac{1}{120}$

在实际的应用中,有时还要求"X 满足某一条件"这样的事件的概率,比如 $P\{X\geqslant 1\}$,$P\{2<X\leqslant 4\}$,$P\{X<5\}$ 等,求法就是把满足条件的 x_k 所对应的概率 p_k 相加.如在例 3 中,求掷得奇数点的概率,即为

$$P\{X=1,\text{或}3,\text{或}5\}=P\{X=1\}+P\{X=3\}+P\{X=5\}=\frac{1}{6}+\frac{1}{6}+\frac{1}{6}=\frac{1}{2}.$$

在例 5 中,

$$P\{X\leqslant 1\}=P\{X=0\}+P\{X=1\}=\frac{7}{10}+\frac{7}{30}=\frac{14}{15}\,,$$

$$P\{X>1\}=P\{X=2\}+P\{X=3\}=\frac{7}{120}+\frac{1}{120}=\frac{1}{15}\,,$$

$$P\{1 \leqslant X < 2.5\} = P\{X=1\} + P\{X=2\} = \frac{7}{30} + \frac{7}{120} = \frac{7}{24}.$$

10.1.3 常用离散型随机变量及其分布律

下面介绍几种常用的离散型随机变量的概率分布(简称分布).

1. 两点分布

如果随机变量 X 只可能取 0 和 1 两个值,且它的概率分布为

$$P\{X=k\} = p^k(1-p)^{1-k}, k = 0,1(0 < p < 1),$$

则称 X 服从**两点分布**(或 0-1 分布),两点分布的概率分布表为

X	1	0
P	p	$1-p$

2. 二项分布

设在一次试验中我们只考虑两个互逆的结果：A 或非 A,或者形象地把两个互逆结果叫做"成功"和"失败". 再设我们重复地进行 n 次独立试验("重复"是指试验中各次试验条件相同),每次试验成功的概率都是 p,失败的概率都是 $q = 1-p$. 这样的 n 次独立重复试验称做 n **重贝努里试验**,简称贝努里试验或贝努里概型,且有 $P_n(k) = C_n^k p^k q^{n-k}, k = 0,1,\cdots,n$, $0 < p < 1, q = 1-p$. 二项分布描述的是 n 重贝努里试验中出现"成功"次数 X 的概率分布.

如果随机变量 X 只可能取的值为 $0,1,2,\cdots,n$,它的分布列为 $P\{X=k\} = C_n^k p^k q^{n-k}$ $(k = 0,1,2,\cdots,n)$,其中 $0 < p < 1, q = 1-p$,则称 X 服从参数为 n,p 的二项分布,记为 $X \sim B(n,p)$.

二项分布是一种常用分布,如一批产品的不合格率为 p,检查 n 件产品,n 件产品中不合格品数 X 服从二项分布;调查 n 个人,n 个人的色盲人数 Y 服从参数为 n,p 的二项分布,其中 p 为色盲率;n 部机器独立运转,每台机器出故障的概率为 p,则 n 部机器中出故障的机器数 Z 服从二项分布,等等.

【**例 6**】 某车间有 8 台 5.6 千瓦的车床,每台车床由于工艺上的原因,常要停车. 设各车床停车是相互独立的,每台车床平均每小时停车 12 分钟. 求

(1) 在某一指定的时刻车间恰有两台车床停车的概率;

(2) 全部车床用电超过 30 千瓦的可能有多大?

解 由于每台车床使用是独立的,而且每台车床只有开车与停车两种情况,停车的概率为 $\frac{12}{60} = 0.2$,因此,这是一个 8 重贝努里试验. 若用 X 表示任意时刻同时工作的车床数,则 $X \sim B(8,0.8)$,其分布律为 $P\{X=k\} = C_8^k(0.8)^k(0.2)^{8-k}(k = 0,1,2,\cdots,8)$.

(1) 所求概率为 $P\{X=6\} = C_8^6(0.8)^6(0.2)^2 \approx 0.2936$.

(2) 由于 30 千瓦的电量只能供 5 台车床同时工作,"用电超过 30 千瓦"意味着有 6 台或 6 台以上的车床同时工作. 这一事件的概率为 $P\{X \geqslant 6\} = P\{X=6\} + P\{X=7\} + P\{X=8\} = C_8^6(0.2)^2(0.8)^6 + C_8^7(0.2)^1(0.8)^7 + C_8^8(0.2)^0(0.8)^8 \approx 0.7968$.

【**例 7**】 某特效药的临床有效率为 0.95,今有 10 人服用,问至少有 8 人治愈的概率是多少?

解 设 X 为 10 人中被治愈的人数,则 $X \sim B(10, 0.95)$,而所求的概率为

$$P\{X \geqslant 8\} = P\{X = 8\} + P\{X = 9\} + P\{X = 10\}$$
$$= C_{10}^8 0.95^8 0.05^2 + C_{10}^9 0.95^9 0.05^1 + C_{10}^{10} 0.95^{10} 0.05^0 = 0.988\,5$$

在计算涉及二项分布有关事件的概率时,有时计算会很繁,例如 $n = 1\,000, p = 0.005$ 时要计算 $C_{1000}^{10}(0.005)^{10}(0.995)^{990}$ 就很困难,这就要寻求近似计算的方法. 下面我们给出一个 n 很大、p 很小时的近似计算公式,这就是著名的二项分布的泊松逼近. 有如下定理:

泊松(Poisson)定理 设 $\lambda > 0$ 是常数,n 是任意正整数,且 $np_n = \lambda$,则对于任意取定的非负整数 k,有

$$\lim_{n \to \infty} C_n^k p_n^k (1 - p_n)^{n-k} = \frac{\lambda^k}{k!} e^{-\lambda} \text{ (证明略)}.$$

由泊松定理,当 n 很大,p 很小时,有近似公式

$$C_n^k p^k q^{n-k} \approx \frac{\lambda^k}{k!} e^{-\lambda},$$

其中 $\lambda = np$.

在实际计算中,当 $n \geqslant 20, p \leqslant 0.05$ 时用上述近似公式效果颇佳. $\frac{\lambda^k}{k!} e^{-\lambda}$ 的值还有表可查,表中直接给出的是 $\sum_{k=0}^{\infty} \frac{\lambda^k}{k!} e^{-\lambda}$ 的值.

【例 8】 一个工厂中生产的产品中废品率为 0.005,任取 1 000 件,计算:

(1) 其中至少有两件是废品的概率;

(2) 其中不超过 5 件废品的概率.

解 设 X 表示任取得 1 000 件产品中的废品数,则 $X \sim B(1\,000, 0.005)$. 利用泊松定理近似计算,$\lambda = 1\,000 \times 0.005 = 5$.

(1) $P\{X \geqslant 2\} = 1 - P\{X = 0\} - P\{X = 1\}$
$$= 1 - C_{1000}^0 (0.005)^0 (0.995)^{1000} - C_{1000}^1 (0.005)^1 (0.995)^{999}$$
$$= 1 - e^{-5} - 5e^{-5} \approx 0.959\,6;$$

(2) $P\{X \leqslant 5\} = \sum_{k=0}^5 P\{X = k\} = \sum_{k=0}^5 C_{1000}^k (0.005)^k (0.995)^{1000-k}$
$$= \sum_{k=0}^5 \frac{5^k}{k!} e^{-5} = 1 - \sum_{k=6}^{\infty} \frac{5^k}{k!} e^{-5} \approx 0.616\,0$$

3. 泊松分布

如果随机变量的取值为 $0, 1, 2, \cdots$,其相应的概率为

$$P(X = k) = \frac{\lambda^k}{k!} e^{-\lambda} \ (k = 0, 1, 2, \cdots, \lambda > 0),$$

则称 X 服从参数为 λ 的**泊松分布**,记为 $X \sim p(\lambda)$.

泊松分布在各领域中有着广泛的应用,例如某段时间内电话机接到的呼叫次数,候车的乘客数,单位时间内走进商店的顾客数,放射性物质在某段时间内放射的粒子数,纺纱机的断头数,某页书上的印刷错误的个数等等都可以用泊松分布来描述. 前面已知当 n 较大、p 很小,且 np 是一个大小适当的数(通常 $0 < np < 8$),可以用泊松分布近似代替二项分布(取 $\lambda = np$). 即 $P(X = k) = \dfrac{\lambda^k}{k!} e^{-\lambda}, (k = 0,1,2,\cdots, \lambda > 0)$.

【例 9】 某商店出售某种商品,根据经验,此商品的月销售量 X 服从 $\lambda = 3$ 的泊松分布. 问在月初进货时要库存多少件此种商品,才能以 99% 的概率满足顾客要求?

解 设月初库存 M 件,依题意 $P(X = k) = \dfrac{3^k}{k!} e^{-3} (k = 0,1,2,\cdots)$,

那么 $P(X \leqslant M) = \displaystyle\sum_{k=0}^{M} \dfrac{3^k}{k!} e^{-3} \geqslant 0.99$,即 $\displaystyle\sum_{k=M+1}^{\infty} \dfrac{3^k}{k!} e^{-3} < 0.01$.

查表可知 M 最小是 8,即月初进货时要库存 8 件此商品,才能以 99% 的概率满足顾客要求.

【例 10】 设 X 服从泊松分布,且已知 $P\{X = 1\} = P\{X = 2\}$,求 $P\{X = 4\}$.

解 设 X 服从参数为 λ 的泊松分布,则

$$P\{X = 1\} = \dfrac{\lambda^1}{1!} e^{-\lambda}, P\{X = 2\} = \dfrac{\lambda^2}{2!} e^{-\lambda}$$

由已知得

$$\dfrac{\lambda^1}{1!} e^{-\lambda} = \dfrac{\lambda^2}{2!} e^{-\lambda}$$

解得 $\lambda = 2$,则

$$P\{X = 4\} = \dfrac{2^4}{4!} e^{-2} = \dfrac{2}{3} e^{-2}$$

习题 10.1

1. 设在 15 只同类型零件中有 2 只为次品,在其中取 3 次,每次任取 1 只,作不放回抽样,以 X 表示取出的次品个数,求:X 的分布律.

2. 设离散型随机变量 X 的分布律为

X	-1	2	3
P	$\dfrac{1}{4}$	$\dfrac{1}{2}$	$\dfrac{1}{4}$

求 $P\left\{X \leqslant \dfrac{1}{2}\right\}, P\left\{\dfrac{2}{3} < X \leqslant \dfrac{5}{2}\right\}, P\{2 \leqslant X \leqslant 3\}, P\{2 \leqslant X < 3\}$.

3. 设事件 A 在每一次试验中发生的概率为 0.3,当 A 发生不少于 3 次时,指示灯发出信号,

(1) 进行了 5 次独立试验,试求指示灯发出信号的概率;

(2) 进行了 7 次独立试验,试求指示灯发出信号的概率.

4. 某公安局在长度为 t 的时间间隔内收到的紧急呼救的次数 X 服从参数为 $\frac{1}{2}t$ 的泊松分布,而与时间间隔起点无关(时间以小时计).

(1) 求某一天中午 12 时至下午 3 时没收到呼救的概率;

(2) 求某一天中午 12 时至下午 5 时至少收到 1 次呼救的概率.

5. 有 2 500 名同一年龄和同社会阶层的人参加了保险公司的人寿保险.在一年中每个人死亡的概率为 0.002,每个参加保险的人在 1 月 1 日须交 12 元保险费,而在死亡时家属可从保险公司领取 2 000 元赔偿金.求:

(1) 保险公司亏本的概率;

(2) 保险公司获利分别不少于 10 000 元、20 000 元的概率.

6. 有一繁忙的汽车站,每天有大量汽车通过,设每辆车在一天的某时段出事故的概率为 0.000 1,在某天的该时段内有 1 000 辆汽车通过,问出事故的次数不小于 2 的概率是多少(利用泊松定理)?

10.2　随机变量的分布函数

10.2.1　分布函数的概念

对于离散型随机变量 X,它的分布律能够完全刻画其统计性,也可用分布律得到我们关心的事件,如 $\{X>a\}$,$\{X\leqslant b\}$,$\{a\leqslant X\leqslant b\}$ 等事件的概率.而对于非离散型的随机变量,就无法用分布律来描述它了.首先,我们不能将其可能的取值一一地例举出来,如连续型随机变量的取值可充满数轴上的一个区间 (a,b),甚至是几个区间,也可以是无穷区间.其次,对于连续型随机变量 X,取任一指定的实数值 x 的概率都等于 0,即 $P\{X=x\}=0$.于是,如何刻画一般的随机变量的统计规律成了我们的首要问题.

在实际应用中,如测量物理量的误差 ε,测量灯泡的寿命 T 等这样的随机变量,我们并不会对误差或寿命取某一特定值的概率感兴趣,而是考虑误差落在某个区间的概率,寿命大于某个数的概率,也就是考虑随机变量取值落在一个区间内的概率.对于随机变量 X,我们关心诸如事件 $\{X\leqslant x\}$,$\{X>x\}$,$\{x_1<X\leqslant x_2\}$ 等的概率.但由于 $\{x_1<X\leqslant x_2\}=\{X\leqslant x_2\}-\{X\leqslant x_1\}$,$x_1\leqslant x_2$,且 $\{X\leqslant x_1\}\subset\{X\leqslant x_2\}$,所以 $P\{x_1<X\leqslant x_2\}=P\{X\leqslant x_2\}-P\{X\leqslant x_1\}$.又因为 $\{X>x\}$ 的对立事件是 $\{X\leqslant x\}$,所以 $P\{X>x\}=1-P\{X\leqslant x\}$.

通过诸如此类的讨论,可知事件 $\{X\leqslant x\}$ 的概率 $P\{X\leqslant x\}$ 成了关键角色,在计算概率时起到了重要作用,记 $F(x)=P\{X\leqslant x\}$.任意给定 $x\in(-\infty,+\infty)$,对应的 $F(x)$ 是一个概率 $P\{X\leqslant x\}\in[0,1]$,说明 $F(x)$ 是定义在 $(-\infty,+\infty)$ 上的普通实值函数,从而引出了随机变量分布函数的定义.

【定义 1】 设 X 为一个随机变量,称函数

$$F(x)=P\{X\leqslant x\},x\in(-\infty,+\infty)$$

为 X 的**分布函数**.

注：(1) 在上述定义中,当 x 固定为 x_0 时, $F(x_0)$ 为事件 $\{X \leqslant x_0\}$ 的概率,当 x 变化时,概率 $P\{X \leqslant x\}$ 便是 x 的函数.

(2) $F(-\infty) = \lim_{x \to -\infty} F(x) = 0, F(+\infty) = \lim_{x \to +\infty} F(x) = 1.$

(3) 对任意 $a < b$,有 $P(a < X \leqslant b) = F(b) - F(a)$,即 $X \in (a, b)$ 的概率等于分布函数在该区间上的改变量.

【例 1】 设离散型随机变量 X 的分布律为

X	-1	0	1	2
P	0.2	0.1	0.3	0.4

求 X 的分布函数.

解 当 $x < -1$ 时, $F(x) = P\{X \leqslant x\} = 0$;

当 $-1 \leqslant x < 0$ 时, $F(x) = P\{X \leqslant x\} = P\{X = -1\} = 0.2$;

当 $0 \leqslant x < 1$ 时, $F(x) = P\{X \leqslant x\} = P\{X = -1\} + P\{X = 0\} = 0.3$;

当 $1 \leqslant x < 2$ 时, $F(x) = P\{X \leqslant x\} = P\{X = -1\} + P\{X = 0\} + P\{X = 1\} = 0.6$;

当 $x \geqslant 2$ 时, $F(x) = P\{X \leqslant x\} = P\{X = -1\} + P\{X = 0\} + P\{X = 1\} + P\{X = 2\} = 1.$

则 X 的分布函数 $F(x)$ 为

$$F(x) = \begin{cases} 0, & x < -1, \\ 0.2, & 1 \leqslant x < 0, \\ 0.3, & 0 \leqslant x < 1, \\ 0.6, & 1 \leqslant x < 2, \\ 1, & x \geqslant 2 \end{cases}$$

$F(x)$ 的图像见图 10-1.从 $F(x)$ 的图像可知, $F(x)$ 是分段函数, $y = F(x)$ 的图形是阶梯曲线,在 X 的可能取值 $-1, 0, 1, 2$ 处为 $F(x)$ 的跳跃型间断点.

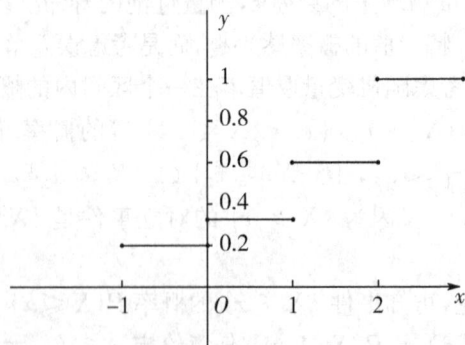

图 10-1

一般地,对于离散型随机变量 X,它的分布函数 $F(x)$ 在 X 的可能值 $x_k (k = 1, 2, \cdots)$ 处具有跳跃,跳跃值恰为该处的概率 $p_k = P\{X = x_k\}$, $F(x)$ 的图形是阶梯形曲线, $F(x)$ 为分段函数,分段点仍是 $x_k (k = 1, 2, \cdots)$.

另一方面,由例 1 中分布函数的求法及公式可见,分布函数本质上是一种累计概率.

10.2.2　分布函数的性质

分布函数有以下基本性质：

(1) $0 \leqslant F(x) \leqslant 1$. 因为 $F(x) = P\{X \leqslant x\}$，所以 $0 \leqslant F(x) \leqslant 1$.

(2) $F(x)$ 是不减函数，即对任意的 $x_1 < x_2$，有 $F(x_1) \leqslant F(x_2)$.

(3) $F(+\infty) = 1, F(-\infty) = 0$，即 $\lim\limits_{x \to -\infty} F(x) = 0, \lim\limits_{x \to +\infty} F(x) = 1$.

(4) $F(x)$右连续，即 $F(x+0) = \lim\limits_{\Delta x \to 0^+} F(x + \Delta x) = F(x)$.

【例 2】　设随机变量 X 的分布函数为

$$F(x) = \begin{cases} a + be^{-\lambda x}, & x > 0 \\ 0, & x \leqslant 0 \end{cases}$$

其中 $\lambda > 0$ 为常数，求常数 a 与 b 的值.

解　$F(+\infty) = \lim\limits_{x \to \infty} F(x) = \lim\limits_{x \to \infty}(a + be^{-\lambda x}) = a$，由分布函数的性质 $F(+\infty) = 1$，知 $a = 1$；又由 $F(x)$ 的右连续性，得到

$$F(0+0) = \lim\limits_{x \to 0^+} F(x) = \lim\limits_{x \to 0^+}(a + be^{-\lambda x}) = a + b = F(0) = 0$$

由此，得

$$b = -1.$$

已知 X 的分布函数 $F(x)$，我们可以求出下列重要事件的概率：

(1) $P\{X \leqslant b\} = F(b)$

(2) $P\{a < X \leqslant b\} = F(b) - F(a)$

(3) $P\{X > b\} = 1 - F(b)$

【例 3】　设随机变量 X 的分布函数为

$$F(x) = \begin{cases} 0, & x < 0, \\ \dfrac{x}{3}, & 0 \leqslant x < 1, \\ \dfrac{x}{2}, & 1 \leqslant x < 2, \\ 1, & x \geqslant 2. \end{cases}$$

求：(1) $P\left\{\dfrac{1}{2} < X \leqslant \dfrac{3}{2}\right\}$；(2) $P\left\{X > \dfrac{1}{2}\right\}$；(3) $P\left\{X > \dfrac{3}{2}\right\}$.

解　(1) $P\left\{\dfrac{1}{2} < X \leqslant \dfrac{3}{2}\right\} = F\left(\dfrac{3}{2}\right) - F\left(\dfrac{1}{2}\right) = \dfrac{3}{4} - \dfrac{1}{6} = \dfrac{7}{12}$；

(2) $P\left\{X > \dfrac{1}{2}\right\} = 1 - F\left(\dfrac{1}{2}\right) = 1 - \dfrac{1}{6} = \dfrac{5}{6}$；

(3) $P\left\{X > \dfrac{3}{2}\right\} = 1 - F\left(\dfrac{3}{2}\right) = 1 - \dfrac{3}{4} = \dfrac{1}{4}$.

事实上，已知 X 得分布函数 $F(x)$，X 落在任意区间上的概率都可由 $F(x)$ 求出，这一点对于 X 为连续型随机变量时更容易被理解，连续型随机变量是下节的内容.

习题 10.2

1. 求 0—1 分布的分布函数.

2. 设离散型随机变量 X 的分布律为

X	-1	2	3
P	0.25	0.5	0.25

求 X 的分布函数以及概率 $P\{1.5 < X \leqslant 2.5\}, P\{X > 0.5\}$.

3. 设随机变量 X 的分布函数为

$$F(x) = a + b\arctan x, \infty < x < +\infty,$$

求：(1)常数 a, b；(2) $P\{-1 < X \leqslant 1\}$.

4. 设随机变量 X 的分布函数为

$$F(x) = \begin{cases} 0, & x < 1, \\ \ln x, & 1 \leqslant x < e, \\ 1, & x \geqslant e. \end{cases}$$

求：$P\{X \leqslant 2\}, P\{0 < X \leqslant 3\}, P\{2 < X \leqslant 2.5\}$.

10.3　连续型随机变量及其概率密度

10.3.1　连续型随机变量的定义

在前面已几次提到连续型随机变量,下面给出它的定义.

【**定义 1**】　设 X 为随机变量,$F(x)$ 为其分布函数,如果存在非负可积函数 $f(x)$,使对一切实数 X,有

$$F(x) = \int_{-\infty}^{x} f(t)\mathrm{d}t,$$

则称 X 为**连续型随机变量**,并称 $f(x)$ 为 X 的**概率密度函数**,简称**概率密度**.

由分布密度的定义及概率的性质可知分布密度 $F(x)$ 必须满足：

(1) $f(x) \geqslant 0$；

从几何上看,概率密度函数的曲线在横轴的上方.

(2) $\int_{-\infty}^{+\infty} f(x)\mathrm{d}x = 1$；

这是因为 $-\infty < x < +\infty$ 是必然事件,所以 $\int_{-\infty}^{+\infty} f(x)\mathrm{d}x = P(-\infty < X < +\infty) = 1$.

从几何上看,对于任一连续型随机变量,分布密度函数与数轴所围成的面积是 1.

(3) 对于任意实数 a, b,且 $a \leqslant b$,有 $P(a < X \leqslant b) = F(b) - F(a) = \int_{a}^{b} f(x)\mathrm{d}x$；

(4) 若 $F(x)$ 在点 X 处连续,则 $F'(x) = f(x)$,这是密度函数与分布函数之间的关系.

对于任意实数 a 有 $P(x=a)=0$,即连续型随机变量取某一实数值的概率为零. 从而有:

$$P(a<X\leqslant b)=P(a<X<b)=P(a\leqslant X\leqslant b)=P(a\leqslant X<b)=\int_a^b f(x)\mathrm{d}x.$$

该式说明,当计算连续型随机变量在某一区间上取值的概率时,区间端点对概率无影响.

【**例 1**】 设随机变量 X 具有概率密度 $f(x)=\begin{cases}K\mathrm{e}^{-3x}, & x>0 \\ 0, & x\leqslant 0\end{cases}$,

(1) 试确定常数 K;(2)求 $P(X>0.1)$;(3)求 $F(x)$.

解 (1)由于 $\int_{-\infty}^{+\infty} f(x)\mathrm{d}x=1$,即

$$\int_{-\infty}^{+\infty} f(x)\mathrm{d}x=\int_0^{\infty} K\mathrm{e}^{-3x}\mathrm{d}x=\frac{1}{-3}\int_0^{\infty} K\mathrm{e}^{-3x}\mathrm{d}(-3x)=\frac{K}{3}=1,\text{得 } K=3.$$

(2) $P(X>0.1)=\int_{0.1}^{+\infty} f(x)\mathrm{d}x=\int_{0.1}^{+\infty} 3\mathrm{e}^{-3x}\mathrm{d}x=0.741.$

(3) 由定义 $F(x)=\int_{-\infty}^x f(t)\mathrm{d}t$,当 $x\leqslant 0$ 时,$F(x)=0$;当 $x>0$ 时,

$$F(x)=\int_{-\infty}^x f(t)\mathrm{d}t=\int_0^x 3\mathrm{e}^{-3t}\mathrm{d}t=1-\mathrm{e}^{-3x},$$

所以

$$F(x)=\begin{cases}1-\mathrm{e}^{-3x}, & x>0 \\ 0, & x\leqslant 0\end{cases}.$$

【**例 2**】 设连续型随机变量 X 的分布函数为

$$F(x)=\begin{cases}0, & x\leqslant 0, \\ x^2, & 0<x<1, \\ 1, & x\geqslant 1.\end{cases}$$

求:(1)X 的概率密度;(2)X 落在区间 $(0.3, 0.7)$ 的概率.

解 (1) $f(x)=F'(x)=\begin{cases}2x, & 0<x<1 \\ 0, & \text{其他}\end{cases}$.

(2) 有两种解法:

$$P\{0.3<x<0.7\}=F(0.7)-F(0.3)=0.7^2-0.3^2=0.4$$

或者

$$P\{0.3<x<0.7\}=\int_{0.3}^{0.7} f(x)\mathrm{d}x=\int_{0.3}^{0.7} 2x\mathrm{d}x=0.4.$$

10.3.2 常用连续型随机变量及其分布

下面介绍几种常用的连续型分布.

1. 均匀分布

如果随机变量 X 的概率密度为 $f(x) = \begin{cases} \dfrac{1}{b-a}, & a \leqslant x \leqslant b \\ 0, & \text{其他} \end{cases}$，则称 X 服从 $[a,b]$ 上的**均匀分布**，记作 $X \sim U[a,b]$.

如果 X 服从 $[a,b]$ 上的均匀分布，那么对于任意满足 $a \leqslant c < d \leqslant b$ 的 c,d，应有 $P(c \leqslant X \leqslant d) = \int_c^d f(x)\mathrm{d}x = \dfrac{d-c}{b-a}$. 该式说明 X 取值于 $[a,b]$ 中任意小区间的概率与该小区间的长度成正比，而与该小区间的具体位置无关. 这就是均匀分布的概率意义.

【例3】 公共汽车站每隔 15 分钟有一辆汽车通过，乘客在 15 分钟内任一时刻到达汽车站是等可能的，求乘客候车时间在 5 到 10 分钟内的概率.

解 设 X 表示乘客的候车时间，则 $X \sim U(0,15)$，其概率密度为

$$f(x) = \begin{cases} \dfrac{1}{15}, & 0 \leqslant x \leqslant 15 \\ 0, & \text{其他} \end{cases}$$

所求概率为

$$P\{5 \leqslant X \leqslant 10\} = \frac{10-5}{15-0} = \frac{1}{3}$$

2. 指数分布

如果随机变量 X 的概率密度为 $f(x) = \begin{cases} \lambda e^{-\lambda} & x \geqslant 0 \\ 0 & x < 0 \end{cases}$ $(\lambda > 0)$，则称 X 服从以 λ 为参数的**指数分布**，记作 $X \sim E(\lambda)$.

指数分布也被称为寿命分布，如电子元件的寿命、电话通话的时间、随机服务系统的服务时间等都可近似看做是服从指数分布的.

【例4】 假定打一次电话所用的时间 X（单位：分）服从参数 $\lambda = \dfrac{1}{10}$ 的指数分布，试求在排队打电话的人中，后一个人等待前一个人的时间

(1) 超过 10 分钟的概率；

(2) 10 分钟到 20 分钟之间的概率.

解 由题设知 $X \sim E\left(\dfrac{1}{10}\right)$，故所求概率为

$$P\{X > 10\} = \int_{10}^{+\infty} \frac{1}{10} e^{-\frac{x}{10}} \mathrm{d}x = e^{-1} \approx 0.368,$$

$$P\{10 \leqslant X \leqslant 20\} = \int_{10}^{20} \frac{1}{10} e^{-\frac{x}{10}} \mathrm{d}x = e^{-1} - e^{-2} \approx 0.233.$$

3. 正态分布

如果随机变量 X 的概率密度为

$$f(x) = \frac{1}{\sqrt{2\pi}\sigma} e^{-\frac{(x-\mu)^2}{2\sigma^2}} \quad (-\infty < x < +\infty, \sigma > 0)$$

则称 X 服从参数为 σ, μ 的**正态分布**或**高斯（Gauss）分布**，记为 $X \sim N(\mu, \sigma^2)$.

由微积分知识可知：

(1) 当 $x = \mu$ 时，$f(x)$ 达到最大值 $\dfrac{1}{\sqrt{2\pi}\sigma}$ ；在 $x = \mu \pm \sigma$ 处，曲线 $y = f(x)$ 有拐点 $\left(\mu - \sigma, \dfrac{1}{\sqrt{2\pi e}\sigma} \right), \left(\mu + \sigma, \dfrac{1}{\sqrt{2\pi e}\sigma} \right)$ ；

(2) $f(x)$ 的图形关于直线 $x = \mu$ 对称；

(3) $f(x)$ 以 X 轴为渐近线；

(4) 若固定 σ，改变 μ 值，则曲线 $y = f(x)$ 沿 X 轴平行移动，曲线的几何图形不变；

(5) 当 μ 固定时，改变 σ，曲线形状随 σ 的不同而改变. σ 越大，曲线越扁平，即分布越分散；σ 越小，曲线越陡峭，即分布越集中.

图 10-2

特别地，当 $\mu = 0, \sigma^2 = 1$ 时，称 X 服从标准正态分布，即 $X \sim N(0, 1)$，密度函数为 $\varphi(x) = \dfrac{1}{\sqrt{2\pi}} e^{-\frac{x^2}{2}} \ (-\infty < x < +\infty)$，分布函数 $\Phi(x) = P(X < x) = \displaystyle\int_{-\infty}^{x} \dfrac{1}{\sqrt{2\pi}} e^{-\frac{t^2}{2}} \mathrm{d}t$（编有专门的标准正态函数表供查用）.

对标准正态分布，有下列等式：

$$\Phi(-a) = 1 - \Phi(a), (a > 0); \Phi(0) = \frac{1}{2} ;$$

$$P(a < X \leqslant b) = \int_a^b \varphi(x) \mathrm{d}x = \Phi(b) - \Phi(a).$$

对于 $X \sim N(\mu, \sigma^2)$，只要设 $\dfrac{x - \mu}{\sigma} = t$，就有 $t \sim N(\mu, \sigma^2)$，即 $\dfrac{x - \mu}{\sigma}$ 服从正态分布.

所以对于一般的正态分布，可以通过变量替换化为标准正态分布，如果 $X \sim N(\mu, \sigma^2)$，那么 $P(a < X < b) = P\left\{ \dfrac{a - \mu}{\sigma} < t < \dfrac{b - \mu}{\sigma} \right\} = \Phi\left(\dfrac{b - \mu}{\sigma} \right) - \Phi\left(\dfrac{a - \mu}{\sigma} \right)$.

服从正态分布 $N(\mu, \sigma^2)$ 的随机变量 X 落在区间 $(\mu - 3\sigma, \mu + 3\sigma)$ 内的概率为 $P(\mu - 3\sigma < \zeta < \mu + 3\sigma) = 2\Phi(3) - 1 = 0.997\,3$，落在该区间外的概率只有 $0.002\,7$. 也就是说，X 几乎不可能在区间 $(\mu - 3\sigma, \mu + 3\sigma)$ 之外取值，这就是统计当中的"3σ"原则.

【例 5】 设 $X \sim N(0, 1)$，求：

(1) $P\{X < 2.35\}$ ；(2) $P\{X < -3.03\}$ ；(3) $P\{|X| \leqslant 1.54\}$ ；(4) 求数 $u_{0.025}$，使得 $P\{X > u_{0.025}\} = 0.025$.

解 (1) $P\{X < 2.35\} = \Phi(2.35) = 0.990\,6$.（查附表 1）

(2) $P\{X < -3.03\} = \Phi(-3.03) = 1 - \Phi(3.03) = 1 - 0.999\,5 = 0.000\,5$.

(3) $P\{|X| \leqslant 1.54\} = 2\Phi(1.54) - 1 = 2 \times 0.938\,2 - 1 = 0.876\,4$

(4) $P\{X > u_{0.025}\} = 0.025$，即

$$1 - P\{X \leqslant u_{0.025}\} = 0.025$$

$$\Phi(u_{0.025}) = 0.975$$

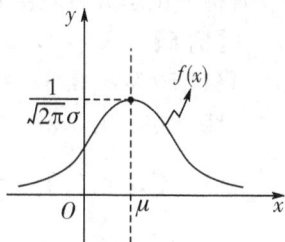

反查标准正态分布表得 $u_{0.025} = 1.96$.

【例 6】 $X \sim N(1.5, 4)$，求：

(1) $P\{X < 3.5\}$ ；(2) $P\{1.5 < X < 3.5\}$ ；(3) $P\{|X| \geqslant 3\}$.

解 $\mu = 1.5, \sigma = 2$，记 $F(x)$ 为 X 的分布函数.

(1) $P\{X < 3.5\} = F(3.5) = \Phi\left(\dfrac{3.5 - 1.5}{2}\right) = \Phi(1) = 0.841\ 3$.

(2) $P\{1.5 < X < 3.5\} = F(3.5) - F(1.5) = \Phi\left(\dfrac{3.5 - 1.5}{2}\right) - \Phi\left(\dfrac{1.5 - 1.5}{2}\right)$

$$= \Phi(1) - \Phi(0) = 0.841\ 3 - 0.5 = 0.341\ 3.$$

(3) $P\{|X| \geqslant 3\} = 1 - P\{|X| < 3\} = 1 - P\{-3 < X < 3\}$

$$= 1 - F(3) + F(-3) = 1 - \Phi\left(\dfrac{3 - 1.5}{2}\right) + \Phi\left(\dfrac{-3 - 1.5}{2}\right)$$

$$= 1 - \Phi(0.75) + \Phi(-2.25)$$

$$= 1 - 0.773 + 1 - 0.987\ 8 = 0.238\ 8.$$

【例 7】 某种电池的寿命 X 服从正态分布 $N(\mu, \sigma^2)$，$\mu = 300$ 小时，$\sigma = 35$ 小时.

(1) 求电池寿命在 250 小时以上的概率；

(2) 求 X 使寿命在 $\mu - \sigma$ 与 $\mu + \sigma$ 之间的概率不小于 0.9.

解 (1) $P\{X > 250\} = 1 - \Phi\left(\dfrac{250 - 300}{35}\right) = 1 - \Phi(-1.43) = 1 - [1 - \Phi(1.43)] = 0.923\ 6$

(2) 由题设 $\qquad P\{\mu - \sigma < \zeta < \mu + \sigma\} \geqslant 0.9$

即

$$\Phi\left(\dfrac{\mu + x - \mu}{\sigma}\right) - \Phi\left(\dfrac{\mu - x - \mu}{\sigma}\right) = \Phi\left(\dfrac{x}{\sigma}\right) - \Phi\left(-\dfrac{x}{\sigma}\right)$$

$$= 2\Phi\left(\dfrac{x}{\sigma}\right) - 1 \geqslant 0.9,$$

$$\Phi\left(\dfrac{x}{\sigma}\right) \geqslant 0.95$$

因为 $\Phi(x)$ 是标准正态分布的分布函数，它是单调增函数.

查 $\Phi(x)$ 知 $\dfrac{x}{\sigma} \geqslant 1.645$，故 $x \geqslant 35 \times 1.645 = 57.575$.

【例 8】 $X \sim N(\mu, \sigma^2)$，求 X 落在区间 $[\mu - k\sigma, \mu + k\sigma]$ 的概率，其中 $k = 1, 2, 3$.

解 $P\{\mu - k\sigma \leqslant X \leqslant \mu + k\sigma\} = \Phi\left(\dfrac{(\mu + k\sigma) - \mu}{\sigma}\right) - \Phi\left(\dfrac{(\mu - k\sigma) - \mu}{\sigma}\right)$

$$= \Phi(k) - \Phi(-k) = 2\Phi(k) - 1$$

则 $\quad P\{\mu - \sigma \leqslant X \leqslant \mu + \sigma\} = 2\Phi(1) - 1 = 0.682\ 6$

$\quad P\{\mu - 2\sigma \leqslant X \leqslant \mu + 2\sigma\} = 2\Phi(2) - 1 = 0.955\ 4$

$$P\{\mu - 3\sigma \leqslant X \leqslant \mu + 3\sigma\} = 2\Phi(3) - 1 = 0.997\,3$$

从此可以看出：尽管正态分布取值范围是 $(-\infty, +\infty)$，但它的值落在 $[\mu - 3\sigma, \mu + 3\sigma]$ 的概率为 0.997 3，几乎是肯定的，这个性质被称为正态分布的"3σ 规则".

为了便于今后的应用，对于标准正态随机变量，我们引入 α 分位数的定义.

【定义 2】 设 $X \sim N(0,1)$，若 μ_a 满足条件

$$P\{X > \mu_a\} = \alpha, 0 < \alpha < 1,$$

则称点 μ_a 为标准正态分布的**上侧 α 分位数**（见图 10-3）.常用的 **α 分位数**有：

$$\mu_{0.1} = 1.282, \mu_{0.05} = 1.645, \mu_{0.025} = 1.960,$$

$$\mu_{0.01} = 2.326, \mu_{0.005} = 2.567, \mu_{0.001} = 3.090.$$

这些值都可由附表 1 反查得到.

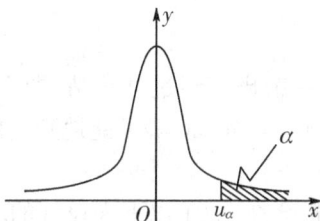
图 10-3

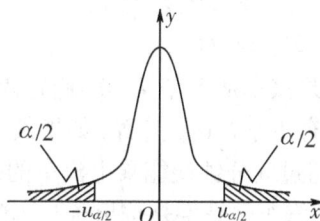
图 10-4

正态分布是最常见的一种分布，在实际问题中，许多随机变量服从或近似服从正态分布.例如，一个地区的男性成年人的身高和体重；测量某个物理量所产生的随机误差；一批原棉纤维的长度；某地区的年降水量等，它们都服从正态分布.

习题 10.3

1. 设某离散型随机变量 X 的分布列为 $P(X = k) = \dfrac{a}{k(k+1)}, k = 1, 2 \cdots \cdots$，求常数 a 的值.

2. 某工厂每天用水量保持正常的概率为 0.75，求最近 6 天内用水量正常天数 X 的分布律，并求用水量正常天数不少于 5 天的概率.

3. 设电话交换台每分钟接到的呼叫次数 X 服从参数 $\lambda = 4$ 的泊松分布.
(1) 求在一分钟内恰好接到 8 次呼叫的概率；
(2) 每分钟呼叫次数大于 10 的概率.

4. 设某种仪器内装有三只同样的电子管，电子管使用寿命 X 的密度函数为

$$f(x) = \begin{cases} \dfrac{100}{x^2}, & x \geqslant 100, \\ 0, & x < 100. \end{cases}$$

求：(1) 在开始 150 小时内没有电子管损坏的概率；
(2) 在这段时间内有一只电子管损坏的概率.

5. 设 $X \sim N(1.5, 4)$，求 (1) $P(X \leqslant 3.5)$；(2) $P(X \leqslant -4)$；(3) $P(|X| \leqslant 3)$.

6. 某人乘汽车去火车站乘火车,有两条路可走.第一条路程较短但交通拥挤,所需时间 X 服从 $N(40,100)$;第二条路程较长,但阻塞少,所需时间 X 服从 $N(50,16)$.

(1) 若动身时离火车开车只有 1 小时,问应走哪条路能乘上火车的把握大些?

(2) 又若离火车开车时间只有 45 分钟,问应走哪条路赶上火车把握大些?

7. 设 $X \sim N(3,2^2)$,

(1) 求 $P\{2 < X \leqslant 5\}, P\{-4 < X \leqslant 10\}, P\{|X| > 2\}, P\{X > 3\}$;

(2) 确定 c 使 $P\{X > c\} = P\{X \leqslant c\}$.

8. 设随机变量 X 分布函数为

$$F(x) = \begin{cases} A + Be^{-x}, & x \geqslant 0, \\ 0, & x < 0. \end{cases} (t > 0),$$

(1) 求常数 A, B;

(2) 求 $P\{X \leqslant 2\}, P\{X > 3\}$;

(3) 求分布密度 $f(x)$.

9. 某公共汽车从上午 7:00 起每隔 15 分钟有一趟班车经过某车站,即 7:00,7:15,7:30…时刻有班车到达此车站.如果某乘客是在 7:00 至 7:30 等可能地到达此车站候车,问他等候不超过 5 分钟便能乘上汽车的概率.

10. 公共汽车的高度是按男子与车门顶碰头的机会在 0.01 以下来设计的.设男子身高 X(单位:cm)服从正态分布 $N(170,6^2)$,试确定车门的高度.

11. 某公司在某次招工考试中,准备招工 300 名(其中 280 名正式工,20 名临时工),而报考的人数是 1 657 名,考试满分为 400 分.考试后不久,通过当地新闻媒介得到如下信息:考试总评成绩是 166 分,360 分以上的高分考生 31 名.某考生 A 的成绩是 256 分,问他能否被录取? 如被录取能否是正式工?

10.4　随机变量的期望和方差

前面讨论了随机变量的分布函数以及其如何完整地描述随机变量的统计特性和规律.但在一些实际问题中,不需要去全面考察随机变量的整个变化情况,而只需知道随机变量的某些统计特征.例如,在检查一批棉花的质量时,只需要注意纤维的平均长度,以及纤维长度与平均长度的偏离程度.如果平均长度较大、偏离程度较小,质量就越好.从这个例子看到,某些与随机变量有关的数字,虽然不能完整地描述随机变量,但能概括描述它的基本面貌.这些能代表随机变量的主要特征的数字称为数字特征.

10.4.1　随机变量的数学期望

1. 离散型随机变量的数学期望

【例 1】　一批灯泡 5 万只,为了评估灯泡的使用寿命(设每只灯泡的寿命是一个随机变量 X(小时)),现从中随机抽取 100 只,测试结果如下:

概率论起源小故事

寿命 t(小时)	1 050	1 100	1 150	1 200	1 250
灯泡数 n(个)	6	20	32	26	16
频率 f	$\dfrac{6}{100}$	$\dfrac{20}{100}$	$\dfrac{32}{100}$	$\dfrac{26}{100}$	$\dfrac{16}{100}$

解　可求得该 100 只灯泡的平均寿命为：

$$\frac{1\,050\times6+1\,100\times20+1\,150\times32+1\,200\times26+1\,250\times16}{100}$$

$$=1\,050\times\frac{6}{100}+1\,100\times\frac{20}{100}+1\,150\times\frac{32}{100}+1\,200\times\frac{26}{100}+1250\times\frac{16}{100}$$

$$=1\,163\,（小时）$$

由此不难发现由灯泡的平均寿命 $\dfrac{\sum nt}{N}=\sum\dfrac{n}{N}t=\sum ft$，数值 $\sum ft$（频率的权重的加权平均）可以用来计算灯泡的平均寿命，且其大小完全由随机变量 t 的分布确定，反映了平均数 $\bar{t}$ 的大小.

【定义 1】　设离散型随机变量 X 的分布律为 $P\{X=x_k\}=p_k$，$k=1,2,3\cdots$，若级数 $\sum\limits_{k=1}^{\infty}x_kp_k$ 绝对收敛，则称级数 $\sum\limits_{k=1}^{\infty}x_kp_k$ 为随机变量 X 的数学期望，记为 $E(X)$，即

$$E(X)=\sum_{k=1}^{\infty}x_kp_k.$$

【例 2】　已知顾客对商店中某种食品每天的需求量 X(单位：袋)的分布如下：

$$X\sim\begin{pmatrix}0 & 1 & 2 & 3 & 4 & 5 & 6 & 7 & 8\\0.05 & 0.10 & 0.10 & 0.25 & 0.20 & 0.15 & 0.05 & 0.05 & 0.05\end{pmatrix},$$

每出售一袋食品商店可获利 4 元，但若当天卖不完，每袋食品将损失 3 元，商店希望利润达到极大，那么每天对这种食品应进货多少袋？

分析　由于对该食品的需求量是随机的，因此事先无法确定利润，也无法使某天的利润达到极大，但由于商店天天营业，可以通过控制进货使该食品的平均利润达到极大.

解　这种食品平均每天的需求量 $=0\times0.05+1\times0.1+2\times0.1+3\times0.25+4\times0.2+5\times0.15+6\times0.05+7\times0.05+8\times0.05=3.65$（袋）.

【例 3】　设随机变量 X 服从二项分布 $B(n,p)$，求它的数学期望.

解　由于 $p_k=C_n^kp^kq^{n-k}$，$(0\leqslant k\leqslant n)$，因而

$$E(X)=\sum_{k=0}^{n}kp_k=\sum_{k=0}^{n}kC_n^kp^kq^{n-k}$$

$$=np\sum_{k=0}^{n}C_{n-1}^{k-1}p^{k-1}q^{(n-1)-(k-1)}=np(p+q)^{n-1}=np$$

下面介绍离散型随机变量函数的数学期望.

定理 1　设离散型随机变量 X 的分布律为

$$P\{X = x_k\} = p_k, k = 0, 1, 2\cdots.$$

令 $Y = g(X)$，若级数 $\sum_{k=1}^{\infty} g(x_k)p_k$ 绝对收敛，则随机变量 Y 的数学期望为

$$E(Y) = E(g(X)) = \sum_{K=1}^{\infty} g(x_k)p_k.$$

【例4】 设随机变量 X 的分布律为

X	-1	0	1	2
P	0.3	0.2	0.4	0.1

令 $Y = 2X + 1$，求 $E(Y)$.

解 $E(Y) = (2 \times (-1) + 1) \times 0.3 + (2 \times 0 + 1) \times 0.2$
$\qquad\qquad \times 0.4 + (2 \times 2 + 1) \times 0.1$

$\qquad\quad = 1.6$

2. 连续型随机变量的数学期望

【定义2】 设连续型随机变量 X 的密度函数为 $f(x)$，若积分 $\int_{-\infty}^{\infty} xf(x)\mathrm{d}x$ 绝对收敛，则称积分 $\int_{-\infty}^{\infty} xf(x)\mathrm{d}x$ 的值为随机变量 X 的数学期望，记为 $E(X)$.

即 $E(X) = \int_{-\infty}^{\infty} xf(x)\mathrm{d}x$.

【例5】 设随机变量 X 服从 $[a, b]$ 上的均匀分布，求 $E(X)$.

解 由于均匀分布的密度函数为 $f(x) = \begin{cases} \dfrac{1}{b-a}, & a \leqslant x \leqslant b \\ 0, & \text{其他} \end{cases}$

$$E(X) = \int_a^b xf(x)\mathrm{d}x = \int_a^b \frac{x}{b-a}\mathrm{d}x = \frac{b^2 - a^2}{2(b-a)} = \frac{a+b}{2}.$$

下面介绍连续型随机变量函数的数学期望.

定理2 设 X 为连续型随机变量，其概率密度为 $f_X(x)$，又随机变量 $Y = g(X)$，则当 $\int_{-\infty}^{+\infty} |g(x)|f_X(x)\mathrm{d}x$ 收敛时，有

$$E(Y) = E[g(X)] = \int_{-\infty}^{+\infty} |g(x)|f_X(x)\mathrm{d}x$$

【例6】 国际市场上每年对我国某种出口商品的需求量是随机变量 X（单位：吨），它服从 $[2\,000, 4\,000]$ 上的均匀分布. 设每售出这种商品1吨，可为国家挣得外汇3万元，但假如销售不出而囤积于仓库，则每吨需花费保养费用1万元，问需要组织多少货源，才能使国家的收益最大.

解 设组织货源为 t 吨，则 t 是 $2\,000 \sim 4\,000$ 的某一个数，按题意，国家收益（单位：万元）是随机变量 X 的函数，仍是一个随机变量记为 Y，则有

$$Y = g(X) = \begin{cases} 3X - (T - X), & X < t, \\ 3t, & X \geqslant t. \end{cases}$$

而 X 的密度函数为

$$f(x) = \begin{cases} \dfrac{1}{2\,000}, & 2\,000 \leqslant x \leqslant 4\,000, \\ 0, & \text{其他} \end{cases}$$

由于 Y 是一随机变量,因此,题中所指的国家收益最大理解为收益的均值最大,因而来求 Y 的均值

$$E(Y) = \int_{-\infty}^{+\infty} g(x)f(x)\mathrm{d}x = \frac{1}{2\,000}\Big[\int_{2\,000}^{t} (3x - (t - x))\mathrm{d}x + \int_{t}^{4\,000} 3t\mathrm{d}x\Big]$$

$$= \frac{1}{2\,000}[-2t^2 + 14\,000t - 8\,000\,000]$$

上式是关于 t 的二次函数,此式当 $t = 3\,500$ 时取得最大值. 因此组织 3 500 吨这种商品,能使国家所得的收益均值最大.

3. 数学期望的性质

(1) 设 C 是常数,则有 $E(C) = C$;

(2) 设 X 是随机变量,设 C 是常数,则有 $E(CX) = CE(X)$;

(3) 设 X, Y 是随机变量,则有 $E(X+Y) = E(X) + E(Y)$(该性质可推广到有限个随机变量之和的情况).

10.4.2　随机变量的方差

数学期望描述了随机变量一切可能取值的平均水平,但在一些实际问题中,仅知道平均值是不够的,因为它有很大的局限性,还不能够完全反映问题的实质. 例如,某厂生产两类手表,甲类手表日走时误差均匀分布在 $-10 \sim 10$ 秒之间;乙类手表日走时误差均匀分布在 $-20 \sim 20$ 秒之间. 易知其数学期望均为 0,即两类手表的日走时误差平均来说都是 0,所以由此并不能比较出哪类手表走得好. 但我们从直觉上易得出甲类手表比乙类手表走得较准,这是由于甲的日走时误差与其平均值偏离度较小,质量稳定. 由此可见,我们有必要研究随机变量取值与其数学期望值的偏离程度——即方差.

【定义 3】　设 X 是一个随机变量,若 $E\{[X - E(X)]^2\}$ 存在,则称 $E\{[X - E(X)]^2\}$ 为 X 的方差,记为 $D(X)$ 或 $Var(X)$. 即 $D(X) = Var(X) = E\{[X - E(X)]^2\}$,并称 $\sqrt{D(X)}$ 为 X 的标准差或均方差.

随机变量 X 的方差表达了 X 的取值与其均值的偏离程度. 按此定义,若 X 是离散型随机变量,分布律为 $P\{X = x_k\} = p_k, k = 1, 2, \cdots$,则 $D(X) = \sum_{k=1}^{\infty} [x_k - E(X)]^2 p_k$;若 X 是连续型随机变量,密度函数为 $F(x)$,则 $D(X) = \int_{-\infty}^{+\infty} [x - E(X)]^2 f(x)\mathrm{d}x$.

一般情况下,方差常用下面公式计算: $D(X) = E(X^2) - [E(X)]^2$

事实上

$$D(X) = E\{[X - E(X)]^2\} = E\{X^2 - 2XE(X) + E^2(X)\}$$

$$= E(X^2) - 2E(X)E(X) + E^2(X) = E(X^2) - E^2(X)$$

【例 7】 三人射击,随机变量 X, Y, Z 分别表示三人的命中环数,其分布律分别为

	甲	乙	丙
8 环	0.1	0.4	0.2
9 环	0.8	0.2	0.6
10 环	0.1	0.4	0.2

问三人谁的技术好?

解 $E(X) = 9, E(Y) = 9, E(Z) = 9$

又 $E(X^2) = 8^2 \times 0.1 + 9^2 \times 0.8 + 10^2 \times 0.1 = 81.2$

所以 $D(X) = E(X^2) - [E(X)]^2 = 81.2 - 81 = 0.2$

类似可得 $D(Y) = 0.8$, $D(Z) = 0.4$

从稳定性上说,甲技术最好.

【例 8】 设随机变量 X 服从 $[a, b]$ 上的均匀分布,求 $D(X)$.

解 由于均匀分布的密度函数为

$$f(x) = \begin{cases} \dfrac{1}{b-a}, & a \leqslant x \leqslant b \\ 0, & 其他 \end{cases}$$

$$E(X) = \frac{a+b}{2}$$

$$E(X^2) = \int_a^b \frac{x^2}{b-a} \mathrm{d}x = \frac{b^3 - a^3}{3(b-a)} = \frac{b^2 + ab + a^2}{3}$$

$$D(X) = \frac{b^2 + ab + a^2}{3} - \left(\frac{a+b}{2}\right)^2 = \frac{(b-a)^2}{12}$$

随机变量的方差有以下性质:

(1) 设 C 是常数,则有 $D(C) = 0$;

(2) 设 C 是常数,则有 $D(CX) = C^2 D(X)$;

(3) 设 X, Y 是相互独立的随机变量,则有 $D(X+Y) = DX + DY$.

10.4.3 几种常见随机变量分布的数学期望与方差

(1) 两点分布 $X \sim (0-1), E(X) = p, D(X) = p(1-p)$;

(2) 二项分布 $X \sim B(n, p), E(X) = np, D(X) = np(1-p)$;

(3) 泊松分布 $X \sim p(\lambda), E(X) = \lambda, D(X) = \lambda$;

(4) 均匀分布 $X \sim U(a, b), E(X) = \dfrac{a+b}{2}, D(X) = \dfrac{(b-a)^2}{12}$;

(5) 指数分布 $X \sim E(\lambda), E(X) = \dfrac{1}{\lambda}, D(X) = \dfrac{1}{\lambda^2}$;

（6）正态分布 $X \sim N(\mu,\sigma^2),E(X)=\mu,D(X)=\sigma^2$.

习题 10.4

1. 设随机变量 X 的分布律为

X	-1	0	1
P	0.4	0.4	0.2

求 $E(X)$，$E(3X^2+5)$.

2. 袋中有 5 个乒乓球,编号为 1,2,3,4,5,从中任取 3 个,以 X 表示取出的 3 个球中最大编号,求 $E(X)$.

3. 设随机变量 X 的密度函数为 $f(x)=\begin{cases} 2(1-x) & 0 \leqslant x \leqslant 1 \\ 0 & 其他 \end{cases}$,求 $E(X)$.

4. 设风速 V 在 $(0,a)$ 上服从均匀分布,即具有概率密度 $f(v)=\begin{cases} \dfrac{1}{a},0<v<a \\ 0,\ 其他 \end{cases}$,又设飞机机翼受到的正压力 W 是 V 的函数:$W=kV^2$,求正压力 W 的数学期望.

5. 设随机变量 X 的分布密度为 $f(x)=\begin{cases} ax & 0<x<2 \\ bx+c & 2 \leqslant x<4 \\ 0 & 其他 \end{cases}$,已知 $E(X)=2$,

$P(1<X<3)=\dfrac{3}{4}$,求:(1) 常数 a,b,c 的值;(2) 方差 $D(X)$;(3) 随机变量 $Y=\mathrm{e}^x$ 的期望与方差.

10.5　Matlab 在概率论中的应用

10.5.1　关于二项分布的常用命令

设 $X \sim B(n,p)$,Matlab 关于二项分布的命令:
命令格式 1:binocdf(x−1,n,p)
功能:计算概率 $P(X<x)$.
命令格式 2:binocdf(x,n,p)
功能:计算概率 $P(X \leqslant x)$.

【例 1】 生产某种产品的废品率为 0.1,抽取 20 件产品,初步检查已发现有两件废品,问这 20 件产品中,废品不少于 3 件的概率.

解　设抽取 20 件产品中废品的个数为 X,则 $X \sim B(20,0.1)$,由于初步检查已发现有两件废品,说明已知 20 件产品中废品数 $X \geqslant 2$,因此,所求是在事件 $X \geqslant 2$ 发生的前提下,事件 $X \geqslant 3$ 再发生的条件概率.于是

$$P(X \geqslant 3 \mid X \geqslant 2)=\frac{P(\{X \geqslant 3\} \bigcap \{X \geqslant 2\})}{P(X \geqslant 2)}=\frac{P(X \geqslant 3)}{P(x \geqslant 2)}$$

令 $p=P(X\geqslant3|X\geqslant2)$，输入命令：

≫ p=(1−binocdf(2,20,0.1))/(1−binocdf(1,20,0.1))

p =

0.5311

10.5.2 二项分布的 p 分位数的调用格式

命令格式：binoinv(p,n,p_1)

功能：求 n 满足 $P(X\leqslant n)=p_1$.

【例2】 某工厂生产的产品中废品率为 0.005，任意取出 1 000 件，计算：

(1) 其中至少两件废品的概率；

(2) 其中不超过五件废品的概率；

(3) 能以 0.9 以上的概率保证废品件数不超过多少？

解 用 X 表示取出的 1 000 件中的废品数，则 $X\sim B(1000,0.005)$.

(1) 所求概率为 $P(X\geqslant2)=1-P(X\leqslant1)$，输入命令：

≫ p1=1−binocdf(1,1000,0.005)

p1 =

0.9599

所以，其中至少两件废品的概率为 0.9599.

(2) 所求概率为 $P(X\leqslant5)$. 输入命令：

≫ p2= binocdf(5,1000,0.005)

p2 =

0.6160

所以，其中不超过五件废品的概率为 0.616 0.

(3) 由题意，求 n 满足 $P(X\leqslant n)=0.9$，输入命令：

≫ n=binoinv(0.9,1000,0.005)

n =

8

所以，能以 0.9 以上的概率保证废品件数不超过 8 件.

10.5.3 二项分布的分位数的调用格式

命令格式：mean (X)

功能：求函数期望.

【例3】 已知随机变量 X 的概率密度

$$p(x)=\begin{cases}3x^2 & 0<x<1\\0 & \text{其他}\end{cases}$$

求 EX 和 $E(4X-1)$.

解 输入命令：

syms x

```
p_x=3*x^2;
EX=int(x*p_x,0,1)
EY=int((4*x-1)*p_x,0,1)
```
运行结果为：
```
EX =
 3/4
EY =
 2
```

习题 10.5

1. 一张考卷上有 5 道选择题,,每道题列出 4 个可能答案,,其中只有一个答案是正确的.某学生靠猜测至少能答对 4 道题的概率是多少？

2. 某城市大学录取率是 40％,求 20 个参加高考的中学生中至少有 10 人被录取的概率.

3. 在次品率为 5％的产品中,任意抽取 200 件,计算抽取的次品数超过 18 的概率？

4. 有一批数量较大的产品,次品率为 10％,从中任意连续取出 4 件,求不超过 3 件次品的概率.

复 习 题 十

一、单项选择题

1. 设随机变量 X 的取值范围是 $(-1,1)$,以下函数可作为 X 的概率密度的是   (   )

本章小结和阅读材料

A. $f(x) = \begin{cases} x & -1 < x < 1 \\ 0, & \text{其他} \end{cases}$

B. $f(x) = \begin{cases} x^2 & -1 < x < 1 \\ 0 & \text{其他} \end{cases}$

C. $f(x) = \begin{cases} \dfrac{1}{2} & -1 < x < 1 \\ 0, & \text{其他} \end{cases}$

D. $f(x) = \begin{cases} 2 & -1 < x < 1 \\ 0 & \text{其他} \end{cases}$

2. 设随机变量 $X \sim N(1,4)$,$\Phi(1) = 0.8413$,$\Phi(0) = 0.5$,则事件 $\{1 \leqslant X \leqslant 3\}$ 的概率为   (   )

A. 0.1385   B. 0.2413   C. 0.2934   D. 0.3413

3. 设随机变量 X 的概率密度为 $f(x) = \begin{cases} ce^{-\frac{x}{5}}, & x \geqslant 0; \\ 0, & x < 0, \end{cases}$ 则常数 c 等于   (   )

A. $-\dfrac{1}{5}$ B. $\dfrac{1}{5}$ C. 1   D. 5

4. 已知随机变量 X 的分布函数为

$$F(x) = \begin{cases} 0 & x < 0 \\ \dfrac{1}{2} & 0 \leqslant x < 1 \\ \dfrac{2}{3} & 1 \leqslant x < 3 \\ 1 & x \geqslant 3 \end{cases},$$

则 $P\{X=1\} =$ ( )

A. $\dfrac{1}{6}$ B. $\dfrac{1}{2}$ C. $\dfrac{2}{3}$ D. 1

5. 设随机变量 X 服从参数为 3 的指数分布,其分布函数记为 $F(x)$,则 $F\left(\dfrac{1}{3}\right) =$

                       ( )

A. $\dfrac{1}{3e}$ B. $\dfrac{e}{3}$ C. $1-e^{-1}$ D. $1-\dfrac{1}{3}e^{-1}$

6. 设 $X \sim B(n,p)$,则有   ( )

A. $E(2X-1) = 2np$ B. $D(2X-1) = 4np(1-p)+1$

C. $E(2X+1) = 4np+1$ D. $D(2X-1) = 4np(1-p)$

7. 设 ξ 服从参数为 λ 的泊松分布,$\eta = 2\xi - 3$,则   ( )

A. $E(\eta) = 2\lambda - 3$ $D(\eta) = 2\lambda - 3$ B. $E(\eta) = 2\lambda$ $D(\eta) = 2\lambda$

C. $E(\eta) = 2\lambda - 3$ $D(\eta) = 4\lambda - 3$ D. $E(\eta) = 2\lambda - 3$ $D(\eta) = 4\lambda$

二、填空题

1. 设随机变量 X 表示 4 次独立重复射击命中目标的次数,每次命中目标的概率为 0.5,则 X 服从 _____ 分布.

2. 设随机变量 X 服从区间 $[0,5]$ 上的均匀分布,则 $P\{X \leqslant 3\} =$ _____.

3. 在 $[0,T]$ 内通过某交通路口的汽车数 X 服从泊松分布,且已知 $P(X=4) = 3P(X=3)$,则在 $[0,T]$ 内至少有一辆汽车通过的概率为 _____.

4. 已知随机变量 X 服从参数为 λ 的泊松分布,且 $P\{X=0\} = e^{-1}$,则 $\lambda =$ _____.

5. 设随机变量 X 服从正态分布 $N(1,4)$,$\Phi(x)$ 为标准正态分布函数,已知 $\Phi(1) = 0.8413$,$\Phi(2) = 0.9772$,则 $p\{|X|<3\} =$ _____.

6. 设随机变量 $X \sim B\left(4,\dfrac{2}{3}\right)$,则 $p\{X<1\} =$ _____.

7. 已知随机变量 X 的分布函数为 $F(x) = \begin{cases} 0, & x \leqslant -6, \\ \dfrac{x+6}{12}, & -6 < X < 6, \\ 1, & x \geqslant 6, \end{cases}$ 则当 $-6 < x < 6$ 时,X 的概率密度 $f(x) =$ _____.

8. 设离散型随机变量 X 的分布函数为

$$F(x) = \begin{cases} 0, & x < -1, \\ \dfrac{1}{3}, & -1 \leqslant x < 2, \\ 1, & x \geqslant 2, \end{cases}$$ 则 $P\{X=2\} =$ _____.

9. 设随机变量 $X \sim U[-1,1]$，则 $P\left\{|X| \leqslant \dfrac{1}{2}\right\} = $ _____ .

10. 设随机变量 $X \sim B\left(4, \dfrac{1}{3}\right)$，则 $P\{X > 0\} = $ _____ .

11. 设随机变量 $X \sim N(0,4)$，则 $P\{X \geqslant 0\} = $ _____ .

12. 设随机变量 X 的可能取值为 $0,1,2$，相应的概率分布为 $0.6,0.3,0.1$，则 $E(X) = $ _____ .

13. 设随机变量 X 的密度函数为 $f(x) = \dfrac{1}{2}e^{|x|} \ (-\infty < x < +\infty)$，则 $E(X) = $ _____ .

14. 已知随机变量 X 服从参数为 λ 的泊松分布，$E(X^2) = $ _____ .

15. 设 X 为随机变量，且 $E(X) = 2, D(X) = 4$，则 $E(X^2) = $ _____ .

三、袋中有 2 个白球，3 个红球，今从袋中随机抽取 2 个球，以 X 表示取到的红球个数，求 X 的分布律.

四、某地抽样调查结果表明，某次统考中，考生的数学成绩（百分制）X 服从正态分布 $N(72, \sigma^2)$，且 96 分以上的考生占考生总数的 2.3%. 试求考生的数学成绩在 60～84 分之间的概率.（已知 $\Phi_0(1) = 0.8413, \Phi_0(2) = 0.977$）

第 11 章 统 计 推 断

> **本章提要** 从本章开始,我们将讨论统计推断,所谓统计推断就是由样本来推断总体,从研究的问题和内容来看,统计推断可以分为参数估计和假设检验两种主要类型,本章主要讨论这两种类型.

2017 年春晚在《难忘今宵》中第 35 次落下帷幕,而之后,央视公布了鸡年春晚的收视率。据中央电视台通报,今年晚会总收视份额达到了 78.72%,其中全国(含地方台转播)电视直播收视率达 30.88%,跨屏收视率达 31.46%。在回味春晚节目时,大家有没有考虑过收视率是怎么得到? 是有机构问你观看节目情况吗? 还是电视台有设备可以检索大家正在看哪个频道呢? 实际上并没有这样的设备,而是应用了数学统计原理得到观看节目人数,数据是由抽样数学产生得到的。

再则产品质量检验过程中,大家都知道最好的检验方法是对每一个出厂产品都进行检验,但是这种方式一个会对资源产生极大浪费,在破坏性试验(如检验产品的寿命)以及散装产品(如矿产品、粮食)和连续产品(如棉布、电线)等检验中不适用,只能采用抽样检验。

抽样调查是根据随机的原则从总体中抽取部分实际数据进行调查,并运用概率估计方法,根据样本数据推算总体相应的数量指标的一种统计分析方法。本章我们将了解统计的抽样检验原理、常规检验方法等问题。

11.1 总体、样本和统计量

11.1.1 总体与个体

总体是具有一定的共同属性的研究对象全体. 总体的大小与范围由具体研究与考察的目的确定. 譬如,为了了解某校一年级学生“高等数学”的学习情况,该校学习“高等数学”的全体一年级学生便构成了待研究的总体. 又如要了解淮安市男大学生的身高和体重的分布情况,淮安市的全体男大学生便组成了总体. 一旦总体确定了,便称总体的每一个别成员为个体. 个体与总体的关系,即集合论中元素与集合之间的关系. 统计学中关心的不是每个个体的所有具体特性,而仅仅是它的某一项或某几项数量指标. 在上述第一个例子中,数量指标可取为该校一年级学生“高等数学”的期末考试成绩. 在第二个例子中,淮安市男大学生的身高与体重是数量指标. 再如,为了掌握某工厂某日生产的产品质量情况,该日生产出来的全部产品便构成总体. 如产品是灯泡,可选取灯泡的使用寿命为数量指标,如产品是钢筋,则可选取钢筋的强度为数量指标. 对于选定的数量指标 X(可以是向量)而言,每个个体所取的值是不同的. 在试验中,抽取了若干个个体就观察到了 X 的这样或那样的数值,因而这一数量指标 X 是一个随机变量(或向量),而 X 的分布就完全描述了总体中我们所关心的这一数量指标的分布情况. 由于我们关心的正是此数量指标,因此我们以后就把总体与数量指标 X 可能取值的全体所组成的集合等同起来,并把数量指标 X 的分布称为总体的分布,由此导出下述定义:

【定义 1】 统计学中称随机变量(或向量)X 为总体,并把随机变量(或向量)X 的分布称为总体分布.

对于上述定义,作三点说明. 首先,表示总体的 X 既可以是随机变量,也可以是随机向量. 如果当事者关心的不是个体的一项数量指标,而是两项或两项以上的数量指标时,X 便是随机向量. 但为简化讨论,本书只限于考察一项数量指标的情形. 这样,今后凡总体指的皆是随机变量.

其次,有时个体的特性很难用数量指标来描述. 例如,服装厂生产的各式时装,玩具厂生产的儿童玩具等. 这时产品的检验部门通常将产品分成若干等级. 譬如说,划分成一、二、三等品和等外品四个等级. 当出现这样的情形时,我们仍可用一个随机变量 X 来表示产品的质量. 它可取 1、2、3 和 4 四个值,分别视产品为一、二、三等和等外品而定. 一般说来,个体的定性指标皆可类似地通过上述方式转化成一个数量指标,从而也就可设定一个随机变量来表示所研究的总体.

第三,总体分布就是设定的表示总体的随机变量 X 的分布. 总体的分布,一般说来是未知的. 有时虽已知总体分布的类型(如正态分布、伯努利分布等),但不知这些分布中所含的参数(如 u,σ^2,p 等),有时甚至连分布所属的类型也不能肯定. 统计学的主要任务是对总体的未知分布进行推断.

【例 1】 考察某厂的产品质量,将其产品只分为合格品与不合格品,并以 0 记为合格品,以 1 记不合格品,则总体={该厂生产的全部合格品与不合格品}={由 0 或 1 组成的一堆数}.

若以 p 表示这堆数中 1 的比例(不合格品率),则该总体可由一个两点分布表示:

X	0	1
P	$1-p$	p

不同的 p 反映了总体间的差异. 譬如,两个生产同类产品的工厂的产品总体分布为

X	0	1
P	0.983	0.017

X	0	1
P	0.915	0.085

我们可以看到,第一个工厂的产品质量优于第二个工厂. 实际中,分布中的不合格品率是未知的,如何对之进行估计是统计学要研究的问题.

11.1.2 样本

为了了解总体的分布,我们从总体中随机地抽取 n 个个体,记其指标值为 $x_1,x_2,\cdots,x_n$,则 $x_1,x_2,\cdots,x_n$ 称为总体的一个样本,n 称为**样本容量**,或简称**样本量**,样本中的个体称为**样品**.

我们首先指出,样本具有所谓的二重性:一方面,由于样本是从总体中随机抽取的,抽取前无法预知它们的数值,因此,样本是随机变量,用大写字母 $X_1, X_2, \cdots, X_n$ 表示;另一方面,样本在抽取以后经观测就有确定的观测值,因此,样本又是一组数值. 此时,用小写字母 $x_1, x_2, \cdots, x_n$ 表示是恰当的,简单起见,无论是样本还是其观测值,本书中样本一般均用 $x_1, x_2, \cdots, x_n$ 表示,读者应能从上下文中加以区别.

【例 2】 啤酒厂生产的瓶装啤酒规定净含量为 640 g,由于随机性,事实上不可能使得所有的啤酒净含量均为 640 g. 现从某厂生产的啤酒中随机抽取 10 瓶测定其净含量,得到如下结果:

641	635	640	637	642	638	645	643	639	640

这是个容量为 10 的样本的观测值,对应的总体为该厂生产的瓶装啤酒的净含量.

从总体中抽取样本时,为使样本具有代表性,抽样必须是随机抽样. 通常可以用随机数表来实现随机抽样,还要求抽样必须是独立的,即每次抽样的结果互不影响. 在概率论中,在有限总体(只有有限个个体的总体)中进行放回抽样,是独立的随机抽样;然而,若为不放回抽样,则是不独立的抽样,但当总体容量 N 很大但样本容量 n 较小 $\frac{n}{N} \leqslant 10\%$ 时,不放回抽样可以近似地看做放回取样,即可近似看做独立随机抽样. 下面,我们假定抽样方式总假定满足独立随机抽样的条件.

从总体中抽取样本可以有不同的抽法,为了能由样本对总体作出较可靠的推断,就希望样本能很好地代表总体,这就需要对抽样方法提出一些要求. 最常用的"简单随机抽样"有如下两个要求:

(1) 样本具有**随机性**,即要求总体中每一个个体都有同等机会被选入样本,这便意味着每一样品 x_i 与总体 X 有相同的分布.

(2) 样本要有**独立性**,即要求样本中每一样品的取值不影响其他样品的取值,这意味着 $x_1, x_2, \cdots, x_n$ 相互独立.

用简单随机抽样方法得到的样本称为**简单随机样本**,也简称**样本**. 除非特别声明,本书中的样本皆为简单随机样本. 于是,样本 $x_1, x_2, \cdots, x_n$ 可以看成是相互独立的具有同一分布的随机变量,其共同分布即为总体分布.

前面的阐述已使我们对统计学要解决的问题有了一个概要的认识,即借助总体 X 的一个样本 $(X_1, X_2, \cdots, X_n)$,对总体 X 的未知分布进行推断. 我们把这类问题统称为统计推断问题. 不过,由于总体分布是未知的,从而样本分布也不能完全确定. 这样,为利用样本对未知的总体分布进行推断,还需借助样本构造一些合适的统计量,即样本的函数,再利用所构造的统计量的"良好"性质,对总体分布所属的类型,或总体分布中所含的未知参数进行统计推断.

11.1.3 统计量

1. 统计量的定义

样本来自总体,样本观测值中含有总体的各种信息,但这些信息较为分散,有时显得杂乱无章. 为将这些分散在样本中的有关总体的信息集中起来以反映总体的各种特征,需要对样本进行加工,数表和图是一类加工形式,它使人们从中获得对总体的初步认识.当人们需要从样本获得对总体各种参数的认识时,最常用的加工方法是构造样本的函数,不同的函数反映总体的不同特征.

【定义 2】 设 $(X_1, X_2, \cdots, X_n)$ 为总体 X 的一个样本,称此样本的任一不含总体分布未知参数的函数为该样本的统计量.

按照这一定义,若 $x_1, x_2, \cdots, x_n$ 为样本,则 $\sum\limits_{i=1}^{n} x_i, \sum\limits_{i=1}^{n} x_i^2$ 都是统计量,而当 μ, σ^2 未知时, $\sum\limits_{i=1}^{n} (x_i - \mu)^2, \dfrac{\mu}{\sigma}$ 等均不是统计量.

【例 3】 设总体 X 服从正态分布,$EX = 5, DX = \sigma^2$ 未知.$(X_1, X_2, \cdots\cdots, X_n)$ 为总体 X 的一个样本,令

$$S_n = X_1 + X_2 + \cdots + X_n, \overline{X} = \frac{S_n}{n},$$

则 S_n 与 $\overline{X}$ 均为样本 $(X_1, X_2, \cdots, X_n)$ 的统计量. 但若令

$$U = \frac{\sqrt{n}(\overline{X} - 5)}{\sigma},$$

则 U 不是该样本的统计量,因 U 的表示式中含有总体分布中的未知参数 σ.

对于一个给定的样本,根据统计量的定义,尽管可以构造出很多统计量来,但常用的统计量并不多. 以下将介绍统计学中常用的一些统计量.

2. 常用的统计量

样本均值与样本方差是最常用的统计量. 它们又分别是样本原点矩与样本中心矩的特例,故可统称为样本的矩统计量. 顺序统计量与矩统计量有别,它不能表为样本的显式函数. 以下恒设 $(X_1 + X_2 + \cdots + X_n)$ 为总体 X 的一个样本.

(1) 样本均值

称样本的算术平均值为样本均值,记为 $\overline{X}$,即

$$\overline{X} = \frac{1}{n}(X_1 + X_2 + \cdots + X_n).$$

(2) 样本方差

样本方差是用来描述样本中诸分量与样本均值的均方差异的.

$$s^2 = \frac{1}{n-1} \sum_{i=1}^{n} (X_i - \overline{X})^2$$

称 s^2 为样本方差,其算术平方根 $s = \sqrt{s^2}$ 称为样本标准差.

(3) 样本原点矩

记

$$A_k = \frac{1}{n} \sum_{i=1}^{n} X_i^k, k \geqslant 1,$$

并称 A_k 为样本的 k 阶原点矩. 显然,一阶原点矩即为样本均值. 因此可把样本原点矩视为样本均值概念的推广.

（4）样本中心矩

记

$$B_k = \frac{1}{n} \sum_{i=1}^{n} (X_i - \overline{X})^k, k \geqslant 1,$$

上述四种统计量可统称为样本的矩统计量,或简称为样本矩. 它们皆可表为样本的显式函数.

11.1.4 常用的统计分布

当取得总体 X 的样本 $(X_1, X_2, \cdots, X_n)$ 后,通常是借助样本的统计量对未知的总体分布进行推断的. 为了实现推断的目的必须进一步确定相应的统计量所服从的分布. 这样就有必要补充一些在本书概率论部分中未曾提及,但在统计学中却经常用到的分布. 本节将依次介绍 χ^2 分布、F 分布与 t 分布. 鉴于这些分布在统计学中的重要性,通常统称其为常用的统计分布.

1. χ^2 分布

【定义 3】 设 $X_1, X_2, \cdots, X_n$ 是 n 个相互独立的随机变量,且 $X_i \sim N(0,1)$, $i = 1$, $2, \cdots, n$,则 $\chi^2 = X_1^2 + X_2^2 + \cdots + X_n^2$ 的分布称为自由度为 n 的 χ^2 分布,记为 $\chi^2 \sim \chi^2(n)$.

它的密度函数为

$$f(y) = \frac{(1/2)^{\frac{n}{2}}}{\Gamma(n/2)} y^{\frac{n}{2}-1} \mathrm{e}^{-\frac{y}{2}}, y > 0$$

该密度函数的图像是一个只取非负值的偏态分布,见图 11-1,期望等于自由度,方差等于 2 倍的自由度,即 $E\chi^2 = n, D\chi^2 = 2n$.

当随机变量 $\chi^2 \sim \chi^2(n)$ 时,对给定的 $\alpha(0 < \alpha < 1)$,称满足

$$P\{\chi^2 > \chi_\alpha^2(n)\} = \alpha$$

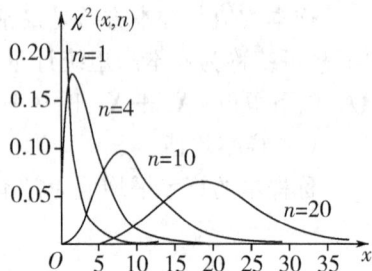

图 11-1

的 $\chi_\alpha^2(n)$ 是自由度为 n 的卡方分布的 **α 分位数**. 分位数 $\chi_\alpha^2(n)$ 可以从附表 4 中查到,譬如 $n = 10, \alpha = 0.05$,那么从附表 4 上查得 $\chi_{0.05}^2(10) = 18.307$.

2. F 分布

【定义 4】 设 $X_1 \sim \chi^2(m)$, $X_2 \sim \chi^2(n)$, X_1 与 X_2 独立,则称 $F = \dfrac{X_1/m}{X_2/n}$ 的分布是自由度为 m 与 n 的 F 分布,记为 $F \sim F(m,n)$,其中 m 称为分子自由度,n 称为**分母自由度**.

可以证明随机变量 F 具有密度函数

$$f_F(y) = \begin{cases} \dfrac{\Gamma\left(\dfrac{m+n}{2}\right)\left(\dfrac{m}{n}\right)^{\frac{m}{2}}}{\Gamma\left(\dfrac{m}{2}\right)\Gamma\left(\dfrac{n}{2}\right)} y^{\frac{m}{2}-1}\left(1+\dfrac{m}{n}y\right)^{-\frac{m+n}{2}}, & y>0 \\ 0, & y\leqslant 0 \end{cases}$$

这就是自由度为 m 与 n 的 F 分布的密度函数, 该密度函数的图像是一个只取非负值的偏态分布,见图 11-2.

当随机变量 $F \sim F(m,n)$ 时,对给定的 $\alpha(0<\alpha<1)$,称满足

$$P\{F > F_\alpha(m,n)\} = \alpha$$

的数 $F_\alpha(m,n)$ 是自由度为 m 与 n 的 F 分布的 α 分位数.

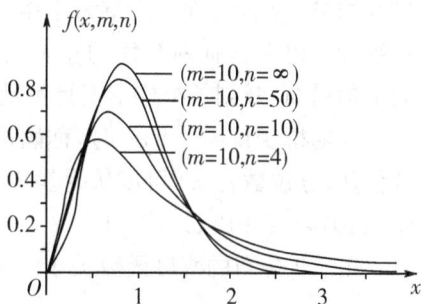

图 11-2

由 F 分布的构造知,若 $F \sim F(m,n)$,则有 $1/F \sim F(n,m)$,故对给定 $\alpha(0<\alpha<1)$ 有

$$F_\alpha(m,n) = \frac{1}{F_{1-\alpha}(n,m)}.$$

对小的 α,分位数 $F_\alpha(m,n)$ 可以从附表 4 中查到.

【例 4】 若取 $m=10,n=5,\alpha=0.05$,那么从附表 4 上($m=n_1,n=n_2$)查得 $F_{0.05}(10,5)=4.74$. 查附表 4 可得到

$$F_{0.95}(10,5) = \frac{1}{F_{0.95}(5,10)} = \frac{1}{3.33} = 0.3$$

3. t 分布

【定义 5】 设随机变量 X_1 与 X_2 独立且 $X_1 \sim N(0,1)$,$X_2 \sim x^2(n)$,则称 $t = \dfrac{X_1}{\sqrt{X_2/n}}$ 的分布为自由度为 n 的 t 分布,记为 $t \sim t(n)$.

可以证明,若 $t \sim t(n)$,则其概率分布函数为

$$f_t(y) = y f_F(y^2) = \frac{\Gamma\left(\dfrac{n+1}{2}\right)}{\sqrt{n\pi}\,\Gamma\left(\dfrac{n}{2}\right)}\left(1+\frac{y^2}{n}\right)^{-\frac{n+1}{2}}, \quad -\infty < y < +\infty.$$

这就是自由度为 n 的 t 分布的密度函数.

t 分布的密度函数的图像是一个关于纵轴对称的分布,与标准正态分布的密度函数形状类似,只是峰比正态分布低一些,尾部的概率比标准正态分布的大一些.

t 分布是统计学中的一类重要分布,它与标准正态分布的微小差别是由英国统计学家哥塞特(Gosset)发现的,哥塞特年轻时在牛津大学学习数学和化学,1899 年开始在一家酿酒厂担任酿酒化学技师,从事试验和数据分析工作. 由于哥塞特接触的样本容量都较小,只有四五个,通过大量实验数据的积累,哥塞特发现 $t=\sqrt{n-1}(\overline{X}-\mu)/s$ 的分布与传统认为

的$N(0,1)$分布并不同,特别是尾部概率相差较大,表列出了标准正态分布 $N(0,1)$ 和自由度为 4 的 t 分布的一些尾部概率.

由此,哥塞特怀疑是否有另一个分布族存在,通过深入研究,哥塞特于 1908 年以"student"的笔名发表了此项研究结果,故后人称 t 分布为学生氏分布. t 分布的发现在统计学史上具有划时代的意义,打破了正态分布一统天下的局面,开创了小样本统计推断的新纪元.

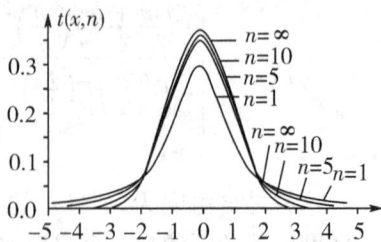

图 11 - 3

当随机变量 $t \sim t(n)$ 时,称满足 $P\{t > t_\alpha(n)\} = \alpha$ 的 $t_\alpha(n)$ 是自由度为 n 的 t 分布的 α 分位数,分位数 $t_\alpha(n)$ 可以从附表 3 中查出,例如当 $n = 10, \alpha = 0.05$,那么,从附表 3 上查得 $t_{0.05}(10) = 1.8125$.

由于 t 分布的密度函数关于 0 对称,故其分位数间有如下关系

$$t_{1-\alpha}(n) = -t_\alpha(n).$$

例如,$t_{0.95}(10) = -t_{0.05}(10) = -1.8125$.

4. 一些重要结论

(1)$\bar{x}$ 与 s^2 相互独立;

(2)$\dfrac{(n-1)s^2}{\sigma^2} \sim x^2(n-1)$;

(3)$t = \dfrac{\sqrt{n}(\bar{x} - \mu)}{s} \sim t(n-1)$.

习题 11.1

1. 在一本书上随机地检查了 50 页,发现每页上的错误数为 4,5,6,0,3,1,4,2,1,4. 试计算其样本均值 $\bar{x}$、样本方差 s^2 和样本标准差 s.

2. 设 $x_1, x_2, \cdots x_n$ 是从正态总体 $N(10, 3^2)$ 中抽取的样本,试求样本均值 $\bar{x}$ 的标准差.

3. 设总体 $X \sim N(52, 6.3^2)$,从总体抽得容量为 36 的样本,求 $P\{50.8 \leqslant \bar{x} \leqslant 53.8\}$.

4. 设总体 $X \sim N(40, 5^2)$

(1) 抽取容量为 36 的样本,求 $P\{38 \leqslant \bar{x} \leqslant 43\}$;

(2) 抽取容量为 64 的样本,求 $P\{|\bar{x} - 40| < 1\}$.

5. 设总体 $X \sim N(\mu, \sigma^2)$,已知样本容量 $n = 16$,样本均值 $\bar{x} = 12.5$,样本方差 $s^2 = 5.3333$.

(1) 若已知 $\sigma = 2$,求 $P\{|\bar{x} - \mu| < 0.5\}$;

(2) 若未知 σ,求 $P\{|\bar{x} - \mu| < 0.5\}$.

11.2 参数估计

我们常常会面临这样一类问题:已知总体的分布类型. 但不知道其中某些参数的真值. 例如已知总体服从泊松分布,但不知其参数 λ 到底等于多少. 这时我们希望通过所拥有的样本来对未知参数作出估计,这就是参数估计问题.

11.2.1　矩法估计

1900 年英国统计学家 K. Pearson 提供了一个替换原则,后来人们称此方法为矩法.
替换原理常指如下两句话:

(1) 用样本矩去替换总体矩,这里的矩可以是原点矩也可以是中心矩;

(2) 用样本矩的函数去替换相应的总体矩的函数.

根据这个替换原理,在总体分布形式未知场合也可对各种参数作出估计,譬如:

用样本均值 $\bar{x}$ 估计总体均值 $E(X)$,即 $\hat{E}(\bar{X}) = \bar{x} = \dfrac{1}{n}\sum_{i=1}^{n} X_i$;

用 s_n^2 估计总体方差 $D(X)$,即 $\hat{D}(\bar{X}) = s^2 = \dfrac{1}{n-1}\sum_{i=1}^{n}(X_i - \bar{X})^2$;

用事件 A 出现的频率估计事件 A 发生的概率.

【例1】　某电冰箱厂对为其加工某种机械零件的一家私营加工厂的产品进行抽检,主要对零件的长度指标进行测试. 设长度总体 $X \sim N(\mu, \sigma^2)$,其中 μ, σ^2 都是未知的,现随机抽取 8 个零件进行测试,测得的长度(单位:mm)为 25.3,25.7,25.4,25.25,25.35,25.5,25.6,25.1,试求 μ 和 σ^2 的矩估计.

解　$\hat{\mu} = \bar{x} = \dfrac{1}{8}(25.3 + 25.7 + 25.4 + 25.25 + 25.35 + 25.5 + 25.6 + 25.1) = 25.4.$

$$\begin{aligned}
\hat{\sigma}^2 = s^2 = \dfrac{1}{7}\Big[&(25.3 - 25.4)^2 + (25.7 - 25.4)^2 + (25.4 - 25.4)^2 \\
&+ (25.25 - 25.4)^2 + (25.35 - 25.4)^2 + (25.5 - 25.4)^2 \\
&+ (25.6 - 25.4)^2 + (25.1 - 25.4)^2\Big] \\
\approx\ & 0.038
\end{aligned}$$

【例2】　已知乘客在某公共汽车站等车的时间 X(单位:min)服从 $(0, \theta)$ 上的均匀分布,现随机抽测了 10 位顾客的等车时间,数据如下:

$$2, 4, 5, 8, 3, 6, 5, 6, 10, 1.$$

试估计 θ 的值,并求乘客等车时间不超过 5 min 的概率.

解　设 $X_1, \cdots, X_n$ 是抽得的样本,由于 $X \sim U(0, \theta)$,所以其概率密度函数

$$f(x) = \begin{cases} \dfrac{1}{\theta}, & 0 < x < \theta, \\ 0, & \text{其他} \end{cases}$$

总体的期望为

$$E(X) = \int_0^\theta x f(x)\,\mathrm{d}x = \int_0^\theta \dfrac{x}{\theta}\,\mathrm{d}x = \dfrac{\theta}{2}$$

由矩法估计有

$$\dfrac{\hat{\theta}}{2} = \dfrac{1}{n}\sum_{i=1}^{n} X_i$$

因此

$$\hat{\theta} = 2\frac{1}{n}\sum_{i=1}^{n} X_i$$

将本题数据代入得

$$\hat{\theta} = \frac{2}{10}\sum_{i=1}^{n} X_i = 10$$

进而等车时间不超过 5 min 的概率为

$$P\{X \leqslant 5\} = \int_0^5 f(x)\mathrm{d}x = \int_0^5 \frac{1}{10}\mathrm{d}x = 0.5$$

【例 3】　设射手的命中率为 p,在向同一目标的 80 次射击中,命中 75 次,求 p 的矩法估计值.

解　若记

$$X = \begin{cases} 1, 命中目标 \\ 0, 未命中目标 \end{cases}$$

即 X 服从两点分布,$P\{X = 1\} = p, P\{X = 0\} = 1 - p$.

设 $X_1, \cdots, X_n$ 是所抽到的样本,由于两点分布的总体均值 $E(X) = p$,故由矩法估计知

$$\hat{p} = \overline{X} = \frac{1}{n}\sum_{i=1}^{n} X_i$$

将本题数据代入得

$$\hat{p} = \overline{X} = \frac{1}{80}\sum_{i=1}^{n} X_i = \frac{75}{80} = \frac{15}{16}$$

11.2.2　区间估计

参数的点估计给出了一个具体的数值作为 θ 的估计值,但其精度如何? 显然点估计本身不能回答,需要由其分布来反映,实际中,度量一个点估计的精度的最直观的方法是给出未知参数的一个区间,这便产生了区间估计的概念.

我们学习了参数的点估计,即由样本值求出未知参数 θ 的一个估计值,而区间估计则要由样本给出未知参数 θ 的一个估计范围. 我们先分析一个例子.

【例 4】　某电脑配件厂欲对出厂的一批 CPU 的平均寿命进行估计,随机地抽取 n 件产品进行试验,通过对试验的数据的加工得出该批产品是否合格的结论,并要求此结论的可信程度为 95%.应该如何来加工这些数据?

从常识可以知道,通常 CPU 的寿命指标往往是一个范围,而不必是一个很准确的数.因此,在对这批 CPU 的平均寿命估计时,寿命的准确值并不是最重要的,重要的是所估计的寿命是否能以很高的可信程度处在合格产品的指标范围内. 这里可信程度是很重要的,它涉及使用这些 CPU 件的可靠性,这就需要引入区间估计.

区间估计粗略地说,是用两个统计量 $\hat{\theta}_1$, $\hat{\theta}_2$($\hat{\theta}_1 \leqslant \hat{\theta}_2$) 所决定的区间 $[\hat{\theta}_1, \hat{\theta}_2]$ 作为参数 θ 取值范围的估计. 首先,这个估计必须有一定的精度. 即是说 $\hat{\theta}_2 - \hat{\theta}_1$ 不能太大,太大不能说明任何问题;第二,这个估计必须有一定的可信程度.因此 $\hat{\theta}_2 - \hat{\theta}_1$ 又不能太小,太小难以保证这一要求.比如用区间 $[1,100]$ 去估计某人的岁数,虽然绝对可信,却不能带来任何有用的信息;反之,若用区间 $[30,31]$ 去估计某人的岁数,虽然提供了关于此人年龄的信息,却很难使人相信这一结果的正确性. 我们希望既能得到较高的精度,又能得到较高的可信程度. 但在获得的信息一定(如样本容量固定)的情况下,这两者显然是不可能同时达到最理想的状态. 通常是采取将可信程度固定在某一需要的水平上,求得精度尽可能高的估计区间.

【定义 1】 对于参数 θ,如果有两个统计量 $\hat{\theta}_1 = \hat{\theta}_1(X_1, X_2, \cdots, X_n)$,$\hat{\theta}_2 = \hat{\theta}_2(X_1, X_2, \cdots, X_n)$,满足对给定的 $\alpha \in (0,1)$,有 $P(\hat{\theta}_1 \leqslant \theta \leqslant \hat{\theta}_2) = 1 - \alpha$,则称区间 $[\hat{\theta}_1, \hat{\theta}_2]$ 是 θ 的一个区间估计或置信区间. $\hat{\theta}_1$, $\hat{\theta}_2$ 分别称做置信下限、置信上限,$1 - \alpha$ 称为置信水平.

这里的置信水平,就是对可信程度的度量. 置信水平为 $1 - \alpha$,在实际上可以这样来理解:如取 $1 - \alpha = 95\%$,就是说若对某一参数 θ 取 100 个容量为 n 的样本,用相同方法做 100 个置信区间,$[\theta_1^{(k)}, \theta_2^{(k)}]$,$k = 1, 2, \cdots, 100$,那么其中有 95 个区间包含了真参数 θ. 因此,当我们实际上只做一次区间估计时,我们有理由认为它包含了真参数,这样判断当然也可能犯错误,但犯错误的概率只有 5%.

对于一般分布的总体,其抽样分布的计算通常有些困难. 本节将主要研究单个正态总体参数的区间估计问题. 设 $X_1, X_2, \cdots, X_n$ 为 $N(\mu, \sigma^2)$ 的样本,对给定的置信水平 $1 - \alpha$,$0 < \alpha < 1$,我们来分别研究参数 μ 与 σ^2 的区间估计得到表 11-1.

表 11-1 单个正态总体均值与方差的置信区间

估计的参数	参数的情况	统计量	置信度为 $1-\alpha$ 的置信区间
μ	σ^2 已知	$U = \dfrac{\overline{X} - \mu}{\sqrt{\sigma^2/n}} \sim N(0,1)$	$\left(\overline{X} - Z_{\frac{\alpha}{2}} \cdot \dfrac{\sigma}{\sqrt{n}}, \overline{X} + Z_{\frac{\alpha}{2}} \cdot \dfrac{\sigma}{\sqrt{n}}\right)$
	σ^2 未知	$t = \dfrac{\overline{X} - \mu}{S/\sqrt{n}} \sim t(n-1)$	$\left(\overline{X} - t_{\frac{\alpha}{2}}(n-1) \cdot \dfrac{S}{\sqrt{n}}, \overline{X} + t_{\frac{\alpha}{2}}(n-1) \cdot \dfrac{S}{\sqrt{n}}\right)$
σ^2	μ 未知	$r^2 = \dfrac{(n-1)S^2}{\sigma^2} \sim x^2(n-1)$	$\left(\dfrac{(n-1)S^2}{x_{\frac{\alpha}{2}}^2(n-1)}, \dfrac{(n-1)S^2}{x_{1-\frac{\alpha}{2}}^2(n-1)}\right)$
	μ 已知	$x^2 = \dfrac{\sum_{i=1}^{n}(X_i - \mu)^2}{\sigma^2} \sim x^2(n)$	$\left(\dfrac{\sum_{i=1}^{n}(X_i - \mu)^2}{x_{\frac{\alpha}{2}}^2(n)}, \dfrac{\sum_{i=1}^{n}(X_i - \mu)^2}{x_{1-\frac{\alpha}{2}}^2(n)}\right)$

【例 5】 随机地从一批回形针中抽取 16 枚,被测得其长度(单位:cm)为

2.14　2.10　2.13　2.15　2.12　2.13　2.10　2.15

2.12　2.14　2.10　2.13　3.11　2.14　2.11　2.13

设回形针长服从正态分布,试求总体均值 μ 的置信区间(置信概率为 0.90),

(1) 若已知 $\sigma = 0.01(cm)$,(2) 若 σ^2 未知.

(附: $\varphi(1.28) = 0.90, \varphi(1.65) = 0.95, t_{0.975}(15) = 2.131, t_{0.95}(15) = 1.753$)

解 计算 $\overline{X} = \frac{1}{16}(2.14 + 2.10 + \cdots\cdots + 2.13) = \frac{1}{16} \times 34 = 2.125$

(1) $\sigma^2 = 0.01^2$,已知 $\alpha = 0.1$,置信概率为 0.90 的 μ 的置信区间为

$$\left(\overline{X} - Z_{1-\frac{\alpha}{2}} \frac{\sigma}{\sqrt{n}}, \overline{X} + Z_{1-\frac{\alpha}{2}} \frac{\sigma}{\sqrt{n}}\right) = \left(2.125 - 1.65 \times \sqrt{\frac{0.01^2}{16}}, 2.125 + 1.65 \times \sqrt{\frac{0.01^2}{16}}\right)$$

$$= (2.125 - 0.004, 2.125 + 0.004) = (2.121, 2.129)$$

(2) σ^2 未知时,

$$S^2 = \frac{1}{n}\sum_{i=1}^{n}(X_i - \overline{X})^2 = \frac{1}{n-1}\left[\sum_{i=1}^{n} X_i^2 - n\overline{X}^2\right] = \frac{1}{15} \times 0.0044 = 0.00029$$

置信概率为 0.90 的 μ 的置信区间为

$$\left(\overline{X} - t_{1-\frac{\alpha}{2}} \frac{s}{\sqrt{n}}, \overline{X} + Z_{1-\frac{\alpha}{2}} \frac{s}{\sqrt{n}}\right)$$

$$= \left(2.125 - 1.753 \times \sqrt{\frac{0.0044}{16 \times 15}}, 2.125 - 1.753 \times \sqrt{\frac{0.0044}{16 \times 15}}\right) = (2.1175, 2.1325).$$

【例 6】 某厂生产的零件质量服从正态分布 $N(\mu, \sigma^2)$,现从该厂生产的零件中抽取 9 个,测得其质量为(单位: g)

45.3　45.4　45.1　45.3　45.5　45.7　45.4　45.3　45.6

试求总体标准差 σ^2 的 0.95 置信区间.

解 由数据可算得 $s^2 = 0.0325$,$(n-1)s^2 = 8 \times 0.0325 = 0.26$,这里 $\alpha = 0.05$,查表知 $x_{1-\frac{\alpha}{2}}^2(8) = 2.1797, x_{\frac{\alpha}{2}}^2(8) = 17.5345$

置信概率为 0.95 的 σ^2 的置信区间为

$$\left(\frac{(n-1)S^2}{x_{\frac{\alpha}{2}}^2(n-1)}, \frac{(n-1)S^2}{x_{1-\frac{\alpha}{2}}^2(n-1)}\right) = \left(\frac{0.26}{17.5345}, \frac{0.26}{2.1797}\right) = (0.0148, 0.1193)$$

习题 11.2

1. 设总体 X 的概率密度为

$$f(x) = \begin{cases} \theta x^{\theta-1}, & 0 < x < 1; \\ 0, & \text{其他.} \end{cases} \quad (\theta > 0)$$

试求 θ 的矩估计 $\hat{\theta}$.

2. 某厂生产的一批零件,其长度 $X \sim N(\mu, 0.01^2)$,现从这批零件中随机抽取 16 个,测得长度(厘米)为:2.14,2.15,2.10,2.12,2.13,2.14,2.15,2.10,2.13,2.13,2.12,2.11,2.13,2.14,2.10,2.11,求均值 μ 的置信水平为 0.90 的置信区间.

3. 某工厂生产滚珠,从某日生产的产品中随机抽取 9 个,测得直径(单位:毫米)如下:

$$14.6,\ 14.7,\ 15.1,\ 14.9,\ 14.8,\ 15.0,\ 15.1,\ 15.2,\ 14.8$$

设滚珠直径服从正态分布,若(1)已知滚珠直径的标准差 $\sigma = 0.15$ 毫米;(2)未知标准差 σ,求直径均值 μ 的置信度为 0.95 的置信区间.

4. 某厂生产一批金属材料,其抗弯强度服从正态分布,今从这批金属材料中随机抽取 11 个试件,测得它们的抗弯强度为(单位:公斤)

$$42.5,\ 42.7,\ 43.0,\ 42.3,\ 43.4,\ 44.5,\ 44.0,\ 43.8,\ 44.1,\ 43.9,\ 43.7$$

求:(1)平均抗弯强度 μ 的置信度为 0.95 的置信区间;

(2)抗弯强度标准差 σ 的置信度为 0.90 的置信区间.

5. 某生产车间随机抽取 9 件同型号的产品进行直径测量,得到结果如下:

$$21.54,21.63,21.62,21.96,21.42,21.57,21.63,21.55,21.48$$

根据长期经验,该产品的直径服从正态分布 $N(\mu,0.9^2)$,试求出该产品的直径 μ 的置信度为 0.95 的置信区间.($\mu_{0.025} = 1.96, \mu_{0.05} = 1.645$)(精确到小数点后三位)

11.3　假设检验

前面我们讨论了如何用样本统计量来推断总体未知参数——参数的点估计与区间估计.在实际问题中,还常常要根据现有的数据和资料来对某个总体的参数提出某种假设,然后根据所得的样本数据,运用统计分析的方法来检验这一假设的正确性,从而作出接受或拒绝的决定,这类问题称为假设检验问题.

11.3.1　假设检验的基本思想

【例 1】 味精厂用一台包装机自动包装味精,已知袋装味精的重量 $X \sim N(\mu,0.015^2)$,机器正常时,其均值 $\mu = 0.5$(单位:公斤).某日开工后随机抽取 9 袋袋装味精,其净重(公斤)为 $0.497,0.506,0.518,0.524,0.498,0.511,0.520,0.515,0.512$.问这台包装机是否正常?

分析 包装机工作是否正常,相当于检验总体均值 μ 是否等于 0.5 公斤.因此,需要检验假设

$$H_0 : \mu = \mu_0 = 0.5 , H_1 : \mu \neq \mu_0$$

今后我们称这种待检验的假设 H_0 为**原假设**或**零假设**,与原假设对立的假设 H_1 称为**对立假设**.

由矩法估计知,μ 的估计值是 $\overline{X}$,因此,如果原假设 H_0 是正确的,$|\overline{X}-\mu_0|$ 应是很小的,于是 $\dfrac{|\overline{X}-\mu_0|}{\frac{\sigma}{\sqrt{n}}}$ 也应该很小.为此,我们选取一个常数 c,事件 $\dfrac{|\overline{X}-\mu_0|}{\frac{\sigma}{\sqrt{n}}} \geqslant c$ 发生的概率应该很小.

在原假设 H_0 成立的前提下，

$$U = \frac{|\overline{X} - \mu_0|}{\frac{\sigma}{\sqrt{n}}} \sim N(0,1)$$

为了确定 c 的值，对于 $\alpha = 0.05$，令

$$P\left\{ \frac{|\overline{X} - \mu_0|}{\frac{\sigma}{\sqrt{n}}} \geqslant c \right\} = \alpha$$

由正态分布，可得

$$c = \mu_{\frac{\alpha}{2}}.$$

如果统计量 U 的观测值满足 $|U| = \dfrac{|\overline{X} - \mu_0|}{\frac{\sigma}{\sqrt{n}}} \geqslant \mu_{\frac{\alpha}{2}}$，则意味着概率为 $\alpha = 0.05$ 的小概

率事件发生了，也就是说，仅做一次试验，这种情形竟然发生了，这是"不合理"的，于是不能不使人怀疑原假设 H_0 的正确性，因此，应当拒绝原假设 H_0；如果 $|U| \leqslant \mu_{\frac{\alpha}{2}}$，则接受原假设 H_0.

在本例中，$n = 9,\sigma = 0.015, \overline{x} = 0.511, \mu_{\frac{\alpha}{2}} = 1.96$，于是有

$$|U| = \frac{|\overline{X} - \mu_0|}{\frac{\sigma}{\sqrt{n}}} = 2.2 > 1.96$$

因此，应当拒绝原假设 H_0，即可认为包装机工作不正常.

在上述对假设 H_0 的检验中，实际上运用了小概率原理，**小概率原理认为，小概率事件在一次试验中实际上不可能发生**. 对于什么样的事件是小概率事件，一般来说没有一个统一的规定，在假设检验中，概率为 $0.01,0.05$ 的事件就算是小概率事件，有时也把 0.1 包括在内，小概率值 α 称为**显著性水平**.

上例中，当 $|U| \geqslant \mu_{\frac{\alpha}{2}}$ 时，我们就拒绝假设 H_0，因此称 $W = \{ |U| \geqslant \mu_{\frac{\alpha}{2}} \}$ 为统计量 U 的

拒绝域，称 $|U| = \dfrac{|\overline{X} - \mu_0|}{\frac{\sigma}{\sqrt{n}}}$ 为**检验统计量**.

综上所述，假设检验大致可以按如下的步骤进行：
（1）根据实际问题提出原假设 H_0，即说明需要检验的假设 H_0 的具体内容.
（2）选取适当的统计量，并在假设 H_0 成立的条件下确定该统计量的分布.
（3）对于给定的显著性水平 α，根据所选统计量的分布查表，确定临界值.
（4）根据样本观察值计算所选统计量，并与临界值进行比较，从而确定拒绝域.

11.3.2　正态总体的参数假设检验

1. 方差 σ^2 已知,单个正态总体的均值 μ 的检验——μ 检验

在例 1 中所使用的统计量 $U = \dfrac{|\overline{X} - \mu_0|}{\dfrac{\sigma}{\sqrt{n}}} \sim N(0,1)$,称这类检验为 μ 检验,它依循以

下步骤:

(1) 提出原假设和对立假设

$$H_0: \mu = \mu_0 = 0.5, H_1: \mu \neq \mu_0.$$

(2) 选取检验统计量 $U = \dfrac{|\overline{X} - \mu_0|}{\dfrac{\sigma}{\sqrt{n}}}$.

(3) 根据给定的显著性水平 α,查正态分布表(附表)确定 $\mu_{\frac{\alpha}{2}}$.

(4) 根据样本值计算统计量 U 的值 μ 并与 $\mu_{\frac{\alpha}{2}}$ 比较,拒绝域为 $W = \{|U| \geqslant \mu_{\frac{\alpha}{2}}\}$,即若 $|\mu| \geqslant \mu_{\frac{\alpha}{2}}$,则拒绝 H_0;若 $|\mu| < \mu_{\frac{\alpha}{2}}$,则接受 H_0.

【例 2】　某种产品质量 $X \sim N(12,1)$(单位:g),更新设备后,从新生产的产品中随机抽取 100 个,测得样本均值 $\overline{x} = 12.5\,\mathrm{g}$,若方差没有变化,问设备更新后,产品的平均质量是否有显著变化?($\alpha = 0.05$)

解　$H_0: \mu = \mu_0 = 12, H_1: \mu \neq \mu_0$,
由于方差不变,故应选取统计量

$$U = \frac{|\overline{X} - \mu_0|}{\dfrac{\sigma}{\sqrt{n}}} \sim N(0,1)$$

由所给数据,计算统计量的观测值,得

$$\mu = \left| \frac{\overline{X} - \mu_0}{\sigma/\sqrt{n}} \right| = \left| \frac{12.5 - 12}{1/\sqrt{100}} \right| = 5 > \mu_{\frac{\alpha}{2}} = 1.96$$

故拒绝 H_0,即认为产品平均质量有显著变化.

2. 方差 σ^2 未知,单个正态总体的均值 μ 的检验——t 检验

【例 3】　车辆厂生产的螺杆直径服从正态分布 $N(\mu, \sigma^2)$,现从中抽取 5 支,测得直径(单位:毫米)为

$$22.3, \ 21.5, \ 22.0, \ 21.8, \ 21.4$$

如果 σ^2 未知,试问直径均值 $\mu = 21$ 是否成立?(附 $t_{0.025(4)} = 2.776$)

解　检验假设

$$H_0: \mu = 21, \ H_1: \mu \neq 21$$

因为方差未知,故选取统计量

$$t = \frac{\overline{x} - u}{s / \sqrt{n}}$$

由样本观测值得

$$\overline{x} = 21.8, s^2 = 0.135$$

$$t = \frac{\overline{x} - u}{s / \sqrt{n}} = \frac{21.8 - 21}{\sqrt{0.135/5}} \approx 4.87 > t_{0.025}(4) = 2.776$$

因此可认为螺杆直径均值不是 21.

【例 4】　已知某种元件的寿命服从正态分布,要求该元件的平均寿命不低于 1 000 小时. 现从这批元件中随机抽取 25 只,测得平均寿命 $\overline{X} = 980$ 小时,标准差 $s = 65$ 小时. 试在显著水平 $\alpha = 0.05$ 下,确定这批元件是否合格. (附 $t_{0.025}(24) = 2.063\,9, t_{0.05}(24) = 1.710\,9$)

解　提出检验假设

$$H_0: \mu = \mu_0 = 1\,000, H_1: \mu < \mu_0 = 1\,000$$

选取统计量

$$t = \frac{\overline{X} - \mu_0}{\dfrac{s}{\sqrt{n}}} \sim t(n-1)$$

由样本观测值,计算统计量所取的值. 这里 $\overline{X} = 980, s = 65$ 得

$$|t| = \left| \frac{980 - 1\,000}{\dfrac{65}{\sqrt{25}}} \right| = 1.538 > t_{0.05}(24) = 1.710\,9$$

因此可认为这批元件合格.

注:本例中的假设检验问题,我们称为单边检验问题.

3. 均值 μ 未知,单个正态总体的方差检验——χ^2 检验

【例 5】　民政部门对某住宅区住户的消费情况进行的调查报告中,抽取 9 户为样本,其每年开支除去税款和住宅等费用外,依次为(单位:万元)

$$4.9,\ 5.3,\ 6.5,\ 5.2,\ 7.4,\ 5.4,\ 6.8,\ 5.4,\ 6.3$$

假定住户消费数据服从正态分布 $N(\mu, \sigma^2)$,给定 $\alpha = 0.05$,试问:所有住户消费数据的总体方差 $\sigma^2 = 0.3$ 是否可信?

解　按题意,欲检验假设

$$H_0: \sigma^2 = 0.3, H_1: \sigma^2 \neq 0.3,$$

已知 $n = 9, \mu$ 未知,选取 $\chi^2 = \dfrac{(n-1)s^2}{\sigma^2}$ 作为检验统计量. 在 H_0 成立的条件下,即 $X \sim N(\mu, 0.3)$ 时,

$$\chi^2 = \frac{(n-1)s^2}{\sigma^2} \sim \chi^2(n-1)$$

对于给定的 α,查 χ^2 分布表(附表),确定 $\chi^2_{1-\frac{\alpha}{2}}$ 及 $\chi^2_{\frac{\alpha}{2}}$,使

$$P\{\chi^2 \leqslant \chi^2_{1-\frac{\alpha}{2}}\} = \frac{\alpha}{2}, P\{\chi^2 \geqslant \chi^2_{\frac{\alpha}{2}}\} = \frac{\alpha}{2}$$

从而

$$P(\{\chi^2 \leqslant \chi^2_{1-\frac{\alpha}{2}}\} = \frac{\alpha}{2} \bigcup \{\chi^2 \geqslant \chi^2_{\frac{\alpha}{2}}\}) = \alpha$$

由样本值得

$$\chi^2 = \frac{(n-1)s^2}{\sigma^2} = \frac{5.93}{0.3} = 19.77$$

对于 $\alpha = 0.05$ 查附表,得

$\chi^2_{1-\frac{\alpha}{2}} = \chi^2_{0.975}(8) = 2.18, \chi^2_{\frac{\alpha}{2}} = \chi^2_{0.025} = 17.535$

由于 $\chi^2 = 19.77 > 17.535$,所以应拒绝原假设 H_0,即方差是 0.3 不可信.

习题 11.3

1. 设某产品的指标服从正态分布,它的标准差 σ 已知为 150,今抽了一个容量为 26 的样本,计算得平均值为 1637.问在 5% 的显著水平下,能否认为这批产品的指标的期望值 μ 为 1 600?

2. 某电器零件的平均电阻一直保持在 2.64Ω,改变加工工艺后,测得 100 个零件的平均电阻为 2.62Ω,如改变工艺前后电阻的标准差保持在 0.06Ω,问新工艺对此零件的电阻有无显著影响($\alpha = 0.05$)?

3. 有一批产品,取 50 个样品,其中含有 4 个次品.在这样的情况下,判断假设 H_0: $p \leqslant 0.05$ 是否成立($\alpha = 0.05$)?

4. 某产品的次品率为 0.17,现对此产品进行新工艺试验,从中抽取 400 件检验,发现有次品 56 件,能否认为此项新工艺提高了产品的质量($\alpha = 0.05$)?

5. 从某种试验物中取出 24 个样品,测量其发热量,计算得 $\bar{x} = 11\,958$,样本标准差 $s = 323$,问以 5% 的显著水平是否可认为发热量的期望值是 12 100(假定发热量是服从正态分布的)?

6. 某食品厂用自动装罐机装罐头食品,每罐标准重量为 500 克,每隔一定时间需要检查机器工作情况.现抽得 10 罐,测得其重量为(单位:克)495,510,505,498,503,492,502,512,507,506.假定重量服从正态分布,试问以 95% 的显著性检验机器工作是否正常?

7. 有一种新安眠药,据说在一定剂量下,能比某种旧安眠药平均增加睡眠时间 3 小时,根据资料用某种旧安眠药时,平均睡眠时间为 20.8 小时.标准差为 1.6 小时,为了检验这个说法是否正确,收集到一组使用新安眠药的睡眠时间为 26.7,22.0,24.1,21.0,27.2,25.0,23.4.试问:这组数据能否说明新安眠药已达到新的疗效(假定睡眠时间服从正态分布,$\alpha = 0.05$).

11.4　Matlab 在数理统计中的应用

11.4.1　直方图与经验分布函数图的绘制

命令格式 1：hist(A,n)

功能：对矩阵 A 按列作统计频数直方图，n 为条形图的条数.

命令格式 2：ni＝hist(A,n)

功能：对矩阵 A 按列得各划分区间内的统计频数.

注意：当 A 为向量时，上述所有命令直接作用在向量上，而不是列优先.

命令格式 3：[F_n,x0]＝ecdf(x)

功能：得到样本 x 的经验分布函数值 F_n，当 x 中有 m 个不同的数（记为向量 $x0$）时，则 F_n 的个数为 $m+1$ 个.

命令格式 4：ecdfhist(F_n,x0, m)

功能：绘制数据 x 的频率(密度)直方图，其中 F_n 与 $x0$ 是由 $ecdf$ 函数得到的样本 x 的经验分布函数值 F_n 与分段点 $x0$，m 为条形的个数，m 的默认值为 10.

命令格式 5：cdfplot(x)

功能：绘制样本 x 的经验分布函数图.

例如：

≫ x＝[6　4　5　3　6　8　6　7　3　4];

≫ [F_n,x0]＝ecdf(x)

F_n＝

　　　　0

　　0.2000

　　0.4000

　　0.5000

　　0.8000

　　0.9000

　　1.0000

x0 ＝

　　　3

　　　3

　　　4

　　　5

　　　6

　　　7

　　　8

≫ cdfplot(x)

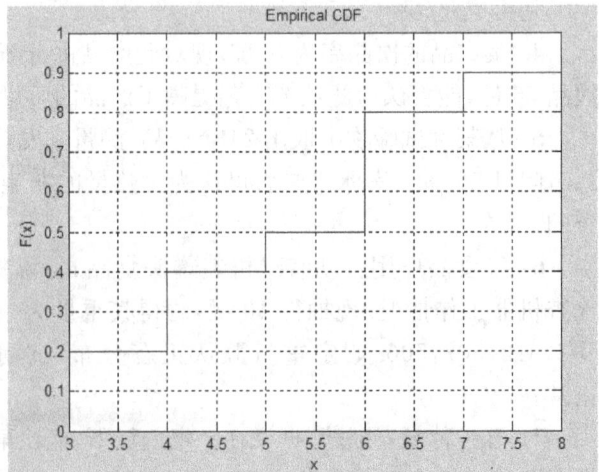

图 11－4　经验分布函数图

【**例 1**】　在齿轮加工中,齿轮的径向综合误差 $\Delta F_i''$ 是个随机变量,今对 200 件同样的齿轮进行测量,测得 $\Delta F_i''$ 的数值（mm）如下,求作 $\Delta F_i''$ 的频率密度直方图,并作出 $\Delta F_i''$ 的经验分布函数图形.

```
16 25 19 20 25 33 24 23 20 24 25 17 15 21 22 26 15 23 22 24
20 14 16 11 14 28 18 13 27 31 25 24 16 19 23 26 17 14 30 21
18 16 18 19 20 22 19 22 18 26 26 13 21 13 11 19 23 18 24 28
13 11 25 15 17 18 22 16 13 12 13 11 09 15 18 21 15 12 17 13
14 12 16 10 08 23 18 11 16 28 13 21 22 12 08 15 21 18 16 16
19 28 19 12 14 19 28 28 28 13 21 28 19 11 15 18 24 18 16 28
19 15 13 22 14 16 24 20 28 18 18 28 14 13 28 29 24 28 14 18
18 18 08 21 16 24 32 16 28 19 15 18 18 10 12 16 26 18 19 33
08 11 18 27 23 11 22 22 13 28 14 22 18 26 18 16 32 27 25 24
17 17 28 33 16 20 28 32 19 23 18 28 15 24 28 29 16 17 19 18
```

解　编写命令文件 L12_24.m：

```
F＝[16 25 19 20 25 33 24 23 20 24 25 17 15 21 22 26 15 23 22 24....
20 14 16 11 14 28 18 13 27 31 25 24 16 19 23 26 17 14 30 21....
18 16 18 19 20 22 19 22 18 26 26 13 21 13 11 19 23 18 24 28....
13 11 25 15 17 18 22 16 13 12 13 11 09 15 18 21 15 12 17 13....
14 12 16 10 08 23 18 11 16 28 13 21 22 12 08 15 21 18 16 16....
19 28 19 12 14 19 28 28 28 13 21 28 19 11 15 18 24 18 16 28....
19 15 13 22 14 16 24 20 28 18 18 28 14 13 28 29 24 28 14 18....
18 18 08 21 16 24 32 16 28 19 15 18 18 10 12 16 26 18 19 33....
08 11 18 27 23 11 22 22 13 28 14 22 18 26 18 16 32 27 25 24....
17 17 28 33 16 20 28 32 19 23 18 28 15 24 28 29 16 17 19 18];
%（1）下面作频数直方图
figure(1)
hist(F,8)
title('频数直方图');
xlabel('齿轮的径向综合误差(mm)');
%（2）下面作频率(密度)直方图
[F_n,x0]＝ecdf(F);
figure(2)
ecdfhist(F_n,x0,8);
title('频率(密度)直方图');
xlabel('齿轮的径向综合误差(mm)');
%（3）下面作经验分布函数图
figure(3)
cdfplot(F)
title('经验分布函数图');
```

xlabel('齿轮的径向综合误差(mm)');

运行命令文件 Ll2_24.m：

≫ L12_24

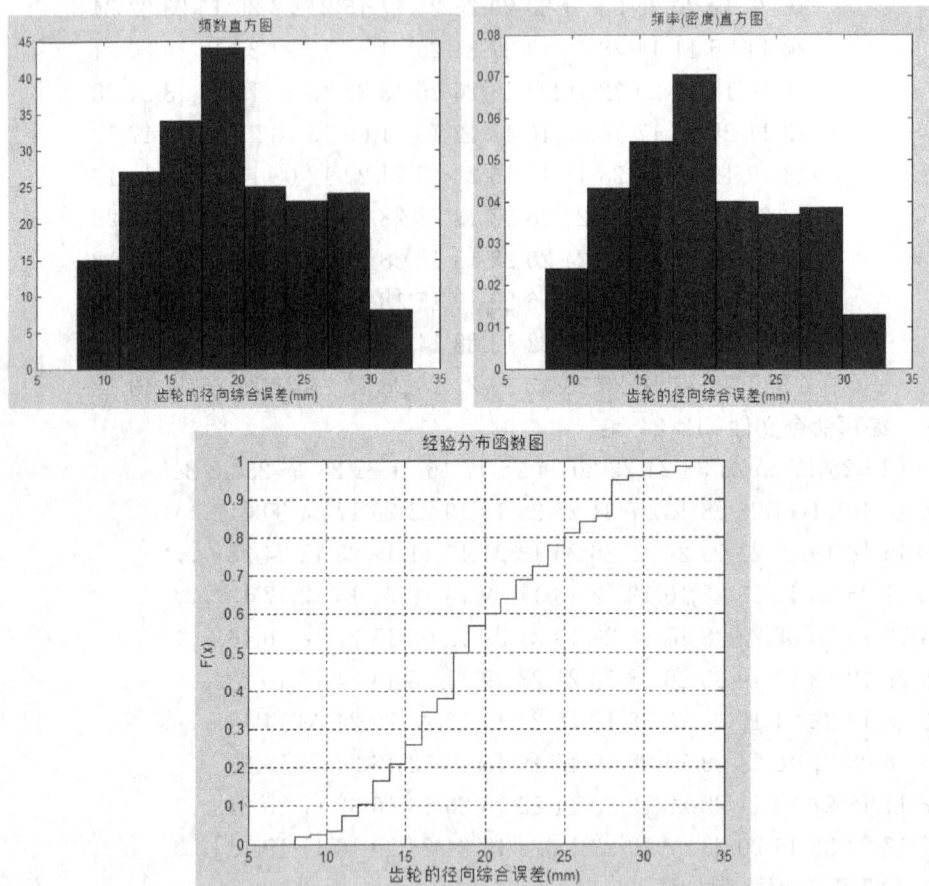

图 11 - 5

11.4.2 常见的概率分布

表 11 - 2 常用概率分布及代码

连续型分布				离散型分布	
分布名称	代码	分布名称	代码	分布名称	代码
连续均匀分布	unif	χ^2 分布	chi2	二项分布	bino
指数分布	exp	非中心 χ^2 分布	ncx2	离散均匀分布	unid
正态分布	norm	F 分布	f	几何分布	geo
多维正态分布	mvn	非中心 F 分布	ncf	超几何分布	hyge
对数正态分布	logn	t 分布	t	负二项分布	nbin
β 分布	beta	非中心 t 分布	nct	泊松分布	poiss

（续表）

连续型分布				离散型分布	
分布名称	代码	分布名称	代码	分布名称	代码
γ(Gamma)分布	gam	多维 t 分布	mvt		
Rayleigh 分布	rayl	Ⅰ型极值分布	ev		
Weibull 分布	wbl	广义极值分布	gev		

11.4.3　MATLAB 为常见分布提供的五类函数

1. 概率密度函数(分布名+pdf)

表 11-3　概率密度函数(pdf)

函数名称	函数说明	调用格式
normpdf	正态分布	Y=normpdf (X, mu, sigma)
chi2pdf	χ^2 分布	Y=chi2pdf (X, N)
tpdf	t 分布	Y=tpdf (X, N)
fpdf	F 分布	Y=fpdf (X, N1, N2)

注意：$Y=normpdf(X, mu, sigma)$ 的 sigma 是指标准差 σ，而非 σ^2.

【例 2】　绘制标准正态分布 $N(0,1)$ 的概率密度图.

解　Matlab 命令如下：

≫ x=-4:0.1:4;

≫ y=normpdf(x,0,1);

≫ plot(x,y)

≫ title('N(0,1)的概率密度曲线图 ')

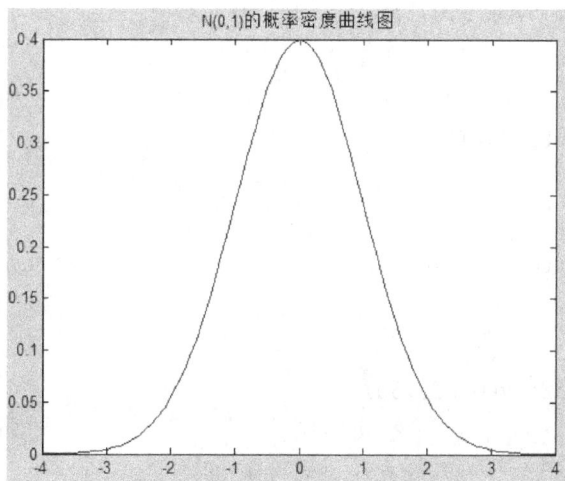

图 11-6　标准正态分布的概率密度图

2. 累积分布函数(分布名＋cdf)

表 12 - 4　累积分布函数(**cdf**)

函数名称	函数说明	调用格式
normcdf	正态分布	P＝normcdf (X, mu, sigma)
chi2cdf	χ^2 分布	P＝chi2cdf (X, N)
tcdf	t 分布	P＝tcdf (X, N)
fcdf	F 分布	P＝fcdf (X, N1, N2)

【例 3】　求服从标准正态分布的随机变量落在区间[－2，2]上的概率.

解　Matlab 命令为：

≫ P＝normcdf (2,0,1)－normcdf(－2,0,1)

P ＝

　　0.9545

3. 逆累积分布函数（分布名＋inv,用于求分位点）

表 11 - 5　逆累积分布函数(**inv**)

函数名称	函数说明	调用格式
norminv	正态分布	X＝norminv (P, mu, sigma)
chi2inv	χ^2 分布	X＝chi2inv (P, N)
tinv	t 分布	X＝tinv (P, N)
finv	F 分布	X＝finv (P, N1, N2)

【例 4】　求下列分位数：

(1) $u_{0.9}$　　(2) $t_{0.25}(4)$　　(3) $F_{0.1}(14,10)$　　(4) $\chi^2_{0.025}(50)$.

≫ u_alpha＝norminv(0.9,0,1)

u_alpha ＝

1.2816

≫ t_alpha＝tinv(0.25,4)

t_alpha ＝

　　－0.7407

≫ F_alpha＝finv(0.1,14,10)

F_alpha ＝

0.4772

≫ X2_alpha＝chi2inv(0.025,50)

X2_alpha ＝

　　32.3574

4. 随机数发生函数(分布名+rnd)

表 11-6 随机数发生函数(rnd)

函数名称	函数说明	调用格式
normrnd	正态分布	R＝normrnd(mu, sigma, m, n)
chi2rnd	χ^2 分布	R＝chi2rnd(N, m, n)
trnd	t 分布	R＝trnd(N, m, n)
frnd	F 分布	R＝frnd(N1, N2, m, n)

5. 均值和方差(分布名+stat)

表 11-7 常见分布的均值和方差函数(stat)

函数名称	函数说明	调用格式
unifstat	连续均匀分布：$\mu=\dfrac{a+b}{2}$, $\sigma^2=\dfrac{(b-a)^2}{12}$	[M,V]＝unifstat (A, B)
expstat	指数分布：$\mu=\mu$, $\sigma^2=\mu^2$	[M,V]＝expstat (MU)
normstat	正态分布：$\mu=\mu$, $\sigma^2=\sigma^2$	[M,V]＝normstat (mu, sigma)
chi2stat	χ^2 分布：$\mu=n$, $\sigma^2=2n$	[M,V]＝chi2stat (N)
tstat	t 分布：$\mu=0(n\geqslant 2)$, $\sigma^2=\dfrac{n}{n-2}(n\geqslant 3)$	[M,V]＝tstat (N)
fstat	F 分布：$\mu=\dfrac{n_2}{n_2-2}(n_2\geqslant 3)$ $\sigma^2=\dfrac{2n_2^2(n_1+n_2-2)}{n_1(n_2-2)^2(n_2-4)}(n_2\geqslant 5)$	[M,V]＝fstat (N1, N2)
binostat	二项分布：$\mu=np$, $\sigma^2=npq$	[M,V]＝binostat (N, p)
poisstat	泊松分布：$\mu=\lambda$, $\sigma^2=\lambda$	[M,V]＝poisstat (LAMBDA)

注意：

(1) MATLAB 中的指数分布的概率密度函数是 $f(x)=\begin{cases}\dfrac{1}{u}\mathrm{e}^{-\frac{x}{u}}, & x>0 \\ 0, & x\leqslant 0\end{cases}$.

(2) 如果省略调用格式左边的[M, V]，则只计算出均值.

11.4.4 常用的统计量

表 11-8 常用统计量

函数名称	函数说明	调用格式
mean	样本均值	m＝mean(X)
range	样本极差	y＝range(X)
std	样本标准差	y＝std(X)
var	样本方差	y＝var(X), y＝var(X, 1)

续表

函数名称	函数说明	调用格式
corrcoef	相关系数	R＝corrcoef（X）
cov	协方差矩阵	C＝cov(X)，C＝cov(X，Y)
moment	任意阶中心矩	m＝moment(X，order)

说明：

(1) $y＝var(X)$：计算 X 中数据的方差，其中 $var(X)＝\dfrac{1}{n-1}\sum\limits_{i=1}^{n}(x_i-\overline{x})^2$.

$y＝var(X，1)$：$var(X,1)＝\dfrac{1}{n}\sum\limits_{i=1}^{n}(x_i-\overline{x})^2$，得到样本的二阶中心矩（转动惯量）.

(2) $C＝cov(X)$：返回一个协方差矩阵，其中输入矩阵 X 的每列元素代表着一个随机变量的观测值. 如果 X 为 $n\times m$ 的矩阵，则 C 为 $m\times m$ 的矩阵.

(3) $var(X)＝diag(cov(X))$，$std(X)＝sqrt(diag(cov(X)))$.

习题 11.4

1. 某人向空中抛硬币 100 次，落下为正面的概率为 0.5. 这 100 次中正面向上的次数记为 X：

(1) 试计算 $X＝45$ 的概率和 $X\leqslant45$ 的概率；

(2) 绘制分布函数图像和分布列图像.

2. 设 $X\sim N(2,0.25)$.

(1) 求概率 $P\{1<X<2.5\}$；

(2) 绘制分布函数图象和分布密度图象；

(3) 画出区间 $[1.5,1.9]$ 上的分布密度曲线下方区域.

3. 某面粉厂的包装车间包装面粉，每袋面粉的重量服从正态分布，机器正常运转时每袋面粉重量的均值为 50 kg，标准差为 1. 某日随机的抽取了 9 袋，重量分别为：49.7，50.6，51.8，52.4，49.8，51.1，52，51.5，51.2，机器运转是否正常？

4. 某灯泡厂在采用一项新工艺前后，分别抽取了 10 只进行寿命试验，寿命分别为：

旧灯泡：2 461，2 404，2 407，2 439，2 394，2 401，2 543，2 463，2 392，2 458

新灯泡：2 496，2 485，2 538，2 596，2 556，2 582，2 494，2 528，2 537，2 492

假设灯泡的寿命服从正态分布，能否认为采用新工艺后，灯泡的寿命提高了？（$\alpha=0.01$）.

5. 从一批零件中随机抽取一组样品，下面是零件样品直径的统计表. 在显著水平 $\alpha=0.05$ 下能否认为这批零件的直径服从正态分布？绘出统计数据的直方图.

直径	2.55	2.65	2.75	2.85	2.95	3.05	3.15	3.25	3.35
频数	11	12	17	19	26	24	22	19	13

复习题 十一

一、选择题

1. 设 $X_1,\cdots,X_n$ 为正态总体 $N(\mu,\sigma^2)$ 的样本，记 $S^2＝\dfrac{1}{n-1}\sum\limits_{i=1}^{n}(x_i$

$-\overline{x})^2$，则下列选项中正确的是   （   ）

本章小结和
阅读材料

A. $\dfrac{(n-1)S^2}{\sigma^2} \sim x^2(n-1)$　　　　B. $\dfrac{(n-1)S^2}{\sigma^2} \sim x^2(n)$

C. $(n-1)S^2 \sim x^2(n-1)$　　　　D. $\dfrac{S^2}{\sigma^2} \sim x^2(n-1)$

2. 设总体 $X \sim N(\mu,\sigma^2)$，σ^2 未知，$\overline{X}$ 为样本均值，$S_n^2 = \dfrac{1}{n}\sum\limits_{i=1}^{n}(X_i - \overline{X})^2$，$S^2 = \dfrac{1}{n-1}\sum\limits_{i=1}^{n}(X_i - \overline{X})^2$，检验假设 $H_0 : \mu = \mu_0$ 时采用的统计量是（　　）

A. $Z = \dfrac{\overline{X}-\mu_0}{\sigma/\sqrt{n}}$　　　　B. $T = \dfrac{\overline{X}-\mu_0}{S_n/\sqrt{n}}$

C. $T = \dfrac{\overline{X}-\mu_0}{S/\sqrt{n}}$　　　　D. $T = \dfrac{\overline{X}-\mu_0}{\sigma/\sqrt{n}}$

3. 设 $X_1,X_2,\cdots,X_n$ 为来自总体 X 的样本，$\overline{X}$ 为样本均值，则样本方差 $S^2 = $（　　）

A. $\dfrac{1}{n}\sum\limits_{i=1}^{n}(X_i - \overline{X})^2$　　　　B. $\dfrac{1}{n-1}\sum\limits_{i=1}^{n}(X_i - \overline{X})^2$

C. $\sqrt{\dfrac{1}{n}\sum\limits_{i=1}^{n}(X_i - \overline{X})^2}$　　　　D. $\sqrt{\dfrac{1}{n-1}\sum\limits_{i=1}^{n}(X_i - \overline{X})^2}$

4. 设 $x_1,x_2,\cdots,x_5$ 是来自正态总体 $N(\mu,\sigma^2)$ 的样本，其样本均值和样本方差分别为 $\overline{x} = \dfrac{1}{5}\sum\limits_{i=1}^{5}x_i$ 和 $s^2 = \dfrac{1}{4}\sum\limits_{i=1}^{5}(x_i - \overline{x})^2$，则 $\dfrac{\sqrt{5}(\overline{x}-\mu)}{s}$ 服从（　　）

A. $t(4)$　　　B. $t(5)$　　　C. $x^2(4)$　　　D. $x^2(5)$

5. 设总体 $X \sim N(\mu,\sigma^2)$，σ^2 未知，$x_1,x_2,\cdots,x_n$ 为样本，$s^2 = \dfrac{1}{n-1}\sum\limits_{i=1}^{n}(x_i - \overline{x})^2$，检验假设 $H_0 : \sigma^2 = \sigma_0^2$ 时采用的统计量是（　　）

A. $t = \dfrac{\overline{x}-\mu}{s/\sqrt{n}} \sim t(n-1)$　　　　B. $t = \dfrac{\overline{x}-\mu}{s/\sqrt{n}} \sim t(n)$

C. $x^2 = \dfrac{(n-1)s^2}{\sigma_0^2} \sim x^2(n-1)$　　　　D. $x^2 = \dfrac{(n-1)s^2}{\sigma_0^2} \sim x^2(n)$

6. 设总体 X 服从正态分布 $N(\mu,\sigma^2)$，其中 σ^2 未知. $x_1,x_2,\cdots,x_n$ 为来自该总体的样本，$\overline{x}$ 为样本均值，s 为样本标准差，欲检验假设 $H_0 : \mu = \mu_0, H_1 : \mu \neq \mu_0$，则检验统计量为（　　）

A. $\sqrt{n}\,\dfrac{\overline{x}-\mu_0}{\sigma}$　　　　B. $\sqrt{n}\,\dfrac{\overline{x}-\mu_0}{s}$

C. $\sqrt{n-1}(\overline{x}-\mu_0)$　　　　D. $\sqrt{n}(\overline{x}-\mu_0)$

二、填空题

1. 设 $X_1,X_2,\cdots,X_n$ 是来自总体 $N(\mu,\sigma^2)$ 的样本，则 $\sum\limits_{i=1}^{n}\left(\dfrac{X_i - \mu}{\sigma}\right)^2 \sim$ _____（标出参数）.

2. 假设总体 X 服从参数为 λ 的泊松分布，0.8、1.3、1.1、0.6、1.2 是来自总体 X 的样本容量为 5 的简单随机样本，则 λ 的矩估计值为 _____.

3. 由来自正态总体 $X \sim N(\mu, 0.9^2)$、容量为 9 的简单随机样本,得样本均值为 5,则未知参数 μ 的置信度为 0.95 的置信区间是_____. ($\mu_{0.025} = 1.96$).

4. 某实验室对一批建筑材料进行抗断强度试验,已知这批材料的抗断强度 $X \sim N(\mu, 0.09)$,现从中抽取容量为 9 的样本观测值,计算出样本平均值 $\bar{x} = 8.54$,已知 $u_{0.025} = 1.96$,则置信度为 0.95 时 μ 的置信区间为_____.

5. 设总体 $X \sim N(\mu, \sigma^2)$,其中 σ^2 未知,现由来自总体 X 的一个样本 $x_1, x_2, \cdots, x_9$ 算得样本均值 $\bar{x} = 10$,样本标准差 $s = 3$,并查得 $t_{0.025}(8) = 2.3$,则 μ 的置信度为 95% 置信区间是_____.

6. 设总体 X 服从参数为 $\lambda(\lambda > 0)$ 的指数分布,其概率密度为

$$f(x, \lambda) = \begin{cases} \lambda e^{-\lambda x}, & x > 0, \\ 0, & x \leqslant 0. \end{cases}$$

由来自总体 X 的一个样本 $x_1, x_2, \cdots, x_n$ 算得样本平均值 $\bar{x} = 9$,则参数 λ 的矩估计 $\hat{\lambda} = $_____.

7. 设总体 X 服从参数为 $\lambda(\lambda > 0)$ 的泊松分布,$x_1, x_2, \cdots, x_n$ 为 X 的一个样本其样本均值 $\bar{x} = 2$,则 λ 的矩估计值 $\hat{\lambda} = $_____.

8. 设总体 X 服从区间 $(0, \theta)$ 上的均匀分布,$x_1, x_2, \cdots, x_n$ 是来自总体 X 的样本,$\bar{x}$ 为样本均值,$\theta > 0$ 为未知参数,则 θ 的矩估计 $\hat{\theta} = $_____.

三、假设某城市购房业主的年龄服从正态分布,根据长期统计资料表明业主年龄 $X \sim N(35, 5^2)$. 今年随机抽取 400 名业主进行统计调研,业主平均年龄为 30 岁. 在 $\alpha = 0.01$ 下检验业主年龄是否显著减小.($u_{0.01} = 2.32, u_{0.005} = 2.58$)

四、某日从饮料生产线随机抽取 16 瓶饮料,分别测得重量(单位:克)后算出样本均值 $\bar{x} = 502.92$ 及样本标准差 $s = 12$.假设瓶装饮料的重量服从正态分布 $N(\mu, \sigma^2)$,其中 σ^2 未知,问该日生产的瓶装饮料的平均重量是否为 500 克?($\alpha = 0.05$)(附:$t_{0.025}(15) = 2.13$)

五、已知某厂生产的一种元件,其寿命服从均值 $\mu_0 = 120$,方差 $\sigma_0^2 = 9$ 的正态分布. 现采用一种新工艺生产该种元件,并随机取 16 个元件,测得样本均值 $\bar{x} = 123$,从生产情况看,寿命波动无变化.试判断采用新工艺生产的元件平均寿命较以往有无显著变化.($\alpha = 0.05$)(附:$u_{0.025} = 1.96$)

六、设某厂生产的零件长度 $X \sim N(\mu, \sigma^2)$(单位:mm),现从生产出的一批零件中随机抽取了 16 件,经测量并算得零件长度的平均值 $\bar{x} = 1\,960$,标准差 $s = 120$,如果 σ^2 未知,在显著水平 $\alpha = 0.05$ 下,是否可以认为该厂生产的零件的平均长度是 $2\,050$ mm?($t_{0.025}(15) = 2.131$)

附表 常用统计分布表

附表 1 泊松分布概率值表 $P\{X=m\}=\dfrac{\lambda_m}{m!}e^{-\lambda}$

m \ λ	0.1	0.2	0.3	0.4	0.5	0.6	0.7	0.8
0	0.904 837	0.818 731	0.740 818	0.676 320	0.606 531	0.548 812	0.496 585	0.449 329
1	0.090 484	0.163 746	0.222 245	0.268 128	0.303 265	0.329 287	0.347 610	0.359 463
2	0.004 524	0.016 375	0.033 337	0.053 626	0.075 816	0.098 786	0.121 663	0.143 785
3	0.000 151	0.001 092	0.003 334	0.007 150	0.012 636	0.019 757	0.028 388	0.038 343
4	0.000 004	0.000 055	0.000 250	0.000 715	0.001 580	0.002 964	0.004 968	0.007 669
5		0.000 002	0.000 015	0.000 057	0.000 158	0.000 356	0.000 696	0.001 227
6			0.000 001	0.000 004	0.000 013	0.000 036	0.000 081	0.000 164
7					0.000 001	0.000 003	0.000 008	0.000 019
8							0.000 001	0.000 002
9								
10								
11								
12								
13								
14								
15								
16								
17								

m \ λ	0.9	1.0	1.5	2.0	2.5	3.0	3.5	4.0
0	0.406 570	0.367 879	0.223 130	0.135 335	0.082 085	0.049 787	0.030 197	0.018 316
1	0.359 13	0.367 879	0.334 695	0.270 671	0.205 212	0.149 361	0.105 691	0.073 263
2	0.164 661	0.183 940	0.251 021	0.270 671	0.256 516	0.224 042	0.184 959	0.146 525
3	0.049 398	0.061 313	0.125 510	0.180 447	0.213 763	0.224 042	0.215 785	0.195 367
4	0.011 115	0.015 328	0.047 067	0.090 224	0.133 602	0.168 031	0.188 812	0.195 367
5	0.002 001	0.003 066	0.014 120	0.036 089	0.066 801	0.100 819	0.132 169	0.156 293
6	0.000 300	0.000 511	0.003 530	0.012 030	0.027 834	0.050 409	0.077 098	0.104 196
7	0.000 039	0.000 073	0.000 756	0.003 437	0.009 941	0.021 604	0.038 549	0.059 540
8	0.000 004	0.000 009	0.000 142	0.000 859	0.003 106	0.008 102	0.016 865	0.029 770
9		0.000 001	0.000 024	0.000 191	0.000 863	0.002 701	0.006 559	0.013 231
10			0.000 04	0.000 038	0.000 216	0.000 810	0.002 296	0.005 292
11				0.000 007	0.000 049	0.000 221	0.000 730	0.001 925
12				0.000 001	0.000 010	0.000 055	0.000 213	0.000 642
13					0.000 002	0.000 013	0.000 057	0.000 197
14						0.000 002	0.000 014	0.000 056
15						0.000 001	0.000 003	0.000 015
16							0.000 001	0.000 004
17								0.000 001

λ / m	4.5	5.0	5.5	6.0	6.5	7.0	7.5	8.0
0	0.011 109	0.006 738	0.004 087	0.002 479	0.001 503	0.000 091 2	0.000 553	0.000 335
1	0.049 990	0.033 690	0.022 477	0.014 873	0.009 773	0.006 383	0.004 148	0.002 684
2	0.112 479	0.084 224	0.061 812	0.044 618	0.031 760	0.022 341	0.015 556	0.010 735
3	0.168 718	0.140 374	0.113 323	0.089 235	0.068 814	0.052 129	0.038 888	0.028 626
4	0.189 808	0.175 467	0.155 819	0.133 853	0.111 822	0.091 226	0.072 917	0.057 252
5	0.170 827	0.175 467	0.171 001	0.160 623	0.145 369	0.127 717	0.109 374	0.091 604
6	0.128 120	0.146 223	0.157 117	0.160 623	0.157 483	0.149 003	0.136 719	0.122 138
7	0.082 363	0.104 445	0.123 449	0.137 677	0.146 234	0.149 003	0.146 484	0.139 587
8	0.046 329	0.065 278	0.084 872	0.103 258	0.118 815	0.130 377	0.137 328	0.139 587
9	0.023 165	0.036 266	0.051 866	0.068 838	0.085 811	0.101 405	0.114 441	0.124 077
10	0.010 424	0.018 133	0.028 526	0.041 303	0.055 777	0.070 983	0.085 830	0.099 262
11	0.004 264	0.008 242	0.014 263	0.022 529	0.032 959	0.045 171	0.058 521	0.072 190
12	0.001 599	0.003 434	0.006 537	0.011 264	0.017 853	0.026 350	0.036 575	0.048 127
13	0.000 554	0.001 321	0.002 766	0.005 199	0.008 927	0.014 188	0.021 01	0.029 616
14	0.000 178	0.000 472	0.001 086	0.002 228	0.004 144	0.007 094	0.011 305	0.016 924
15	0.000 053	0.000 157	0.000 399	0.000 891	0.001 796	0.003 311	0.005 652	0.009 026
16	0.000 015	0.000 049	0.000 137	0.000 334	0.000 730	0.001 448	0.002 649	0.004 513
17	0.000 004	0.000 014	0.000 044	0.000 118	0.000 279	0.000 596	0.001 169	0.002 124
18	0.000 001	0.000 004	0.000 014	0.000 039	0.000 100	0.000 232	0.000 487	0.000 944
19		0.000 01	0.000 004	0.000 012	0.000 035	0.000 085	0.000 192	0.000 397
20			0.000 01	0.000 004	0.000 011	0.000 030	0.000 072	0.000 159
21				0.000 001	0.000 004	0.000 010	0.000 026	0.000 061
22					0.000 001	0.000 003	0.000 009	0.000 022
23						0.000 001	0.000 003	0.000 008
24							0.000 001	0.000 003
25								0.000 001
26								
27								
28								
29								

m \\ λ	8.5	9.0	9.5	10.0	m \\ λ	20	m \\ λ	30
0	0.000 203	0.000 123	0.000 075	0.000 045	5	0.000 1	12	0.000 1
1	0.001 730	0.001 111	0.000 711	0.000 454	6	0.000 2	13	0.000 2
2	0.007 350	0.004 998	0.003 378	0.002 270	7	0.000 5	14	0.000 5
3	0.020 826	0.014 994	0.010 696	0.007 567	8	0.001 3	15	0.001 0
4	0.442 55	0.033 737	0.025 403	0.018 917	9	0.002 9	16	0.001 9
5	0.075 233	0.060 727	0.048 265	0.037 833	10	0.005 8	17	0.003 4
6	0.106 581	0.091 090	0.076 421	0.063 055	11	0.010 6	18	0.005 7
7	0.129 419	0.117 116	0.103 714	0.090 079	12	0.017 6	19	0.008 9
8	0.137 508	0.131 756	0.123 160	0.112 599	13	0.027 1	20	0.013 4
9	0.129 869	0.131 756	0.130 003	0.125 110	14	0.038 2	21	0.019 2
10	0.110 303	0.118 580	0.122 502	0.125 110	15	0.051 7	22	0.026 1
11	0.085 300	0.097 020	0.106 662	0.113 736	16	0.064 6	23	0.034 1
12	0.060 421	0.072 765	0.084 440	0.094 780	17	0.076 0	24	0.042 6
13	0.039 506	0.050 376	0.061 706	0.072 908	18	0.081 4	25	0.057 1
14	0.023 986	0.032 384	0.041 872	0.052 077	19	0.088 8	26	0.059 0
15	0.013 592	0.019 431	0.026 519	0.034 718	20	0.088 8	27	0.065 5
16	0.007 220	0.010 930	0.015 746	0.021 699	21	0.084 6	28	0.070 2
17	0.003 611	0.005 786	0.008 799	0.012 764	22	0.076 7	29	0.072 6
18	0.001 705	0.002 893	0.004 644	0.007 091	23	0.066 9	30	0.072 6
19	0.000 762	0.001 370	0.002 322	0.003 732	24	0.055 7	31	0.703
20	0.000 324	0.000 617	0.001 103	0.001 866	25	0.044 6	32	0.065 9
21	0.000 132	0.000 264	0.000 433	0.008 989	26	0.034 3	33	0.059 9
22	0.000 050	0.000 108	0.000 216	0.000 404	27	0.025 4	34	0.052 9
23	0.000 019	0.000 042	0.000 89	0.000 176	28	0.018 2	35	0.045 3
24	0.000 007	0.000 016	0.000 025	0.000 073	29	0.012 5	36	0.037 8
25	0.000 002	0.000 006	0.000 014	0.000 029	30	0.008 3	37	0.030 6
26	0.000 001	0.000 002	0.000 004	0.000 011	31	0.005 4	38	0.024 2
27		0.000 001	0.000 002	0.000 004	32	0.003 4	39	0.018 6
28			0.000 001	0.000 001	33	0.002 0	40	0.013 9
29				0.000 001	34	0.001 2	41	0.010 2
							42	0.007 3
							43	0.050 1
					35	0.000 7	44	0.003 5
					36	0.000 4	45	0.002 3
					37	0.000 2	46	0.001 5
					38	0.000 1	47	0.001 0
					39	0.000 1	48	0.

附表 2　标准正态分布函数值表 $\Phi_0(x)=\dfrac{1}{2\pi}\displaystyle\int_{-\infty}^{x}\mathrm{e}^{-\frac{t^2}{2}}\,\mathrm{d}t\,(x\geqslant 0)$

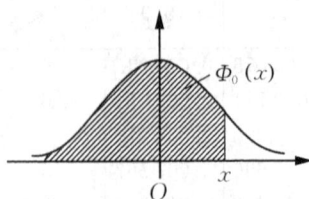

x	0.00	0.01	0.02	0.03	0.04
0.0	0.500 0	0.504 0	0.508 0	0.512 0	0.516 0
0.1	0.539 8	0.543 8	0.547 8	0.551 7	0.555 7
0.2	0.579 3	0.583 2	0.587 1	0.591 0	0.594 8
0.3	0.617 9	0.621 7	0.625 5	0.629 3	0.633 1
0.4	0.655 4	0.659 1	0.662 8	0.666 4	0.670 0
0.5	0.691 5	0.695 0	0.698 5	0.701 9	0.705 4
0.6	0.725 7	0.729 1	0.732 4	0.735 7	0.738 9
0.7	0.758 0	0.761 1	0.764 2	0.767 3	0.770 3
0.8	0.788 1	0.791 0	0.793 9	0.796 7	0.799 5
0.9	0.815 9	0.818 6	0.821 2	0.823 8	0.826 4
1.0	0.841 3	0.843 8	0.846 1	0.848 5	0.850 8
1.1	0.864 3	0.866 5	0.868 6	0.870 8	0.872 9
1.2	0.884 9	0.886 9	0.888 8	0.890 7	0.892 5
1.3	0.903 20	0.904 90	0.906 78	0.908 24	0.909 88
1.4	0.919 24	0.920 73	0.922 20	0.923 64	0.925 07
1.5	0.933 19	0.934 48	0.935 74	0.936 99	0.938 22
1.6	0.945 20	0.946 30	0.947 38	0.948 45	0.949 50
1.7	0.955 43	0.956 37	0.957 28	0.958 18	0.959 07
1.8	0.964 07	0.964 85	0.965 62	0.966 38	0.967 12
1.9	0.971 28	0.971 93	0.972 57	0.973 20	0.973 81
2.0	0.977 25	0.977 78	0.978 31	0.978 82	0.979 32
2.1	0.982 14	0.982 57	0.983 00	0.983 41	0.983 82
2.2	0.986 10	0.986 45	0.986 79	0.987 13	0.987 45
2.3	0.989 28	0.989 56	0.989 83	0.990 10	0.990 36
2.4	0.991 80	0.992 02	0.992 24	0.992 45	0.992 66
2.5	0.993 79	0.993 96	0.994 13	0.994 30	0.994 46
2.6	0.995 34	0.995 47	0.995 60	0.995 73	0.995 86
2.7	0.996 53	0.996 64	0.996 74	0.996 83	0.996 93
2.8	0.997 45	0.997 52	0.997 60	0.997 67	0.997 74
2.9	0.998 13	0.998 19	0.998 25	0.998 31	0.998 36

x	0.00	0.01	0.02	0.03	0.04
3.0	0.998 65	0.998 69	0.998 74	0.998 78	0.998 82
3.1	0.999 03	0.999 06	0.999 10	0.999 13	0.999 16
3.2	0.999 31	0.999 34	0.999 36	0.999 38	0.999 40
3.3	0.999 52	0.999 53	0.999 55	0.999 57	0.9995 8
3.4	0.999 66	0.999 68	0.999 69	0.999 70	0.999 71
3.5	0.999 77	0.999 78	0.999 78	0.999 79	0.999 80
3.6	0.999 84	0.999 85	0.999 85	0.999 86	0.999 86
3.7	0.999 89	0.999 90	0.999 90	0.999 90	0.999 91
3.8	0.999 93	0.999 93	0.999 93	0.999 94	0.999 94
3.9	0.999 95	0.999 95	0.999 96	0.999 96	0.
4.0	0.999 97	0.999 97	0.999 97	0.999 97	0.999 97
4.1	0.999 98	0.999 98	0.999 98	0.999 98	0.999 98
4.2	0.999 99	0.999 99	0.999 99	0.999 99	0.999 99
4.3	0.999 99	0.999 99	0.999 99	0.999 99	0.999 99
4.4	0.999 99	0.999 99	1.000 00	1.000 00	1.000 00

x	0.05	0.06	0.07	0.08	0.09
0.0	0.519 9	0.523 9	0.527 9	0.531 9	0.535 9
0.1	0.559 6	0.563 6	0.567 5	0.571 4	0.575 3
0.2	0.598 7	0.602 6	0.606 4	0.610 3	0.614 1
0.3	0.636 8	0.640 6	0.644 3	0.648 0	0.651 7
0.4	0.673 6	0.677 2	0.680 8	0.684 4	0.687 9
0.5	0.708 8	0.712 3	0.715 7	0.719 0	0.722 4
0.6	0.742 2	0.745 4	0.748 6	0.751 7	0.754 9
0.7	0.773 4	0.776 4	0.779 4	0.782 3	0.785 2
0.8	0.802 3	0.805 1	0.807 8	0.810 6	0.813 3
0.9	0.828 9	0.831 5	0.834 0	0.836 5	0.838 9
1.0	0.853 1	0.855 4	0.857 7	0.859 9	0.862 1
1.1	0.874 9	0.877 0	0.879 0	0.881 0	0.883 0
1.2	0.894 4	0.896 2	0.898 0	0.899 7	0.901 47
1.3	0.911 40	0.913 09	0.914 66	0.916 21	0.917 74
1.4	0.926 47	0.927 85	0.929 22	0.930 56	0.931 89
1.5	0.939 43	0.940 62	0.941 79	0.942 95	0.944 08
1.6	0.950 53	0.951 54	0.952 54	0.953 52	0.954 49

x	0.05	0.06	0.07	0.08	0.09
1.7	0.959 94	0.960 80	0.961 64	0.962 46	0.963 27
1.8	0.967 84	0.968 56	0.969 26	0.969 95	0.970 62
1.9	0.974 41	0.975 00	0.975 58	0.976 15	0.976 70
2.0	0.979 82	0.980 30	0.980 77	0.981 24	0.981 69
2.1	0.984 22	0.984 61	0.985 00	0.985 37	0.985 74
2.2	0.987 78	0.988 09	0.988 40	0.988 70	0.988 99
2.3	0.990 61	0.990 86	0.991 11	0.991 34	0.991 58
2.4	0.992 86	0.993 05	0.993 24	0.993 43	0.993 61
2.5	0.994 61	0.994 77	0.994 92	0.995 06	0.995 20
2.6	0.995 98	0.996 09	0.996 21	0.996 32	0.996 43
2.7	0.997 02	0.997 11	0.997 20	0.997 28	0.997 37
2.8	0.997 81	0.997 88	0.997 95	0.998 01	0.998 07
2.9	0.998 41	0.998 46	0.998 51	0.998 56	0.998 61
3.0	0.998 86	0.998 89	0.998 93	0.998 97	0.999 00
3.1	0.999 18	0.999 21	0.999 24	0.999 26	0.999 29
3.2	0.999 42	0.999 44	0.999 46	0.999 48	0.999 50
3.3	0.999 60	0.999 61	0.999 62	0.999 64	0.999 65
3.4	0.999 72	0.999 73	0.999 74	0.999 75	0.999 76
3.5	0.999 81	0.999 81	0.999 82	0.999 83	0.999 83
3.6	0.999 87	0.999 87	0.999 88	0.999 88	0.999 89
3.7	0.999 91	0.999 92	0.999 92	0.999 92	0.999 92
3.8	0.999 94	0.999 94	0.999 95	0.999 95	0.999 95
3.9	0.999 96	0.999 96	0.999 96	0.999 97	0.999 97
4.0	0.999 97	0.999 98	0.999 98	0.999 98	0.999 98
4.1	0.999 98	0.999 98	0.999 98	0.999 99	0.999 99
4.2	0.999 99	0.999 99	0.999 99	0.999 99	0.999 99
4.3	0.999 99	0.999 99	0.999 99	0.999 99	0.999 99
4.4	1.000 00	1.000 00	1.000 00	1.000 00	1.

附表 3　x^2 分布上侧分位数表 $P\{\chi^2(n)>\chi_\alpha^2(n)\}=\alpha$

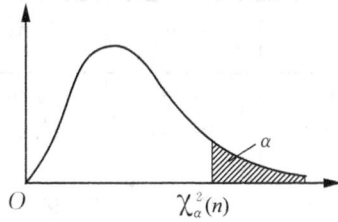

n \ α	$\alpha=0.995$	0.99	0.975	0.95	0.90	0.75
1	—	—	0.001	0.004	0.016	0.102
2	0.010	0.020	0.051	0.103	0.211	0.575
3	0.072	0.115	0.216	0.352	0.584	1.213
4	0.207	0.297	0.484	0.711	1.064	1.923
5	0.412	0.554	0.831	1.145	1.610	2.675
6	0.676	0.872	1.237	1.635	2.204	3.455
7	0.989	1.239	1.690	2.167	2.833	4.255
8	1.344	1.646	2.180	2.733	3.490	5.071
9	1.735	2.088	2.700	3.325	4.168	5.899
10	2.156	2.558	3.247	3.940	4.865	6.737
11	2.603	3.053	3.816	4.575	5.578	7.584
12	3.074	3.571	4.404	5.226	6.304	8.438
13	3.565	4.107	5.009	5.892	7.042	9.299
14	4.075	4.660	5.629	6.571	7.790	10.165
15	4.601	5.229	6.262	7.261	8.547	11.037
16	5.142	5.812	6.908	7.962	9.312	11.912
17	5.697	6.408	7.564	8.672	10.085	12.792
18	6.265	7.015	8.231	9.390	10.865	13.675
19	6.844	7.633	8.907	10.117	11.651	14.562
20	7.434	8.260	9.591	10.851	12.443	15.452
21	8.034	8.897	10.283	11.591	13.240	16.344
22	8.643	9.542	10.982	12.338	14.042	17.240
23	9.260	10.196	11.689	13.091	14.848	18.137
24	9.886	10.856	12.401	13.848	15.659	19.037
25	10.520	11.524	13.120	14.611	16.473	19.939
26	11.160	12.198	13.844	15.379	17.292	20.843
27	11.808	12.879	14.573	16.151	18.114	21.749
28	12.461	13.565	15.308	16.928	18.939	22.657

续表

n \ α	$\alpha=0.995$	0.99	0.975	0.95	0.90	0.75
29	13.121	14.257	16.047	17.708	19.768	23.567
30	13.787	14.954	16.791	18.493	20.599	24.478
31	14.458	15.655	17.539	19.281	21.434	25.390
32	15.134	16.362	18.291	20.072	22.271	26.304
33	15.815	17.074	19.047	20.867	23.110	27.219
34	16.501	17.789	19.806	21.664	23.952	28.136
35	17.192	18.509	20.569	22.465	24.797	29.054
36	17.887	19.233	21.336	23.269	25.643	29.973
37	18.586	19.960	22.106	24.075	26.492	30.893
38	19.289	20.691	22.878	24.884	27.343	31.815
39	19.996	21.426	23.654	25.695	28.196	32.737
40	20.707	22.164	24.433	26.509	29.051	33.
41	21.421	22.906	25.215	27.326	29.907	34.585
42	22.138	23.650	25.999	28.144	30.765	35.510
43	22.859	24.398	26.785	28.965	31.625	36.436
44	23.584	25.148	27.575	29.787	32.487	37.363
45	24.311	25.901	28.366	30.612	33.350	38.291

n \ α	$\alpha=0.25$	0.10	0.05	0.025	0.01	0.005
1	1.323	2.706	3.841	5.024	6.635	7.879
2	2.773	4.605	5.991	7.378	9.210	10.597
3	4.108	6.251	7.815	9.348	11.345	12.838
4	5.385	7.779	9.488	11.143	13.277	14.860
5	6.626	9.236	11.071	12.833	15.086	16.750
6	7.841	10.45	12.592	14.449	16.812	18.548
7	9.037	12.017	14.067	16.013	18.475	20.278
8	10.219	13.362	15.507	17.535	20.090	21.955
9	11.389	14.684	16.919	19.023	21.666	23.589
10	12.549	15.987	18.307	20.483	23.209	25.188
11	13.701	17.275	19.675	21.920	24.725	26.756
12	14.845	18.549	21.026	23.337	26.217	28.299
13	15.984	19.812	22.362	24.736	27.688	29.819
14	17.117	21.064	23.685	26.119	29.141	31.319
15	18.245	22.307	24.996	27.488	30.578	32.801

α / n	$\alpha=0.25$	0.10	0.05	0.025	0.01	0.005
16	19.369	23.542	26.296	28.845	32.000	34.267
17	20.489	24.769	27.587	30.191	33.409	35.718
18	21.605	25.989	28.869	31.526	34.805	37.156
19	22.718	27.204	30.144	32.852	36.191	38.582
20	23.828	28.412	31.410	34.170	37.566	39.997
21	24.935	29.615	32.671	35.479	38.932	41.401
22	26.039	30.813	33.924	36.781	40.289	42.796
23	27.141	32.007	35.172	38.076	41.638	44.181
24	28.241	33.196	36.415	39.364	42.980	45.559
25	29.339	34.382	37.652	40.646	44.314	46.928
26	30.435	35.563	38.885	41.923	45.642	48.290
27	31.528	36.741	40.113	43.194	46.963	49.645
28	32.620	37.916	41.337	44.461	48.278	50.993
29	33.711	39.087	42.557	45.722	49.588	52.336
30	34.800	40.256	43.773	46.979	50.892	53.672
31	35.887	41.422	44.985	48.232	52.191	55.003
32	36.973	42.585	46.194	49.480	53.486	56.328
33	38.058	43.745	47.400	50.725	54.776	57.648
34	39.141	44.903	48.602	51.966	56.061	58.964
35	40.223	46.059	49.802	53.203	57.342	60.275
36	41.304	47.212	50.998	54.437	58.619	61.581
37	42.383	48.363	52.192	55.668	59.892	62.883
38	43.462	59.513	58.384	56.896	61.162	64.181
39	44.539	50.660	54.572	58.120	62.428	65.476
40	45.616	51.805	55.758	59.342	63.691	66.766
41	56.692	52.949	56.942	60.561	64.950	68.053
42	47.766	54.090	58.124	61.777	66.206	69.336
43	48.840	55.230	59.304	62.990	67.459	70.616
44	49.913	56.369	60.481	64.201	68.710	71.893
45	50.985	57.505	61.656	65.410	69.957	73.

附表 4 F 分布上侧分位数表 $P\{F(m,n) > F_\alpha(m,n)\} = \alpha$

$\alpha = 0.10$

m\n	1	2	3	4	5	6	7	8	9
1	39.86	49.50	53.59	55.83	57.24	58.20	58.91	59.44	59.86
2	8.53	9.00	9.16	9.24	9.29	9.33	9.35	9.37	9.38
3	5.54	5.46	5.39	5.34	5.31	5.28	5.27	5.25	5.24
4	4.54	4.32	4.19	4.11	4.05	4.01	3.98	3.95	3.94
5	4.06	3.78	3.62	3.52	3.45	3.40	3.37	3.34	3.32
6	3.78	3.46	3.29	3.18	3.11	3.05	3.01	2.98	2.96
7	3.59	3.26	3.07	2.96	2.88	2.83	2.78	2.75	2.72
8	3.46	3.11	2.92	2.81	2.73	2.67	2.62	2.59	2.56
9	3.36	3.01	2.81	2.69	2.61	2.55	2.51	2.47	2.44
10	3.29	2.92	2.73	2.61	2.52	2.46	2.41	2.38	2.35
11	3.23	2.86	2.66	2.54	2.45	2.39	2.34	2.30	2.27
12	3.18	2.81	2.61	2.48	2.39	2.33	2.28	2.24	2.21
13	3.14	2.76	2.56	2.43	2.35	2.28	2.23	2.20	2.16
14	3.10	2.73	2.52	2.39	2.31	2.24	2.19	2.15	2.12
15	3.07	2.70	2.49	2.36	2.27	2.21	2.16	2.12	2.09
16	3.05	2.67	2.46	2.33	2.24	2.18	2.13	2.09	2.06
17	3.03	2.64	2.44	2.31	2.22	2.15	2.10	2.06	2.03
18	3.01	2.62	2.42	2.29	2.20	2.13	2.08	2.04	2.00
19	2.99	2.61	2.40	2.27	2.18	2.11	2.06	2.02	1.98
20	2.97	2.59	2.38	2.25	2.16	2.09	2.04	2.00	1.96
21	2.96	2.57	2.36	2.23	2.14	2.08	2.02	1.98	1.95
22	2.95	2.56	2.35	2.22	2.13	2.06	2.01	1.97	1.93
23	2.94	2.55	2.34	2.21	2.11	2.05	1.99	1.95	1.92
24	2.93	2.54	2.33	2.19	2.10	2.04	1.98	1.94	1.91
25	2.92	2.53	2.32	2.18	2.09	2.02	1.97	1.93	1.89
26	2.91	2.52	2.31	2.17	2.08	2.01	1.96	1.92	1.88
27	2.92	2.51	2.30	2.17	2.07	2.00	1.95	1.91	1.87
28	2.89	2.50	2.29	2.16	2.06	2.00	1.94	1.90	1.87
29	2.89	2.50	2.28	2.15	2.06	1.99	1.93	1.89	1.86
30	2.88	2.49	2.28	2.14	2.05	1.98	1.93	1.88	1.85
40	2.84	2.44	2.23	2.09	2.00	1.93	1.87	1.83	1.79
60	2.79	2.39	2.18	2.04	1.95	1.87	1.82	1.77	1.74
120	2.75	2.35	2.13	1.99	1.90	1.82	1.77	1.72	1.68
∞	2.71	2.30	2.08	1.94	1.85	1.77	1.72	1.67	1.

续表

$\alpha = 0.10$

m \ n	10	12	15	20	24	30	40	60	120	∞
1	60.19	60.17	61.22	61.74	62.00	62.26	62.53	62.79	63.06	63.33
2	9.39	9.41	9.42	9.44	9.45	9.46	9.47	9.47	9.48	9.49
3	5.23	5.22	5.20	5.18	5.18	5.17	5.16	5.15	5.14	5.13
4	3.92	3.90	3.87	3.84	3.83	3.82	3.80	3.70	3.78	3.76
5	3.30	3.27	3.24	3.21	3.19	3.17	3.16	3.14	3.12	3.10
6	2.94	2.90	2.87	2.84	2.82	2.80	2.78	2.76	2.74	2.72
7	2.70	2.67	2.63	2.59	2.58	2.56	2.54	2.51	2.49	2.47
8	2.54	2.50	2.46	2.42	2.40	2.38	2.36	2.34	2.32	2.29
9	2.42	2.38	2.34	2.30	2.28	2.25	2.23	2.21	2.18	2.16
10	2.32	2.28	2.24	2.20	2.18	2.16	2.13	2.11	2.08	2.06
11	2.25	2.21	2.17	2.12	2.10	2.08	2.05	2.03	2.00	1.97
12	2.19	2.15	2.10	2.06	2.04	2.01	1.99	1.96	1.93	1.90
13	2.14	2.10	2.05	2.01	1.98	1.96	1.93	1.90	1.88	1.85
14	2.10	2.05	2.01	1.96	1.94	1.91	1.89	1.86	1.83	1.80
15	2.06	2.02	1.97	1.92	1.90	1.87	1.85	1.82	1.79	1.76
16	2.03	1.99	1.94	1.89	1.87	1.84	1.81	1.78	1.75	1.72
17	2.00	1.96	1.91	1.86	1.84	1.81	1.78	1.75	1.72	1.69
18	1.98	1.93	1.89	1.84	1.81	1.78	1.75	1.72	1.69	1.66
19	1.96	1.91	1.86	1.81	1.79	1.76	1.73	1.70	1.67	1.63
20	1.94	1.89	1.84	1.79	1.77	1.74	1.71	1.68	1.64	1.61
21	1.92	1.87	1.83	1.78	1.75	1.72	1.69	1.66	1.62	1.59
22	1.90	1.86	1.81	1.76	1.73	1.70	1.67	1.64	1.60	1.57
23	1.89	1.84	1.80	1.74	1.72	1.69	1.66	1.62	1.59	1.56
24	1.88	1.83	1.78	1.73	1.70	1.67	1.64	1.61	1.57	1.53
25	1.87	1.82	1.77	1.72	1.69	1.66	1.63	1.59	1.56	1.52
26	1.86	1.81	1.76	1.71	1.68	1.65	1.61	1.58	1.54	1.50
27	1.85	1.80	1.75	1.70	1.67	1.64	1.60	1.57	1.53	1.49
28	1.84	1.79	1.74	1.69	1.66	1.63	1.59	1.56	1.52	1.48
29	1.83	1.78	1.73	1.68	1.65	1.62	1.58	1.55	1.51	1.47
30	1.82	1.77	1.72	1.67	1.64	1.61	1.57	1.54	1.50	1.46
40	1.76	1.71	1.66	1.61	1.57	1.54	1.51	1.47	1.42	1.38
60	1.71	1.66	1.60	1.54	1.51	1.48	1.44	1.40	1.35	1.29
120	1.65	1.60	1.55	1.48	1.45	1.41	1.37	1.32	1.26	1.19
∞	1.60	1.55	1.49	1.42	1.38	1.34	1.30	1.24	1.17	1.

续表

$\alpha = 0.05$

n\m	1	2	3	4	5	6	7	8	9
1	161.4	199.5	215.7	224.6	230.2	234.0	236.8	238.9	240.5
2	18.51	19.00	19.16	19.25	19.30	19.33	19.35	19.37	19.38
3	10.13	9.55	9.28	9.12	9.01	8.94	8.89	8.85	8.81
4	7.71	6.94	6.59	6.39	6.26	6.16	6.09	6.04	6.00
5	6.61	5.79	5.41	5.19	5.05	4.95	4.88	4.82	4.77
6	5.99	5.14	4.76	4.53	4.39	4.28	4.21	4.15	4.10
7	5.59	4.46	4.07	3.84	3.69	3.58	3.50	3.44	3.39
8	5.32	4.46	4.07	3.84	3.69	3.58	3.50	3.44	3.39
9	5.12	4.26	3.86	3.63	3.48	3.37	3.29	3.23	3.18
10	4.96	4.10	3.71	3.48	3.33	3.22	3.14	3.07	3.02
11	4.84	3.98	3.59	3.36	3.20	3.09	3.01	2.95	2.90
12	4.75	3.89	3.49	3.26	3.11	3.00	2.91	2.85	2.80
13	4.67	3.81	3.41	3.18	3.03	2.92	2.83	2.77	2.71
14	4.60	3.74	3.34	3.11	2.96	2.85	2.76	2.70	2.65
15	4.54	3.68	3.29	3.06	2.90	2.79	2.71	2.64	2.59
16	4.49	3.63	3.24	3.01	2.85	2.74	2.66	2.59	2.54
17	4.45	3.59	3.20	2.96	2.81	2.70	2.61	2.55	2.49
18	4.41	3.55	3.16	2.93	2.77	2.66	2.58	2.51	2.46
19	4.38	3.52	3.13	2.90	2.74	2.63	2.54	2.48	2.42
20	4.35	3.49	3.10	2.87	2.71	2.60	2.51	2.45	2.39
21	4.32	3.47	3.07	2.84	2.68	2.57	2.49	2.42	2.37
22	4.30	3.44	3.05	2.82	2.66	2.55	2.46	2.40	2.34
23	4.28	3.42	3.03	2.80	2.64	2.53	2.44	2.37	2.32
24	4.26	3.40	3.01	2.78	2.62	2.51	2.42	2.36	2.30
25	4.24	3.39	2.99	2.76	2.60	2.49	2.40	2.34	2.28
26	4.23	3.37	2.98	2.74	2.59	2.47	2.39	2.32	2.27
27	4.21	3.35	2.96	2.73	2.57	2.46	2.37	2.31	2.25
28	4.20	3.34	2.95	2.71	2.56	2.45	2.36	2.29	2.24
29	4.18	3.33	2.93	2.70	2.55	2.43	2.35	2.28	2.22
30	4.17	3.32	2.92	2.69	2.53	2.42	2.33	2.27	2.21
40	4.08	3.23	2.84	2.61	2.45	2.34	2.25	2.18	2.12
60	4.06	3.15	2.76	2.53	2.37	2.25	2.17	2.10	2.04
120	3.92	3.07	2.68	2.45	2.29	2.17	2.09	2.02	1.96
∞	3.84	3.00	2.60	2.37	2.21	2.10	2.01	1.94	1.

$\alpha = 0.05$

m n	10	12	15	20	24	30	40	60	120	∞
1	241.9	243.9	245.9	248.0	249.1	250.1	251.1	252.2	253.3	254.3
2	19.40	19.41	19.43	19.45	19.45	19.46	19.47	19.48	19.49	19.50
3	8.79	8.74	8.70	8.66	8.64	8.62	8.59	8.57	8.55	8.53
4	5.96	5.91	5.86	5.80	5.77	5.75	5.72	5.69	5.66	5.63
5	4.74	4.68	4.62	4.56	4.53	4.50	4.46	4.43	4.40	4.36
6	4.06	4.00	3.94	3.87	3.84	3.81	3.77	3.74	3.70	3.67
7	3.64	3.57	3.51	3.44	3.41	3.38	3.34	3.30	3.27	3.23
8	3.35	3.28	3.22	3.15	3.12	3.08	3.04	3.01	2.97	2.93
9	3.14	3.07	3.01	2.94	2.90	2.86	2.83	2.79	2.75	2.71
10	2.98	2.91	2.85	2.77	2.74	2.70	2.66	2.62	2.58	2.54
11	2.85	2.79	2.72	2.65	2.61	2.57	2.53	2.49	2.45	2.40
12	2.75	2.69	2.62	2.54	2.51	2.47	2.43	2.38	2.34	2.30
13	2.67	2.60	2.53	2.46	2.42	2.38	2.34	2.30	2.25	2.21
14	2.60	2.53	2.46	2.39	2.35	2.31	2.27	2.22	2.18	2.13
15	2.54	2.48	2.40	2.33	2.29	2.25	2.20	2.16	2.11	2.07
16	2.49	2.42	2.35	2.28	2.24	2.19	2.15	2.11	2.06	2.01
17	2.45	2.38	2.31	2.23	2.19	2.15	2.10	2.06	2.01	1.96
18	2.41	2.34	2.27	2.19	2.15	2.11	2.06	2.02	1.97	1.92
19	2.38	2.31	2.23	2.16	2.11	2.07	2.03	1.98	1.93	1.88
20	2.35	2.28	2.20	2.12	2.08	2.04	1.99	1.95	1.90	1.84
21	2.32	2.25	2.18	2.10	2.05	2.01	1.96	1.92	1.87	1.81
22	2.30	2.23	2.15	2.07	2.03	1.98	1.94	1.89	1.84	1.78
23	2.27	2.20	2.13	2.05	2.01	1.96	1.91	1.86	1.81	1.76
24	2.25	2.18	2.11	2.03	1.98	1.94	1.89	1.84	1.79	1.73
25	2.24	2.16	2.09	2.01	1.96	1.92	1.87	1.82	1.77	1.71
26	2.22	2.15	2.07	1.99	1.95	1.90	1.85	1.80	1.75	1.69
27	2.20	2.13	2.06	1.97	1.93	1.88	1.84	1.79	1.73	1.67
28	2.19	2.12	2.04	1.96	1.91	1.87	1.82	1.77	1.71	1.65
29	2.18	2.10	2.03	1.94	1.90	1.85	1.81	1.75	1.70	1.64
30	2.16	2.09	2.01	1.93	1.89	1.84	1.79	1.74	1.68	1.62
40	2.08	2.00	1.92	1.84	1.79	1.74	1.69	1.64	1.58	1.51
60	1.99	1.92	1.84	1.75	1.70	1.65	1.59	1.53	1.47	1.39
120	1.91	1.83	1.75	1.66	1.61	1.55	1.50	1.43	1.35	1.25
∞	1.83	1.75	1.67	1.57	1.52	1.46	1.39	1.32	1.22	1.

$\alpha = 0.025$

n \ m	1	2	3	4	5	6	7	8	9
1	647.8	799.5	864.2	899.6	921.8	937.1	948.2	956.7	963.3
2	38.51	39.00	39.17	39.25	39.30	39.33	39.36	39.37	39.39
3	17.44	16.04	15.44	15.10	14.88	14.73	14.62	14.54	14.47
4	12.22	10.65	8.98	9.60	9.36	9.20	9.07	8.98	8.90
5	10.01	8.43	7.76	7.39	7.15	6.98	6.85	6.76	6.68
6	8.81	7.26	6.60	6.23	5.99	5.82	5.70	5.60	5.52
7	8.07	6.54	5.89	5.52	5.52	5.12	4.99	4.90	4.82
8	7.57	6.06	5.42	5.05	4.82	4.65	4.53	4.43	4.36
9	7.21	5.71	5.03	4.72	4.48	4.32	4.20	4.10	4.03
10	6.94	5.46	4.83	4.47	4.24	4.07	3.95	3.85	3.78
11	6.72	5.26	4.63	4.28	4.04	3.88	3.76	3.66	3.59
12	6.55	5.10	4.42	4.12	3.89	3.73	3.61	3.51	3.44
13	6.41	4.97	4.35	4.00	3.77	3.60	3.48	3.39	3.31
14	6.30	4.86	4.24	3.89	3.66	3.50	3.38	3.29	3.21
15	6.20	4.77	4.15	3.80	3.58	3.41	3.29	3.20	3.12
16	6.12	4.69	4.08	3.73	3.50	3.34	3.22	3.12	3.05
17	6.01	4.62	4.01	3.66	3.44	3.28	3.16	3.06	2.98
18	5.98	4.56	3.95	3.61	3.38	3.22	3.10	3.01	2.93
19	5.92	4.51	3.90	3.56	3.33	3.17	3.05	2.96	2.88
20	5.87	4.46	3.86	3.51	3.29	3.13	3.01	2.91	2.84
21	5.83	4.42	3.82	3.48	3.25	3.09	2.97	2.87	2.80
22	5.79	4.38	3.78	3.44	3.22	3.05	2.93	2.84	2.76
23	5.76	4.35	3.75	3.41	3.18	3.02	2.90	2.81	2.73
24	5.72	4.32	3.72	3.38	3.15	2.99	2.87	2.78	2.70
25	5.69	4.29	3.69	3.35	3.13	2.97	2.85	2.75	2.68
26	5.66	4.27	3.67	3.33	3.10	2.94	2.82	2.73	2.65
27	5.63	4.24	3.65	3.31	3.08	2.92	2.80	2.71	2.63
28	5.61	4.22	3.63	3.29	3.06	2.90	2.78	2.69	2.61
29	5.59	4.20	3.61	3.27	3.04	2.88	2.76	2.67	2.59
30	5.57	4.18	3.59	3.25	3.03	2.87	2.75	2.65	2.57
40	5.42	4.05	3.46	3.13	2.90	2.74	2.62	2.53	2.45
60	5.29	3.93	3.34	3.01	2.79	2.63	2.51	2.41	2.33
120	5.15	3.80	3.23	2.89	2.67	2.52	2.39	2.30	2.22
∞	5.02	3.69	3.12	2.79	2.57	2.41	2.29	2.19	2.

$\alpha = 0.025$

m\n	10	12	15	20	24	30	40	60	120	∞
1	968.6	976.7	984.9	993.1	997.2	1 001	1 006	1 010	1 014	1 018
2	39.40	39.41	39.43	39.45	39.46	39.46	39.47	39.48	39.49	39.50
3	14.42	14.34	14.25	14.17	14.12	14.08	14.04	13.99	13.95	13.90
4	8.84	8.75	8.66	8.56	8.51	8.46	8.41	8.36	8.31	8.26
5	6.62	6.52	6.43	6.33	6.28	6.23	6.18	6.12	6.07	6.02
6	5.46	5.37	5.27	5.17	5.12	5.07	5.01	4.96	4.90	4.85
7	4.76	4.67	4.57	4.47	4.42	4.36	4.31	4.25	4.20	4.14
8	4.30	4.20	4.10	4.00	3.95	3.89	3.84	3.78	3.73	3.67
9	3.96	3.87	3.77	3.67	3.61	3.56	3.51	3.45	3.39	3.33
10	3.72	3.62	3.52	3.42	3.37	3.31	3.26	3.20	3.14	3.08
11	3.53	3.43	3.33	3.23	3.17	3.12	3.06	3.00	2.94	2.88
12	3.37	3.28	3.18	3.07	3.02	2.96	2.91	2.85	2.79	2.72
13	3.25	3.15	3.05	2.95	2.89	2.84	2.78	2.72	2.66	2.60
14	3.15	3.05	2.95	2.84	2.79	2.73	2.67	2.61	2.55	2.49
15	3.06	2.96	2.86	2.76	2.70	2.64	2.59	2.52	2.46	2.40
16	2.99	2.89	2.79	2.68	2.63	2.57	2.51	2.45	2.38	2.32
17	2.92	2.82	2.72	2.62	2.56	2.50	2.44	2.38	2.32	2.25
18	2.87	2.77	2.67	2.56	2.50	2.44	2.38	2.32	2.26	2.19
19	2.82	2.72	2.62	2.51	2.45	2.39	2.33	2.27	2.20	2.13
20	2.77	2.68	2.57	2.46	2.41	2.35	2.29	2.22	2.16	2.09
21	2.73	2.64	2.53	2.42	2.37	2.31	2.25	2.18	2.11	2.04
22	2.70	2.60	2.50	2.39	2.33	2.27	2.21	2.14	2.08	2.00
23	2.67	2.57	2.47	2.36	2.30	2.24	2.18	2.11	2.04	1.97
24	2.64	2.54	2.44	2.33	2.27	2.21	2.15	2.08	2.01	1.94
25	2.61	2.51	2.41	2.30	2.24	2.18	2.12	2.05	1.98	1.91
26	2.59	2.49	2.39	2.28	2.22	2.16	2.09	2.03	1.95	1.88
27	2.57	2.47	2.36	2.25	2.19	2.13	2.07	2.00	1.93	1.85
28	2.55	2.45	2.34	2.23	2.17	2.11	2.05	1.98	1.91	1.83
29	2.53	2.43	2.32	2.21	2.15	2.09	2.03	1.96	1.89	1.81
30	2.51	2.41	2.31	2.20	2.14	2.07	2.01	1.94	1.87	1.79
40	2.39	2.29	2.18	2.07	2.01	1.94	1.88	1.80	1.72	1.64
60	2.27	2.17	2.06	1.94	1.88	1.82	1.74	1.67	1.58	1.48
120	2.16	2.05	1.94	1.82	1.76	1.69	1.61	1.53	1.43	1.31
∞	2.05	1.94	1.83	1.71	1.64	1.57	1.48	1.39	1.27	1.

$\alpha = 0.01$

m／n	1	2	3	4	5	6	7	8	9
1	4 652	4 999.5	5 403	5 626	5 764	5 859	5 928	5 982	6 022
2	98.50	90.00	99.17	99.25	99.30	99.33	99.36	99.37	99.39
3	34.12	30.82	29.46	28.71	28.24	27.91	27.67	27.49	27.35
4	21.20	18.00	16.69	15.98	15.53	15.21	14.98	14.80	14.66
5	16.26	13.27	12.06	11.39	10.97	10.67	10.46	10.29	10.16
6	13.75	10.92	9.78	9.15	8.75	8.47	8.26	8.10	7.98
7	12.25	9.55	8.45	7.85	7.45	7.19	6.99	6.84	6.72
8	11.26	8.65	7.59	7.01	6.63	6.37	6.18	6.03	5.91
9	10.56	8.02	6.99	6.42	6.06	5.80	5.61	5.47	5.35
10	10.04	7.56	6.55	5.99	5.64	5.39	5.20	5.06	4.94
11	9.65	7.21	6.22	5.67	5.32	5.07	4.89	4.74	4.63
12	6.33	6.93	5.95	5.41	5.06	4.82	4.64	4.50	4.39
13	9.07	6.70	5.74	5.21	4.86	4.62	4.44	4.30	4.19
14	8.86	6.51	5.56	5.04	4.69	4.46	4.28	4.14	4.03
15	8.68	6.36	5.42	4.89	4.56	4.32	4.14	4.00	3.89
16	8.53	6.23	5.29	4.77	4.44	4.20	4.03	3.89	3.78
17	8.40	6.11	5.18	4.67	4.34	4.10	3.93	3.79	3.68
18	8.29	6.01	5.09	4.58	4.25	4.01	3.84	3.71	3.60
19	8.18	5.93	5.01	4.50	4.17	3.94	3.77	3.63	3.52
20	8.10	5.85	4.94	4.43	4.10	3.87	3.70	3.56	3.46
21	8.02	5.78	4.87	4.37	4.04	3.81	3.64	3.51	3.40
22	7.95	5.72	4.83	4.31	3.99	3.76	3.59	3.45	3.35
23	7.88	5.66	4.76	4.26	3.94	3.71	3.54	3.41	3.30
24	7.82	5.61	4.72	4.22	3.90	3.67	3.50	3.30	3.26
25	7.77	5.57	4.68	4.18	3.85	3.63	3.46	3.32	3.22
26	7.72	5.52	4.64	4.14	3.82	3.59	3.42	3.29	3.18
27	7.68	5.49	4.60	4.11	3.78	3.56	3.39	3.26	3.15
28	7.64	5.45	4.57	4.07	3.75	3.53	3.36	3.23	3.12
29	7.60	5.42	4.54	4.04	3.73	3.50	3.33	3.20	3.09
30	7.56	5.39	4.51	4.02	3.70	3.47	3.30	3.17	3.07
40	7.31	5.18	4.31	3.83	3.51	3.29	3.12	2.99	2.89
60	7.08	4.98	4.13	3.65	3.34	3.12	2.95	2.82	2.72
120	6.85	4.79	3.95	3.48	3.17	2.96	2.79	2.66	2.56
∞	6.63	4.61	3.78	3.32	3.02	2.80	2.64	2.61	2.

续表

$\alpha = 0.01$

n＼m	10	12	15	20	24	30	40	60	120	∞
1	6 056	6 106	6 157	6 200	6 235	6 261	6 287	6 313	6 339	6 336
2	99.40	99.42	99.43	99.45	99.46	99.47	99.47	99.48	99.49	99.50
3	27.23	27.05	26.87	26.69	26.60	26.50	26.41	26.32	26.22	26.13
4	14.55	14.37	14.20	14.02	13.93	13.84	13.75	13.65	13.56	13.46
5	10.05	9.89	9.72	9.55	9.47	9.38	9.29	9.20	9.11	9.02
6	7.87	7.72	7.56	7.40	7.31	7.23	7.14	7.06	6.97	6.88
7	6.62	6.47	6.31	6.16	6.07	5.99	5.91	5.82	5.74	5.65
8	5.81	5.67	5.52	5.36	5.28	5.20	5.12	5.03	4.95	4.86
9	5.26	5.11	4.96	4.81	4.73	4.65	4.57	4.48	4.40	4.31
10	4.85	4.71	4.56	4.41	4.33	4.25	4.17	4.08	4.00	3.91
11	4.54	4.40	4.25	4.10	4.02	3.94	3.86	3.78	3.69	3.60
12	4.30	4.16	4.01	3.86	3.78	3.70	3.62	3.54	3.45	3.36
13	4.10	3.96	3.82	3.66	3.59	3.51	3.43	3.34	3.25	3.17
14	3.94	3.80	3.66	3.51	3.43	3.35	3.27	3.18	3.09	3.00
15	3.80	3.67	3.52	3.37	3.29	3.21	3.13	3.05	2.96	2.87
16	3.69	3.55	3.41	3.26	3.18	3.10	3.02	2.93	2.84	2.75
17	3.59	3.46	3.31	3.16	3.08	3.00	2.92	2.83	2.75	2.65
18	3.51	3.37	3.23	3.08	3.00	2.92	2.84	2.75	2.66	2.57
19	3.43	3.30	3.15	3.00	2.92	2.84	2.76	2.67	2.58	2.49
20	3.37	3.23	3.09	2.94	2.86	2.78	2.69	2.61	2.52	2.42
21	3.31	3.17	3.03	2.88	2.80	2.72	2.64	2.55	2.46	2.36
22	3.26	3.12	2.98	2.83	2.75	2.67	2.53	2.50	2.40	2.31
23	3.21	3.07	2.93	2.78	2.70	2.62	2.54	2.45	2.35	2.26
24	3.17	3.03	2.89	2.74	2.66	2.58	2.49	2.40	2.31	2.21
25	3.13	2.99	2.85	2.70	2.62	2.54	2.45	2.36	2.27	2.17
26	3.09	2.96	2.81	2.66	2.58	2.50	2.42	2.33	2.23	2.13
27	3.06	2.93	2.78	2.63	2.55	2.47	2.38	2.29	2.20	2.10
28	3.03	2.90	2.75	2.60	2.52	2.44	2.35	2.26	2.17	2.06
29	3.00	2.87	2.73	2.57	2.49	2.41	2.33	2.23	2.14	2.03
30	2.98	2.84	2.70	2.55	2.47	2.39	2.30	2.21	2.11	2.01
40	2.80	2.66	2.52	2.37	2.29	2.20	2.11	2.02	1.92	1.80
60	2.63	2.50	2.35	2.20	2.12	2.03	1.94	1.84	1.73	1.60
120	2.47	2.34	2.19	2.03	1.95	1.86	1.76	1.66	1.53	1.38
∞	2.32	2.18	2.04	1.88	1.79	1.70	1.59	1.47	1.32	1.

$\alpha = 0.005$

n \ m	1	2	3	4	5	6	7	8	9
1	16 211	20 000	21 615	22 500	23 056	23 437	23 715	23 925	24 091
2	198.5	199.0	199.2	199.2	199.3	199.3	199.4	199.4	199.4
3	55.55	49.80	47.47	46.19	45.39	44.84	44.43	44.13	43.88
4	31.33	26.28	24.26	23.15	22.46	21.97	21.62	21.35	21.14
5	22.78	18.31	16.53	15.56	14.94	14.51	14.20	13.96	13.77
6	18.63	14.54	12.92	12.03	11.46	11.07	10.79	10.57	10.39
7	16.24	12.40	10.88	10.05	9.52	9.16	8.89	8.68	8.51
8	14.69	11.04	9.60	8.81	8.30	7.95	7.69	7.50	7.34
9	13.61	10.11	8.72	7.96	7.47	7.13	6.88	6.69	6.54
10	12.83	9.43	8.08	7.34	6.87	6.54	6.30	6.12	5.97
11	12.23	8.91	7.60	6.88	6.42	6.10	5.86	5.68	5.54
12	11.75	8.51	7.23	6.52	6.07	5.76	5.52	5.35	5.20
13	11.37	8.19	6.93	6.23	5.79	5.48	5.25	5.03	4.94
14	11.06	7.92	6.68	6.00	5.56	5.26	5.03	4.86	4.72
15	10.80	7.70	6.48	5.80	5.37	5.07	4.85	4.67	4.54
16	10.58	7.51	6.30	5.64	5.21	4.91	4.69	4.52	4.38
17	10.38	7.35	6.16	5.50	5.07	4.78	4.56	4.39	4.25
18	10.22	7.21	6.03	5.37	4.96	4.66	4.44	4.28	4.14
19	10.07	7.09	5.92	5.27	4.85	4.56	4.34	4.18	4.04
20	9.94	6.99	5.82	5.17	4.76	4.47	4.26	4.09	3.96
21	9.83	6.89	5.73	5.09	4.68	4.39	4.18	4.01	3.88
22	9.73	6.81	5.65	5.02	4.61	4.32	4.11	3.94	3.81
23	9.63	6.73	5.58	4.95	4.54	4.26	4.05	3.88	3.75
24	9.55	6.66	5.52	4.89	4.49	4.20	3.99	3.83	3.69
25	9.48	6.60	5.46	4.84	4.43	4.15	3.94	3.78	3.64
26	9.41	6.54	5.41	4.79	4.38	4.10	3.89	3.73	3.60
27	9.34	6.49	5.36	4.74	4.34	4.06	3.85	3.68	3.56
28	9.28	6.44	5.32	4.70	4.30	4.02	3.81	3.65	3.52
29	9.23	6.40	5.28	4.66	4.26	3.98	3.77	3.61	3.48
30	9.18	6.35	5.24	4.62	4.32	3.95	3.74	3.58	3.45
40	8.83	6.07	4.98	4.37	3.99	3.71	3.51	3.35	3.22
60	8.49	5.79	4.73	4.14	3.76	3.49	3.29	3.13	3.01
120	8.18	5.54	4.50	3.92	3.55	3.28	3.00	2.93	2.81
∞	7.88	5.30	4.28	3.72	3.35	3.09	2.90	2.74	2.

续表

$\alpha=0.005$

m n	10	12	15	20	24	30	40	60	120	∞
1	24 224	24 426	24 630	24 836	24 940	25 044	25 148	25 253	25 359	25 465
2	199.4	199.4	199.4	199.4	199.5	199.5	199.5	199.5	199.5	199.5
3	43.69	43.39	43.08	42.78	42.62	42.47	42.31	42.15	41.99	41.83
4	20.97	20.70	20.44	20.17	20.03	19.89	19.75	19.61	19.47	19.32
5	13.62	13.38	13.15	12.90	12.78	12.60	12.53	12.40	12.27	12.14
6	10.25	10.03	9.81	9.59	9.47	9.36	9.24	9.12	9.00	8.88
7	8.38	8.18	7.97	7.75	7.65	7.53	7.42	7.31	7.19	7.08
8	7.21	7.01	6.81	6.61	6.50	6.40	6.29	6.18	6.06	5.95
9	6.42	6.23	6.03	5.83	5.73	5.62	5.52	5.41	5.30	5.19
10	5.85	5.66	5.47	5.27	5.17	5.67	4.97	4.86	4.75	4.64
11	5.42	5.24	5.05	4.86	4.76	4.65	4.55	4.44	4.34	4.23
12	5.09	4.91	4.72	4.53	4.43	4.33	4.23	4.12	4.01	3.90
13	4.82	4.64	4.46	4.27	4.17	4.07	3.97	3.87	3.76	3.65
14	4.60	4.43	4.25	4.06	3.96	3.86	3.76	3.66	3.55	3.44
15	4.42	4.25	4.07	3.88	3.79	3.69	3.58	3.48	3.37	3.26
16	4.27	4.10	3.92	3.73	3.64	3.54	3.44	3.33	3.22	3.11
17	4.14	3.97	3.79	3.61	3.51	3.41	3.31	3.21	3.10	2.98
18	4.03	3.86	3.68	3.50	3.40	3.30	3.20	3.10	2.99	2.87
19	3.93	3.76	3.59	3.40	3.31	3.21	3.11	3.00	2.89	2.78
20	3.85	3.68	3.50	3.32	3.22	3.12	3.02	2.92	2.81	2.69
21	3.77	3.60	3.43	3.24	3.15	3.05	2.95	2.84	2.73	2.61
22	3.70	3.54	3.36	3.18	3.08	2.98	2.88	2.77	2.66	2.55
23	3.64	3.47	3.30	3.12	3.02	2.92	2.82	2.71	2.60	2.48
24	3.59	3.42	3.25	3.06	2.97	2.87	2.77	2.66	2.55	2.43
25	3.54	3.37	3.20	3.01	2.92	2.82	2.72	2.61	2.50	2.38
26	3.49	3.33	3.15	2.97	2.87	2.77	2.67	2.56	2.45	2.33
27	3.45	3.28	3.11	2.93	2.83	2.73	2.63	2.52	2.41	2.29
28	3.41	3.25	3.07	2.89	2.79	2.69	2.59	2.48	2.37	2.25
29	3.38	3.21	3.04	2.86	2.76	2.66	2.56	2.45	2.33	2.21
30	3.34	3.18	3.01	2.82	2.73	2.63	2.52	2.42	2.30	2.18
40	3.12	2.95	2.78	2.60	2.50	2.40	2.30	2.18	2.06	1.93
60	2.90	2.74	2.57	2.39	2.29	2.19	2.09	1.96	1.83	1.69
120	2.71	2.54	2.37	2.19	2.09	1.98	1.87	1.75	1.61	1.43
∞	2.52	2.36	2.19	2.00	1.90	1.79	1.67	1.53	1.36	1.

附表 5 *t*-分布上侧分位数表 $P(t_n > t_\alpha(n)) = \alpha$

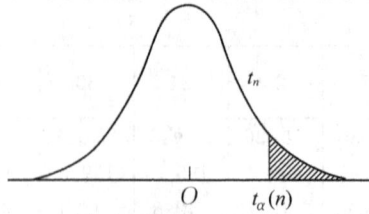

n \ α	0.10	0.05	0.025	0.01	0.005
1	3.078	6.314	12.706	31.821	63.657
2	1.886	2.920	4.303	6.965	9.925
3	1.638	2.353	3.182	4.541	5.841
4	1.533	2.132	2.776	3.747	4.604
5	1.476	2.015	2.571	3.365	4.032
6	1.440	1.943	2.447	3.143	3.707
7	1.415	1.895	2.365	2.998	3.499
8	1.397	1.860	2.306	2.896	3.355
9	1.383	1.833	2.262	2.821	3.250
10	1.372	1.812	2.228	2.764	3.169
11	1.363	1.796	2.201	2.718	3.106
12	1.356	1.782	2.179	2.681	3.055
13	1.350	1.771	2.160	2.650	3.012
14	1.345	1.761	2.145	2.624	2.977
15	1.341	1.753	2.131	2.602	2.947
16	1.337	1.746	2.120	2.583	2.921
17	1.333	1.740	2.110	2.567	2.898
18	1.330	1.734	2.101	2.552	2.878
19	1.328	1.729	2.093	2.539	2.861
20	1.325	1.725	2.086	2.528	2.845
21	1.323	1.721	2.080	2.518	2.831
22	1.321	1.717	2.074	2.508	2.819
23	1.319	1.714	2.069	2.500	2.807
24	1.318	1.711	2.064	2.492	2.797
25	1.316	1.708	2.060	2.485	2.787
26	1.315	1.706	2.056	2.479	2.779
27	1.314	1.703	2.052	2.473	2.771
28	1.313	1.701	2.048	2.467	2.763
29	1.311	1.699	2.045	2.462	2.756
30	1.310	1.697	2.042	2.457	2.750
40	1.303	1.684	2.021	2.423	2.704
60	1.296	1.671	2.000	2.390	2.660
120	1.289	1.658	1.980	2.358	2.617
∞	1.282	1.645	1.960	2.326	2.

参考答案

部分参考答案

参考文献

［1］陈笑缘. 经济数学:上、下册[M].北京:高等教育出版社,2009.

［2］马敏,冯梅. 经济数学[M].苏州:苏州大学出版社,2007.

［3］顾静相. 经济数学基础[M].北京:高等教育出版社,2000.

［4］钱椿林. 线性代数[M].北京:高等教育出版社,2000.

［5］孙洪祥,柳金甫. 概率论数理统计[M].辽宁:辽宁大学出版社,2006.